高等职业教育旅游类专业新专业教学标准系列教材

酒店市场营销

邓俊枫 主编

清华大学出版社
北京

内 容 简 介

本书力求体现我国高职教育"以职业活动为导向,以职业能力为核心"的指导思想,着重讲述现代酒店业营销人才需要掌握的技能,内容行业特点鲜明,酒店职业特色突出,知识传授与技术技能培养并重。作者将专业精神、职业精神和工匠精神融入教材内容。针对酒店营销活动的领域,以酒店营销工作的知识和技能整合项目内容,确定每个项目的知识目标和能力目标,紧紧围绕该项目组织工作任务内容,便于学生掌握酒店市场营销的操作技能,提高职业岗位能力。

本书适合高职高专旅游大类专业学生作为教材使用,也可供酒店从业人员阅读参考。

本书封面贴有清华大学出版社防伪标签,无标签者不得销售。
版权所有,侵权必究。举报:010-62782989,beiqinquan@tup.tsinghua.edu.cn。

图书在版编目(CIP)数据

酒店市场营销/邓俊枫主编. —北京:清华大学出版社,2020.12(2023.8重印)
高等职业教育旅游类专业新专业教学标准系列教材
ISBN 978-7-302-56459-1

Ⅰ.①酒… Ⅱ.①邓… Ⅲ.①饭店-市场营销学-高等职业教育-教材 Ⅳ.①F719.2

中国版本图书馆 CIP 数据核字(2020)第 178153 号

责任编辑:刘士平
封面设计:傅瑞学
责任校对:赵琳爽
责任印制:沈 露

出版发行:清华大学出版社
网 址:http://www.tup.com.cn,http://www.wqbook.com
地 址:北京清华大学学研大厦 A 座 邮 编:100084
社 总 机:010-83470000   邮 购:010-62786544
投稿与读者服务:010-62776969,c-service@tup.tsinghua.edu.cn
质量反馈:010-62772015,zhiliang@tup.tsinghua.edu.cn
课件下载:http://www.tup.com.cn,010-83470410

印 装 者:北京国马印刷厂
经 销:全国新华书店
开 本:185mm×260mm   印 张:17.25   字 数:419 千字
版 次:2020 年 12 月第 1 版   印 次:2023 年 8 月第 2 次印刷
定 价:49.00 元

产品编号:086911-01

前　言
PREFACE

　　酒店市场营销课程是酒店管理、旅游管理、会展管理及其他现代服务业相关专业的核心课程，该课程开设目的是培养学生掌握和理解酒店营销的基本知识、基本理论和营销技能，指导学生开展营销实践。本书以学生的能力培养为宗旨，摒弃了以往教材中理论性太强的章节，以更贴近酒店市场营销的方式，着重讲述现代酒店业营销人才需要掌握的技能，便于学生理解和运用。

　　本书力求体现我国高等职业教育"以职业活动为导向，以职业能力为核心"的指导思想，突出酒店职业特色与行业特点，遵循技术技能人才成长规律，坚持知识传授与技术技能培养并重，强化学生职业素养养成和专业技术积累，将专业精神、职业精神和工匠精神融入教材内容。针对酒店营销活动的不同领域，本书以酒店营销工作的知识和技能整合与项目内容为依据，确定每一项目的知识目标和能力目标，紧紧围绕该项目组织工作任务内容，便于学生掌握酒店市场营销的操作技能，提高职业岗位能力。

　　本书采用项目化的编写思路，以酒店市场营销的基本理论在酒店业的应用为核心，结合酒店市场营销工作的实践，形成了本书的内容体系。全书共分十个项目：酒店市场营销认知、酒店市场营销环境、酒店顾客行为分析、酒店市场细分与选择、酒店产品开发、酒店产品定价、酒店营销渠道、酒店促销策略、酒店营销管理、酒店营销创新。本书在每个项目中设置了目标和任务，学生在完成任务中学习相关知识，通过实训体验酒店的营销活动，并以小组为单位，展示学生独立完成项目实践的成果，达到学以致用的目的。

　　本书的编写以学生为导向，遵循学生的学习规律，在编写形式上，每个项目由知识目标、能力目标、任务分解、任务导入、知识拓展、案例分析、复习思考题、实训项目等部分构成。本书知识与技能培养体系完善，体现了"教、学、做"项目一体化的教学思想，突出了以技能培养为主的体验式学习模式。

　　本书坚持产教融合，校企双元开发，编者所在学院与万豪酒店集团、凯悦酒店集团、洲际酒店集团、希尔顿酒店集团、香格里拉酒店集团等建立了长期的校企合作关系。本书引用了大量上述企业的经营理念、服务文化和营销案例，紧跟产业发展趋势和行业人才需求，及时将产业发展的新技术、新工艺、新规范纳入教材内容，反映典型岗位（群）职业能力要求。本书由邓俊枫教授担任主编，万豪酒店陈慧文总监参与了本书的编写工作，还有许多企业的管理人员、技术人员和服务人员为本书的编写提供了丰富的素材和案例，谨在此一并表示衷心的感谢！

本书具有知识准确简洁、方法具体实用、案例典型突出、实用性和可操作性较强的特点，可作为全国高职高专院校教材，也可作为酒店总经理、副总经理、市场营销总监、市场营销部人员及客房、餐饮等部门管理人员的培训教材及工作指导用书。

编 者

2020 年 6 月

目　录
CONTENTS

项目一　酒店市场营销认知
任务1　了解酒店市场营销　\ 4
任务2　管理酒店市场营销　\ 8
任务3　酒店市场营销新理念　\ 12

项目二　酒店市场营销环境
任务1　分析酒店市场营销宏观环境　\ 27
任务2　分析酒店市场营销微观环境　\ 36
任务3　调研酒店市场营销环境　\ 38
任务4　酒店市场营销环境分析方法　\ 49

项目三　酒店顾客行为分析
任务1　酒店顾客购买行为　\ 59
任务2　影响顾客购买行为的因素　\ 63
任务3　顾客购买决策过程　\ 74

项目四　酒店市场细分与选择
任务1　酒店市场细分　\ 81
任务2　酒店目标市场选择　\ 89
任务3　酒店市场定位　\ 94

项目五　酒店产品开发
任务1　认知酒店产品　\ 102
任务2　开发酒店产品　\ 110
任务3　打造酒店品牌　\ 121

项目六　酒店产品定价
　　任务1　了解酒店产品价格　　\ 140
　　任务2　酒店定价方法　　\ 145
　　任务3　酒店定价策略　　\ 154

项目七　酒店营销渠道
　　任务1　了解酒店营销渠道　　\ 165
　　任务2　选择酒店营销渠道　　\ 173
　　任务3　构建酒店网络营销渠道　　\ 178

项目八　酒店促销策略
　　任务1　酒店促销认知　　\ 193
　　任务2　酒店广告促销　　\ 197
　　任务3　酒店人员促销　　\ 204
　　任务4　酒店营业推广　　\ 209
　　任务5　酒店公共关系　　\ 216

项目九　酒店营销管理
　　任务1　酒店营销组织　　\ 224
　　任务2　酒店营销计划　　\ 230
　　任务3　酒店营销控制　　\ 235

项目十　酒店营销创新
　　任务1　酒店香味营销　　\ 245
　　任务2　酒店绿色营销　　\ 251
　　任务3　酒店网络营销　　\ 256

参考文献　　\ 270

项目一

酒店市场营销认知

知识目标

1. 了解市场营销的概念;
2. 掌握酒店市场营销的定义;
3. 了解酒店市场营销的发展过程;
4. 熟悉酒店市场营销管理的内容;
5. 熟悉酒店市场营销管理的功能;
6. 了解酒店市场营销的新理念。

能力目标

1. 能够分析酒店市场营销的新理念;
2. 能够根据所学知识开展酒店营销工作。

任务分解

任务1　了解酒店市场营销
任务2　管理酒店市场营销
任务3　酒店市场营销新理念

> **任务导入**

希尔顿酒店集团营销成功的启示

希尔顿酒店集团是全球知名的国际酒店管理集团,根据美国 HOTELS 杂志2019年公布的全球酒店集团的最新排名,希尔顿酒店集团是第三大国际酒店集团,在全世界100多个国家经营管理着5 685家酒店,共有912 960间客房。希尔顿酒店集团旗下的品牌包括了豪华型的全面服务酒店及度假村、公寓式酒店和中档酒店等,比如华尔道夫酒店及度假村、康莱德酒店及度假村、希尔顿酒店及度假村、希尔顿逸林酒店及度假村、希尔顿尊盛酒店、希尔顿花园酒店、希尔顿欢朋酒店、希尔顿惠庭套房酒店、希尔顿欣庭套房酒店和希尔顿度假俱乐部等。此外,希尔顿酒店集团还提供世界级的常客计划——希尔顿荣誉客会。

一、细分目标市场,提供多样化产品

"一个尺码难以适合所有的人。"希尔顿在对顾客做了细致分类的基础上,利用各种不同的酒店提供不同档次的服务以满足各类顾客需求,采用品牌延伸把一个联号集团区分成不同质量和档次的酒店。希尔顿酒店集团的酒店主要分以下几类。

(1)机场酒店。自从早期旧金山希尔顿机场饭店建立以来,希尔顿酒店集团已经在美国主要空港建立了40余家机场酒店,它们普遍坐落在离机场跑道只有几分钟车程的地方。

(2)商务酒店。位于理想的地理位置、拥有高质量服务及特设娱乐消遣项目的商务酒店,是希尔顿旗下的主要产品。

(3)会议酒店。会议酒店包括60家酒店,30 680间客房,承办各种规格的会议、会晤及展览、论坛等。

(4)全套房酒店。全套房酒店适合长住型客人。套间内有大屏幕电视、收音机、微波炉、冰箱等电器,起居室有沙发床,卧室附带宽敞的卫生间。酒店每天早上供应早餐、晚上供应饮料,还为商务客人免费提供商务中心服务。全套房酒店的每一个套间有两间房间,然而收费却相当于一间房间的价格。

(5)度假区酒店。一个人选择希尔顿度假区酒店的同时,他也选择了方便快捷的预订、顶尖的住宿条件、出色的会议设施和商务服务,以及具有时令风味特色的食品和饮料。人们在这里放松、休养、调整,可以享受到这里的各种娱乐设施。

(6)希尔顿假日俱乐部。希尔顿假日俱乐部为会员提供多种便利及服务。

(7)希尔顿花园酒店。希尔顿花园酒店是近几年来希尔顿公司大力推行的项目,其目标市场是新近异军突起的中产阶级游客,市场定位是"四星的酒店,三星的价格"。希尔顿花园酒店价位适中、环境优美,深得全家旅游或长住商务客人的喜欢。

二、在产品开发上,采取诸多亲近客人的策略

针对游客离家在外的种种不习惯与不方便,希尔顿酒店集团特别推出了 TLC 房间(即旅游生活中心)。其目的在于尽可能地缩小游客住宿酒店与住在家里之间的差异,保证客人能够有充足的睡眠、享有健康的旅游生活方式,帮助客人减轻外出旅游时感到的压力。其中的 SLEEP-TIGHT 客房是希尔顿酒店集团与美国国家睡眠基金会(NSF)合作推出的项目。

三、特色服务项目

希尔顿酒店集团推出各种特色服务项目,其中主要包括以下内容。

(1) 浪漫一夜。为庆祝周年纪念或新婚的情侣所设置,提供上乘的住宿,可以免费享有香槟、到店第一天的双人早餐、健康矿泉及旋涡式按摩水池,并拥有延后离店时间的特权。

(2) 轻松周末。以极低的房价为客人提供轻松、舒适、享受的周末。酒店提供每天的欧陆式早餐,客人可早入店和迟离店。

(3) 对老年客人的服务。针对老年客人的特点,为其提供特权、特殊的让利以及体贴周到的照顾。

四、特许经营扩张市场

希尔顿酒店集团的发展经历了自建模式、管理合同、特许经营等几个阶段。20世纪50年代以前,希尔顿酒店集团一直采用自建模式,集团发展速度较慢,丧失了发展的机遇。60年代希尔顿酒店集团创立的管理合同方式,通过管理输出迅速拓展了集团的市场网络,品牌国际影响力迅速提高。90年代希尔顿酒店集团开始实施"特许经营"方式进行拓展,逐步出售自有的酒店,只保留管理权和特许品牌权利,将业务重点转移到经营的高端利润区:品牌维护、市场促销等优势领域。2004年希尔顿品牌的特许经营比例已经超过70%。

五、品牌多元发展模式

希尔顿酒店集团采用品牌多元化发展战略,在对市场做了细致分类的基础上,采用"主品牌、系列子品牌"的品牌多元化战略,利用各种不同的酒店品牌提供不同档次的服务以满足不同的顾客需求,专攻各细分市场。每一个品牌都有特定目标市场,从而极大地提高了希尔顿酒店集团在全球酒店市场的占有率。

六、微笑塑造品牌形象

希尔顿酒店集团将企业理念定位为"给那些信任我们的顾客以最好的服务",并将这种理念上升为品牌文化,贯彻到每一个员工的思想和行为之中,从而塑造了独特的"微笑"品牌形象。集团的每一位员工都被谆谆告诫:要用"微笑服务"为客人创造"宾至如归"的文化氛围。希尔顿酒店集团对顾客承诺:为了保持顾客高水平的满意度,我们不断地听取、评估顾客意见,在我们所在的各个国家实行公平制度来处理顾客投诉并尊重消费者的权利。

七、创新服务项目

希尔顿酒店集团十分注重以顾客需求为出发点,创新酒店产品与服务,从而给客人以惊喜,例如前面提到的TLC房间。

八、全面开展市场营销

希尔顿酒店集团能够获得一流的市场业绩,在很大程度上与其一流的营销是紧密关联的。首先,希尔顿十分注重市场调研以准确把握市场需求,有专门的部门负责从世界各地的航空公司、旅游办事处、政府机构等收集市场信息,作为集团营销和产品开发决策的依据。其次,形式多样的高效促销活动极大地提升了希尔顿品牌的知名度和影响力。最后,它还十分重视公益营销,以树立公司良好的社会形象。

任务1 了解酒店市场营销

一、市场营销的概念

市场营销来源于英文的 Marketing。长期以来,许多人把市场营销理解为推销和销售。实际上,推销或销售只是市场营销众多功能中的一项,而且还不是最重要的一项。市场营销是一个动态发展的概念,主要含义包括如下几点。

第一,市场营销的核心是交换。交换的过程,是一个主动寻找机会的过程;第二,交换过程能否顺利进行,取决于所提供的产品和服务满足顾客需要的程度和交换过程管理的水平;第三,市场营销的最终目的是满足需求和欲望。

美国市场营销协会对市场营销的概念解释是:市场营销是对思想、产品及劳务进行设计、定价、促销及分销的计划和实施过程,从而产生满足个人和组织目标的交换。

美国著名的市场营销专家菲利普·科特勒(Philip Kotler)对市场营销的定义是:市场营销是个人和团体通过为他人创造产品的价值并进行交换,以满足其需要和欲望的社会过程和管理过程。

二、市场营销观念的发展演变

市场营销观念作为一种现代经营哲学,一直受到人们的关注,越来越多的企业在市场竞争中将市场营销的观念作为整个企业活动的指南。市场营销观念的发展可以分为六个阶段:生产观念阶段、产品观念阶段、推销观念阶段、市场营销观念阶段、社会营销观念阶段和大市场营销观念阶段。

1. 生产观念阶段(19世纪末—20世纪初)

生产观念产生于新技术发展加快并被大量采用,经济增长迅速,但国民收入还很低,产品不够丰富,市场呈现供不应求状态的时期。这个阶段的实质内容是:"我们会生产什么,就卖什么。"消费者喜欢随处可见、价格低廉的产品。该阶段市场营销只注重市场需求量,忽视了市场需求的质量和市场需求差异化。

这种观念产生的原因:一是消费者的注意力只集中在是否买得起,以及价格是否便宜;二是消费者并不了解同类产品的非价格差异(如质量、花色品种、造型、外观等差异)。因此,在生产观念阶段,各企业将工作重点放在如何有效利用生产资源及提高劳动生产率,以获得最大产量及降低生产成本。在这种观念的指导下,生产和销售的关系必然是"以产定销"。

2. 产品观念阶段(20世纪20—30年代)

产品观念,又称"产品导向",是指以产品为中心的营销观念。这也是一种"以产定销"的观念,表现为重产品生产轻产品销售、重产品质量轻顾客需求。中国的"酒香不怕巷子深"

"皇帝的女儿不愁嫁""祖传秘方"等思想就是这一观念的反映。这种观念在商品经济不甚发达的时代或许有用,但在市场经济高度发达的条件下则不适用。

这一时期的主要特点是提供产品的厂商逐渐增多,各个企业不再将重心放在企业生产上,而是更注重于产品本身,致力于产品质量、特色和性能的改进。消费者喜欢质量高、性能好、功能全、有特色的产品。表现为研发部门在组织结构中占据了重要地位,企业缺乏对市场的了解和研究,忽略市场千差万别和千变万化。

3. 推销观念阶段(20世纪30—40年代)

推销观念是在第一次世界大战与第二次世界大战之间普遍流行的观念。之所以此观念较为流行,是因为社会经济条件发展了、生产力提高了、产品丰富了,但此时的西方发达国家大多处于严重的经济危机时期,尤其是1929—1933年那场深刻的经济危机席卷了整个资本主义世界。这种危机的直接表现就是产品相对过剩,很多企业在经济危机的冲击下倒闭。资本主义所面临的直接问题已不再仅仅是扩大生产规模,产品销售已显得同样重要。

在这种形势下,各企业开始重视推销工作,纷纷成立推销机构,组建推销队伍,培训推销人员。企业界已开始认识到:很多情况下,消费者不会自动来购买商品,需推销员去说服、感化和刺激;企业只注重生产还不行,应将企业的人力、物力和财力转移一部分用于销售。很多企业大势进行广告宣传,形成一种"高压推销"或"强力推销"的局面。他们的口号也由过去的"待客上门"变成"送货上门"。为了满足实践的需要,一些理论工作者也加入到"推销术"和"广告术"的研究行列中,一些研究成果在实践中得到了应用。

推销观念是指以推销现有产品为中心的企业经营思想。推销观念认为,消费者通常表现出一种购买惰性或抗拒心理,如果听其自然,消费者一般不会足量购买某一企业的产品,因此,企业必须积极推销和大力促销,以刺激消费者大量购买本企业产品。

由于科技的进步和科学管理的实施,企业从生产不足转为生产过剩,竞争越来越激烈,由此进入推销观念时期。这种观念的实质内容是:"我们卖什么,就让人们买什么",不问消费者是否真正需要,不择手段地采取各种推销活动。这一阶段,企业开始注重与消费者的沟通,但推销的是目前的产品,而不是消费者需求的,实质仍是以内部生产为中心,没有以市场需求为出发点。

4. 市场营销观念阶段(第二次世界大战后—20世纪70年代)

第二次世界大战以后,科技革命进一步兴起,军工转民用,生产效率大幅提高,生产规模不断扩大,社会产品供应量剧增;高工资、高福利、高消费政策导致消费者购买力大幅度提高,需求和欲望不断发生变化,企业间的竞争进一步加剧。这一时期,许多企业开始认识到,必须改变传统的销售观念,重视消费者的需求与欲望,研究其购买行为。市场营销观念的实质内容是:"市场需要什么,就生产和推销什么""能卖什么,就生产什么"。

市场营销观念是以消费者需要和欲望为导向的经营哲学,是消费者主权论的体现,形成于20世纪50年代。该观念认为,实现企业诸目标的关键在于正确确定目标市场的需要和欲望,一切以消费者为中心,并且比竞争对手更有效、更有利地传送目标市场所期望满足的东西。

市场营销观念的产生,是市场营销哲学的一种质的飞跃和革命,它不仅改变了传统的观念和逻辑思维方式,而且在经营策略和方法上也有很大突破。它要求企业营销管理贯彻"顾客至上"的原则,将管理重心放在发现和了解目标顾客的需要,并千方百计去满足它,从而实现企业目标。因此,企业在决定其生产经营时,必须进行市场调研,根据市场需求及企业本身条件选择目标市场,组织生产经营,最大限度地提高顾客满意程度。

5. 社会营销观念阶段(20 世纪 70 年代至今)

社会营销观念产生于 20 世纪 70 年代,西方资本主义国家出现能源短缺、通货膨胀、失业增加、环境污染严重、消费者保护运动盛行的新形势下。这是因为市场营销观念回避了消费者需要、消费者利益和长期社会福利之间隐含着冲突的现实,它的发展一方面给社会及广大消费者带来巨大的利益,另一方面却造成了环境污染,破坏了社会生态平衡,促发了假冒伪劣产品及欺骗性广告等,从而引起了广大消费者不满,掀起了保护消费者权益运动及保护生态平衡运动的浪潮,迫使企业营销活动必须考虑消费者及社会的长远利益。

社会营销观念是在市场营销观念的基础上,强调兼顾消费者、企业、社会三个方面的利益,要求企业在追求经济效益的同时,应兼顾社会效益,因而是符合社会可持续发展要求的营销观念,应当大力提倡。社会营销观念不仅要求企业满足消费者的需求,同时要考虑消费者与社会的长期利益,要以一种能够维持或改善消费者和整个社会福利的方式为消费者提供更高层面的价值。

企业在生产销售的同时,不仅要考虑购买本企业产品的消费者的利益,还要考虑整体消费者的利益;不仅要考虑企业近期的利益,还要考虑社会的长远利益;企业要树立绿色的生态经营理念,引导绿色消费,保护生态平衡,将企业、消费者和全社会的利益有机结合起来。社会营销观念使市场营销观念达到了一个比较完善的阶段。

6. 大市场营销观念阶段(20 世纪 80 年代至今)

1984 年,美国著名市场营销大师菲利普·科特勒针对现代世界经济迈向区域化和全球化,企业之间的竞争范围早已超越本国本土,形成了无国界竞争的态势,提出了"大市场营销"观念。大市场营销观念是指一个企业和国家不应消极地顺从、适应外部环境和市场需求,而应借助于政治力量和公共关系,积极主动地改变和影响外部环境和市场需求,以便使产品打入特定的目标市场。

所谓"大市场营销观念",是指在实行贸易保护的条件下,企业的市场营销战略除了 4Ps(即产品——product,价格——price,渠道——place,促销——promotion)之外还必须加上 2Ps,即"政治力量——political power"和"公共关系——public relationship"。大市场营销定义为:企业为了成功地进入特定市场或者在特定市场经营,应用经济的、心理的、政治的和公共关系技能,赢得若干参与者的合作。

企业不仅要适应外部环境进行市场营销,而且要善于通过内部的营销管理去改变外部市场环境,使其朝着对自己有利的方向发展。企业不仅重视产品、价格、渠道和促销四大营销策略的整合,而且强调政治权利和公共关系手段的运用,通过各种渠道影响贸易的政策及行政权力,打破市场壁垒,开展市场营销活动。

三、酒店市场营销的概念

酒店市场营销的定义:酒店市场营销就是酒店通过开展和实施一系列有计划、有组织的经营管理活动,将其所创造的产品和价值出售给顾客,从而满足顾客需求,达到酒店经营目标的行为过程。

酒店市场营销是实现将酒店产品从商品到货币转变的桥梁。通过开展市场营销活动，酒店把潜在的需求转化成现实的消费，在成功实现商品交换的基础上，得到经济效益、社会效益和发展资金。换言之，酒店市场营销是酒店创造产品和价值并进行交换，以满足市场需求和实现酒店目标的行为过程。

酒店市场营销的关键是要以市场为导向，以客人的需求为导向，而不是以销售酒店产品为导向。单纯为出租客房和售卖食物而建造酒店，是以产品为导向的经营思想。酒店市场营销远比单纯提供房间床位或饮食的内涵要宽广得多，包括更多的经营管理活动。比如，早期经营汽车酒店的成功，主要原因就是因为汽车酒店满足了客人住房以外的其他需求，诸如方便免费的停车场、简单快捷的入住手续、不收小费、房价便宜，还有游泳池以及其他娱乐设施等。

四、酒店市场营销观念的发展演变

同市场营销的发展一样，酒店市场营销也有其自身的发展与演变过程，总结归纳起来，大体上分为六个阶段：酒店业生产观念阶段、酒店业产品观念阶段、酒店业推销观念阶段、酒店业营销观念阶段、酒店业社会营销观念阶段、酒店业大市场营销观念阶段。

1. 酒店业生产观念阶段

在酒店业发展初期，许多地方的酒店产品与服务供不应求，虽然酒店硬件设施简陋，服务项目较少，但前来消费的旅游者络绎不绝，旅游旺季甚至会出现"爆满"的局面。旅游者要吃要住，但客房和餐厅都供不应求，能够找到可以满足基本食宿要求的饭店已是心满意足。在这种供不应求的情况下，常常是酒店提供什么，旅游者便购买什么。酒店一方只需关心有无客房、有无餐食即可，无须把力气花在改善设施设备、增加服务项目、提高服务质量等方面。这种状况表明当时的酒店普遍持有传统的生产观念。

20世纪七八十年代，我国处在改革开放的初期，当时我国许多主要旅游目的地都出现了酒店紧缺的现象，酒店、餐厅、娱乐设施等供不应求。广州在"广交会"期间更是一房难求，造成了纯粹的卖方市场，也导致我国酒店经营者中普遍存在生产导向的经营观念。随着我国社会经济的高速增长，旅游业和酒店业迅速发展，酒店供不应求的情况已经发生了根本的变化，一座座具有国际水平的现代化酒店在各大旅游城市和旅游目的地拔地而起。

但是，在现实中，有不少酒店管理者的思维仍停留在生产导向阶段，这一点值得酒店经营管理人员警惕，早日从生产导向的观念里解脱出来，将顾客的需求放在首位，根据顾客的需求提供酒店的产品与服务，改变生产导向的落后观念，接受顾客导向、市场导向的新观念。

2. 酒店业产品观念阶段

当酒店行业中出现竞争或者在酒店进入淡季时，有些酒店开始思考如何吸引更多的顾客。就旅游者而言，他们下榻酒店所能获得的最基本的服务包括两个方面：一是客房可提供休息；二是餐厅可以就餐。酒店若能在这两个方面提供优于其他酒店的良好设施和服务，客人一般会感到满意并成为回头客。

3. 酒店业推销观念阶段

酒店的客人来自四面八方，客人的需求也是各种各样，而且还会出现新的需求。酒店的硬件和软件虽然都好,但如果不考虑客人的需求,就达不到预期的效果。由于产品导向观念已经过时,酒店开始设置销售部,派出销售人员四处推销酒店的客房、会议和娱乐设施,以及餐饮类产品等。销售人员通常以会议、度假、美食、娱乐等招徕客人,出售酒店的各种产品。与产品导向观念相比,推销观念有了一定的进步,但这种观念依然是站在酒店的角度,只考虑怎么推销酒店的产品,没有考虑客人对酒店产品的需求。

4. 酒店业营销观念阶段

随着行业竞争的日趋激烈,酒店管理者开始根据客人的消费需求来设计和推销产品。在这种营销观念的指导下,许多酒店开始推出个性化的服务,根据客人的不同需求推出各种类型的客房产品、餐饮产品、会议产品、娱乐产品等,比如商务楼层、女士楼层、无烟客房、蜜月房、残疾人客房,以及风味菜、私房菜等特色产品的出现,显示酒店越来越重视客人的个性化需求。

酒店营业部门系统全面地建立客户档案,详细记录客人生活习惯及爱好,为客人提供有针对性的服务,满足客人的个性化需求,超越客人的期望,提高客人对酒店的忠诚度,这些举措表明营销观念已日益渗透进酒店经营的各个环节。

5. 酒店业社会营销观念阶段

社会营销导向的观念在酒店业中盛行是近年来的新趋势,它将酒店企业、消费者和全社会的利益结合起来,为消费者提供环保型产品,一方面满足了消费者的需求,另一方面也维护了社会的长远利益。许多国际酒店集团已经开始在绿色营销方面作出努力,比如为了减少森林砍伐而节约纸张,它们提供的厕用纸是用再生纸制成的;办公室的一些非正式文件使用打印纸的反面;在客房里放置环保宣传册,宣传环保理念;取消一次性牙具;为节约水资源而减少棉织品的洗涤次数、在客房卫生间安装节水马桶,等等。现在,社会营销已成为国际酒店业的一种潮流。

6. 酒店业大市场营销观念阶段

第二次世界大战后,政治、经济局势的稳定为全球旅游业的蓬勃发展奠定了坚实的基础,同时也为国际酒店集团在全世界范围内的扩张提供了发展机遇。在国际酒店集团扩张的过程中,大市场营销观念的作用不可忽视。许多外资酒店和被外方管理的酒店在中国市场上都非常注意维护与所在地政府的关系,积极举办并参与各类公益及慈善活动,以开放的姿态和热情友好的态度,向客人和非客人提供细致周到的服务,获得政府、社区和消费者对酒店的信任感,建立酒店企业的良好形象。这一良好形象,使酒店的营销工作事半功倍。酒店运用大市场营销的观念,通过各种公关手段,开创了有利于酒店经营的市场局面,促进了酒店业的健康发展。

任务 2　管理酒店市场营销

一、酒店市场营销管理的内容

酒店市场营销管理包括营销分析如内部营销环境分析、消费者心理及购买行为分析、酒店竞争形势分析等;营销计划的制订包括酒店市场营销总体计划、酒店市场营销目标、营销方案等;营销活动的组织与执行包括酒店产品的设计、价格及其政策的制定、销售渠道的建立与调整、促销活动的具体策划与开展等;营销评估和控制包括各种营销活动的分析比较、营销部门及其人员业绩的评估,以及营销组织机构改革的评估与调整等。

1. 开展市场分析

市场分析是市场营销管理的重要内容之一。要在激烈的市场竞争中得到应得的份额,要充分认识自己产品的长处和短处,包括设施设备、住房率、市场覆盖面等,还要熟知各类客源的不同需求和竞争对手的长处和短处。在市场分析中,要熟悉酒店所在地的社会组织、机关团体、工业商业、风景名胜、交通运输、风俗习惯、气象气候等有关背景资料;要清楚竞争对手的设施设备、经营模式、营业状况、管理方法、价格政策、产品策略等详细情况;要清楚顾客情况,建立顾客档案,掌握顾客的习性和爱好,更好地满足顾客的需求;要清楚本酒店的客房出租率、营业收入、平均房价等经营情况。

2. 制定市场营销组合策略

酒店市场营销的另一个重要内容就是制定市场营销组合策略。通过市场分析,更加清楚地了解酒店的内部情况和市场的外部环境,从而准确地预测未来的市场情况,作出正确决策,这是关系到酒店经营成败的关键。制定酒店市场营销组合策略,分为如下几个步骤:确定酒店的经营目标;审定经营目标;分析市场因素;制定市场发展策略;制定市场营销策略;进行财务可行性分析;实施行动,进行计划与实际结果的对比分析。

3. 制订销售行动计划

制订销售行动计划需要三个步骤。首先,制订酒店销售行动计划的总策略,主要包括市场经营对策、淡季和旺季经营对策、酒店经营利润预测、市场经营成本、市场经营的长远目标、市场经营策略的近期任务、增加销售和提高利润的指标和时间表。其次,制订市场经营计划的要点,包括需要解决的问题、目标、背景、地点、交通、销售特点,优势和劣势分析、现有市场的容量、产品需求的变化等。最后,制订销售行动计划的要点,包括行动计划和行动时间表、潜在客户和过去的客户的联系、电话销售和面对面销售的计划、广告及宣传品的派发、店内销售、特殊促销的方式等。

4. 实施销售行动计划

在进行市场分析、确定销售策略、制订市场经营计划和销售行动计划的基础上,经酒店总经理批准后,全面实施销售行动计划,重点内容包括:一是拟定推销对象,确定客源范围;二是开辟销售渠道,增加销售网点;三是签署各种用户合同;四是拜访客户;五是完成日常订房业务;六是建立客房档案;等等。

5. 开展公关活动

这主要包括:协调内外关系,树立酒店形象;协调与住店客人、来访者、新闻媒介、社区团体、政府部门、上级机关等人员的关系;通过新闻媒介宣传酒店;策划各种宣传活动;通过各种渠道掌握市场信息,把酒店商品信息传播给社会公众和住店客人。

此外,实施酒店营销管理,还要制作销售统计表、客源分析表、团队会议预定控制表等。

二、酒店市场营销的要求

酒店市场营销不同于销售。销售的核心是"以我为主,以产定销",本质上是一种单向销售哲学。市场营销的核心是"以客为主,以销定产",本质上是一种多向营销哲学,是把顾客放在首位。酒店市场营销是涉及面广、情况复杂的全方位的营销理念和营销工作。

(一)要树立全员营销意识

酒店市场营销是在产品观念、销售观念的基础上发展起来的。酒店市场营销是从经营者的角度来研究市场供求规律,促进产品和劳务交换,满足顾客需求,获得经济效益、社会效益和环境效益。酒店市场营销的中心思想是"以销定产",而不是"以产定销"。因此,酒店市场营销的开展和组织不仅仅是营销部门和预订部门的事情,也不仅仅是酒店少数人的事情,而是全酒店、全方位、各部门的事情。因此,只有树立全员营销的意识,坚持在总经理领导下,让全体员工包括营销部门和业务部门、一线部门和二线部门的员工都参与其中,都来关心酒店的客源状况,关心酒店的市场营销,满足客人对酒店产品和服务的需求,才能达到最佳的市场营销效果。

(二)要具备善于应变的思想

在酒店市场供求关系中,供给和需求都是不断变化的,从不均衡到均衡再到不均衡,是一个循环往复的过程。在这一过程中,调节市场供求关系的主要机制是价值规律和地方政府的相关政策。当市场需求大于市场供给时,在价值规律的作用下,各种类型的投资者就会投资新建或租赁改造各种饭店,扩大市场供给。当新增饭店发展到一定规模造成供过于求,进而影响宏观效益时,国家和地方政府又会采取调控手段,控制新建规模和档次,避免供给集中和超过需求而造成宏观经济失调。

随着旅游业的发展,供大于求的局面又会转化成求大于供。供求关系不仅在一定时期内随市场客源和酒店供给呈现阶段性变动,而且每年还会因为季节、天气、节假日等的客源规模、数量、结构和流量不同发生周期性的变化。这两种变化交织在一起,就形成十分复杂的情况。在实际工作中,上述变化还会使酒店的市场竞争状况、格局、价格和竞争对手各不相同。

因此,要做好酒店市场营销的组织工作,就要广泛开发市场,组织客源,树立善于应变的思想意识,善于把握当地市场供求关系的变化,随时做好市场调查,掌握市场变化的各种信息,分析新增、新建和租赁改造的酒店,分析市场特别是竞争对手的客源、价格、竞争策略和营销策略的变化,以及分析酒店供应能力的变化对本企业的影响,然后结合酒店实际,确定或调整自己的营销策略、经营方案、产品价格、营销措施等。只有这样,才能适应市场供求关系的变化,组织好酒店营销活动,在市场竞争中立于不败之地。

(三)要注重整体营销的密切配合

酒店的市场营销是一项涉及全店各级、各部门的工作,特别是各种市场营销策略的运用,如产品策略、品牌策略、主题营销策略、绿色营销和关系营销策略,其涉及范围都很广泛。此外,营销活动中的环境质量、产品质量和服务质量保证,更是涉及各个部门。因此,酒店开展市场营销,必须要求各级、各部门、各环节之间的密切配合。

具体来说,营销战略、方针、各种营销方案的贯彻落实需要由各部门去执行。产品策略要依靠前厅、客房、餐饮、康乐、工程等部门互相配合,保证产品质量和服务质量。品牌策略要依靠各部门的配合来打造品牌质量,树立品牌声誉,提高企业的知名度和美誉度。至于主题营销、绿色营销等策略的运用,也要注重整体营销的配合。总之,酒店市场营销活动的开展如果离开了整体营销配合,就会互相分离,产生摩擦,出现矛盾和纠纷,难以形成整体营销的效果。

三、酒店市场营销管理的功能

酒店市场营销管理包括发现和了解顾客的需求,指导酒店进行决策,开拓酒店市场和目标客户,满足顾客需求四种主要功能。

(一) 发现和了解顾客的需求

现代市场营销观念强调市场营销应以顾客为中心,酒店只有通过满足顾客的需求才可能实现酒店的目标。因此,发现和了解顾客的需求是酒店市场营销的首要功能。酒店市场营销部要进行市场调查,了解酒店行业的市场状况、酒店行业的发展趋势,以及客户对酒店产品和服务的需求。

(二) 指导酒店进行决策

酒店经营决策是否正确,市场营销策略是否符合市场的状况,关系着酒店的生存和发展。酒店通过市场调查,分析研究外部环境的变化,了解顾客的需求和欲望,了解竞争对手的现状和发展趋势,再根据酒店现有的资源和条件,知己知彼,决定酒店的产品、价格、销售政策,制定酒店的市场营销策略。

(三) 开拓酒店市场和目标客户

酒店市场营销活动的另一个功能就是通过对顾客现实需求和潜在需求的调查、了解与分析,充分捕捉和把握市场机会,积极开发产品,建立更多的分销渠道,采用更多的促销形式,开拓酒店市场和目标客户,提高市场的占有率,扩大酒店的市场份额。

(四) 满足顾客需求

满足顾客的需求是酒店市场营销管理的出发点和中心,也是市场营销的基本功能。酒店通过市场营销活动从顾客的需求出发,并根据不同的目标市场,采用不同的市场营销策略,合理地组织人力、财力、物力等资源,为顾客提供适销对路的酒店产品和服务,满足顾客的需求,达到或超越顾客的期望。

丽思·卡尔顿酒店:面向内部,营销为本

丽思·卡尔顿酒店是一家拥有众多连锁分店的豪华酒店集团,以杰出的服务闻名于世,

吸引了5%的高层职员和上等旅客,并有超过90%的顾客下次仍回该酒店住宿。该酒店的著名信条是:"在丽思·卡尔顿酒店,给予客人关怀和舒适是我们最大的使命。我们保证为客人提供最好的个人服务和设施,创造一个温暖、轻松和优美的环境。丽思·卡尔顿酒店能使客人感到快乐和幸福,甚至会满足客人没有表达出来的愿望和需要。"

丽思·卡尔顿酒店为了履行诺言,不仅对服务人员进行极为严格的挑选和训练,而且会使新员工学会悉心照料客人的艺术,培养员工的自豪感。在挑选员工时,就像酒店质量部门负责人说的那样:"我们只要那些关心别人的人。"为了不失去任何一个客人,酒店教导员工要做任何他们能做的事情。全体员工无论谁接到客人的投诉,都必须对投诉负责,直到解决为止。丽思·卡尔顿酒店的员工被授权当场解决问题,而不是需要请示上级。每个员工都可以花2 000美元来平息客人的不满,并且只要客人高兴,允许员工暂时离开自己的岗位。

在丽思·卡尔顿酒店,员工被看作是"最敏感的哨兵,最早的报警系统"。丽思·卡尔顿酒店的员工们都理解他们在酒店的成功中所起的作用。正如一位员工所说:"我们或许住不起这样的酒店,但是我们却能让住得起的人还想到这儿来住。"

丽思·卡尔顿酒店根据它的"五星奖"方案,向杰出的员工颁发各类奖章、"黄金标注券"等作为奖励。因此,酒店的员工相对稳定,流动率较低。丽思·卡尔顿酒店的成功正是基于最简单的内部营销原理,即"要照顾好顾客,首先要照顾好那些照顾客的人"。满意的员工会通过提高服务质量、提升服务价值,为酒店带来满意的顾客,而感到满意的顾客又反过来会给酒店创造利润。

任务3 酒店市场营销新理念

进入21世纪,随着国际酒店业的迅速发展,酒店市场营销在酒店经营管理中的作用越来越重要,酒店市场营销观念也不断得到升华和提炼。一些新型的营销观念开始不断涌现,出现了酒店市场营销的新理念,如服务营销、关系营销、绿色营销、文化营销、网络营销、分时营销、主题营销、内部营销等。

一、服务营销

服务营销是一种通过关注顾客,进而提供服务,最终实现有利交换的营销理念。服务营销是企业在充分认识消费者需求的前提下,为充分满足消费者需要而在营销过程中所采取的一系列活动。服务作为一种营销组合要素,真正引起人们的重视是在20世纪80年代后期。在此时期,随着科学技术的进步和社会生产力的显著提高,产业升级和生产的专业化发展日益加速,这使产品的服务含量,即产品的服务密集度日益增大;另外,随着劳动生产率的提高,市场转向买方市场,消费者收入水平提高,他们的消费需求也逐渐发生变化,需求层次也相应提高,并向多样化方向拓展。

酒店服务营销是指酒店经营者在客人满意的基础上,为实现酒店经营目标而开展的一系列有计划、有组织的营销活动。营销不仅是吸引客人，更重要的是拥有客人和留住客人。服务营销注重的是提高客人的满意度和忠诚度，注重追求酒店企业的长期利益，注重与客人建立良好的关系。

服务营销的本质就是提高客人的满意度、增加信任度、培养忠诚度、扩大美誉度，进而提高酒店经营效益，提升产品品质，最终为客人和企业创造更高的价值。服务营销的特点主要表现在服务产品、服务消费者行为、服务营销组合和服务质量上。

酒店产品的核心内容是服务，服务营销已成为酒店的市场竞争策略。酒店营销活动受服务特点的影响，相对于有形产品的营销，在实际应用的过程中更应该注重服务营销理念。

（一）服务营销的特点

一是由于服务是无形的，顾客很难感知和判断其质量和效果，他们将更多地根据服务设施和环境等有形线索来进行判断。有形展示是服务营销的一个重要工具。

二是顾客直接参与服务的生产过程，并在这一过程中同服务人员产生沟通和互动行为，这向传统的营销理论和产品质量管理理论提出了挑战。

三是与有形产品相比，服务的不可储存性要求管理者对服务的供求进行更为准确的平衡。

四是由于服务不具有实体特征，因而不能储存运输，从而使服务的分销不同于有形产品，给大规模生产和销售带来了限制，所以酒店要获得规模经济的效益就必须付出更多的努力。

（二）酒店服务营销的策略

针对酒店服务产品的特点，酒店营销更加注重服务营销理念，在传统的4Ps营销组合的基础上增加3Ps，即员工（people）管理、有形展示（physical evidence）和服务过程（process）。

1. 员工管理策略

酒店属于劳动密集型企业，员工素质和能力至关重要。在酒店服务利润链中，顾客满意和顾客忠诚取决于酒店为顾客创造的价值，而酒店为顾客创造价值的大小又取决于员工的满意与忠诚。只有满意和忠诚的员工才能提高其服务效率和服务质量。酒店服务的生产与消费过程是紧密交织在一起的，服务人员与顾客之间在服务生产和递送过程中的互动关系，直接影响着顾客对服务质量的感知。因此，加强酒店员工管理应是服务营销的一个重要内容。酒店员工管理的关键是不断改善内部服务，提高酒店的内部服务质量。因此，酒店要对员工进行持续不断的培训，促使全体员工真诚地为顾客服务。

2. 有形展示策略

由于服务的不可感知性，不能实现自我展示，它只有借助一系列的有形证据才能向顾客传递相关信息，顾客才能据此对服务的效用和质量作出评价和判断。由于酒店行业竞争激烈，酒店更应在以下三个要素中做好有形展示。

第一，环境要素。这类要素通常不会引起顾客立即注意，也不会使顾客感到格外的高兴和惊喜，但如果酒店忽视了这些因素，使环境达不到顾客的期望和要求，则会引起顾客的失望，降低顾客对服务质量的感知和评价。

第二,设计要素。这类要素是顾客最易察觉的刺激因素,可以用来改善酒店产品的外观,使酒店服务的功能效用更为明显,以建立有形的赏心悦目的酒店产品形象。

第三,社交要素。社交要素是指参与酒店服务过程的所有人员(包括服务人员和顾客),他们的态度和行为都会影响顾客对服务质量的期望和评价。

通过环境、设计、社交三类有形展示要素的组合运用,有助于酒店实现服务产品的有形化、具体化,从而帮助顾客感知服务产品的质量,增加顾客从服务中得到的满足感。

3. 服务过程策略

酒店作为综合性服务企业,为宾客提供一系列服务,包括售前的信息咨询服务,售中的住宿、餐饮、娱乐、旅游、购物、会议、商务等各项服务,以及售后的客户关系维护服务。酒店应确定各种情况下的服务流程并将其制度化,增加服务人员与宾客之间的交流与互动,提高服务质量,做好以全员、全程、全方位为特征的全面质量管理。在服务过程中,员工与顾客的沟通至关重要,服务的无形性则增加了沟通的困难。

酒店服务沟通中存在四个层次的潜在难题,即语言、非语言行为、价值观和思维过程的差异。在这四种差异中,因语言的差异产生的难题最显而易见也最容易克服。非语言行为会影响服务质量,国际酒店业的通用语言——"微笑",就是非语言行为,虽简单却能给客人带来莫大的满足和高兴。在酒店接待与服务中,常会体现出价值观以及思维过程和习惯的差异,这些差异都需要酒店对员工进行针对性的培训,以使他们掌握更多的知识,利于沟通,利于控制服务过程。

二、关系营销

关系营销是把营销活动看成是一个企业与消费者、供应商、分销商、竞争者、政府机构及其他公众发生互动作用的过程。其核心是建立和发展与这些公众的良好关系,留住顾客,提供产品和服务,在与顾客保持长期的关系基础上开展营销活动,实现企业的营销目标。实施关系营销并非以损害企业利益为代价,而是提倡企业与顾客策略。

不少酒店管理人员对关系营销的重要性缺乏足够的认识,他们仅仅认识到增加新消费者可以快速地增加酒店的利润。毫无疑问,酒店应通过营销活动招徕新消费者。然而,吸引新消费者的主要目的是通过艰苦的努力,向新消费者表明自己的能力,逐渐把新消费者培养为忠诚的老消费者,因为老消费者比新消费者更能使饭店提高经济效益。已有的研究数据表明,企业增加一位新消费者所花费的成本是维系一位老消费者所花费成本的六倍。由此可以看到,关系营销在消费者关系管理方面所具有的极大优势。

此外,酒店关系营销的对象不仅包括酒店产品和服务的消费者或购买者,还包括其他与酒店有着重大利益关系的相关组织和个人,如酒店员工、同行竞争者、政府部门和媒体等。因此,酒店不仅要同消费者搞好关系,同时也必须与酒店员工、企业内部各部门及同行业或相关行业等搞好关系,与他们建立长期共存共荣的合作伙伴关系。

酒店关系营销是识别、建立、维护和巩固酒店与顾客及其他利益相关方的关系的营销活动,其实质是在买卖关系的基础上发展良好的非交易关系,以保证交易关系能够持续不断的建立和发生。酒店关系营销的核心是建立和发展相关个人与酒店双方的利益的长系,它是为了建立、发展、保持长期的和成功的交易关系,为了提高常客的忠诚度而进行的市场营销活动。建立长期业务网络的关系营销已成为酒店营销的一种趋势,它以长期的顾客满意和酒店利润为衡量标准。

建立顾客的忠诚度,即提高回头率,是酒店重要的营销目标,因为只有忠诚的顾客才会重复购买。美国一项调查表明:1位满意的顾客会引发8笔潜在的生意,其中至少有1笔成交;而1位不满意的顾客则会影响25个人的购买意向。其他大量的研究也表明,忠诚的顾客能给服务性企业带来巨大的经济效益。

美国学者雷环赫德(Reichheid)和塞斯(Sasser)研究发现,顾客回头率每上升5%,利润相应可以提高5%～12%。这是因为:首先,相对于普通顾客来说,经常惠顾的顾客对价格的敏感程度较低,消费能力更强;其次,增加忠诚的顾客有助于节约酒店的营销费用,因为忠诚的顾客平均会向10个人进行有利的口头宣传;最后,忠诚的顾客具有高度的"参与意识",是酒店的"兼职咨询顾客",愿意为酒店提供各类重要信息。

酒店企业的最大特点之一是服务消费,是过程消费而不是结果消费,顾客把服务生产看成是消费的一部分。酒店的服务产品具有的特点在于:服务是无形的;服务是一种或一系列的行为,而不是具体的实物;在服务过程中生产与消费同时发生,顾客的参与性强。由于服务的这些特殊性质,酒店服务产品的质量衡量就具有了相对的主观性,顾客在评价服务产品质量时,依靠的不是产品的技术质量或实际质量,而是他们对服务的全面可感知质量。

全面可感知质量是由酒店服务产品的实际质量和顾客在消费前的期望质量相比较产生的,是影响顾客对服务的感知和质量评价的关键。服务的提供者即酒店员工与顾客经常有各种各样的直接接触,很容易建立起相互的关系。酒店企业开展关系营销,还可以通过酒店与顾客间的良好关系建立顾客对酒店的忠诚。关系营销的核心是顾客的忠诚,发展与顾客的长期友好关系,并把这种友好关系作为企业的宝贵资产。

(一)关系营销的基础——附加值

附加值体现为物质利益的追加、财务利益的追加,以及社会利益的追加。顾客的总成本包括货币、时间、精力和体力成本。

(二)关系营销的级别

根据美国康奈尔大学酒店业研究中心的研究,顾客忠诚度有四个决定因素:价值、利益、(可控制的)支出和(对酒店/品牌的)信任,其中最关键的是"利益"和"信任"。因此关系营销必须为顾客制定增值策略,提供特殊的优待,如建立常客档案、实施常客计划、给予更加个性化的服务等。根据特殊优待给顾客创造的不同的价值,市场营销学教授贝瑞(Berry)和帕拉苏拉曼(Parasuraman)把关系营销归纳成一级关系营销、二级关系营销和三级关系营销三个级别。

1. 一级关系营销

一级关系营销又称购买型关系营销,是通过直接经济利益刺激顾客购买更多的产品和服务,如香格里拉酒店集团与航空公司开发"常旅客奖励计划",常旅客入住酒店可以得到航空公司的里程累积。

一级关系营销维持顾客关系的主要手段是利用价格刺激增加目标市场顾客的财务利益,即采取顾客分级的方式对忠诚度越高的顾客做越多的投资,让他们享受特殊的优惠和更多的好处。万豪、希尔顿、洲际等国际酒店集团实施常客计划或成立常客俱乐部、建立会员制,对会员订房入住给予一定的折扣和积分,当积分到达一定程度时,可以享受免费住房或客房免费升级的激励,逐渐建立起顾客对酒店产品的偏好,采取的都是这一营销策略。国际酒店集团利用其国际化的客源网络,建立了广泛的会员制度,如广州的福朋喜来登酒店正是受惠于喜来登酒店集团的会员客源,虽身处广州市近郊的不利位置,却能保持很高的客房出租率。

2. 二级关系营销

二级关系营销也称社交型关系营销,更重视与顾客建立长期联系网络。酒店员工可以通过了解单个顾客的需要和愿望,不断充实顾客信息资料,并使服务个性化和人性化,增加企业与顾客的社会性联系。顾客组织是二级关系营销的主要表现形式,企业通过顾客组织给予长期顾客优惠和奖励,提供产品最新信息,定期举办联谊活动,加深顾客对企业的情感信任,增加顾客对酒店的认同感。

二级关系营销在增加目标顾客财务利益的同时,也增加他们的社会利益。在这种情况下,营销在建立关系方面优于价格刺激。二级关系营销把人与人之间的营销和酒店与人之间的营销结合起来,如服务时尽量称呼客人姓名,逢年过节的时候,或者顾客生日的时候,送一些蛋糕、贺卡之类的小礼物或电话问候,以及与客人共享一些私人信息等,都会增加客人选择入住同一酒店的可能性。另外,酒店建立完善的回访机制,与客人建立持续对话的通道,妥善处理客人的投诉,改进酒店服务中的不足之处,提高服务质量,也是二级关系营销中重要的内容。

3. 三级关系营销

三级关系营销又称忠诚型关系营销,是最高级别的关系营销。酒店企业通过向顾客提供某种对顾客很有价值,又不容易获得的特殊服务,实现酒店与顾客的双向忠诚。相互依赖长期合作的关系往往以技术为基础,精心设计独特的服务体系使竞争对手很难模仿。

三级关系营销就是增加与客人的结构纽带,再附加财务利益和社会利益。结构纽带和结构性联系要求在营销中与客人建立稳定、便利的联系方式。比如,北京王府饭店规定,凡入住王府饭店20次以上的客人,列入"王府常客"名单,并可享受下列特殊待遇:拥有一套烫金名字的个人信封、信纸、火柴,一件合身定制的专用浴衣,浴衣上用金线绣着客人的名字,客人离店时收起,下次来店入住时,客房部又取出为客人挂好,只要可能,饭店尽量安排客人中意的同一间客房。

三级关系营销还有一种方式,就是根据自身客源结构的特点,通过顾客组织化的形式,建立特殊的团队,并为这个团队提供特别的服务,使客人觉得酒店销售的不仅是一种产品,还是一种生活方式。

(三)酒店关系营销的特征

1. 双向沟通

在现代市场中,酒店与顾客之间以及酒店与酒店之间保持良好的长期合作关系有助于维持饭店的稳定发展。与营销网络中各成员建立长期、良好、稳定的伙伴关系,是酒店保证营业收入、利润稳定增长和市场稳步扩大的重要基础。酒店和顾客通过关系渠道的建立,搭建沟通的平台,形成良好的交流。关系和感情的交流是双向的,顾客与酒店的接触多、沟通畅通,则关系渠道畅通;反之,则渠道堵塞。深入、广泛地进行双向沟通,既实现了酒店与客户之间的感情交流,也为酒店真诚地赢得顾客的心提供了好的平台。

2. 双赢互利

关系营销的实质是双方各自利益的实现,酒店用产品或服务从顾客那里获取利润,顾客则用货币从酒店获得自己所需的产品或服务,这是双方建立良好关系的基础。酒店和利益相关成员的相互补充,是关系营销理论运用于实践的前提。因此,酒店关系营销中的关系营销强调建立在互惠互利的基础上,实现共同价值和利益。在实际的经营过程中,酒店要把服务、质量和营销结合起来,重视实现酒店与顾客之间的互利双赢。

3. 合作

随着买方市场的形成,市场竞争的激烈化程度逐渐加剧,酒店管理者要从观念上认识到利益相关的一切成员,并与他们建立和保持彼此相互信任、相互合作、相互成长的关系,为了酒店、酒店同行和顾客的共同利益,相互支持,共同进步,实现共同的价值和目标。

4. 控制

关系营销要求建立专门的部门,建立一套信息控制系统,用来跟踪客户、分销商、供应商以及营销系统中的其他参与者的态度,了解关系的动态变化,不断改进产品和服务,开拓新的市场,为酒店可持续发展提供条件。

5. 亲密

同利益相关者的关系能否得到稳定和发展,情感因素也有重要影响,情感的沟通建立在忠诚顾客的有效前提下。因此,关系营销不只要实现物质利益的互惠,还要让参与各方能从关系中获得情感需求和满足。

(四)关系营销的基础

首先,必须建立顾客数据库,这是关系营销的"硬件"基础。没有客户资料,连顾客都不知道在哪里,也就根本谈不上关系营销。目前在美国,已有80%的公司建立了自己的市场营销数据库,这个数字如果具体到服务行业,比例还要更高。如果酒店在每位顾客消费时,通过数据库,建立起详细的顾客档案,包括顾客的消费时间、消费频率、消费偏好等一系列特征,酒店就可借此准确找到自己的目标顾客群,降低营销成本,提高营销效率。另外,酒店还可以通过数据库营销,保持与顾客的沟通和联系,强化顾客与酒店密切的社会性关系,并预测顾客需求,提供更加个性化的服务。

其次,实施关系营销,还必须强化"软件",即员工的素质。直接频繁面对顾客的员工,作为最直接、对顾客影响最大的"品牌接触点",必须接受严格的专业培训和标准化管理,具备较高的专业素质和服务水平。这是因为,如果一个顾客第一次接触酒店,就没有感到满意,那么很可能这也是最后一次了。

关系营销的实质是在市场营销中与各关系方建立长期稳定的、相互依存的营销关系,以求各主体协调发展,因而必须遵循以下原则。

1. 主动沟通原则

在关系营销中,各关系方都应主动与其他关系方接触和联系,相互沟通信息、了解情况,形成以制度或合同形式定期或不定期的碰头,交流各关系方需求变化情况,主动为关系方服务或为关系方解决困难和问题,增强伙伴合作关系。

2. 承诺信任原则

关系营销中各关系方之间都应作出一系列书面或口头承诺,并以自己的行为履行诺言,才能赢得关系方的信任。承诺的实质是一种自信的表现,履行承诺就是将誓言变成行动,是维护和尊重关系方利益的体现,也是获得关系方信任的关键,是酒店(企业)与关系方保持融洽伙伴关系的基础。

3. 互惠原则

在与关系方交往过程中必须满足关系方的经济利益,并通过在公平、公正、公开的条件下进行成熟、高质量的产品或价值交换,使关系双方都能得到实惠。

三、绿色营销

酒店绿色营销是绿色营销理论在酒店中的具体应用,是在酒店绿色消费的驱动下产生的。酒店绿色消费是指客人意识到环境恶化已经影响到其生活质量和生活方式,要求酒店创造、生产、销售对环境负面影响最小的绿色产品,以减少危害环境的消费。

酒店通过研制产品、利用自然、变废为宝等措施,满足客人的绿色需要,实现酒店营销目标。实质上,酒店绿色营销策略是酒店以环境保护观念作为其经营的指导思想,以绿色消费为出发点,以绿色文化作为酒店文化核心,在满足客人的绿色消费需要前提下,为实现酒店经营目标而进行的营销活动。

绿色营销的具体做法包括:第一,树立绿色企业形象,以可持续发展为目标,注重环境保护,节约材料耗费,保护地球资源;第二,推广绿色营销,打造绿色客房、绿色餐饮及绿色消费,确保产品的安全、卫生和方便,以利于人们的身心健康和生活品质提升,利于对环境的保护;第三,引导绿色消费,培养人们的绿色意识,优化人们的生存环境。

绿色酒店把生态环境保护纳入酒店的决策要素之中,重视研究酒店的生态环境对策,注重采用新技术、新工艺,减少有害废弃物的排放,例如对废旧物品进行回收处理和再利用;变普通商品为绿色产品,实现酒店产品绿色化。酒店还可以积极参与社区内的环境整治,推动对员工和公众的环保宣传,树立绿色酒店的良好形象。

绿色营销追求经济效益、社会效益和环境效益的统一,既能满足当代人的需要,又不损害后代人满足其需要的能力。因此,绿色营销作为实现旅游业可持续发展的有效途径,无疑将成为现代酒店企业进行营销活动和市场开拓的必然选择。

四、文化营销

文化是企业的重要组成部分,酒店的企业文化在其发展中发挥了非常重要的作用。酒店企业文化包括酒店的价值观、经营理念、管理哲学、服务思想、行为方式等。酒店企业文化有着强大的凝聚力和渗透力,能够影响酒店员工的思想和工作方式,约束酒店管理者和员工的行为。酒店企业文化构成了酒店的工作环境、服务氛围和经营特色。此外,酒店企业文化对酒店客人同样具有深厚的感染力和号召力,起到了潜移默化的效果。因此,酒店要充分发挥文化营销理念的作用。

文化营销理念充分体现了酒店的"以客为本"的原则。酒店所有员工的工作重点,就是一切以客人为本,尽量满足客人的需求、追求客人利益最大化。酒店"以客为本"的文化营销理念是使其不断赢得更多的新老顾客的重要手段,也是扩大市场占有率的有效方法。这从一个案例中可以体现:有一位住在喜来登酒店的客人,在外出前将一件掉了扣子的上衣放在房间里,当天晚上回到酒店后,他发现上衣的纽扣已被钉好,整整齐齐地摆在房间。后得知是客房服务员整理房间时,发现客人衣服上的扣子掉了,找了一枚相同的纽扣,主动为客人缝好了,这使客人非常感动,成为酒店的常客。

五、网络营销

网络营销是指以互联网为传播手段,通过对市场的循环营销传播,达到满足消费者需求和企业需求的过程。酒店企业的网络营销是指借助网络、电子计算机通信和数字交互式媒体等技术来沟通供求之间的联系、销售酒店产品和服务、为客人设计产品,从而实现酒店营销目标的一种现代市场营销方式。

传统营销往往是被动型的,重点是如何让客人关注酒店产品;网络营销则采用主动型的方法,重点是酒店如何去关注潜在的客人,通过网络营销的挖掘、吸引更多关注酒店产品的消费群体,培养酒店的顾客忠诚度。与传统营销比较,网络营销优势在于成本低、互动性强、传播快,能够发挥桥梁的作用,帮助酒店与客户建立一对一的营销关系。

虽然网络营销以互联网为核心平台,但也可以整合其他的资源形成整合营销,比如销售渠道促销、传统媒体广告、地面活动等。互联网拥有其他任何媒体都不具备的综合营销能力,网络营销可进行品牌推广、销售、服务、市场调查等一系列的工作,包括电子商务、企业展示、企业公关、品牌推广、产品推广、产品促销、活动推广、挖掘细分市场、项目招商等方面。

酒店网络营销的主要目的是在互联网上建立酒店自身品牌。知名酒店的品牌可以在网上得以延伸,一般酒店则可以通过互联网快速树立品牌形象。网站推广是酒店网络营销最基本的职能之一,也是营销的核心工作。酒店网站所有功能发挥都要以一定的访问量为基础。

酒店网站是一种信息载体,发布酒店网站信息是酒店营销形式之一,它的目的是将酒店产品信息传递给目标人群,包括顾客、潜在顾客、媒体、合作伙伴、竞争者等,进而提高酒店销售量。万豪、洲际、希尔顿、香格里拉等国际酒店集团都有自己的酒店联号网络。酒店网络营销是酒店销售渠道在网上的延伸,网上销售渠道建设不限于网站自身,还包括建立在综合电子商务平台上的网上商店及与其他电子商务网站不同形式的合作等。

互联网还提供了方便的在线顾客服务手段,通过网站的交互性应用、顾客参与等方式,在开展顾客服务的同时,增进了顾客关系。网上调研是网络营销的一项重要职能,通过在线调查表或者电子邮件等方式,可以完成网上市场调研,相对传统市场调研,更具有高效率、低成本的特点。开展网络营销的意义就在于充分发挥各种职能,让网上经营的整体效益最大化。

酒店网络营销方式分为网站营销、口碑营销、媒体营销、搜索引擎营销、电子邮件营销、电子杂志营销、博客营销、微信营销、论坛营销、贴吧营销、社会化媒体营销,等等。随着顾客的需求逐渐趋向个性化,酒店通过互联网实现顾客与企业的直接对话,根据不同顾客的需求制订饭店网络营销推广方案。如在制定酒店价格策略时,可根据每个消费者的价值观制定相应价格策略。酒店传统营销定价主要考虑酒店成本与市场同类酒店价格,而在网络上,消费者购物基本属于理智型,价格是否合适取决于其价值理念。酒店只要充分掌握顾客的购买信息,顺畅双方沟通渠道,便可作出合理决策。

酒店网络促销主要借助网络广告,将信息传送到全球每个角落,并与消费者建立一对一的联系。酒店传统营销是一种强势营销,不考虑顾客需求与否;而酒店网络营销是一种软营销,通过加强与顾客的沟通和交流来达到营销目的,从而挖掘潜在消费者需求。

六、分时营销

时权酒店(time share hotel)起源于20世纪60年代,这一概念最早是在法国阿尔卑斯山脉地区的一家滑雪度假村诞生的。其卖点是该度假村能保证每一个购买该度假村某一时段的消费者能在预定的时间内来此滑雪度假。对该度假村开发商而言,由于把未来的使用权提前销售给购买者,从理论上来讲已提前收回了开发成本,获得了利润;对时权购买者而言,这种方式能保证他们用较低的价格(一次性买断)获得预设时间里,特别是旅游旺季时能使用该度假村的权利。

时权酒店的概念就是"分时度假",即出售一定时期内使用酒店住宿或娱乐设施的权利,该权利可以在市场上转售、转让或者交换。简单地说,时权酒店是指消费者或个人投资者买断了该酒店在每年某一特定时间里的若干年使用权。这种度假方式在欧美流行半个多世纪之久,所带来的经济效益被众多的团体客户和消费者所接受。

由于购买者购买的时权是某一特定的度假酒店,但购买者又不可能一辈子都在同一地方度假,因此,为了便于销售,又出现了时权交换公司。时权交换公司为不同地区或国家的时权购买者提供相互交换的平台,为时权购买者在不同地区旅游度假创造了条件。

分时度假产生了分时营销(time share marketing),并在全世界迅速发展和传播。分时营销以其销售价格低廉、使用方式灵活和服务质量优良等特点,得到全球广大顾客的青睐,其实质就是将酒店客房的使用权分时段卖给客人,即不同的消费者购买不同时段的使用权,客人也可以通过网络与其他消费者交换不同酒店客房的使用权。

分时营销带来了酒店理念的创新,成功引入了分时入住和分时交换两大概念,消费者可以在每年的特定时段来享用酒店的客房,也可以将自己的使用权与同属于一个交换服务网络中的任何一家酒店具有某段时间使用权的消费者进行等价交换,同时也可以享用时段权益的转让、赠送、继承等系列权益。

按国际惯例,酒店管理者一般将酒店客房每年的使用权分为52周,将这52周中的51周分时销售给客人,其中1周用于维修保养。消费者每年可以拥有一周的使用权,使用年限一般为20~40年,也可以是永久。

从发展历程来看,分时营销经历了双边式、三边式和多边式三个不同的营销运营模式。双边式是最早的运营模式,是购买方与酒店之间进行直接的交易,酒店先组建自己的客户网络,然后将客房按时段以一定的价格提供给消费者。三边式在双边式的基础上增加了一个销售代理商,酒店委托专门的销售公司来进行客房时权销售。多边式是在三边式的基础上又增加了一个交换公司,专门负责帮助消费者按其意愿实现酒店时权之间的相互置换,这样就拓展了分时度假的市场范围,使酒店更好地满足分时度假酒店客人的需求。

分时营销作为一种面向市场的新型酒店业营销模式,对于酒店业发展具有重要的现实意义。开展分时营销,可以优化酒店业的市场结构和产品结构,有利于酒店从整体上提高客房出租率,改善房产积压情况,使酒店加盟业步入良性运行轨道。同时可促进国际旅游和国内旅游发展再上新台阶,有利于旅游业和酒店业的可持续发展。

七、主题营销

主题营销是酒店在开展经营活动时,根据酒店特色、顾客需求、时令季节、消费潮流、社会热点等各种因素,选定一个或者多个主题作为酒店的吸引标志,通过宣传推广,树立酒店的形象,吸引客人的注意,进而引导客人产生购买行为。主题营销的主要特点是赋予一般的营销活动以某种主题,围绕既定的主题来营造酒店的经营气氛。

主题营销是酒店在激烈的市场竞争中,经常采用的一种营销策略,它的关键之处在于选定一个或多个具有标志性的主题。这些主题符合客人的消费需求,体现酒店特色与文化性,具有个性化、差异化的特点。主题营销不但能够突出酒店的文化品位,还能够形成酒店独有的个性。

酒店营销活动强调差异性,酒店主题营销活动更是如此,要让本酒店的产品和服务区别于其他酒店的产品和服务,从而树立起一种独特的主题形象。酒店的产品和服务,一定要优于竞争对手,在客人心目中占据不可替代的地位。实践证明,酒店的差异性越明显,酒店的竞争力就越强大。

这种差异不仅包括有形设备设施的差异,还包括无形个性化服务的差异,以及企业文化、经营理念、广告宣传、营销策略等销售环节上的差异。

酒店的文化决定了酒店在市场上的竞争力。酒店主题营销就是要发挥酒店文化的优势,比如酒店的建筑风格、外观形象、企业文化以及酒店所在地的地域特征、历史传统、风俗习惯,等等。例如,美国拉斯维加斯的金字塔酒店就以古埃及文明为主题设计,充满了古代埃及的文化传统:外观设计成大金字塔及人面狮身像,酒店房间就在金字塔里面,住宿的旅客以专用小艇渡过小尼罗河后,到达客房;从酒店房间里向外看,可俯视赌城的主要街道和周围的群山,向内部可俯视大厅内的景观;所有房间都摆放了古埃及风格的木制雕刻家具,制造了一种浓厚的埃及文化的氛围,煽动了客人的好奇心,更加激发了客人的购买动机。

酒店在组织策划各种类型的主题营销活动时,可以根据消费时尚、竞争对手的表现、时令季节、客源市场需求、社会变动的走势等多方面来选择合适的主题。在主题活动实施时,可以依靠自身的实力独自组织并推出主题营销活动,也可联合其他单位或企业,如竞争对手、旅游公司、旅行社等,共同策划组织主题活动。除此以外,酒店还可以定期或不定期地与一些大型企业进行合作,推出会展和节事活动,以达到营销的目的。

八、内部营销

内部营销与传统营销的区别在于扩大了营销活动的推广范围,提出了内部客人和内部市场的概念。内部营销理论认为,酒店是以服务为主的企业,为了开拓市场,满足客人需要,实现酒店的效益,必须要把酒店内部看成一个内部市场,将酒店的员工看成内部客人,必须与外部营销活动配合做好内部的营销活动,重视服务的提供者和服务质量的决定者——员工。

酒店的内部营销,就是把酒店员工当作客人,为员工提供令其满意的服务,从而激发员工的工作热情,增强员工的对外营销意识,促使他们取得最佳成绩,提高服务质量。

从管理的角度来说,内部营销的功能就是培养在营销活动中积极主动、自觉做好服务工作又具有营销意识的员工。从战略层面来看,酒店内部营销的目标是创造一种内部营销环境,促使所有员工关心酒店的营销状况,形成全员营销的氛围;从战术层面来看,酒店内部营销的目标是强调员工兼职营销角色的作用,使员工能以自己的服务工作支持酒店的整体经营战略并促进营销活动的开展。如果酒店员工理解了内部营销的重要意义,就会主动做好工作,为客人提供个性化和特色化的服务。酒店只有将内部营销作为整体营销的重要组成部分,才能更好地实现市场营销的战略目标。

内部营销是将营销管理的思想和技术运用到企业内部,在内部开展一系列积极的、营销式的、协同的活动来激励员工,实现员工的满意,使他们的工作表现体现出服务意识和客户导向,最终实现外部客户满意的目标。

内部营销理论的内涵:满意的员工产生满意的客户,要想赢得客户满意,首先要让员工满意;只有满意的员工才可能以更高的效率和效益为外部客户提供更加优质的服务,并最终使外部客户感到满意。满意的员工产生满意的客户,是内部营销的基本前提。内部营销的对象是企业内部员工,目的是通过吸引、保留和激励员工,开发员工的服务理念和客户意识,以满意的员工来实现企业外部客户的满意,从而获得企业竞争优势。

知识拓展

希尔顿欣庭酒店的内部营销

几年前,希尔顿酒店集团旗下的希尔顿欣庭酒店(Homewood Suites by Hilton)的品牌经理霍尔特豪泽想要复兴这一低迷的酒店品牌。从第一天开始,他就知道在他的战略规划中,与复兴酒店占据同等重要地位的,是将这一品牌与其他品牌区分开来,不仅是在希尔顿酒店集团以外,而且是在内部。

霍尔特豪泽说:"我们的确需要一些贤能之士来帮助我们发展。但是,我刚到希尔顿欣庭酒店的时候,招聘广告发出去后却没有一个来应聘的人。大家都想去客似云来的地方。而在公司内部,我们这个品牌默默无闻。所以,希尔顿欣庭酒店必须激起内部员工对这个品牌的兴奋度,这样就能够吸引一部分人才了。"霍尔特豪泽还说,"我们一直都在孜孜不倦地培养和推广希尔顿欣庭酒店的品牌个性。我们这不拘谨,员工在这工作很开心。我们把'谢谢'挂在嘴边,向员工提供专业的培训、发展机会和奖励机制。"

"而且我们做了大量的沟通工作,使团队中的每一个人都能全心全意地工作。我们的团队成员都为希尔顿欣庭酒店的品牌感到骄傲,他们希望客户也喜爱这一品牌。"

霍尔特豪泽和手下的几位高层经理定期和公司一线的团队成员召开电话会议,同时他也定期与每位总经理召开电话会议,以了解业务的最新进展情况。当有员工表现突出时,霍尔特豪泽会发去书面感谢信,并致电表示祝贺。

由于霍尔特豪泽为员工敞开了信息大门,使他们的工作非常出色。不仅如此,员工在客户服务方面的表现也更上了一层楼,因为他们真正担起了促使公司品牌成功的责任。霍尔特豪泽说:"我们一直认为内部营销同外部营销一样重要,而我在这里的经历证明了我的想法是对的。"

五年之后,霍尔特豪泽再也没有碰到招聘方面的问题了。他说:"现在发出招聘帖子后,应聘的人数超过了我们能够应付的程度。"酒店行业面临的最大问题是员工流失率高,但是希尔顿欣庭饭店的优秀员工却一直没有离开那里。

这些员工关心客户,而客户也回馈他们以支持和赞赏。霍尔特豪泽说:"由于客户的好评,我们赢得了三项行业大奖。这些奖励是我们致力于营造企业文化的直接结果,在这种文化氛围内,团队成员满腔热情地实现着我们的品牌承诺。"

内部营销理念对酒店企业尤其适用,酒店服务的特殊性决定了酒店员工的重要性,酒店服务质量的高低取决于酒店员工素质的高低,客人的满意离不开员工的满意。只有员工对工作和企业环境满意了,才会尽心尽力地去工作,提供令客人满意的产品和服务。

因此,酒店内部营销理念非常重要,它指导酒店培养满意员工的重要观念。酒店必须要树立"以人为本"的理念,对外以消费者为本,对内则以员工为本。酒店必须找出对员工满意度有影响的因素,充分尊重员工、发展员工,激励员工,为员工创造尽可能好的工作条件,切实提高员工的满意度。

案例分析

假日酒店集团的市场营销

第一家假日酒店创建于1952年。创始人威尔逊先生第一个将特许经营方式引入酒店业。1968年,威尔逊先生把假日酒店开到了1 000多家,业界评价他"改变了世界酒店业的发展史"。假日酒店集团是第一家经营规模达到10亿美元的国际酒店集团,并以持续创新的形象铭刻在国际酒店业的发展史上。

假日酒店一开张就充满了创新之举。首先,它定位于中等价位并提供高标准服务,为旅行的人们提供了一个有着家一般感觉的休闲场所,使他们不必面对汽车酒店要么昂贵、要么肮脏的两难选择。酒店内部开设了餐厅、游泳池,并提供会议设施,客房里安装电话、电视和空调,停车场免费提供,儿童免费入住,这种种前所未有的举措令当时美国酒店业耳目一新。

20世纪50年代末,威尔逊先生发现仅靠他个人的力量不足以实行大规模扩张,于是他采用特许经营方式出让品牌使用权,让投资者自行兴建酒店并经营,这给国际酒店业的发展提供了一条全新的思路。假日酒店集团凭借美国当时州际高速公路系统全国伸展的东风,利用特许经营的方式在国内各地开办连锁店,并逐渐走向世界。一个世界级的国际酒店集团从此迅速成长。

20世纪60年代,威尔逊成立"酒店服务中心",鼓励受许方到服务中心购买建材以实现酒店装潢上的统一。假日酒店集团还率先采用计算机联网预订系统,随后同行纷纷效仿,又一次引领业内潮流。20世纪60年代末至70年代初,每隔两天半就有一家假日酒店在世界的某一个地方开业。

20世纪70年代,假日酒店集团在电话局买下1-800-Holiday Inn特别号,为所有拨打这一号码的电话集中付费,将其服务水准上升到一个新的高度。从此,免费电话800由假日酒店开始向全世界推广,并在今天成为衡量服务周到与否的一个标准。

进入20世纪八九十年代,假日酒店集团利用高新技术创新,继续一次次引领国际酒店业发展的潮流。他们第一个使用佣金集中付款系统、LAN mark综合酒店计算机管理系统;使用HOLIDEX 2000全球最先进的互联网预订网络,客人可以通过计算机预订任何一家假日酒店。每天,有超过437 000间假日酒店的客房通过HOLIDEX系统被预订,假日酒店集团被业界称为计算机预订系统的领导者。在服务设施方面,假日酒店集团首先创建带有玻璃天顶的Holidome室内娱乐中心、E-ZONE电子游戏厅以及设立儿童套房等。创新给假日酒店集团带来了持久的良好声誉。

讨论题:
分析假日酒店集团的市场营销理念,说明其成功的原因。

复习思考题

1. 什么是酒店市场营销?
2. 简述酒店市场营销的发展过程。
3. 酒店市场营销管理有哪些内容?
4. 酒店市场营销管理有哪些功能?
5. 简述酒店市场营销的新理念。

实训项目

实训目的: 了解酒店业的发展状况。

实训内容: 通过网络报道和相关资料了解国内外酒店业的发展动态,包括酒店业的现状、发展趋势、存在的问题和解决的方法等。分析酒店业的形势,熟悉酒店开展市场营销工作的行业背景。

实训流程:

1. 根据教学班级学生人数确定项目小组数量,每小组5~10人;
2. 以小组为单位组织收集资料、研讨,在充分讨论的基础上形成小组的实训报告,制作成汇报材料;
3. 每小组派代表上台汇报,各小组讨论交流;
4. 教师对各小组汇报进行总结和点评。

项目二

酒店市场营销环境

知识目标

1. 理解酒店市场营销环境的概念；
2. 熟悉酒店市场营销环境的特点；
3. 了解酒店市场营销宏观环境分析；
4. 了解酒店市场营销微观环境分析；
5. 懂得酒店市场营销环境调研；
6. 掌握酒店市场营销环境分析方法。

能力目标

1. 能够分析酒店市场营销环境；
2. 能够调研酒店市场营销环境；
3. 能够用酒店市场营销环境分析方法分析营销环境。

任务分解

任务1　分析酒店市场营销宏观环境
任务2　分析酒店市场营销微观环境
任务3　调研酒店市场营销环境
任务4　酒店市场营销环境分析方法

2019年中国酒店行业市场环境分析

中国酒店行业发展与国家经济增长、居民消费水平、境内旅游业发展等因素息息相关。近年来,我国经济保持稳步增长的势头,2018年全国GDP总量达90.03万亿元,同比增长6.6%;2018年,全国居民人均可支配收入28 228元,比上年名义增长8.7%,扣除价格因素影响,实际增长6.5%;考虑人口增长因素,人均国内生产总值增速为6.1%;2018年,全国居民人均消费支出19 853元,比上年名义增长8.4%,扣除价格因素影响,实际增长6.2%;2018年全年国内旅游人数55.39亿人次,比上年同期增长10.8%;出入境旅游总人数2.91亿人次,同比增长7.8%;全年实现旅游总收入5.97万亿元,同比增长10.5%,旅游经济继续保持快速增长。

受益于国家经济的快速发展与人民生活消费水平的提高,我国酒店行业规模持续增长,正逐步走向大规模、高质量的发展时代。2018年全国酒店业规模持续扩大,住宿餐饮业总收入约5万亿元,其中餐饮业达到4.4万亿元,继续保持10%的增长幅度。据此测算,2018年全酒店行业(不含餐饮)收入达到约6 000亿元的规模,保持良好发展态势。同时,我国酒店行业供给持续增长,中国酒店客房数量从2015年的215.01万间增长到了2019年的414.97万间,期间的年均复合增长率为17.87%,如图2-1所示。

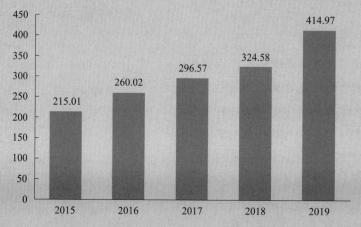

图2-1 2015—2019年中国酒店客房数量(万间)

(资料来源:根据公开资料整理。)

行业结构逐步完善成熟。当前,酒店业业态丰富、定位清晰、结构健全的行业形态逐步成熟,细分业态进一步明晰,市场布局进一步优化。继星级酒店、经济型酒店、租赁式公寓、中端连锁等业态逐步发展成熟之后,新热点不断涌现和发展,酒店业向大住宿业转型的结构将逐步成熟完善。

为满足居民百姓日益增长的住宿需求,中端酒店成为发展主体,占据主流市场空间。高端酒店的发展将更加关注个人消费的细分需求,提供个性且高质量的服务。

特色的住宿共享模式将继续得到创新发展。酒店业的发展需要学习适应共享时代的企业经营发展之道,提高数据管理能力,通过洞察用户画像和用户行为提高服务的个性化水平,提升用户的体验。

随着中国消费者走向全球,更了解中国消费者需求的民族酒店品牌将迎来全球化扩张的黄金时期。与其他行业不同,酒店业的全球化步伐更加轻资产,将以品牌输出为特色,加快走出去步伐。

越来越多的酒店智能化解决方案都在关注如何帮助酒店更好地服务客户。其中最重要的是CRM[①]解决方案,如何细分酒店客人、提供更个性化的服务体验等都将是未来行业需求解决的问题。因此可以预测,行业中会有更多的解决方案着重于运营流程优化和酒店空间合理配置,以促进运营效率、人员效率以及能源效率的提升。

任务1　分析酒店市场营销宏观环境

一、酒店市场营销环境的概念

美国著名市场学家菲利普·科特勒认为:"市场营销环境是指影响企业的市场和营销活动的不可控制的参与者和影响力。"具体地说,影响企业的市场营销环境,是其能否卓有成效地发展和维持与其目标顾客交易及关系的外在参与者和影响力。

酒店市场营销环境是指与酒店营销活动有潜在关系的各种酒店外部和内部因素组成的生态系统。通常情况下,酒店市场营销环境是由两方面构成的,即微观环境和宏观环境。

微观环境是指与企业紧密相连,直接影响企业为目标市场顾客服务的能力和效率的各种参与者,包括企业内部营销部门以外的企业因素、供应商、营销渠道企业、目标顾客、竞争者和大众。宏观环境是指人口、自然、经济、科学技术、政治法律和社会文化等企业不可控的宏观因素。

这两种环境之间不是并列关系,而是包容和从属关系。微观环境受制于宏观环境,同时也制约着企业的生产经营活动并受到企业营销活动的影响。宏观环境与微观环境共同构成企业营销环境系统,二者共同对企业的营销活动产生影响。

二、酒店市场营销环境的特点

1. 系统性

完整的酒店市场营销环境是由政治、经济、自然、社会文化、人口、科学技术等子系统组成的宏观环境系统,以及酒店、供应商、销售商、顾客、竞争者和公众等子系统组成的微观环境系统共同形成的。从系统整体来看,同一国家、同一地区的市场营销环境是相同的。

---

① 客户关系管理,Customer Relationship Management。

2. 地域性

不同国家或地区,由于地理位置、社会制度、民族文化、经济发展水平等方面的差异,都有可能使酒店市场营销环境呈现出地域性的特点。因此,酒店要根据这一特点,因地制宜地制定酒店市场营销组合方案,突出酒店的地域特色。例如,上海世茂深坑洲际酒店作为全球海拔最低的五星酒店,一反传统建筑理念,充分利用了深坑的自然环境,向地表反向延伸开拓建筑空间,突破人类工程极限,克服了一系列世界级建筑技术难题,用酒店和岩壁环境的契合创造了一次建筑和艺术的完美交融,形成了酒店独有的地域特色,并被美国国家地理频道《世界伟大工程巡礼》追踪拍摄,誉为"世界十大建筑奇迹"之一。

3. 可转化性

市场营销环境既有可能是酒店营销的制约因素,也有可能是机会因素。当遇到环境威胁时,酒店应能把握机遇,避免环境威胁,把不利因素转化成有利因素。例如,美国希尔顿酒店集团的创始人希尔顿先生,在 20 世纪 20 年代,很好地把握了经济危机周期的不同阶段,以 5 000 美元果断地买下了他的第一家酒店,用"微笑"的服务模式加以经营和管理,最终把希尔顿酒店发展成庞大的酒店连锁集团。希尔顿先生正是通过把环境威胁转化为环境机会,并通过独特的经营模式成为"酒店帝王"的。

4. 客观性

市场营销环境是客观存在的,有着自己的运行规律和发展趋势,不以营销者的意志为转移。无论营销者主观上是否认识到,市场营销活动总是在一定的内外部环境下进行的,受各种客观因素的影响和制约。酒店企业的营销活动要主动适应和利用客观环境,不能改变或违背客观环境。主观臆断营销环境及发展趋势,必然会导致营销决策的盲目与失误,造成营销活动的失败。

5. 复杂性

酒店市场营销环境包含众多因素,随着现代社会的高速发展和交通、通信条件的不断改善,市场营销环境中的众多因素也在不断地发生变化,更加难以预测,这就使酒店市场营销环境具有复杂性。

6. 动态性

随着社会的发展和环境的变化,酒店的内外部环境处于不断的变化状态之中,人们的消费习惯也在不断地变化。另外,构成酒店市场营销环境的各种因素和力量也在不断地重新组合,形成新的环境。面对这种新的环境,酒店必须重新调整自己的各种可控因素,重新设计新的营销方案,应对环境的变化。企业营销环境的变化是不断发生的,中间商、竞争者、酒店内部的任何变化都会引起相应的连锁反应,酒店经营者对此要有充分的认识,并早做准备。

7. 相关性

酒店营销环境具有相关性,即市场营销环境各因素是相互联系、相互渗透、相互作用的。比如,一个国家的体制、政策与法令总是影响着该国的科技、经济的发展速度和方向,继而改变着社会习惯;同样,科技、经济的发展,又会引起政治、经济体制的相应变革。这种相关性,必然影响酒店的市场营销。此外,不同的环境因素对不同营销活动内容影响的重点不同。

营销人员必须善于分析相关因素,在掌握相关规律的基础上寻找和选择企业的目标市场。

8. 不可控性

市场营销环境是一个复杂多变的整体,酒店企业一般不可能控制环境因素的变化。如宏观经济发展条件,酒店不可能随意改变。还有,各环境因素之间也常常存在矛盾,从而影响和制约酒店企业的营销活动。尽管酒店营销环境具有不可控性,但企业通过发挥本身的能动性,如调整营销策略、进行科学预测及联合多个企业等,可以冲破环境的制约或改变某些环境因素,取得成功。

三、酒店营销环境分析的意义

酒店企业进行营销环境的全面分析具有重要的意义。首先,市场营销环境分析可以为酒店企业有效地选择细分市场提供科学依据,使酒店在一定的标准下将市场细分为若干子市场,从中发现和确定企业营销的目标市场,指导酒店经营者及时地、灵活地调整自己的经营策略,保证酒店生存发展和酒店目标的实现。其次,市场营销环境分析不仅可以使酒店企业发现市场机会,而且还能使其发现和避免不利环境因素的威胁。最后,市场营销环境分析还可以充分调动酒店企业的主观能动性,通过调整内部环境条件来改善和适应外部某些环境因素,促使其向着有利于企业营销的方向改变。

四、酒店市场营销宏观环境分析

酒店市场营销宏观环境是指酒店企业或酒店业运行的外部大环境。在酒店市场营销中,宏观环境因素主要包括政治法律环境、社会文化环境、人口环境、经济环境、自然环境、科技环境等方面。

(一)政治法律环境

政治法律环境是指一个国家或地区的政治制度、国家体制、政治局势、政策法规、法律制度等方面中,对酒店经营管理产生影响的相关因素。无论是在资金、土地、人力资源的配置上,还是在政策优惠、评星定级、减免税收等的实行上,政府都在不同程度地发挥作用。政府通过制定财政、金融、工资、物价、税收、就业、劳动安全、环境保护等方面的法规和政策,既可以增加酒店的发展机会,也可以限制酒店的经营活动,对酒店的生存和发展有着重要的影响。这里的政治环境不仅包括本国的政治环境,还包括客源国的政治环境。

1. 政治的稳定性

一个国家的政局是否稳定,会给酒店营销活动带来重大的影响。旅游者外出旅游首先是考虑安全问题。如果一个国家政局稳定,人民安居乐业,旅游者就有安全感,酒店市场营销就会拥有较多的机会。相反,如果一个国家的政局动荡,社会秩序混乱,旅游者不会冒着生命危险去游山玩水,酒店市场营销也会受到很大的冲击。

例如,2018年2月,春节将至,中国游客喜爱的旅游胜地马尔代夫登上各大媒体头条。这一次不是因为旅游,而是因为马尔代夫政局陷入动荡。2018年2月2日,中国驻马尔代夫大使馆发布安全提醒,指出鉴于马尔代夫首都马累2018年2月1日发生大规模集会活动,中国公民近期应谨慎前往马尔代夫。中国是马尔代夫最大的旅游客源国,近年来中国赴马游客保持在每年30万人次以上。由于动荡的政治局势,中国游客锐减,马尔代夫旅游业受到严重损失。这说明国际酒店集团进入一个国家之前,一定要考虑该国政治的稳定性,因为这对于从事酒店市场营销是非常重要的。

2. 法律法规

任何国家都需要运用法律法规对社会经济活动进行干预和规范。法律法规的影响主要源于国家有关法律制度、经济政策及公众利益等方面。酒店企业研究并熟悉法律法规,既可以保证自身严格依法经营和管理,也可以运用法律手段保障自身的权益。如中国旅游饭店业协会依据国家有关法律法规,在2002年制定了《中国旅游饭店行业规范》,并根据时代发展需要,在2009年对其进行了修改,例如删除了"12点退房"的规定。在此之前,锦江宾馆、喜来登酒店等一些酒店已将"延迟退房"作为酒店的一项增值营销活动,取得了良好的效果。

3. 政府的各项政策

无论哪个国家,都必须从本国的政治、经济、民族利益出发,制定出具体的各项政策,从而也会对酒店市场营销产生直接的影响。如禁止公费旅游的政策出台后,酒店的团体入住人数就会受到影响;有些地区对饮酒的年龄限制之后,对餐饮业也会有较大的影响;酒店娱乐消费税的变化也会对酒店市场营销产生一定的影响;中国通过推行黄金周和节假日休假的政策,扩大内需,拉动消费,提高了酒店市场的消费能力,改善了酒店市场营销的环境,促进了旅游业和酒店业的发展。

(二)社会文化环境

社会文化环境是指一个国家、地区的民族特征、价值观念、生活方式、风俗习惯、宗教信仰、伦理道德、教育水平、语言文字等的总和。文化对酒店营销的影响是多层次、全方位、渗透性的。文化影响和支配人们的生活方式、消费结构,主导人们的需求和消费方式。

1. 相关群体

相关群体就是能影响一个人态度、行为和价值观的群体,例如家庭、邻居、亲友等,他们受相同社会风气的影响而具有相似的消费倾向。相关群体一般包括以下三种类型:一是主要群体,与消费者个人关系密切、接触频繁的团体,例如家庭、邻居、同事、朋友等;二是次要群体,与消费者关系一般,成员之间的联系不如初级群体密切,例如各种社会团体、职业协会、学会等;三是渴望群体,即消费者渴望加入这一群体,因而将他们的生活方式和消费行为作为自己的参照。

相关群体为个人的消费提供了"参考依据",是人们消费行为的主要决定因素。因此,酒店市场营销工作要时刻注意在相关群体中主导影响力,分析他们接触到的信息媒体,设计更具有吸引力的信息,利用意见领袖的影响力使产品在该群体内部得到广泛认同,从而推广酒店产品和服务。

例如,一些酒店在开业或周年庆典时,利用公共关系的手段,邀请当地的知名人士、政府官员、企业高管等出席仪式或典礼,邀请记者和新闻机构大力宣传,并让名人拍照、签名留念。然后把这些相片签名挂在酒店里,来增加酒店知名度,树立酒店形象。

2. 家庭及其生命周期

家庭是指居住在一起由拥有血缘、婚姻或者领养关系的两个人或更多人组成的群体。按照规模,家庭可以分为核心家庭和扩大家庭两种形式。核心家庭包括父母和未婚子女,扩大家庭则为几代同堂,规模较大。家庭和家庭生命周期会对其旅游活动产生影响。例如,刚结婚无子女的青年家庭往往对旅游感兴趣,而空巢家庭由于时间和收入富裕,也对旅游特别感兴趣。

目前,我国城乡空巢家庭超过50%,部分大中城市达到70%;农村留守老人约4 000万,占农村老年人口的37%。从心理学的角度来说,"空巢"给老人带来了极大的无奈和困惑,而旅游作为一种有效的放松心情的方法,常常被他们用来充实生活、增强心理调适能力、提高家庭生活质量。

因此,酒店要主动调查了解空巢老人的需求和愿望,为他们提供有吸引力的服务。例如,坐落于北京西郊妙峰山的京西饭店,设有养老公馆300余套,另有星级酒店客房供暂住,可容纳近千人同时居住。公馆定位中高端,是离退休老干部的休养所,是老知识分子著书立说、写回忆录的理想书斋,也是"空巢老人"的温馨栖息地。

3. 地位阶层

地位阶层是按个人或家庭相似的价值观、生活方式、兴趣及行为等进行分类的一种相对稳定的等级制度。不同阶层的人会表现出不同的旅游倾向。酒店市场营销人员应针对不同阶层设计不同的广告和产品,选择各阶层都愿意接受的销售渠道和价格。

例如,万豪酒店集团旗下的W酒店拥有世界一流的菜肴、特色酒吧和招牌水疗会所,是现代旅游和时尚生活的代名词。酒店的目标宾客是那些时尚潮流的创造者:他们的年龄一般在30~35岁,受过良好教育,一般没有小孩,对最新、最酷、最时尚的东西感兴趣;他们了解时尚、关注时尚,并且也希望自己能被时尚界所融合;他们喜欢去时尚酒吧、参加电影首映或是钟情某种时尚音乐或音乐元素,并且他们还对设计有着独到的见解。

4. 文化传统

文化传统对消费者的需求和购买行为有重要的影响。不同的传统文化、风俗习惯和宗教影响,会导致不同的消费需求和购买行为。各个国家,各个民族都有不同的文化传统、风俗习惯和宗教信仰,酒店营销人员要进入某一个目标市场时,必须要了解这些文化传统并适当加以利用,引导目标市场客人的消费。酒店在拓展市场的时候,也要考虑如何创造文化环境、开发文化资源、利用文化优势、达到企业的经营目标。

(三)人口环境

人口环境对酒店市场营销的影响,主要体现在人口数量和增长速度、人口的地区分布和流动、人口的年龄结构和性别结构、人口的家庭规模等方面。动态人口是影响酒店市场营销的主要因素,是指人口的迁徙,即人口在空间上的位移,包括人口流动的数量、人口流动的区域、人口流动的时间长短、人口流动的距离长短、人口流动比率和流动人口的结构变化等,这些都会对酒店市场营销产生影响。人口是构成市场的基本要素,人口容量决定了市场规模。人口环境也是影响酒店市场营销最活跃的因素。

1. 人口数量

人口数量和市场容量、消费需求成正比。在收入水平一定的条件下,人口数量决定市场需求总量。在同样经济发展水平的国家、人口的增加对旅游人次的增加起着一定的作用。人口越多,意味着对旅游产品的需求越多,酒店市场的容量也就越大。过去数十年中,世界人口呈现爆炸性增长态势:在20世60年代,世界总人口仅为30亿,酒店市场的规模不大;而截至2020年2月24日,全球230个国家人口总数为7 583 908 198人。数量庞大的人口为酒店市场营销孕育了巨大的发展潜力。

2. 人口结构

人口结构决定酒店市场的需求结构。人口结构主要分析的是人口的年龄结构和职业结构。不同年龄结构的消费者对酒店的规模大小、价格高低、住宿条件、餐饮口味等多方面的要求都有较大的差异。酒店营销人员必须及时了解人口年龄结构的变化,据此开发新的酒店产品,满足不同年龄段旅游消费者的需求。另外,由于世界人口老龄化,特别是主要客源国的人口老龄化趋势明显,老年人的需求越来越不可忽视。在美国,旅游度假支出80%是在55岁以上的人手中。据预测,中国将成为亚洲老龄化问题的突出国家之一。2019年,我国60岁以上老年人已达2.5亿,占总人口的18.1%,预计2050年将达到5亿。到21世纪中叶,中国人口的1/3将是老年人。面临老年人旅游市场的形成,酒店在市场营销方面要制定适应老年人需求的酒店产品和服务。

职业结构的不同对于酒店市场营销也有一定的影响。企业管理人员、商务公司人员业务繁忙,出差机会比较多,科研人员、医生、教育工作者等外出学术交流机会比较多,酒店应针对不同职业采取不同的市场营销策略。例如,对于企业管理人员和商务公司人员要重点拓展,他们属于高端旅游市场消费人群,人均单次消费总额超过14 000元人民币。此外,人均消费总额超过10 000元人民币的还有奖励旅游、会展、文化、体育的参加者,这些人大部分是企业的总裁、财务总监、经理、销售人员、演艺明星等,他们对于酒店要求较高。

例如,由于海南省近年经常举办高端经济会议,高端旅游市场逐渐成熟,希尔顿、洲际、万豪等多家外国酒店集团已大批进入海南,经营各种品牌的高档星级酒店。截至2018年底,海南共有酒店5 064家,共有客房总数约30万间,其中,国际品牌酒店有94家,涵盖万豪、洲际、希尔顿、香格里拉、朗廷、美高梅、雅高、莱佛士等品牌。

3. 人口分布

一般来说,地理距离的增大会使旅游目的地对客源的吸引力逐渐降低。但是随着航空业的发展,旅游者出游距离延长,从过去单一的观光型旅游变为观光、度假型旅游。酒店客源的人口分布从原来的以当地或周边地区为主开始变为全国各地。宾客停留时间长,客房周转率下降,这些都会带来酒店营销策略上的变化和创新需求。例如,如何保持老顾客,如何适应不同地区不同消费者习惯的宾客的需求,如何翻新菜单,如何使老住客常住常新等问题,需要营销人员着力解决。

此外,人口的城市化水平和城市化发展水平直接影响着酒店供求关系。城市居民收入较高、信息灵通、容易接受新的消费观念、能够享受更完善的交通网络,是酒店重点争取的目标市场。目前中国城市化率仅为45%,而全球平均则为49%、发达国家和地区达到90%,可见国内仍会有进一步发展。城市化的推进,会促进高端酒店加速扩充。

例如,深圳市,2018年共有7 409家酒店,其中高端酒店(四、五星级酒店及四、五星级标准酒店)348家。高端酒店建设带动了深圳酒店业整体市场结构的提升,也提高了酒店对高层次消费目标市场的供给水平。

(四)经济环境

经济环境是指酒店经营过程中所面临的经济条件、经济特征、经济联系等各种客观因素。经济环境是影响和制约社会购买力形成的主要环境因素。2008年美国发生的金融危机波及了整个世界,对酒店业造成了很大的影响,包括客房出租率降低、酒店业的投资下降、人们消费意愿和能力减弱、酒店业成本增加、盈利空间缩小等。

1. 经济发展水平

人均国民生产总值以及个人可支配收入高的国家,居民出游率会相应更高,对酒店产品的需求会更多。一个国家或地区的经济发展水平会制约酒店的市场营销活动。经济发展状况主要用三个指标来衡量:第一,经济增长速度;第二,人均国民生产总值;第三,人均收入。人均国民生产总值提高,是增加饭店业收入的经济基础。根据研究,人均国民生产总值达到300美元时,就会兴起国内旅游;人均国民生产总值达到1 000美元时,就会有出境旅游的需求;人均国民生产总值超过1 500美元时,人们对旅游的需求迅速增长,并由低端的观光旅游向高端的休闲度假旅游过渡和转变。

经济发展推动了旅游业,也必然会带动旅游目的地酒店业的需求增加。过去几年,国际中高端品牌酒店的整体签约量以平均每年40%的增速发展。到2018年上半年,共有284家酒店签约。在如此高的签约数量中,二线城市名列前茅,并且以新一线城市为重点。这些城市酒店签约数量猛增的原因主要在于:利好政策多,经济发展快。

2. 货币汇率

货币汇率是不同国家、不同货币之间的相互比价。它对酒店客源数量和营业收入的变化起着十分重要的作用。如果客源国相对于旅游目的地国的货币升值,汇率提高,而旅游目的地国的商品价格又未相应提高,这样出国旅游价格相对降低,旅游客源国会鼓励国民出国旅游,从而促进旅游目的地酒店需求的增加。相反,如果客源国相对于目的地国的货币贬值,汇率下降,就会减少客源国对目的地国的旅游人数,降低对目的地国的酒店需求。

比如,美元兑人民币的汇率下降,美元兑人民币贬值以后,中国公民赴美旅游的人数不断增加,游客花费2万元左右的价格就可以享受到以前3万元到4万元价格的旅游体验。另一方面,由于汇率因素,美国游客来我国旅游的人数则下降了。这种货币汇率变动引起旅游人数的增减,对酒店市场营销活动有直接的影响。

3. 经济周期

当经济景气、处于发展上升阶段时,企业会扩大规模,不断地向外扩张,会派员工到外地考察或拓展业务,因而这时候商务旅行者的住宿需求会非常强劲;经济发展势头良好,企业为员工发放的福利和提供的就业机会也会增加,个人收入水平提高,人们外出旅游的动机就会很强烈,从而增大酒店需求。

当经济萧条、处于危机阶段时,许多企业破产,工人大量失业,这对酒店业来说无疑是个巨大的打击。因为公司经营不佳时,首先要缩减的预算就是出差,商务旅行的需求降低使那些商务酒店必须对房价大打折扣。经济运行状况还会影响到酒店的投资。当经济景气时,酒店会通过股票发行和其他融资方式来筹集资金,以建造新的酒店或者扩大现有酒店的规模,或者对现有酒店进行装修改造。经济不景气时,酒店则会将某一业务外包,或者将酒店出售。

(五)自然环境

自然环境主要是指地理位置和自然资源,包括气候条件、环境质量、自然灾害发生概率及影响程度等。自然环境是能否吸引旅游者的重要因素,也是影响酒店市场营销的一个重要因素。优美的自然环境有利于酒店经营和产品的销售,也有利于吸引更多客人。

1. 自然条件

自然资源丰富、地理区位优越的地区,能吸引更多的旅游者来此观光游览,酒店也会相对集中,有助于市场营销的开展。例如我国海南省,年平均气温在22～26℃,优越的地理位置、独特的热带季风气候、长达1 528千米的海岸线、优美的海水沙滩、绵延起伏的山峰、密布的热带原始森林、广泛分布的温泉、蜿蜒有致的河流,热带风情的田园等在全国独具特色,使其成为我国重要的旅游目的地。据统计,2018年,海南省酒店业和餐饮业营业额合计623.38亿元,吸纳就业人员43.05万人。旅游业在解决就业、拉动内需、带动相关产业发展等方面发挥了不可忽视的作用。

2. 突发性自然灾害

生态环境的优劣可以给酒店市场营销带来不同的效应。优越的生态环境给酒店市场营销提供了得天独厚的机遇,但是生态环境变化有时也会给酒店市场营销带来危机,例如火山爆发、地震、洪水、干旱、恶劣天气等自然灾害都可以给旅游活动造成损失。2018年,日本气象厅发布的消息称,当地时间9月6日凌晨3时8分(北京时间2时8分),北海道发生了6.7级地震,日本的多个旅游热门地区:北海道、青森县、岩手县、宫城县等地有强烈震感,地震导致当地机场全面停飞、新干线列车停运、数条高速公路限行。业内人士表示,短期来看,日本旅游市场将受明显冲击,部分中国游客可能会暂缓赴日旅游行程。这便是突发性的自然灾害影响到旅游活动,进而影响到酒店的市场营销的例子。

3. 环境保护

随着工业化进程的加速,人类在开发利用自然资源的同时,也引起了资源短缺、生态破坏和环境污染等不良后果。1962年美国生物学家蕾切尔·卡森(Rachel Carson)的《寂静的春天》一书,引发了公众对环境问题的注意,各种环境保护组织纷纷成立,促使联合国于1972年6月在斯德哥尔摩召开了第一届"人类环境会议",并由各国签署了"人类环境宣言"。此后的《21世纪议程》《京都议定书》等进一步加强了公众对环境问题的关注。为应对气候变化和实现旅游业可持续发展,中国出台了一系列的政策法规,大力推进旅游业节能减排,要求其做好环境保护工作。因此,酒店在市场营销中要积极响应国家低碳经济政策,制定采购、宣传及营销等环节的"绿色"标准,建立有利于节能减排的员工培训管理、客人宣传教育以及其他相应管理的制度,推行绿色酒店的运营模式。

(六)科技环境

科技环境包括一个国家或地区的科技水平、科技政策、新产品开发能力以及技术发展的动向等。科技环境既影响着人们的消费需求,又影响着酒店经营管理的手段和服务方式。科技的发展使酒店成为应用高科技比较集中的领域。

科学技术是第一生产力,它的进步与发展为各行各业创造了新的市场,带来了新的机会,酒店行业也不例外。科技给酒店带来的不仅是效率化、数字化的管理,更为客人带来了丰富多样的便捷服务。从酒店环保设计、计算机管理应用到网络预订、视频技术以及宽带网络等,科学技术环境作为一个重要的酒店营销环境因素,直接影响着酒店的产品开发、设计、销售、管理以及个性化服务等多个方面,决定了酒店在市场上的竞争地位。

1. 酒店预订系统

国际互联网技术的发展及应用,使酒店可以瞬间将自己客房销售给位于世界各地的顾客。目前酒店都拥有预订系统,简化和方便了顾客购买酒店产品和服务的流程。随着国际酒店集团的发展,预订系统成为连锁酒店内部垄断客源的一种手段。各个国际酒店集团都开发了自己独立的市场信息预测系统和酒店预订系统。

如假日酒店集团早在1965年就建立了自己独立的计算机预订系统HOLIDEX,目前已发展成为世界最大规模的民用电子计算机网,其规模仅次于美国政府的通信网络,曾被指定为美国国家处于紧急状态时的通信后备系统。该系统有专用卫星,不仅可以用来预订、传递信息,还可转播剧场实况、播放闭路电视。美国已有1 000多家假日酒店安装了通过卫星转播的长途电视会议设施,并向度假旅游者和商务旅游者提供免费酒店客房预订。该酒店集团分布在近100个国家和地区的约3 000家酒店已联结成预订网络,只要客人住进其中一家酒店,就可以在该酒店集团所有酒店内得到住宿的便利。这既方便了游客的旅行需要,也成了酒店吸引客源的一种手段。

2. 个性化服务

酒店是一个以服务为本的行业,依靠客人对各项服务的满意度来提升酒店的入住率,从而达到经营目标。科技产品无疑也是建立在为客人服务基础之上的。酒店需要结合自身的客源群体及竞争优势制定个性化服务体系。例如,酒店可根据客户管理经验的积累来建立"宾客档案",记录每位客人的喜好,并进行联机服务。同时,酒店的会议室采用可视电话系统,可以全球同时同声进行传影传音翻译。

客房服务中,客房智能控制系统可根据数据库中的客户资料实现"光线唤醒"服务。由于许多人习惯根据光线而不是闹铃声来调整起床时间,新的唤醒系统将会在客人设定的唤醒时间前半小时逐渐自动拉开窗帘或增强房间内的灯光;无匙门锁系统以指纹或视网膜鉴定客人身份;虚拟现实的窗户,提供可自己选择的窗外风景;自动感应系统中窗外光线、电视亮度、音响音量、合适的温度以及浴室水温等可以根据每个客人的喜好自动调节。

现代科学技术,如智能客房、智能家居、智能门锁、人工智能和语音搜索技术、虚拟现实技术等,都已经广泛地运用在酒店行业,推动酒店行业科技化进一步发展。很多人都熟悉蓝牙,但是很少有人知道同样属于短程通信技术的射频识别和近场通信技术。国际饭店业刚刚开始将射频识别和近场通信技术用于客房门禁和支付领域,未来还将用于饭店客房访客监测领域。现代科学技术促进酒店业的进步,也推动了酒店市场营销的进一步发展。

任务 2　分析酒店市场营销微观环境

酒店市场营销微观环境包括直接影响其市场营销能力的各种参与者,主要由酒店本身、供应商、营销中介、顾客、竞争者和公众组成,他们会与酒店形成协作、服务、竞争、监督的关系。微观市场营销环境的变动,对酒店企业营销的影响比较具体,影响的范围比较小,作用时间也比较短,因此,酒店企业在一定程度上可以控制。酒店市场营销部门在制定决策时,不仅要考虑到酒店宏观环境的变化,而且要考虑酒店微观环境的变化。

一、酒店企业

酒店企业的资金状况、基础设施、规章制度、组织机构、企业文化等是酒店进行营销活动的基础。酒店的资金状况和基础设施决定着营销活动的规模,规章制度决定着营销机制的工作效率,组织机构决定着营销部门与其他部门之间的相互关系,企业文化决定着营销人员的凝聚力和创造力。

营销是酒店经营管理活动的核心内容:其一,酒店营销工作的好坏,将决定着酒店在客源市场上能占多少份额,而份额多少决定了酒店在市场竞争中的成败;其二,酒店其他部门要理解、支持营销部门开展工作,这不仅要求酒店营销部门内各类专职人员尽职尽责、通力合作,更重要的是必须取得酒店内部其他部门,如高层管理、财务、研究与开发、采购、生产等部门的协调一致、互相配合,这样才能取得预期的效果。市场营销不只是营销部门的工作,从酒店高层到一线员工,每个人都是营销代表,都负有营销的责任。

二、酒店供应商

酒店供应商是指向酒店提供生产经营所需的各种生产要素的企业或个人。酒店市场营销的一个重要方面就是与供应商保持密切关系,以保证资源充足。酒店的日常经营活动需要外界许多供应商提供原材料和各种产品。如餐饮部门需要供应商提供食品加工的原材料,如鱼、肉、蔬菜、饮料等,有些食品如牛肉等,还需要从国外进口;客房部门需要供应商提供客房所需的日常用品,如棉织品、毛巾、牙膏、拖鞋、纸巾、卫生纸等。

供应商对酒店资源供应的可靠性、及时性,供应的价格及其变动趋势以及供应资源的数量和质量,将直接影响酒店产品的数量、质量、产品成本、价格和利润。酒店应选择质量、价格以及在运输、信贷、承担风险等方面条件较好的供应商。供应商的数量也是酒店必须考虑的因素。一般而言,酒店不能过分依赖单一的供应商,其供应能力下降会直接影响酒店的经营活动,而如果供应商数量太多又会增加管理和质量控制工作,供应商的忠诚度往往也比较低。

三、酒店中间商

酒店中间商是指处于酒店生产者与酒店消费者之间,参与酒店产品流通业务,促使买卖行为发生和实现,协助酒店推广、销售和分配产品服务给最终顾客的企业或个人,包括旅游经销商、旅游代理商、旅游批发商、旅游零售商、旅行社、OTA(网上旅行社)、旅游交通运输公司、旅游营销服务机构和金融中间商等。这类购买者的特点是:购买营利目的强、专家购买、购买次数较少,但每次购买数量较大。

中间商在酒店营销中起着十分重要的作用,它帮助酒店寻找酒店消费者并直接与酒店消费者进行交易,从而完成产品从生产者到消费者的转移。酒店在经营场所的空间位置相对固定,而酒店消费者分散各地,远距离销售往往会增加成本,甚至还会增加投资。酒店中间商解决了这种空间上的分离,使分散的消费者能方便地购买酒店产品。

因此,酒店中间商提高了酒店营销活动的效率,其服务质量直接影响到酒店产品的销售。在选择中间商时,酒店必须选择那些声誉好、能向顾客提供所承诺的产品并支付酒店服务费用的企业,与之建立并保持良好的合作关系。酒店可根据中间商的企业规模、组团能力、销售计划、汇款情况等因素,有区别地对待并实行优惠措施。

四、酒店消费者

酒店消费者是酒店经济效益的源泉,是酒店生存和发展的基础。酒店经营者必须了解消费者的需求特征、需求差异以及变化趋势,分析顾客的消费心理及购买行为。

酒店消费者是酒店产品的最终购买者和使用者,消费者的消费行为直接影响到酒店的经营效果。酒店的营销活动是以消费者需要为中心展开的。因此,酒店消费者是影响酒店企业营销活动最基本、最直接的环境因素。酒店消费者主要包括个体消费者和组织消费者。

个体消费者是指酒店消费购买者,包括购买酒店产品和服务的个人或家庭,如度假住客、商务住客、会议住客以及体育住客等。这些顾客大多属于散客。这类消费者包括各种类型和阶层的人员,对酒店需求差异较大,购买的数量较少,但频率较高。他们对酒店产品的购买是一种非专家型购买,所以其购买行为有很大程度的可诱导性。

个体消费者选择酒店的原因多种多样,有的是根据自身的入住经验来选择,有的是听从亲朋好友的推荐来选择,有的是通过网络和信息来选择,有的是根据酒店品牌知名度来选择,还有的是通过酒店市场营销宣传广告来选择。酒店市场营销要根据个体消费者消费行为的特点,把酒店产品设计为不同档次、不同类别、不同特色来适应各种层次消费者的需求。在酒店市场营销宣传推广上,也要与消费者的需求偏好和期望相结合。

组织消费者是指为开展业务而购买酒店产品和服务的各种企业或机关团体组织,如在酒店举办会议或展销会、休闲度假,或作为奖励组织员工旅游的企业和团体。这类消费者购买酒店产品的费用由公司或单位支付。因此,他们的购买规模较大,对酒店产品的需求受价格变动的影响较小,更重视酒店产品和服务的质量。

组织消费者是酒店市场营销的重要目标市场,其特点是购买数量比较少,但购买的规模却比较大。有些公司或团体的会议甚至会包租整个酒店的客房、餐厅、会议室和娱乐设施等,规模巨大、效益可观。组织消费者的费用是由公司承担,单位购买的目的是为公不是为私,对价格不像个体消费者那么敏感。因此,这种客源有利于提高酒店企业的盈利。但是,开发组织购买者的市场,一定要注重酒店产品和服务的质量,质量的好坏决定了市场营销活动的成败。

五、酒店竞争者

酒店竞争者包括行业竞争者、替代品生产者、潜在加入者等。酒店要善于分析市场竞争的整体形势,关注竞争者的数量和规模、经营目标、经营策略、营销方法、企业规模、优势劣势以及反应模式等一系列问题,进而制订有效的市场竞争方针和策略,使酒店在竞争中取得优势,获得较大的市场份额。

酒店的竞争,就是对市场的竞争。酒店要通过有效的市场定位,形成自己的产品特色,比竞争者更好地满足目标市场客人的需求。这需要对酒店竞争对手进行分析,了解竞争对手对酒店主要的经营威胁,并采取有效措施,从而在市场竞争中处于有利地位,占领更多的市场份额,取得更好的经济效益。

酒店的地理位置、装修风格、设施设备、服务项目、服务质量和服务特色,都是酒店市场营销活动的重要因素。酒店要与竞争对手进行比较,分析竞争对手的优势和劣势,分析竞争对手的产品和服务,扬长避短,发挥自己的优势,突出自己的产品特色,有效地占领市场。

六、社会公众

社会公众是指对酒店实行市场营销目标构成实际或潜在影响的任何团体或个人,包括政府机构、新闻媒体、金融机构、工商部门、消费者协会、普通公民、地方公众、团体公众和内部公众等。对于酒店来说,企业的生存和发展依赖于良好的公众关系和社会环境。作为微观环境的公众,包括社会各界人士和企业内部员工。酒店市场营销的公关营销就是要创造成功的公共关系,赢得社会公众的了解、好感、信赖、支持和合作,树立酒店的正面形象,形成酒店在社会公众中的积极影响。

因此,酒店要加强与社会各界的联系,特别是要与报纸、电台、电视台等新闻媒介和政府机构、学术团体、社会团体保持密切联系,让社会公众更多地了解酒店市场营销的活动,推广酒店的产品和服务。这些不同的社会公众,都能影响到酒店市场营销的活动。

比如新闻媒介,如果报纸或电视台对酒店的产品或服务进行报道,就能提高酒店的知名度,增加产品的可信度,有力促进酒店的市场营销。相反,如果报社发表一篇有损于酒店形象的负面报道,就会使酒店的形象受到损害,酒店的信誉受到影响,酒店的产品销售遇到困难。酒店市场营销要与公共关系拓展相结合,增进与社会公众的联系,得到社会公众的支持和理解。

任务3 调研酒店市场营销环境

酒店市场营销环境调研是为了提高营销的效益,有计划地收集、整理和分析市场的信息资料,提出解决问题的建议的一种科学方法。酒店市场营销环境调研也是一种以顾客为中心的研究活动。酒店营销工作的目的是满足客人的需要,向客人提供合适的产品和服务。因此,酒店营销活动的任务就是通过对市场进行周密的调查研究,了解客人的各种需要和欲望,在此基础上设计和提供适销对路的酒店产品和服务来满足客人的需求。

酒店市场营销环境调研是酒店市场营销活动的基础,有着重要的作用。首先,它通过对酒店市场营销环境进行调查,分析市场、了解市场,根据市场的发展及其变化、市场现有规模、竞争对手状况、消费者的需求与购买行为、营销的环境等,有利于科学地制订酒店的营销计划和经营策略。其次,可以根据酒店市场调研的结果,分析研究酒店产品的生命周期,开发新的酒店产品,制订并优化酒店产品各生命周期阶段的营销组合。最后,酒店通过市场营销环境调查,可以发现消费者尚未满足的需求,再根据市场现有的产品状况,调整营销策略,设计合适的产品投放市场,满足消费者的需求,从而不断开拓新的市场,开发新的目标客户群体,扩大酒店对市场的占有率,增加酒店的营业收入。

酒店市场营销环境调研的目的是在收集市场环境信息的基础上,准确把握市场状况、潜力和机会,避免风险与威胁,以便作出营销战略决策,选择目标市场,为营销活动的组织提供客观依据,其调查内容主要包括以下四个方面。

一、地区政治经济环境调查

酒店业以固定营业场所开展市场营销,地区政治经济环境对于酒店市场营销具有十分重要的影响,这方面的具体调查内容主要包括以下各项。

(一) 地区经济与国民收入

地区经济与国民收入主要调查地区国民经济发展水平、社会生产总值、国民收入,特别是人均国民收入和人均可支配收入的发展状况和增长趋势。通过这些调查了解对酒店本地客源和市场发展的影响程度。

(二) 地区政治与法律法规

地区政治与法律法规主要调查地方政府的社会管理、治安管理政策和产业政策,行业管理的机构设置与职能分工,地区财政、税收、金融、工商、卫生、食品检疫、市容、城管等方面的政策、法律、法规的有关规定,以便饭店在开展市场营销活动中既能遵守和执行这些政策法规,又能处理好与地方政府及各职能管理部门的关系。

(三) 地区人口变化情况

地区人口变化情况主要调查酒店所在地区的人口总量,家庭人口、流动人口的分布结构、增长变化,地区政府机构、大学与科研机构、公司社团、机关团体、企事业单位的人口规模,不同人群的生活水平、生活习惯、购买能力及他们利用酒店的能力和消费水平等。通过这些调查可以分析酒店在当地的客源市场和能够争取的客户群体。

(四) 地区社会与市政交通

地区社会与市政交通主要调查酒店所在地区的社会环境、治安,市政工程、水电气等基础设施的完善与供应情况以及交通的便利程度等。通过这些调查可以为酒店市场营销的安全、交通和能源管理等政策和方案制订提供依据。

二、客源市场需求环境调查

酒店客源市场按地域不同可分为海外市场、国内市场、本地市场三种,海外市场和国内市场都以旅游、经商、贸易、科教、开会等各种客人为主,又可分为公司、团队、会议、散客、长住等不同类型。本地市场则以前来用餐、宴请、举办商贸活动、会议、利用康体娱乐项目和休闲健身等各类客人为主。这些客人普遍受酒店的业务性质、星级高低、服务项目、设施设备、地理位置、交通条件等多种因素的影响。因此,客源市场需求环境调查的内容主要包括以下各项。

(一)流动客源市场需求调查

流动客源市场需求调查包括地方政府及其旅游主管部门、旅游统计部门公布的年度、月度或季度的入境旅游和国内旅游的客源总量、客源阶层构成、客源来源地构成,客源类型构成、旅客流量、接待人/夜次、人均消费、平均停留期等。调查掌握这些市场需求数据,结合本酒店的主要目标市场及其国家、地域分布、客源类型构成、分类市场占有率等就可推断本酒店的客源市场需求,从而为酒店市场营销的市场开发、客源组织方案或预案提供主要依据。

(二)本地客源市场需求调查

本地客源市场需求调查以酒店所在地区的本地客人为主,主要调查他们前来酒店用餐、宴请、参加会议、商贸活动和到酒店利用康乐娱乐项目的接待人次、人均消费、销售收入。可分为淡季、平季、旺季、节假日等不同时期。客源市场需求调查以地方政府及其旅游主管部门、旅游统计部门公布的数据为主,结合酒店在同一时期同类市场占有率或接待记录,即可为酒店市场营销活动的组织提供客观依据,促进酒店餐厅、宴会、酒吧、康乐娱乐设施业务经营的发展。

(三)细分客源市场需求调查

无论是流动客源或本地客源,其市场需求都有不同类型、不同档次、不同客户机构,酒店市场营销主要是针对这些细分市场的。因此,细分客源市场需求调查主要是以酒店星级和档次为基础,根据其价格水平和收费标准了解这些细分市场的客源数量、消费水平、支付能力,以及客户对餐厅、宴会、康乐项目等产品质量、服务质量、消费环境的要求等。通过这些调查,可以为酒店的市场定位、目标市场的选择、营销战略的制定和营销活动的组织等提供客观依据。

(四)客源市场需求与机会调查

不管是入境市场、国内市场或本地市场,这项调查都应以酒店所选择的目标市场为主,调查目标市场的客源类型、需求特点、增长速度和增长趋势,了解市场需求还有哪些空档、哪些潜力,还有哪些潜在客源和市场机会,以及在酒店市场开发的观念、认识、理念、营销方式、推销方式、预订方式、组织方法上还有哪些创新潜力可以为酒店提供发展机会,等等。通过这些调查可以为酒店的市场发展和营销活动的组织寻找新的发展方向和发展机遇。

三、市场供给和竞争环境调查

需求决定供给,供给刺激需求,供给超过一定程度就会形成酒店市场竞争。因此,市场供给和竞争环境调查也是酒店市场营销环境调研的重要内容。其具体调查项目如下。

(一)酒店数量、等级与接待能力调查

酒店数量、等级与接待能力调查以本地区、本城市、近距离的同等和相邻等级的酒店为主。因此,要以本酒店为中心,以1.5~2小时的车程距离为半径,调查同等或相邻星级的饭店数量、客房餐厅的规模及接待能力、分布地点、经营特点、主要目标市场、客源构成、客源档次、价格水平、同本酒店的市场竞争状况等。

(二)酒店服务项目及其特点调查

酒店服务项目及其特点调查仍以近距离的同等和相邻等级的酒店竞争对手为主,调查他们的客房类型、餐厅数量和经营风味、宴会档次、康乐娱乐项目设置以及这些服务项目的价格水平、经营特色、服务质量水平等,以便为本酒店在开展市场营销中的服务项目设置、经营方式选择、产品定价和调整提供客观依据。

(三)酒店设施利用率和市场竞争程度调查

酒店设施利用率和市场竞争程度调查本地区竞争对手的客房出租率、餐位利用率、康乐设施接待率及其市场竞争程度。这些设施利用率越高,说明市场环境越好,市场竞争程度较低。反之,则说明供大于求,市场竞争激烈。掌握这种竞争程度,有利于酒店在市场营销中采取相应的对策和措施。

四、区位市场经营环境调查

区位市场经营环境调查对酒店市场经营活动的开展和组织具有重要影响。只有掌握这种环境状况,才能更好地确定经营目标、选择营销策略,做好营销活动的组织工作。酒店区位市场主要是指以本酒店为中心,以1.5~2小时的车程为半径的一个市场范围,在这一范围内的市场经营环境调查内容主要包括以下三个方面。

(一)行业主管机关调查

行业主管机关调查当地工商、税务、公安、城管、市容、消防、食品检疫和人事劳动等行业主管部门的单位地址、分管工作范围、主管负责人的联系方式等。同时要与这些部门的主要负责人加强联系,争取他们的支持和帮助,为酒店营销活动的开展创造良好的环境。

(二)交通状况与客流量调查

交通状况与客流量调查酒店周围的交通干线、公交车数量、车站及车流量、旅客流量、常住人口和流动人口数量及他们利用酒店用餐、宴请的机会和程度等。通过这些调查可以为

酒店经营,特别是酒店餐饮和康乐娱乐部门市场营销的开展,提供市场信息。

(三) 企业供应商情况调查

企业供应商情况主要调查酒店水电燃料供应、各种客用物品、卫生用品、服务用品供应、食品原材料供应等各种供应商的网点设置、距离远近、供应品种、价格水平,以及是否取得旅游供应商的资格、供应商的资质和信誉如何等。这些调查可以为各种供应商的选择、供货合同签订、原料物品采购供应等提供依据,从而为酒店市场营销活动的开展创造良好的后勤保障条件。

五、酒店市场调研的步骤

酒店市场调研是一项复杂而细致的工作,必须根据市场营销活动的工作需要有计划、有组织地进行。因此,要有一定的工作程序和步骤,才能取得预期的效果。总体来说,酒店市场调研的步骤大致可分为以下五步。

(一) 确定调研目的和主题

酒店市场调研是为营销工作作出正确、决策、编制营销计划、制订营销活动方案或者预案、做好营销活动组织工作提供客观依据。因此,确定调研目的和主题就是酒店市场营销环境调研的首要步骤。为此,重点要做好以下三项工作。

1. 确定调研目的

调研的目的是根据想要解决的营销问题决定的,调研目的不同,调研内容、调研方法也不同。如调研目的是要制定营销战略,就要以全面的市场环境的调研内容为主,采用探寻性调研方法;如调研目的是要制订某种具体的营销方案,则调研内容要以影响这一方案的内容为主,采用因果性质的调查方法。

2. 确定调研主题

市场营销环境的调研主题是以调查目的为基础制定的。其主题内容有政治经济环境调查、市场细分和目标市场调查、客源分布与市场结构调查、市场竞争和价格水平调查、旅客类别和消费行为调查等。这些主题都要根据调研目的,即想要解决的营销问题来确定的。

3. 确定市场调研范围

酒店市场营销环境调研范围以地区市场为主,具体包括地区或城市范围和区位市场范围两种。如果调查团队、会议、公司等客源构成,则市场调研的范围还会涉及不同国家或地区。具体以哪种市场范围为主,要根据市场调研的目的和主题决定。

(二) 制订市场调研的计划方案

酒店市场营销环境调研不是一劳永逸的事情,而是分期或分阶段进行的。因此,每次调查都要在确定调研目的和主题的基础上,制订出具体的市场调研的计划,做好调研前的准备工作。计划方案的内容包括以下四个方面。

1. 确定资料来源

即根据市场调研目的、主题和想要获得的内容,确定调研资料从什么渠道、什么地方、什么公司、采用什么方式来获取。市场调研资料按其获取方式有一手资料和二手资料两种。一手资料必须组织人员设计调研表格,深入市场进行具体调查,这样才能获得所需要的资料。这种市场调研的组织工作比较细致、难度较大、费用较高,但资料内容比较丰富、可靠度较高。二手资料主要通过网上搜寻查阅政府机构、旅游部门的有关报表、报纸杂志等方式来获得。这些都要根据市场调研的内容和目的来确定。

2. 设计调研表格

调研表格是获取调研资料的主要手段,其内容设计要根据调研目的和主题来确定。调研项目要做到简明、清晰、准确,使调研对象易于填写或回答,最好采用打钩、画叉、填数等方式,应防止表格内容项目不全、含义不清、过于粗糙或过于细致、不便统计或统计结果用途不明等现象发生。

3. 事先计划资料处理方法

即在调研表格的设计过程中事先设计怎样利用计算机和人工结合的方法来处理调研资料,确定调研资料的统计分析方法能够得到各种直观数据,以便为酒店的营销决策、营销方案的制订提供客观依据。

4. 做好市场调研的费用预算

即每次调研都要根据工作量的大小、需要印制的调查表格数量、需要组织的人员多少和时间长短来作出费用预算,报企业领导和财务部门审批同意,以此保证酒店市场营销环境调查的顺利开展。

将上述四个方面的内容整理成简明扼要的文字材料,用工作计划书的形式打印出来,就是酒店市场营销环境调研的计划方案。

(三)做好市场调研活动的组织工作

在制订调研计划的基础上,做好组织工作是酒店市场调研取得成功的关键环节。在市场调研活动的组织过程中,重点要做好以下四个方面的工作。

(1)调研活动的人员组织。即要根据调研工作的计划方案、调研范围和内容、调研方式、准备发放的调研表格数量等,确定工作量的大小和所需时间,然后确定需要多少人员。在此基础上,要将人员组织起来,形成调研小组,明确分工。

(2)调研人员培训。即在组建调研小组的基础上,召开会议,讲解调研项目的目的、调研方式(入户调研或抽样调研)、访问调研的方法,以及调研中的表格发放、填空、回收方法等。通过培训使调研人员明确工作意图、工作内容、工作责任、具体方法,防止发生重大失误。

(3)调研过程的组织和督导。即按调研计划和方案,请调研人员深入调研对象,包括客户、家庭、机关团体、政府机构、公司社团中发放调研表格或询问走访客人(客户),进行正式调研。这时,酒店有关管理人员要做好督导工作,及时收集调研表格,听取汇报,了解收集数据、执行调研过程中存在的问题,纠正偏差,保证市场调研工作的顺利进行。

(4)调研资料的收集和初步整理。即定时做好调查表格的回收、登记,清点有效表格,计算表格回收率。保留合格表格,清出不合格表格,以便为调研资料的分析整理提供数据资料。

(四)整理分析市场调研资料

市场调研得到的原始资料大多是零星分散的。因此,在做好调研活动组织的基础上,做好调研资料的整理分析也是酒店市场调研的重要工作程序。这时,重点要做好以下三个方面的工作。

(1) 做好调研资料分类。即根据调研目的和主题,将得到的调研资料分成客户资料、市场竞争资料、市场消费资料、市场营销方案资料、市场开发和客源组织资料等不同类型。如果是单一目的或单一方式的调研,则将有用的回收资料统一编号,以便为资料整理服务。

(2) 确定调研资料的统计整理方式。即根据调研资料或调查表格的内容和资料使用的目的与要求,确定如何统计和整理这些资料,确定统计口径和方法。如人口调研资料可以统计人口数、家庭平均人口、家庭和人均收入,以及平均外出旅游、住店、用餐、宴请的人数百分比及人均消费等。如果是机关团体、客户机构的调研,可以统计调研的客户数、每一客户组织的一定时期的团队、会议客人的数量,以及团体(队)会议客人的人均消费、过夜次数、人均消费等。只有事先确定统计方式和统计口径,才能得到有用的资料。

(3) 做好统计分析工作。具体统计分析主要是运用计算机来完成,此外也可用人工方法。这需要根据调研资料的数量、统计分析的工作量大小来确定。经过统计分析,形成统计报表,即可得到各种有用资料,为酒店企业的市场营销决策、营销战略、营销计划和方案的制订及营销活动的组织提供客观依据。

(五) 编写市场调研报告

凡是有组织、有计划、比较正式的市场调研,在上述工作完成的基础上,都应该编写出市场调研报告。调研报告内容一般应包括以下四个部分。

1. 市场调研情况说明

市场调研情况说明即前言,简单说明本次调研的目的、主题、起止时间、参加人员、主要负责人,以及市场调研的范围、主要内容、所用的调研方法等。

2. 调研资料收集情况

调研资料收集情况主要包括调研方式、发放和回收的表格数量或主要资料的回收比率、被调研的客户、家庭或客人总数、竞争对手的数量等,这些资料主要采用数字形式来说明。

3. 调研资料数据分析

调研资料数据分析主要采用表格、图示、统计数据等形式,从不同角度列出调研结果的分析数据。具体可根据调研资料作出市场环境分析、市场供求分析、市场客人消费方式分析、消费水平与支付能力分析、市场竞争状况分析、周围同等和相同等级的酒店经营状况、不同产品的价格水平分析等。

4. 市场调研的结论和建议

市场调研的结论和建议是指根据调研资料的分析结果,对酒店开展市场营销的潜力、市场机会、潜在威胁、可以采取的营销措施和营销方案等提出对策和建议。

六、酒店市场调研的基本方法

酒店市场调研的方法多种多样,一般要根据市场环境调研的目的和内容、调研对象、资料收集的范围和来源,结合企业实际需要来确定。具体常用的酒店市场营销环境调研方法主要有以下四种。

（一）随机抽样调查法

随机抽样调查法是从调查对象的总体中选择一部分作为调查样本，用随机抽样的方法得到样本数据，进而推算总体。随机抽样的方法有单纯性随机抽样、系列性随机抽样、分层性随机抽样和分群性随机抽样等多种。需要根据调查目的、主题、想要获取的资料范围等实际需要来确定。具体操作方法分为以下四个步骤。

（1）选择调查对象和调查范围。酒店所在地区的人口、客源总量、旅客流量、团队会议客户或客人的数量、平均停留天数、人均消费等。

（2）设计调查表格。表格中的项目设计一定要简明、明确、具体、便于回答。一般要采用数据、打钩、画叉等形式提问。

（3）组织人员开展正式调查。组织人员开展正式调查在调查人员培训、提出调查要求后，深入市场或向调查对象发放表格，请调查人员按随机抽样的样本范围进行具体调查。

（4）回收、整理和分析调查资料。收回调查表格，得到有效资料，进行整理和分析，依据调查数据，得出调查结论。

酒店随机抽样调查法中的四种抽样方法如下。

1. 单纯性随机抽样

单纯性随机抽样是将总体中的全部个体随意标上不同编号，然后按照准备抽样的样本数，按"乱数表"或号码机随机抽出编号，作为样本对象进行调查。

2. 系统性随机抽样

系统性随机抽样是将总体中的全部个体按一定顺序编号，然后按事先确定的样本数分为几段，每段中所含样本相等，再在每一段中随意抽取一个个体作为样本，以后各段则按同一号码确定样本，由此形成调查样本数量，再按样本进行调查。

3. 分层性随机抽样

分层性随机抽样将调查总体按照不同的特征分类，如高、中、低、大、中、小等，然后计算出每类样本占总体中的比例，再按比例从每一类型中随机抽取样本数量作为调查对象。

4. 分群性随机抽样

分群性随机抽样是将调查总体分为若干个区域，每个区域按比例抽取样本数量。如调查客源分布就可按东、南、西、北分成区域，也可按不同国家或地区分成不同区域，每个区域再按一定比例随机抽取需要调查的具体样本数量进行调查。

总之，随机抽样的调查方法是比较复杂的，主要适用于调查范围比较广泛、探寻性比较强的市场调查。具体选择哪一种抽样方法，要根据酒店市场调查对象的实际情况和需要来确定。

（二）询问调查法

询问调查法是由调查人员向客人、客户或其他调查对象直接询问需要调查的内容，提出问题请他们回答，并做好记录，由此得到调查资料。采用这种方法要事先设计好准备提出的问题或想要获得的数据，既可以单独询问调查对象，也可以召开座谈会，一次调查一组对象。

询问调查法的优点是方法简单,所提问题可以根据调查时的具体情况灵活掌握,对于不太明确的内容可以请调查对象随时作出解释或补充;缺点是对调查人员的素质要求较高,比较费时费力,调查范围受到一定限制。因此,这种方法主要适用于酒店调查客户、客人的消费需求、支付能力、对产品价格或质量的反映,也适用于调查酒店市场营销现状、发展趋势、市场竞争状况、市场营销方案适应性和可行性等方面的内容。

(三)观察调查法

观察调查法是由调查人员到现场实地观察调查对象的情况或行为,做好现场记录,由此得到调查资料。观察调查法一般要采用跟踪观察的形式,在不同地点、不同时间对同一或同类调查对象进行连续的、反复的观察和记录,由此才能得到动态的时间序列记录。如调查酒店周边车辆数量和流动客人数量、竞争对手的餐厅客源流量和餐厅上座率等。

观察调查法也可在一定时间到竞争对手的企业中以客人身份去住店、用餐,观察他们的客源、企业内部管理,了解产品类型、价格高低、变动情况、对客服务等,以此作为自己制定和调整市场营销对策、方案、措施的参考。观察调查法的优点是对观察对象的了解直观、形象,方法简单;缺点是观察到的事物有些是表面现象,容易忽略事物内部的因果关系。因此,需要在掌握事物表象的基础上,经过认真分析,了解事物的本质,得到有用的调查资料。

(四)资料数据收集法

资料数据收集法主要是利用国家和地方政府、旅游部门、行业统计部门公布的业务报表、统计报表和报纸杂志、网络媒体公布的资料来获得酒店需要的市场营销资料和数据。如国家文化旅游部和地方文化旅游局的年鉴,定期公布的旅客流量、客源构成,酒店的客房出租率、平均房价、星级酒店餐厅上座率、人均消费等。

采用资料数据收集法需要企业常年关注各种相关数据。最好是在企业内部指定市场调研员,负责通过资料积累获得相关信息和数据。必要时也可组织人员在一段时间集中到有关主管部门和机构去查阅相关资料,汇总整理出需要的信息,为酒店市场营销战略、市场预测、营销方案的制订和营销活动的开展提供参考依据。酒店客源市场占有率、地区国民收入、人均国民收入和可支配收入及其发展变化的有关资料数据调查,都可以采用这种方法。

酒店宾客意见调查表

尊敬的宾客:欢迎下榻××酒店,为您提供优质服务和舒适环境是我们的宗旨。感谢您填写宾客意见书,您宝贵的意见可以促使我们不断提高服务和管理水平。

您的姓名:_____

您的电话:_____

何时入住酒店:_____

单位名称(没有请填写"无"):_____

何时填表:_____

您对以下的服务意见如何?How do you think the following service?

前台服务 Front Office Service

	非常满意 Excellent	满意 Satisfactory	一般 Fair	需改善 Unsatisfactory
订房服务 Reservation Service				
前台接待处 Reception Desk				
大堂副理 Lobby Manager				
电话接线员 Telephone Operator				

餐厅服务 Restaurant Service

	非常满意 Excellent	满意 Satisfactory	一般 Fair	需改善 Unsatisfactory
餐厅服务 Restaurant Service				
餐厅卫生 Service in General				
食品质量 Food Quality				
宴会预订 Banquet Reservation				
菜品质量 Food Service				

客房服务 Housekeeping Service

	非常满意 Excellent	满意 Satisfactory	一般 Fair	需改善 Unsatisfactory
房间清洁卫生 Cleaness				
房间设施设备完好 Maintenance				
服务效率 Service Efficiency				
服务态度 Service Attitude				
客房舒适度 Guest Room Comfort				

其他服务 Other Services

	非常满意 Excellent	满意 Satisfactory	一般 Fair	需改善 Unsatisfactory
大堂吧 Lobby Bar				
酒店安全 Hotel's Security				
餐厅服务 Restaurant Service				

您对酒店的其他建议：Your other Suggestions for the Hotel：

酒店宾客满意度调查问卷表

尊敬的宾客,您好!为了提高饭店的服务质量,我们展开了这次调查。所以,您的宝贵意见将对我们非常重要。本问卷采取的是不记名方式,所以请放心填答。感谢您的支持!

1. 您的性别:[单选题]
   ○ 男　　○ 女
2. 您的年龄在:[单选题]
   ○ 20岁以下　　○ 20～29岁　　○ 30～39岁　　○ 40～49岁　　○ 50～59岁
   ○ 59岁以上
3. 您经常入住哪个酒店?[填空题]
   _____
4. 您能承受酒店一晚上的费用在多少?[单选题]
   ○ 200元以下　　○ 200～300元　　○ 300～500元　　○ 500元以上
5. 您选择一家酒店,会优先考虑什么因素?[单选题]
   ○ 品牌　　○ 服务　　○ 地理位置　　○ 环境　　○ 配备　　○ 预订便利
   ○ 价格　　○ 其他
6. 您通常是通过哪个途径入住本酒店?[单选题]
   ○ 电话预订　　○ 网络预订　　○ 单位预订　　○ 酒店员工预订　　○ 到酒店预订
   ○ 其他途径:_____
7. 员工是否做到热情问候、礼貌待客?[单选题]
   ○ 既热情又礼貌　　○ 虽然很热情,但不礼貌　　○ 很有礼貌但不够热情
   ○ 既不热情,又没礼貌
8. 您对酒店的总体印象如何?[单选题]
   ○ 很满意　　○ 满意　　○ 一般　　○ 不满意　　○ 很不满意
9. 您对本酒店各项设施是否满意?

	非常满意	满意	一般	不满意	非常不满意
睡眠环境	○	○	○	○	○
房间卫生	○	○	○	○	○
物品配备	○	○	○	○	○
房间空气	○	○	○	○	○
房间温度	○	○	○	○	○
浴室热水	○	○	○	○	○
床及床上用品的舒适度	○	○	○	○	○

10. 您对前台手续办理各项的满意度如何?[单选题]
    ○ 各项服务效率都很高　　○ 入住登记效率不够高　　○ 离店结账效率不够高
    ○ 问询、换房等业务效率不够高　　○ 各项服务效率都很低
11. 您对房间的总体评价如何?[单选题]
    ○ 很满意　　○ 满意　　○ 一般　　○ 不满意　　○ 很不满意

12. 您对酒店客房性价比如何？[单选题]
    ○ 很满意　　○ 满意　　○ 一般　　○ 不满意　　○ 很不满意
13. 您对酒店安全性的评价如何？[单选题]
    ○ 很满意　　○ 满意　　○ 一般　　○ 不满意　　○ 很不满意
14. 您是否会向亲人朋友推荐我们酒店？
    ○ 会　　○ 不会
15. 您下次是否还会选择入住本酒店？
    ○ 会　　○ 不会
16. 您对酒店有何看法或改进的建议？

任务 4　酒店市场营销环境分析方法

酒店市场营销环境分析就是要调查影响酒店市场营销的宏观环境因素和微观环境因素，并且密切关注这些因素的变化趋势，对营销环境因素作出正确的分析和评价，及时采取有效措施，作出适当的反应。酒店市场营销是一个长期而反复的经营活动，因此，酒店的市场营销环境分析也需要有持续的计划和不断地更新。

一、SWOT 分析法

SWOT 分析法是市场营销环境分析常用的一种分析方法。SWOT 是英文词汇 Strength（优势）、Weaknesses（劣势）、Opportunities（机会）、Threats（威胁）第一个字母的缩写。SWOT 代表了企业的优势和劣势，同时也体现了市场上的机会和威胁。在市场复杂多变的营销环境中，酒店要根据自身的优势和劣势，规避风险，寻找市场营销的机会，制定正确的市场营销策略。

SWOT 分析的具体做法是：针对某一酒店，根据酒店的经营方针，列出对酒店发展有重大影响的内部与外部环境因素，然后确定标准，对这些因素进行评价，判定是优势还是劣势，是机会还是威胁。

（一）酒店优势与劣势分析

对酒店的内部环境进行优势与劣势（Strength & Weakness，SW）分析，即是对酒店营销资源的拥有及具体状况进行分析。对酒店而言，主要的分析内容包括员工素质、基础设施、技术装备、财务状况、管理水平、组织结构、产品服务质量水平、产品开发能力、营销能力等。对以上这些因素进行定量或定性分析，并与同行业的酒店进行比较，分析本酒店哪些方面具有优势，哪些方面是劣势。需要注意的是，SW 分析既要对所有的指标进行综合评定，也要明确酒店究竟在哪一个方面具有优势或劣势，这样酒店才可以趋利避害、扬长避短。

通过分析,对于酒店自身拥有的比竞争对手优越的条件和具有的特色要保持与创新,使竞争对手难以模仿。对于劣势,酒店应该有清醒的认识,劣势处理不好甚至会危及酒店的生存。因此,酒店要正视自己的劣势,并及时解决或控制、扭转劣势,将劣势转化为优势。

酒店组织机构、酒店文化和酒店资源是判断酒店营销优劣势的三个重要因素。通过对这些要素的认真诊断,能从总体上大致看出酒店的优势和劣势。酒店是否拥有营销优势,第一要素要从其组织机构来看。酒店决策层人员的经营观念及素质、部门的设置和分工协作、中层管理人员的素质以及基层员工的职业形象等诸多因素是衡量酒店组织机构的具体内容。通过对这些内容的分析、诊断,就可以确定酒店的组织机构是否有利于酒店营销活动顺利而有效地开展。

判断酒店营销优劣势的第二要素是酒店文化。酒店文化是指全体员工所拥有的职业偏向、信念、期望、价值观及职业化工作习惯的表达形式。它包括酒店的精神面貌、传统、声誉、酒店的建筑风格形象、内部的规章制度、奖惩制度、分配制度、员工职业道德、产品设计和造型等具体内容。优秀的酒店在这些方面表现出良好的品位和质量,从而造成文化上的营销优势。

酒店资源是判断酒店营销优劣势的第三要素,它包括人力、物力、财力、技术等内容。一般来说,具有强大营销优势的酒店在这几个方面具有较雄厚的实力。

(二) 酒店机会与威胁分析

构成酒店营销环境的各种因素及其变化,有的可能给酒店带来市场机会,有的可能给酒店带来市场威胁。在这些市场机会和威胁(Opportunity & Threat,OT)中,各种机会的大小不同,各种威胁的程度也不一样,并且它们出现的可能性也不相同。从市场机会与威胁的总量上来看,也并不相等,有时机会大于威胁,有时威胁大于机会。酒店必须对市场营销环境提供的机会和带来的威胁进行全面的分析和评价。

市场机会既可能来源于宏观环境,也可能来源于微观环境,其实质是市场上存在着"未满足的需求"。比如,随着顾客消费观念或需求爱好的变化,旧的产品不断被淘汰,消费者要求开发新产品,从而市场上出现了许多新的机会。环境机会对不同酒店是不相等的,同一个环境机会对这一些酒店可能成为有利的机会,而对另一些酒店则不是。

市场营销机会具有如下特点。首先具有公开性,即酒店都可能找到客观存在的市场机会,对于一家具体的酒店而言,需要考虑潜在竞争对手的存在,以便决定是利用还是放弃机会。其次具有时效性,即机会不及时利用,机会的效用、价值会逐渐减弱直至消失。再次是具有多样性,即由于市场需求的多样化而导致同一酒店在同一时期可能面对多种市场机会。最后是非均衡性,由于各个酒店内部条件不同,利用某一机会的竞争优势也不同。

不同的市场机会可以为酒店带来的利益大小也不一样。通常情况下,市场机会的价值大小由市场机会的吸引力和可行性两方面决定。市场机会对酒店的吸引力是指酒店利用该市场机会可能创造的最大利益,也是在理想条件下充分利用该市场机会的最大极限。反映市场机会吸引力的主要有市场需求规模、利润率、发展潜力三个指标。市场机会的可行性是指酒店把握住市场机会并将其化为具体利益的可能性。

市场机会的可行性取决于酒店内部环境条件和外部环境条件两方面。就内部条件而言,市场机会与酒店的经营目标、经营规模与资源状况相适合,并与酒店的组织结构及各部门的经营能力相匹配,该市场机会对酒店才会有较大的可行性。酒店的外部环境从客观上决定着市场机会对酒店可行性的大小,酒店环境中每一个宏观、微观环境要素的变化都可能使市场机会的可行性发生很大的变化。

(三) 实施 SWOT 方法的步骤

1. 找出运用 SWOT 方法的评价内容

酒店市场营销的优势和劣势是相辅相成的。对于一个具体的评价因素而言,优势越大,劣势就越小;反之,劣势越大,优势就越小。影响优势和劣势的因素是多种多样的,它们都以企业内部因素为主,这时就要找出其主要评价因素。但无论是优势或劣势,都是相对于竞争对手而言的,没有比较也就无所谓优势或劣势。

从这个角度来考察,酒店市场营销的优势或劣势的评价因素主要包括地理位置、交通状况、星级高低、装修与环境特色、客房与餐厅的产品质量、价格高低、质量特色、资金实力、管理人员和服务人员的素质高低、企业的市场形象、市场声誉等。在找出这些因素的基础上,与竞争企业比较,进行具体评价。

酒店开展市场营销的机会和风险主要来自企业外部,其关系也是相辅相成的。酒店市场营销的机会和风险的影响因素主要包括企业所在地区的政治法律、国民经济、社会秩序、国民收入、旅游发展、旅客流量、竞争企业数量、目标客户、市场竞争状况等。在找出这些因素的基础上,与竞争对手比较,作出具体评价。

2. 研究确定各影响因素的评价标准

运用 SWOT 方法分析评价酒店的优势、劣势和机会、风险,在找出评价内容即各种影响因素的基础上,必须制定各种因素的评价标准,然后才能作出具体评价。其评价标准大多采用不同分值,即根据每个因素所处的不同状况和可能带来的机会与风险的不同,给出不同的分值。如酒店地理位置的评价标准可定为优越 2 分、较好 1 分、一般 0 分、较差 -1 分、很差 -2 分。产品质量的评价标准可定为优质 2 分、良好 1 分、一般 0 分、较差 -1 分、很差 -2 分。

3. 列表作出市场营销环境评价

通过调查研究,在找出评价内容和制定评价标准的基础上,即可将内容和标准逐一列在 SWOT 方法的评价表格上。在作出具体评价时,不管是"优势—劣势"的评价因素还是"机会—风险"的评价因素,都是将本酒店和竞争对手的酒店进行比较。其评价方法是由参加评定的人员根据每个评价因素所处的实际情况,在相互比较的基础上逐一打分,最后统计出分数高低。由此,即可判断酒店市场营销的优势(劣势)和可能的机会(风险),为企业市场营销活动的开展提供依据。

(四) 运用 SWOT 模型作出综合评价

SWOT 模型是在表格评价的基础上进行综合评价。其评价方法如下。

(1) 统计酒店各个因素评价的"优势—劣势"和"机会—风险"的得分之和。在"优势—劣势"的得分中,正分之和加负分之和如果大于 0,说明酒店具有一定竞争和发展优势,分值越高,则优势越大;如果小于 0,说明酒店市场营销处于劣势,分值越低,形势越严重,机会越少。同理,在"机会—风险"的得分中,正分之和加负分之和如果大于 0,说明酒店有一定市场机会,分值越大,机会越大、越好;如果小于 0,说明酒店有一定市场风险,分值越小,则风险越大。

(2) 根据酒店"优势—劣势"评价和"机会—风险"评价结果,建立 SWOT 评价模型,并将评价结果绘入模型中,即可对酒店市场营销的环境作出综合评价。

(五) 酒店市场营销环境评价的对策

在采用表格和模型对酒店市场营销环境进行分析后,根据市场营销的"优势—劣势"和"机会—风险"的评价,结合酒店具体情况,制定营销对策,指导企业营销活动的开展。从实际评价结果来看,主要对策有以下四种。

1. 优势发展对策

优势发展对策主要适用于评价结果、市场营销环境的优势和机会都很好、存在问题较少、风险很小的酒店。酒店管理层和市场营销人员就应充分利用优势,把握机会,制定出优势发展战略,如市场开发战略、品牌优势战略、市场竞争战略等。通过战略的制定,突出企业的优势,避免企业的不足之处,掌握先机,制订具体的市场营销方案,尽快实施,达到市场营销的目标。

2. 稳步发展对策

稳步发展对策主要适用于评价结果、市场环境的优势不足但市场机会较大、较好的酒店。根据"机会—风险"评价,找出哪些方面、哪些因素带来的机会大,然后抓住这些因素,制定具体的稳步发展战略。所谓稳步发展,就是要稳定局势,酒店内部不做大的变动,重点是抓住市场机会,克服内部管理的劣势和不足,促进市场营销活动的开展。

3. 预防发展对策

预防发展对策主要适用于评价结果、市场环境有一定优势但风险很大的酒店。根据分析的实际情况,制定出预防风险、发挥酒店自身优势的策略。预防风险要找出哪些方面、哪些影响因素给酒店带来的风险比较大,再针对这些因素提出具体的防范措施,形成酒店具体的营销方案,并组织贯彻执行。

4. 紧缩发展对策

紧缩发展对策主要适用于市场营销环境分析评价结果优势不足、机会较少、劣势与风险都占主导地位的酒店。这时酒店工作的重点是停止扩张、整顿内部,找出是哪些方面、哪些因素造成酒店在市场竞争和未来发展中处于劣势,其原因是什么,是哪些方面、哪些具体因素给酒店带来了较大风险,然后针对这些因素进行整改、调整经营方针,由此形成紧缩发展对策。经过一段时间的整改、调整,待企业局面改观,形势好转后再采用其他市场营销战略或者对策。

南京绿地洲际酒店 SWOT 分析

南京绿地洲际酒店坐落于高 450 米的中国大陆第二高楼紫峰大厦内,地处交通主干道中山北路和中央路交汇处的鼓楼广场。周边有玄武湖、湖南路商业街等旅游、购物景点,地铁站近在咫尺。往返机场、火车站和工业园均可畅通无阻,交通十分便利。

南京绿地洲际酒店由南京国资集团与上海绿地集团共同投资建造,引进了洲际酒店管理集团进行管理。洲际集团成立于1946年,是目前全球拥有客房最多、网络分布最广的专业酒店管理集团,拥有洲际、皇冠假日、假日酒店等7个国际知名酒店品牌,其管理的4 400多家酒店遍布全球100多个国家。

南京绿地洲际酒店拥有445间全景式客房、4间餐厅、2个1 000平方米的无柱式宴会厅和7个面积不同的会议室。其中,位于78层的云端餐厅是目前省内高度最高的餐厅。客房面积最小为40平方米,每间客房内都装有宽度至少达2米的落地玻璃窗,玻璃窗附近配置了一个大型浴缸,尤其是晚上,躺在浴缸里就能看到南京城灯火辉煌的夜景。

一、SWOT分析

(一) 优势(S)

1. 经济环境

南京绿地洲际酒店由南京国资集团与上海绿地集团共同投资建造,资金充足,经济实力雄厚,在酒店建设和设备完善上有较大的发展空间和能力。

2. 人力资源

(1) 管理水平:南京绿地洲际酒店引进了洲际酒店管理集团进行管理,具备科学的管理系统和较高的管理水平以及大批优秀的酒店管理人才。

(2) 奖励制度:南京绿地洲际酒店采用有效奖励计划和个人奖励计划,对付出额外劳动力的员工给予额外奖励,同时以渐进式提成、员工个人表现奖金和知识工资的形式促使员工不断追求新的目标。

3. 服务水平

(1) 硬件设施:南京绿地洲际酒店是商务便利型宾馆,除住宿和餐饮服务外有包括酒廊、池畔酒吧、室内外游泳池、健身房以及小会议室、秘书服务、视听设备等全套娱乐设施和商务中心,供客人舒适入住、方便工作。

(2) 酒店服务:南京绿地洲际酒店以优质服务闻名于中国,具有贴心的叫早、备餐等客房及礼宾服务,服务人员服务技能较好,服务水平较高。

4. 营销策略

(1) 服务特色:根据江浙区域消费者口味提供菜系,在保证质量的前提下提供尽量丰富的菜品;每间客房内都装有宽度至少2米的落地窗,玻璃窗附近配置的一个大型浴缸以便客人在夜晚观赏流光溢彩的南京。

(2) 品牌经营:以连锁经营模式产生品牌效应,举办各类活动回馈消费者以打响品牌。

(二) 劣势(W)

1. 消费人群

南京绿地洲际酒店以商务型酒店为定位,简约奢华的风格是众多商务人士的出行住宿选择,然而仅仅是精美华丽的酒店外观还不足以吸引大量游客,因此消费人群相对较狭窄。

2. 酒店设计

南京绿地洲际酒店在外观及室内的设计上虽然呈现了简约奢华的风格,然而与南京的"六朝古都、十朝都会"城市文化并不相符,与大部分高星级酒店类似,没有脱颖而出。

(三) 机会(O)

1. 地理位置

南京绿地洲际酒店位于南京市鼓楼区紫峰大厦,为南京市地标性建筑,交通便利,地段繁华,夜景优美。

2. 公共关系

南京绿地洲际酒店善于创造良好的公共关系,以优质的服务赢得客人的青睐,目前为南京市口碑最好的高星级酒店之一。

3. 消费市场

南京市近年来大力发展旅游业,作为旅游业支柱产业之一的酒店业也蒸蒸日上;同时经济飞速发展的中国,商务人士的流动量也越来越大。因此产生了广大的消费市场。

(四) 威胁(T)

南京绿地洲际酒店的竞争对手状况如下。

1. 同级酒店

随着经济的发展,居民消费水平的提高,南京市高星级酒店日趋增加,各大酒店纷纷以其特色博得不同消费者的青睐,市场不变而实力相当的竞争者增加。

2. 特色相异

现代生活快速的工作节奏使越来越多的消费者趋向于赏心悦目的度假酒店,或者别具城市文化风情的青年旅馆,这对于定位商务酒店的南京绿地洲际酒店的消费人群形成了限制。

二、SWOT 战略

(一) 优势—机会(SO)

南京绿地洲际酒店可以依靠富余的经济实力、完善的设施设备、先进的管理技术、优秀的管理人才、科学的营销策略,在地理位置极佳、消费人群广大、知名度美誉度兼高的有利条件下,不断完善硬件设施,提高服务水平,以更优质的形象不断发展。

(二) 劣势—机会(WO)

南京绿地洲际酒店可以利用南京玄武湖畔商业集聚、地段繁华的特点,以其夜间华灯的美回避与同为五星级酒店的其他酒店风格相似这一缺点,以地处商务中心缓解因商务酒店定位使游客量较小这一问题。

(三) 优势—威胁(ST)

南京绿地洲际酒店在与同类高星级酒店竞争的同时,可以吸取竞争对手的优点,取长补短,转劣为优;同时依靠其实力与口碑,不断改进,不断创新,可以立于领先之地。

(四) 劣势—威胁(WT)

南京绿地洲际酒店应当在原有的华丽外观基础上,打造更多独特形象,为客人所欣赏;同时保持优质特色服务,使独特的酒店形象深入人心;建立良好公众关系,实践社会市场营销,形成独特的商务高星级酒店。

二、机会—威胁矩阵分析法

机会—威胁矩阵是对酒店的市场营销环境进行分析的另一种方法(图 2-2)。在酒店所面临的市场机会和威胁中,各种机会的大小不同,各种威胁的程度也各异,并且它们出现的可能性也不相同。从市场机会与威胁的总量上来看也并不相等,有时机会大于威胁,有时威胁大于机会。酒店必须对市场营销环境提供的机会和带来的威胁进行全面的分析和评价。

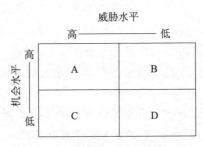

图 2-2　酒店市场机会—威胁矩阵

图 2-2 中横坐标表示酒店所面临威胁水平的高低,即威胁出现后给该酒店带来的利益损失的大小;纵坐标表示酒店所面临机会水平的高低,它表示机会出现后给酒店带来的利益的大小。图中,A 的位置上,机会水平高,威胁水平也高,即高机会高威胁并存,此时酒店处于风险或冒险时期,应争取机会增加收益,从而减少威胁带来的损失;B 的位置上,机会水平高,而威胁水平低,即高机会低风险并存,此时酒店收益高,损失小,是酒店的理想状态;C 的位置上,机会水平低,而威胁水平高,即低机会高威胁并存,此时,酒店处于困难时期,应尽量创造条件增加机会,减少威胁带来的损失;D 的位置上,机会水平低,威胁水平也低,即低机会低威胁并存,此时酒店收益不高,但也没有多大损失,属于成熟型发展。

通过上述分析,酒店应该认清哪些是主要机会,哪些是主要威胁,判断在营销环境中的地位,并在此基础上采取相应的对策。值得注意的是,机会和威胁有时候是可以转化的,酒店市场营销在面临威胁时,如果措施得当,可转威胁为机会。

市场营销环境是酒店经营活动的约束条件。酒店经营的成败,关键是看能否适应不断变化的营销环境。在多变的市场营销环境面前,酒店应积极地去适应市场营销环境,在环境中寻找新的市场机会,避免威胁,并运用自己的优势去影响和改变营销环境,增强竞争力,实现酒店的营销目标。

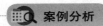 案例分析

营销调研——万豪酒店集团

万豪第一家万怡酒店于 1980 年创建,1983 年在亚特兰大开业,其间花费了几十万美元用于调查和选择中心组,判断住宿服务中存在的缺陷。亚特兰大万怡酒店开工之前,万豪建造了一间可拆卸墙体的样板房,为选定的游客展示不同的外形,然后调查他们对不同型号的观点,用于测试万怡这种酒店概念的市场。调研过程持续到第一家亚特兰大万怡酒店开业。

万豪在开发万怡酒店时同时使用了二手调研(主要是竞争者分析)和原始调研,使用了四种原始信息收集方法:实验(在亚特兰大进行测试营销)、观察(观察顾客对样板客房的反应)、调查(包括细分市场研究和使用聚类分析的产品特性偏好调查)和模拟(样板客房)。

开发小组经过多年的调研和分析之后,得出的主要结论是:新型的接待设施有良好的增长空间,常客愿意拿一半酒店的额外利益,例如宽敞的大厅和餐饮区、更好的客房、更为家居的感觉以及更低的房费进行交换。

万怡酒店相对较小(大约150间客房),有一个90座的餐厅和休息室,看起来更像低层公寓或共管大厦而非典型的酒店。和住宅不同的是,客房围绕着一个中心水池建造,水池周围是庭院(因此称为庭院酒店)。客房是考虑商务旅游者的需求而建——万豪的调研表明客人不喜欢在床上工作,也不喜欢在没有舒适座位的环境中与生意伙伴谈话。因此,每家万怡酒店客房包括一个工作台和单独的座位供座谈使用。

万豪对其他的接待概念也开发了调研—测试—导入的方法,包括万豪套房酒店和仙境酒店的经济实用型的概念。

万豪同时也更加重视推销基于全国范围调查结果之上的周末全包服务。调查显示美国娱乐旅游大约73%在三天之内,而这类小型旅游正好有60%发生在周末。根据这些结果和其他发现,公司首先在1986年到1987年之间的冬季导入双人早餐式全包服务,从此以后每年都执行这项计划。全包服务包括提供住宿两天双人房的服务,在连续四天的周末时间(星期四晚上到星期天上午)提供双人份早餐。万豪的调研确定了美国的度假方式已经从传统的外出两周到三周变为更短、更频繁的模式。有了这些全包服务,他们实际上是在引领一种细分市场的生活方式。

讨论题:
万豪酒店集团使用了哪种营销调研方法?

复习思考题

1. 简述酒店市场营销环境的构成。
2. 酒店市场营销宏观环境包括哪些因素?
3. 酒店市场营销微观环境包括哪些因素?
4. 简述酒店市场营销调研的步骤。
5. 如何运用SWOT分析法对酒店进行分析?

实训项目

实训目的:分析酒店市场营销环境。

实训内容:全班分成若干小组,根据所学的酒店市场营销环境分析的方法,分析科学技术对酒店市场营销环境的影响。

实训流程:
1. 根据教学班级学生人数确定小组,每组人数5~10人;
2. 以小组为单位组织收集资料,经过充分讨论后,形成小组的实训报告;
3. 每个小组派代表进行汇报演讲;
4. 教师进行总结和点评。

项目三

酒店顾客行为分析

知识目标

1. 理解酒店顾客购买行为的概念；
2. 了解酒店顾客购买行为的类型；
3. 了解酒店顾客购买行为的特点；
4. 了解影响酒店顾客购买行为的因素；
5. 了解酒店顾客购买决策过程。

能力目标

1. 掌握酒店顾客购买行为的概念；
2. 能分析酒店顾客购买行为的类型；
3. 掌握酒店消费者的购买心理与购买行为。

任务分解

任务1　酒店顾客购买行为
任务2　影响顾客购买行为的因素
任务3　顾客购买决策过程

凯悦酒店顾客对酒店服务的十大期望

酒店业完全是以"人"来提供服务,生产和消费同时发生的经营过程,连顾客都是"现场参与者"。于是,如何提升酒店服务品质,并让酒店顾客满意,便是对酒店业管理者相当大的挑战。

对酒店业来说,一个顾客从电话预约到离开酒店,期间共经过31个接触点。换句话说,这位顾客所接触到的起码31个工作人员,个个都会影响他对该酒店的评价,甚至对酒店的忠诚度。

根据调查,顾客对酒店服务的要求其实很平常,若想满足这些期望,只要员工站在消费者的立场,了解他们的需求与欲望,注意他们对行动方案的接受度,便能与酒店客人保持良好关系,赢得他们的信任及忠诚。凯悦酒店便有10项服务期望。

(1) 立即准确的订房。没有人喜欢"不确定"的感觉,订房组在电话铃响5声内一定要接听,并开放传真、微信、网络订房,也要尽快回复;详细确认客人所需协助的流程,把所有的资料在旅客入住之前就送至柜台,让柜台服务人员得以妥善接待客人。

(2) 友善热情地欢迎。热心、热诚积极与正确的服务态度,能让客人有"宾至如归"的感受。因此,对初次造访的客人,服务人员会亲自引导至客房,帮助顾客认识环境,并进一步取得客人资料交付营销部门进行业务开发活动;而第二次来访的客人,则依熟悉程度或存盘资料来打招呼,并送至电梯入口处,让对方有归属感。

(3) 清洁舒适的客房。酒店90%以上的客人来自国外,一间很清洁、很舒适的房间,可以助其消除长途跋涉的疲惫。清洁人员的责任区从传统的14间房间调整成12间房间。

(4) 持续性的辨识。人人都喜欢被关怀、被重视。因为酒店业具有形态特殊性,要做到持续性的辨识,需要运用计算机建立客户信息资料,把客人的喜好、兴趣、背景以及曾发生的问题记录下来,让每个员工都能提供更舒适的服务。

(5) 个性化的注意和关怀。凯悦酒店提供摄政俱乐部服务,让客人享有专属前台登记柜台、会议室、传真机、网络计算机、咖啡厅等,既提供完善的设施,又避免他人干扰。而需要机场巴士服务的客人,甚至可以在行程中为其办理入住登记手续,并直接交付房间钥匙。

(6) 有效的沟通。公关部门会不定期地在房间电视频道上发布活动或相关节庆的信息,也把旅客登记住宿卡和顾客意见表当作沟通渠道,遇有问题则立即处理。

(7) 特殊的客用设施。商务中心可提供翻译、秘书人才,可帮忙印制名片,甚至协助寻找厂商。每个客房最少有两条电话线,既可用外线电话,又能外接传真机或计算机的服务器。

(8) 特别的餐厅和酒吧。凯悦酒店是第一家推广"定位"观念的酒店,它将自助餐区进行冷、热食分区设置,让甜食、冷饮、沙拉、中西菜式的爱好者容易各取所需,同时在餐厅设立计算机化咖啡机,全自动机械控制提供现煮咖啡。

(9) 值得记忆或创新的活动。Party前的熄灯、震撼性音乐与持火把的服务人员,常激起与会人士的兴奋感。一年一度的主题宴会则锁定不同的主题,无论是菜单设计、邀请方式,还是现场的灯光、音乐、摆设及服务人员的服饰,都与主题一致,带给客人极其深刻的印象。

(10) 专业优雅凯悦人。员工是公司最大的资产,当员工穿上名家设计的时装(此时已不宜称为制服了)时,因认同而对公司产生向心力,进而为客人带来更好的服务品质。

思考:顾客到底需要什么?酒店如何根据顾客的需要进行营销?

任务 1　酒店顾客购买行为

一、酒店顾客购买行为的概念

酒店顾客购买行为是酒店产品购买者在收集酒店产品有关信息的基础上,在选择、购买、消费、评估、处理酒店产品过程中的各种行为表现。简单来说,就是指顾客购买酒店产品的活动以及与这种活动有关的决策过程。

通过分析顾客购买行为,可以把握酒店顾客的行为特征,更好地为他们服务。分析顾客购买行为的意义主要表现如下。

(1) 有助于酒店企业确定市场营销目标,制定符合顾客购买要求的营销组合策略。

(2) 满足顾客个性化需求,了解不同类型顾客的需求特点,提供不同旅游产品和服务,形成酒店的经营特色。

(3) 有利于酒店企业正确引导顾客购买行为,使顾客购买行为朝着有利于本企业的方向转化。

二、酒店顾客购买行为的类型

按照不同的分类标准,酒店顾客购买行为可以划分为不同的类别。

(一) 按购买者决策单位分类

1. 个体购买者

个体购买者主要是指为满足个人及其家庭成员的需要而购买产品和服务的购买者。个体购买者购买酒店产品的数量较少、比较分散,对不同的酒店产品或服务的购买行为呈现出多样性的特点,但是顾客市场庞大;其消费需求受广告宣传活动的影响较大,故而其购买行为具有可诱导性。

2. 组织购买者

组织购买者按照购买酒店产品和服务的最终目的不同,大致划分为两类:一类是满足较大规模消费的组织机构,包括公司、企业、政府机构、各种协会、会议机构等;另一类是为了盈利而从事转卖或代理活动的组织机构,包括酒店零售商、酒店批发商、会议代理商、旅游代理商等。具有购买量大、消费金额高、对价格比较不敏感、时间规律性强等特征。

(二)按购买者性格特点分类

1. 理智型

在实际购买前,对所购买的酒店产品都要经过理性的分析、研究和比较,权衡利弊之后再作出决策。他们一般经验比较丰富,对酒店产品的特征、品质、价格等都有自己的见解。

2. 感情型

容易受到现场环境的激发而购买,对酒店产品以直观感觉为主,未经事先考虑而临时作出购买行为决策。这种类型的购买者往往从个人兴趣爱好出发,容易受广告和宣传的影响,呈现出冲动购买的特征。

3. 习惯型

喜欢重复性购买某一种饭店产品和服务。他们对该产品非常熟悉、信任并有深刻的印象,在购买酒店产品时往往根据以往的购买经验和消费习惯购买同一种产品。

4. 经济型

对购买酒店产品的价格十分敏感,善于发现别人不容易察觉的价格差异。他们在购买酒店产品时,大多根据自身经济条件来决定购买哪种产品,认为高价不意味着高质量。例如,有些顾客选择在淡季出游,因为可以享受到酒店的优惠。

5. 随意型

在购买酒店产品时并无固定偏爱,没有太强的目的性,一般是顺便或者尝试的购买行为。

(三)按购买目的的确定程度分类

1. 全确定型

在购买行为发生之前,就已经有了明确的购买目标和具体要求。在购买过程中,他们一般不会花费太多的时间去选择饭店。例如,高级商务人士一般会选有名气的品牌酒店。

2. 半确定型

在购买行为发生之前,对酒店产品已有购买意向,但具体目标和要求还不明确,需要比较之后才能作出最后的购买决策。例如,顾客对同一星级的酒店的选择。

3. 不确定型

没有明确的购买目标,购买或不购买都是随意的。例如,顾客对酒店的选择比较随意,对星级的选择没有明确的要求。

(四)按购买目的分类

1. 消遣型

以观光游览、娱乐、消遣为主要目的。由于受年龄、职业、文化程度、经济收入以及出游的目的、时间等因素的制约,对酒店的消费水平与层次有不同的需求。经济收入较高者对酒店档次的要求高,消费面也比较广泛,涉及游览、餐饮、娱乐各个方面;经济收入较低者对价格比较敏感,以经济实惠为主要宗旨。

2. 商务型

以完成公务或商务为主要目的。他们受到一定的时间限制,但出行比较频繁。他们有比较强的支付能力,强调酒店的档次,对服务水平和服务质量要求很高,希望有完善的配套设施,如翻译服务、秘书服务、会议室、会客厅、商务中心、多功能厅、宽带上网等。此外,对声誉好的酒店回头率高,而且一般选择位于市中心或靠近商业中心等交通便利的酒店。

3. 个人事务型

以探亲访友、考察学习、寻根问祖、故地重游和学术交流等为主要目的。他们的季节性不强,旅游目的地相对固定。对于酒店的档次,特别是硬件部分要求不是很高,但是注重酒店服务的质量和水平,有个性化的需求。

此外,还可以按照购买时间将酒店顾客购买行为划分为旺季型、平季型、淡季型;按照购买费用可分为自费型、公费型、奖励型、资助型等。

三、酒店顾客购买行为的特点

酒店顾客需求尽管受到各种经济、文化因素的影响,但存在着一定的趋向性和规律性,归纳起来有如下特点。

1. 购买行为的多样性

由于消费者的个人收入、文化程度、职业、性格、性别、年龄、民族、家庭背景、宗教信仰不同,各自的兴趣、爱好、习惯等也不一样,对酒店产品的需求也就多种多样。例如,东南亚地区顾客喜欢楼层设有服务台,为他们提供面对面的服务;欧美国家顾客则喜欢酒店设置客房服务中心,因为他们觉得楼层服务台不利于保护他们的隐私,有受"监视"之嫌。东西方顾客在消费需求上的差异,使其在消费行为上有多种不同的表现。

2. 消费行为的可诱导性

酒店顾客的消费行为是可以通过不同手段进行诱导和调节的。基于电视、网络和多媒体的广告宣传,就是一种很强的诱导手段——一遍又一遍重复的广告词,一次又一次熟悉的明星形象,使顾客对产品逐步加深印象,从陌生变为熟悉,意识在不知不觉中发生了变化。在各种广告宣传的诱导和刺激下,顾客的需求可以从无到有,从潜在变为现实,产生一种跃跃欲试的感觉。酒店不仅要为顾客提供所需的产品和服务,还要通过宣传广告等各种有效途径,诱发顾客的消费欲望,刺激更多的消费。

3. 消费行为的时代性

消费行为的发展体现着时代的发展。追随时代潮流、体现时代风貌,是绝大多数消费者的心理,酒店顾客的消费行为同样具有时代性,体现着时代特征和精神。这就要求酒店产品不能守成规,要有超前意识,在服务项目上有所创新,在服务质量上不断提高。

4. 消费行为的层次性

根据心理学家马斯洛提出的需求层次理论,只有当人们低层次的需要得到满足后,人们才会产生新的、更高层次的需要。只有购买了"生存资料"之后,人们才会购买"享受资料"和"发展资料"。假设某人正因生活拮据饥肠辘辘,很显然他就不会游山玩水、娱乐消费。

5. 消费行为的季节性和时间性

根据客源市场情况,酒店业具有明显的季节性和时间性。如对观光度假型酒店来说,旅游淡旺季也是酒店的营业淡旺季;对酒店的餐厅来说,有的可能是午餐生意最旺,有的可能是晚餐生意最旺。因此,酒店营销要熟悉顾客消费行为的季节性和时间性,做好市场预测,做好充分准备,保证旺季的产品供给和服务质量。在淡季时,要加强市场营销,采取有效的市场营销策略,提高酒店客房开房率和餐厅的上座率,要做到淡季时生意不淡,旺季时生意更旺。

酒店顾客的购买动机

酒店顾客的购买行为是建立在消费需要的基础上的,受消费需要的制约和支配,因此,酒店顾客的购买动机也是多种多样的。

1. 健康动机

健康动机就是为了身体健康,暂时摆脱紧张忙碌的工作,来到自然环境,通过欣赏美丽的风景来缓解工作的压力。在悠闲舒适的旅游环境中,松弛自己的紧张心情,通过旅游提高身体素质,增强身体健康,使紧张的精神放松,锻炼自己的意志。这类顾客强调酒店的环境和住宿的舒适性。

2. 求实动机

求实动机是指以追求时髦、得到愉快的旅游体验,或到异地购物为主要目的的酒店顾客。这类顾客强调酒店产品的经济性,对价格十分敏感,但他们对酒店设施设备的要求不高。

3. 求知动机

求知动机是指以了解异地的风土人情、地理状况、历史,民俗风情等为目的的顾客所具有的动机,是为了满足对知识、新鲜事物了解的需要。这类顾客以知识界人士、学者、青年学生为主,他们的主要动机是求知、求新、求奇。因此他们易于接受新鲜事物,在消费上容易受到新产品各种营销手段的影响,是新产品消费的主力客源。

4. 交往动机

交往动机是指为了进行探亲访友、社会交往、结识新朋友、全家聚会、故地重游,满足个体对爱和归属的需要,另外,这种动机还包括团体间的访问、文化技术的交流、一般商务往来等。这类顾客由于平时进行社会交往活动较多,对酒店的消费弹性较大。而且这类顾客对于印象好的连锁酒店,回头率很高。酒店也可利用这种交往过程进行对外宣传。

5. 求名动机

求名动机是指为了显示自己的身份、地位、经济能力而在酒店进行的消费。这类顾客认为酒店的档次(特别是硬件设备)和服务都是身份的象征,要通过在酒店的消费向别人显示自己的实力。这类顾客有一定的社会地位,支付能力很强,通常为政商界名流、各行业领导、海外华侨、国际友人等。他们重视酒店的档次和知名度,对服务水平和质量的要求很高。

任务 2 影响顾客购买行为的因素

影响酒店顾客购买行为的因素有两类：一类是顾客自身内部的主观因素，如个人因素、心理因素等，另一类是外部的客观因素，如经济、社会、文化等。酒店顾客购买行为的产生过程，实际上是一个主观、客观因素对顾客的刺激与反应过程。这些因素对不同顾客的影响不同，且相同的顾客在不同的阶段，这些因素的影响程度也会不同。分析影响顾客购买行为的因素，可以使酒店营销人员制定有针对性的营销方案，以充分满足顾客的需求。

一、社会因素

社会结构以及相应的社会机制必然深刻地影响社会成员的购买行为。旅游者所处的社会集团以及所属的社会地位不同，其购买行为也必定不同。对顾客购买行为影响较大的社会因素主要有社会阶层和家庭。

（一）社会阶层

社会阶层是指具有相似社会经济地位、价值观念和生活方式的人们组成的群体。同一社会阶层中的人们在知觉、信仰及行为等方面往往表现出一致性。在旅游活动中，则表现为同一阶层人士在选择酒店等级、产品、娱乐内容以及对广告的反应等方面的一致性。一般来说，高收入层次的人士外出旅游，会注重成熟感和成就感，对酒店无形服务的要求很高会对入住高档酒店、购买具有象征性的酒店产品、欣赏格调高雅的娱乐活动等感兴趣。

中等收入层次的人士讲究体面，希望购买有特色的酒店产品，娱乐活动的内容要丰富多彩，对酒店有形设施和无形服务的要求也比较高。普通收入层次的人士外出常表现为一种立即获得感知和立即满足的行为，往往会选择较为传统的酒店产品，重视酒店的硬件设施，偏重于强调生理和安全上的需要。不同社会阶层的人们在购买动机上的差异，会影响其对酒店服务、设施设备、活动内容的选择和购买。

（二）家庭

家庭是构成社会的基本单位，是建立在婚姻和血缘关系基础上的最主要的一种相关群体。家庭成员对顾客购买行为的影响最为强烈，影响着每个家庭成员所作出的大部分决定。在购买酒店产品和服务时，丈夫、妻子和子女扮演着不同角色并发挥着不同影响。在实际生活中，常见的家庭决策类型有丈夫支配型、妻子支配型、共同决定型、孩子决定型。

通常来讲，对于旅游目的地和居住条件的选择有时丈夫的影响会大些，而酒店产品、服务质量、购物等细微方面往往由妻子决定。对购买酒店产品的数量和金额，一般由夫妻双方共同决定。孩子在家庭决策中有时也起重要的作用，丈夫和妻子的选择往往会视孩子的需要而改变，例如参加什么样的娱乐活动，什么时间出门旅游，选择什么样的酒店产品和服务等。

随着酒店产品类型及决策阶段的变化,家庭成员各自的投入也发生着变化。此外,购买角色还随着消费者生活的变化而变化。识别家庭决策者对于酒店营销人员是非常重要的,因为他们往往有权更改购买决策,如购买什么酒店产品、购买多少、何时何地购买等,酒店应据此开展广告宣传活动。

酒店的"儿童活动计划"

不少大型酒店管理集团管理的酒店和度假村,虽然不是仅仅为家庭或者儿童提供服务的,但对孩子的关照却无处不在,很多酒店集团有专门的儿童关照计划。

四季酒店的儿童计划称为"Kids For All Seasons"。为迎合家庭旅游客人,每家度假村为孩子提供管理完善、各具特色的免费活动项目。度假村有独立的儿童泳池和游戏区,婴儿床、折叠床以及其他儿童日用品等都免费提供,客房还特别提供儿童型号的浴袍。

凯悦的一个重要儿童活动项目就是"凯悦露营活动"(Camp Hyatt),专门有网站展示亲子游服务内容,供家庭假期时使用。目前,该活动还仅限于北美地区,3~12岁的孩子可以参加度假村在当地举行的探险活动,内容主要围绕文化、历史、目的地周边环境等,以此让孩子们能体验到一个无比丰富且难忘的假期。另外,凯悦集团的官方网站有个庞大的游戏下载系统——Cranium游戏库,孩子可以在入住的时候得到一个丰富的游戏试用包。

丽思·卡尔顿酒店延伸出来的儿童计划称为"丽思儿童(Ritz Child)",但每个酒店执行的范畴不同。例如,带孩子的家庭可以要求入住墨西哥丽思·卡尔顿的"安静套房",用手机闪亮代替门铃响声;入住新加坡丽思·卡尔顿,孩子们可以跟父母一起享受天然的植物浴;入住奥兰多丽思·卡尔顿则可以观看水下电影,参加高尔夫课程。当然,所有度假村都提供健康、富有创意的儿童菜单。

希尔顿酒店在夏天推出的儿童计划称作"希尔顿度假站"。12岁及以下的儿童能够免费享受酒店提供的礼品、点心、游戏和图书馆等。其中,迈阿密的枫丹白露希尔顿位于著名的家庭旅游胜地,拥有多项儿童看护计划和儿童活动项目;上海希尔顿专门开设假期夏令营,让孩子们可以在一起玩耍交友并且锻炼身心,共同参加由酒店教练指导的项目,包括网球、游泳、跆拳道等。

One & Only度假村为孩子们提供Kids Only旅游计划。这一计划涵盖不同年龄层和不同口味的儿童的需要,每天设计不同主题,提供适合不同年龄儿童的活动。其中毛里求斯的One & Only Le Saint Geran俱乐部设计来源于浪漫传说,有充满金币的宝藏、藏宝地图、绳索、滑轮及贝壳。孩子可以体验滑水、浮潜、划艇等,也可以体验制作镶嵌画、学习毛里求斯Sega传统舞、制作风筝和参加烹饪班。

二、文化因素

每个人都生活在一定的文化环境中,文化因素影响着顾客的价值观念、生活方式、消费心理和购买行为。文化决定了人们的欲望和行为。因此,文化因素对顾客行为具有广泛和深远的影响。

(一) 文化

文化是人类从生活实践中建立起来的,由价值、道德、信念、艺术、法律、伦理、风俗习惯等内容构成的综合体。它决定着一个社会的消费习惯、伦理道德、价值观念和思维方式等。在顾客购买酒店产品的过程中,由于其文化背景的不同,在观念、态度、生活方式以及行为表现等方面都具有自己的特点。

文化是酒店的一个重要组成部分,文化通过一些有形的方式表现出来,比如酒店的建筑设计风格、菜肴和地方风味、装修设计、员工的服装和服务等。酒店的文化特点也会对顾客产生极大的吸引力。酒店营销人员要了解这种文化的特征。

例如,中国客人忌讳"4",有的酒店把电梯或者楼层改成3A,有的酒店把有"4"字的房号全部拿掉。西方顾客忌讳数字"13",酒店在接待时就要注意回避这个数字,不安排顾客住13楼层或带有13字样的房间。同时,文化具有动态发展的特征,会随着环境的改变而改变。

酒店营销人员应识别出文化的变化趋势,在产品和服务的设计上也要考虑文化的因素,如广东酒店的客房为顾客提供的欢迎茶、工夫茶,餐厅提供的地方特色菜,以及富有地方特色的服务方式等。当文化上出现关注保健和养生的趋势时,许多酒店在菜单设计上会注重清淡口味和天然食品,增设健身房或健身俱乐部,房间设计也出现了素雅和简洁的居室装修风格等,以此从文化方面提供令顾客满意的产品和服务。

(二) 亚文化

亚文化是指某一文化群体所属次级群体的成员共有的独特信念、价值观和生活习惯。每一种文化都包含有更小的文化群体,即建立在共同经验和相同环境基础上,具有相同的价值体系的人群,包括不同民族、种族、宗教和地域,他们在礼仪、服饰、色彩、居住、饮食、生活方式等物质和文化生活方面都各有特点。比如,美国文化、中国文化、印度文化、俄罗斯文化等。无论是我国北方人的豪放还是南方人的细腻,都是受民族和地区文化影响的结果。

亚文化对顾客的行为影响很大,酒店营销人员要详细了解各国不同的文化,以及这些文化对顾客行为的影响。在注重文化的前提下,酒店营销人员也要充分重视顾客的民族、宗教信仰及生活习惯,提供不同的产品和服务。比如素食主义者不能吃荤菜,信奉伊斯兰教的人不能吃猪肉。亚文化的因素直接影响着顾客的购买行为,酒店营销人员要利用这些因素,根据顾客的文化背景,设计出适销对路的产品和服务,满足顾客的需求。

三、个人因素

顾客购买决策同样受个人因素的影响,如年龄、家庭、生命周期、性别、职业、受教育程度、个性和生活方式等。酒店营销人员要分析顾客的这些个人因素,制订满足顾客个人实际需求的营销方案。

(一) 年龄

酒店不同年龄阶段的顾客所购买的产品和服务的类型,还有购买的方式,是不断变化的,对酒店产品的需求也会有所不同。年龄是影响顾客购买行为的重要因素,比如老年人旅游多为保健、疗养休闲,酒店应该提供一些相关的保健休闲的设施设备,提供安静舒适的住宿环境、清淡且容易消化的饮食。老年顾客对酒吧等服务设施的需求很小,而年轻顾客比较追求时尚、新鲜和刺激,因而对一些新兴的服务项目更会感兴趣,比如时尚酒吧咖啡厅、歌厅、舞厅、电影厅、健身场所等,因此酒店营销人员在市场营销的过程中,要注意到年龄上的差异,对不同年龄的顾客制定有针对性的营销策略。

(二)家庭生命周期阶段

家庭生命周期是指一个人从年轻时离开父母、独立生活,到年老了后加入子女家庭或者独居,直到死亡的家庭生活全过程。在家庭生命周期的不同阶段,人的心态和行为方式也会不同,家庭成员的产品偏好和经济状况也不一样,所以他们的销售决策也会受到这些因素的影响。

家庭生命周期分为以下几个阶段。

1. 单身阶段

单身阶段是指年轻人和单身者,有的还在大学读书,有的刚刚完成学业踏上社会、进入工作环境。受晚婚晚育的影响,年轻人结婚年龄推迟,这一群体的数量还在增加,虽然他们收入不高,但由于没有其他的负担,所以会拥有比较多的可自由支配收入。这一群体追求时尚、新奇、刺激,喜欢休闲、娱乐、健身、探险等。

2. 新婚阶段

新婚阶段是从新婚夫妇正式组建家庭,一直到他们的第一个孩子出生。由于缺乏生活基础,双方需要时间尽力去调整、适应对方,形成和谐生活的方式。夫妻双方要共同承担家庭的责任,共同面对许多问题并加以解决,比如家庭的收入、家庭的支付能力、孩子的培养和教育、保险、买房、投资等。他们一般有比较强的消费能力,追求浪漫和时尚,有一定的积蓄,有比较充足的休闲时间,对娱乐、服装、家具、旅游、餐饮、豪华度假等产品和服务都有比较大的需求,是酒店营销的一个重要的目标客源。

3. 满巢Ⅰ阶段

满巢Ⅰ阶段是年轻夫妇和年幼的孩子组成的家庭,最大的孩子一般在6岁以下。孩子的出生,会改变家庭的生活方式和消费方式。比如,家庭购买需求会大幅增加,需要购买婴儿食品、婴儿服装、婴儿玩具、婴儿车、婴儿床等各种婴儿用品。有的家庭是女方照看孩子,暂时不外出工作,有的家庭聘请保姆,或者托亲友照看孩子。家庭的消费在增加,家庭的经济负担也在加重。同时,家庭在外出度假、用餐、装修和家具布置等各方面都要考虑孩子的需求。

4. 满巢Ⅱ阶段

满巢Ⅱ阶段是家庭中最小的孩子已超过六岁,一般都在学校念书。由于孩子不再需要大人在家里照看,夫妻中原来专门看护孩子的一方重新开始工作,家庭的经济状况得到改善,购买的需求增加了,消费的能力也增强了。

5. 满巢Ⅲ阶段

满巢Ⅲ阶段是年纪较大的夫妇和他们还未完全独立的孩子所组成的家庭,在此期间,夫妻双方仍然在工作,孩子中有的也开始工作了,家庭的经济压力相对减轻,财务状况明显改善。因此,处于这一阶段的家庭,会购买一些时尚的产品、豪华的家具、大件的商品,甚至还会外出旅游度假、用餐等。

6. 空巢阶段

空巢阶段是孩子已经长大,外出工作或者成家了,不再依靠父母,也不与父母同住,家里一下子空了,所以叫空巢。这是一个延续时间比较长的阶段,也是一个越来越普遍的现象。这时候,父母可以做他们以前想做,但由于家庭的拖累而无法做的事情,比如外出旅游、探亲访友、继续学习等。在这个阶段,他们经济比较宽松,又有很多闲暇的时间,不仅时常可以外出旅游度假,而且还会购买一些高档的商品或用品。

但到了空巢的后期,父母到了退休的年龄,靠退休金生活,经济收入减少了。不过,由于他们工作了几十年,有了一定的资金积累,财政状况不会太差。同时因为有了更多可用以支配的时间,不少人开始追求新的生活、新的爱好、新的兴趣,比如参加老年俱乐部、进老年大学,写字画画、唱歌跳舞、外出旅游等,因此,他们对度假型的酒店有较大的需求。

7. 解体阶段

解体阶段是夫妻中的一方已经去世,家庭进入解体阶段。如果在世的一方身体尚好,经济状况比较富余,还有孩子或亲友的照顾,经过调整是可以适应这种家庭的变化的。他们对酒店产品还会有一定的需求,比如去度假、就餐、垂钓、健身、娱乐等。酒店销售人员也要关注这个市场目标,提供他们所需求的产品。

(三) 个人收入水平

消费者对酒店产品的购买能力主要取决于消费者的个人收入。消费者个人收入包括工资、奖金,以及其他劳动收入、红利、助学金、馈赠、出租收入等。消费者收入分为个人可支配收入和个人可任意支配收入。

个人可支配收入是指个人收入减去直接缴纳的各项税款和非税性负担(工会经费、交通罚款)的余额。个人可任意支配收入是指个人可支配收入减去维持生活所必需的支出(食品、衣服、住房)和其他固定支出(分期付款、学费)所剩下的那部分收入。

因此,个人可任意支配收入是决定消费者购买力和支出的决定性因素。通常消费者个人可任意支配收入决定着旅游者消费水平的高低及旅游者个人实现旅游愿望的可能性大小。一般来说,消费者的个人可任意支配收入增多,用于旅游或其他活动的开支就随之增多。

国家统计局的数据显示,1978年全国居民人均可支配收入仅171元,2009年全国居民人均可支配收入10 977元,首次突破万元大关;2014年突破2万元大关,达到20 167元,2017年全国居民人均可支配收入达到25 974元,扣除价格因素,比1978年实际增长22.8倍,年均增长8.5%;2019年全国居民人均可支配收入达到30 733元。全国居民人均可支配收入的增加,导致了旅游消费的增长。国内旅游人数从1994年的5.24亿人次上升到2008年的17.12亿人次,再到2019年的60.1亿人次。旅游者的消费拉动了住宿、餐饮、娱乐、交通等直接需要,促使我国旅游市场的覆盖面不断扩大。

(四) 性别、职业和受教育程度

性别对顾客购买需求的影响是客观存在的。男性和女性在生理上的差别导致了不同的

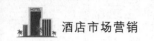

心理和行为,两性的消费产品及购买决策过程也因之差异显著。长期以来,男性在旅游者队伍中所占的比例一直高于女性。

由于传统思想的束缚以及女性家庭角色的影响,女性的旅游动机受外界因素干扰很大,往往会出现摇摆不定、犹豫不决的情况。这就需要酒店营销人员对女性的消费理念进行引导、激发,开发出适合女性旅游的产品和服务,排除困扰她们的诸如安全、家庭、孩子、价格、时间等问题。

例如,目前正在兴起专门针对女性消费群体的女性酒店,这种酒店专门为女性顾客提供服务,除了更温馨的设计,还增加了针对女性的多元化个性服务,充分满足女性顾客需求。

顾客的职业和受教育程度不同,其消费模式和购买行为也不同。一个人的职业在很大程度上决定了他在社会中的地位、收入水平、闲暇时间、工作性质和生活经历,进而影响到其购买行为。而受教育程度和文化水平较高的顾客会克服对特殊环境的心理恐惧和思想偏见,有助于激发对酒店产品的兴趣。

因此,不同职业和文化程度的顾客,对于酒店产品的需求与爱好往往不尽一致。如高级行政人员从事公务旅游的可能性很大,他们喜欢豪华的餐厅、带有会客室的商务套房以及专用行政楼层等;医务工作者可能对酒店的卫生条件较为重视;教师旅游购买行为主要集中在寒暑假,对酒店产品的消费也比较理性;而学生是目前国内旅游中的一支重要力量,针对青少年学生开发一些酒店产品、建造一些青年旅馆必将成为酒店经营者不得不考虑的选择。

女性专属酒店

女性消费市场趋向成熟是女性酒店发展的基础。一方面,如今世界经济瞬息万变,人民生活水平越来越高,女性受到更多的教育,得到更好的工作机会,有了更为可观的收入,社会地位和家庭地位也在不断上升,女性消费市场开始迅速发展。另一方面,酒店市场竞争更为激烈,市场高度细分化是酒店发展的必然趋势,酒店利用不同的产品去迎合满足不同需求的客户群。这些因素都促进了女性酒店在市场上的产生与发展。

自1984年美国纽约麦迪逊大街开办了Morgans精品女性酒店以来,众多酒店也都开始了这一项措施。例如,温德姆专门实施了一项"旅途中的女士"计划,邀请女性商务客人对集团所有酒店提供的设施和安全状况提出意见。皇冠假日非常重视女性顾客对酒店品牌的忠诚度,以不断创新来激发女性顾客的兴趣,因此,即使在商务顾客很少的时候,女性楼层也几乎满客。希尔顿开设女性楼层,还在房间提供女性营养食谱,为顾客提供晨练地图,为深夜在停车场停车的女性顾客安排护卫保护安全。此外,还有一些酒店是专门为女性开设的。

全沙特唯一一家女性专属酒店——Luthan酒店

酒店所有者是一群沙特公主及商界女强人,它开了中东地区风气之先,更契合了全球酒店盛行的专门或全部楼层禁止男士入住的趋势。在沙特,女性入住酒店有更多实实在在的好处。

阿姆斯特丹的Hostelle酒店

这家酒店只接受女性客人,酒店的老板碧安卡是一位美丽乐观的姑娘。她发现在阿姆斯特丹,女性游客很难找到价格优惠且安全的酒店,于是,她决定开创荷兰第一家女性酒店。

韩国 Pandago Guesthouse

Pandago Guesthouse 是一家只限女生入住的旅馆。民宿布置温馨,既可选择女性宿舍的单人间,也有独立多人间可供选择。民宿因为只限女生入住,让人备感安全,是适合独行女性游客的最佳选择。

印度孟买地拉喜来登酒店——女性楼层

该酒店有 18 间客房,均安装了可视电话和门禁系统,另提供女性专用酒廊、免费瑜伽课程、优惠打折的美容美发、SPA 服务等供客人选择。

挪威的奥斯陆大酒店

该酒店是欧洲推出女性专用楼层的首家酒店。酒店女性楼层拥有 13 间客房,将挪威艺术、影视、体育、商业、文学等各界杰出女性作了一番总结、精选与展示。房间以各界知名女性命名,如时尚设计师塞斯丽、爵士乐歌手希尔列、商业成功人士伊格等,并由这些名人与设计师共同设计完成。

卓美亚阿联酋酒店

该酒店是中东地区首家推出女性专用楼层的酒店。酒店的女性楼层位于酒店第 40 层,是与 Chopard(萧邦)联手打造的精品。

日本大阪的 Hyatt Regency Osaka(凯悦摄政大阪酒店)

该酒店设有女士专用楼层,室内装潢设计温馨低调,曾获得设计大奖。酒店内有室内游泳池、室外季节性游泳池和健康 SPA 浴盆,其泡汤温泉十分养生美肤。酒店还特意为女士住客提供按摩、美容、美发沙龙等服务。酒店内健身中心设有瑜伽课程指导、有氧运动辅导等。

厦门艾美酒店——女性安保人员

厦门艾美酒店的女士楼层中,专门配备有女性服务员和女性安保人员,酒店还可根据客人要求,安排女性随从照料。女士楼层包含有 32 间不同房型的客房,酒店除了提供低卡路里的健康食谱、瑜伽垫和亲肤洗浴套装,还在此楼层提供柔软舒适的羊毛袜、丝质衣架等。

杭州黄龙饭店——女性专属楼层以及免费丝质睡衣

杭州黄龙饭店设置的女士专属楼层,有"配备女性服务员""女性安保员"以及"只准许女性进入"三道门槛,确保了女性顾客的安全。另外,套房内走入式衣橱内配备有全身镜、熨衣用品,以及丝质睡衣,给予女士更多舒适感和归属感。

三亚亚龙湾铂尔曼度假酒店——客房内乐享瑜伽

三亚铂尔曼酒店推出一项为商旅客人量身定制的瑜伽练习项目,以便客人在酒店客房内就可以进行适当的运动,舒缓旅途疲劳。这套瑜伽练习项目由耐克签约瑜伽教练何耀辉小姐设计,包含三套简便易行的动作:叫醒身体系列、安睡系列及促进各机体组织健康运作的舒畅系列。每个系列的动作仅需 10 分钟完成。

(五)个性

个性是指个体特有的气质模式以及行为倾向的统一体,包括兴趣爱好、能力、气质、性格等各个方面。个性是一个人比较稳定的,对现实的态度和习惯化的行为方式。个性的形成既受遗传和生理因素的影响,又与后天的社会环境,尤其是童年时的经验具有直接关系。个性更多地反映个体思维、情感和知觉特征。

每个人都有影响其购买行为的独特个性,比如自信、自主、顺从、保守、开放、固执、随意、大方、节俭,等等。顾客的个性特征在消费行为中起着重要作用,对其消费的方式和水平也有重要的影响。

比如,如果顾客是一位做事谨慎的消费者,他在酒店消费时,就会花很多时间收集资料,了解产品的情况,再作出购买的决策;如果顾客是一个比较豪爽大方的消费者,他在酒店消费时,只要自己喜欢的,不会注重价格的因素,就会作出购买的决定。

(六)生活方式

生活方式就是人如何生活。具体来说,生活方式就是个体在成长过程中,受社会各种因素交互作用表现出来的活动、兴趣和态度模式。如果顾客是一位性格保守的人,就不太会喜欢登山、跳伞、丛林探险之类的活动。但是对于喜欢户外活动和刺激生活方式的人来说,登山、跳伞、丛林探险等活动就是符合他们兴趣和爱好的。

生活方式很大程度上受个性的影响,反映的是人们如何生活、如何花费、如何消磨时间等外在行为。例如,有的人购买酒店产品是为了满足生理需要,而有的人是为追求新奇;有的人喜欢在旅行社的安排下从事旅游和住宿活动,而有的人喜欢自助游,以散客的身份选择旅游酒店产品和服务。酒店营销人员要把酒店产品与顾客的个性和生活方式紧密联系起来,提供顾客喜欢的产品,让顾客感到"物有所值"。

知识拓展

酒店是一种生活方式

19世纪早期一位著名记者描述瑞士欧拉酒店的一句话,如今被众多酒店沿袭:"它不仅是一座酒店,更是一种生活方式。"

位于丹麦哥本哈根的 Hotel Fox,定位是"The world's most exciting and creative lifestyle hotel."(世界上最具激情和创造性的生活方式酒店),它有61个完全不同的房间,每个房间都是一个个人艺术展,由21位艺术家、插画画家、平面造型设计师和涂鸦美术家汇聚1 000个点子构思完成。作为追求一种独特生活方式的酒店,Hotel Fox 由一系列幻想的田园生活及梦境般的视觉形象组成,每一个独到的想法都足以令它无可复制,所以它有足够的理由对客人承诺:"You haven't seen anything like it."(它是唯一的)。Hotel Fox 的成功之处在于它挖掘出人们对个性展示的潜在需要,创造出一种跨越界限的社区,令顾客找到心中渴望的居住和生活方式。

位于杭州西子湖畔的橘子水晶酒店是一个"设计师酒店"。它不同于经济型酒店的单调,不高攀高星级酒店的昂贵,而是给顾客干净、温馨、更富有情调和创意的住宿体验。在一些客房内,顾客可以直接从卧室看到大堂。有1/3左右的客房有着直接面对西湖"柳浪闻莺"景观的十几平方米的露台。鲜明的定位也使该酒店成为风投眼中少有的可供选择的中端酒店,其目标客户是"自我的、张扬的、与众不同的"。

无论是 Hotel Fox 还是橘子酒店,都强调个人品位和生活方式的"精英文化"。人们选择产品不再局限在功能上,过去的3F模式"Form Follows Function"(形式服从功能)让位于"Form Follows Feeling"(形式服从需求),酒店的建筑形态、装修特色、服务人员的礼仪等都将成为消费者选择的标准。酒店的功能不局限于商务招待、旅游入住,还能成为引导个人风格的一股流行力量,发掘其社交场所的功能。

如今,各大国际酒店集团也竞相瞄准了"生活方式"的概念。2009年,Denizen Hotels 加入"奢华与生活方式"酒店品牌组合,成为希尔顿品牌大家族中的第十一名成员。其核心部分是互动空间社交,从专为美食爱好者提供的社区风格餐厅到采用先进技术可在登记入住前后提供个性化休憩体验的休闲区域,Denizen Hotels 为尊贵客户提供一切所需设施,在客房内外贴心打造充满活力的温馨环境。

四、心理因素

客人来到酒店,首先要了解他们需要什么,这是在酒店特定的环境下,客人产生一系列心理活动的内在原因。这些需求的满足程度将在心理上产生怎样的反应,是酒店营销人员要认真思考的问题。酒店顾客的购买行为受到以下几个主要的心理因素的影响,包括需要、动机、知觉、学习、态度与信念等。

(一)需要

需要就是在一定的生活环境中,人们为了延续和发展生命而对客观事物产生欲望的反应。顾客的需要,就是顾客在生理和心理上的匮乏状态,他们感到缺少什么,从而想获得什么的状态。需要虽然是人类活动的原动力,但它并不总是处于唤醒状态。只有当顾客的匮乏感达到了某种迫切程度,需求才会被激发,才会有所行动。需要一经唤醒,就可以促使顾客为消除匮乏感和不平衡状态采取行动。

需要是和人们的活动紧密联系在一起的。顾客为什么购买酒店产品,为什么对酒店的市场营销刺激有着各种各样的反应,都是为了满足一定的需要。一种需要满足后,又会产生新的需要。因此,顾客的需要绝不会有被完全满足和终结的时候,需要无限的发展性决定了人类活动的长久性和永恒性。

顾客需要是人们在特定生活和特定经济条件下对酒店产品的愿望和要求,这种愿望和要求是人们对高层次生活标准和生活方式的一种追求与向往。顾客的需要具有多样性的特点,既包括生理、安全方面,又包括社交、尊重、自我实现方面;既有物质方面,又有精神方面。例如,对于高档酒店来说,其产品主要是为了满足顾客精神上的需要,虽然在顾客入住期间也需要满足生理等方面的需要,但这些需要都是为了精神需要的满足而派生出来的,很少有人仅仅为填饱肚子而在豪华酒店里进餐。所以,在高档酒店中,精美的餐饮产品,舒适、安全、卫生的客房固然重要,但酒店的形象、档次、知名度、气氛、豪华程度、无微不至的服务对顾客的购买决策更具有决定性的作用。

(二)动机

分析顾客的消费动机,就是分析顾客购买行为的原因,有利于酒店营销人员更深刻地了解顾客的购买行为,根据顾客的需求作出有效的营销决策。如果说需求是顾客购买行为的潜在动力和源泉,那么动机则是购买行为的直接动力。

顾客动机是直接推动顾客购买酒店产品的动力,规定了顾客购买行为的方向,推动和指导顾客购买活动的心理过程。因此,掌握了顾客的动机结构,也就等于掌握了顾客的行为导向。

常见的动机主要有以下类型。

1. 求新动机

求新动机是指顾客以追求商品、服务的时尚、新颖、奇特为主导的购买动机。

2. 文化动机

文化动机是为了认识和体验异地他乡的政治、经济、文化、教育、历史、艺术、宗教状况以及风土人情、生活习俗等。这是人们求知欲、追新猎奇的心理表现。

3. 求美动机

求美动机是指顾客以追求商品欣赏价值、艺术价值和实用价值为主要倾向的购买动机。

4. 地位和声望动机

地位和声望动机主要是出于关心个人成就和个人发展需要,通过旅游实现自己得到社会承认、受人尊重、引人注意、受人赏识、获得好名声等愿望。

上述购买动机绝不是彼此孤立的,而是相互交错、相互制约的。有时是一种动机居支配地位,其他动机起辅助作用,有时是几种动机共同起作用。不同顾客的购买动机有时基本相同,有时差异大,同一个顾客的购买动机也会因时间、地点的不同而异。

（三）知觉

知觉是人们通过自己的身体感觉器官对外界刺激物所做的反应。酒店顾客的知觉,就是酒店顾客对酒店产品或服务的感觉。酒店的产品广告只有通过营销刺激被顾客知觉之后才会对其产生影响。

对酒店顾客来说,知觉是顾客选择、组织和解释外来酒店信息而产生内心世界反应的过程。顾客的知觉过程包括三个相互联系的阶段,即展露、注意和理解。在酒店产品信息处理过程中,如果一则信息不能依次在这几个阶段生存下来,它就很难储存到酒店顾客的记忆中,从而也无法有效地对酒店顾客行为产生影响。

1. 刺激物的展露

刺激物的展露是指将刺激物展现在顾客的感觉神经范围内,使其感官被激活。例如,在电视、广播、网络、杂志等各种媒体中出现的酒店广告、宣传等。为了减少广告逃避现象和提高营销信息的展露水平,酒店营销者和广告公司会采用多种办法,比如增强广告本身的吸引力、在多种媒体和多个电视频道刊登刊播广告、将广告词语最靠近节目开始或节目结束的位置等。

2. 选择性注意

选择性注意是指由于认识能力的限制,在某一特定时间和地点,顾客不可能同时注意和处理所有展露在其面前的信息,而只是部分地对某些信息予以注意。注意是指个体对展露于其感觉神经系统面前的刺激物作出的进一步加工和处理,它实际上是对刺激物分配的某种处理能力。

影响注意的因素主要有三种,即刺激物因素、个体因素和情境因素。由于刺激物因素是酒店可以控制的,因此在进行市场营销时,经常被用来吸引顾客的注意。个体因素是指个人的特征,这是酒店无法控制的,这些因素包括需要与动机、态度、适用性水平等。情境因素既包括环境中独立于中心刺激物的那些成分,又包括暂时性的个人特征,如个体当时的身体状况、情绪等。

3. 对刺激物的理解

知觉的最后一个阶段,是个体对刺激物的理解,是个体对刺激物赋予某种含义或意义的过程。但是,当顾客在接受外界事物和信息刺激,并与原有思维模式相结合来理解刺激物时,往往会造成先入为主、按照自身意愿曲解信息的倾向。

在信息处理过程中,如果一则信息不能依次在这几个阶段生存下来,它就很难储存到顾客记忆中,也无法有效地对顾客行为产生影响。因此,酒店要凸显自己的产品和服务个性,开展广告宣传,给顾客"不一样就是不一样"的感觉,以留下深刻的印象。

(四)学习

学习是指顾客在购买和使用产品过程中不断获得知识、经验和技能,不断完善其购买行为的过程。顾客的需要和行为绝大部分是后天学习获得的。通过学习,顾客获得了丰富的知识和经验,提高了对环境的适应能力。

顾客购买酒店产品,也是他学习的过程。一次次的成功购买过程就形成一次次的经验积累,一次次的失败购买经历同样也是一次次的教训积累。当顾客以过去的经验和教训来看待现在情况时,就会形成"概念化"和心理定式,形成一定的评价。

例如,某公司准备在酒店召开一次重要的会议,那么公司通常会对酒店的服务进行调查,会通过在餐厅进餐,观察员工的服务态度和技能,考察酒店的特色。根据所了解的信息,他们选择了开会的酒店。在开会期间,他们再一次体验酒店的服务。根据他们以及参加会议人员的体验,他们会对酒店形成满意或不满意的评价。酒店应该帮助顾客了解其设施和服务的质量。有些豪华酒店会安排员工领着首次入住的顾客四处看看,告诉其酒店所能提供的各种服务。

(五)态度与信念

态度是由情感、认知和行为构成的综合体。人对所有事物都持有态度,但态度不是与生俱来的,而是后天习得的。顾客对产品、服务或者酒店形成某种态度,并将其储存在记忆中,需要的时候再从记忆中提取出来,以应付和帮助解决当前所面临的购买问题。通过这种方式,态度有助于顾客更加有效地适应动态的购买环境。因此,形成态度能够满足或有助于满足某些顾客的需要。

态度是影响顾客购买行为的一个重要心理因素。顾客态度与行为有十分密切的关系,态度影响其对酒店产品、品牌的判断与评价,影响其学习兴趣与学习效果,影响其购买意向,进而影响购买行为。因此,态度在很大程度上决定着行为方向,对顾客的购买行为产生指导性和动力性的影响。

信念是指一个人对事物的描述性看法。不同顾客对同一事物可能拥有不同的信念,而这种信念又会影响顾客的态度。一些顾客可能认为国际酒店品牌产品的质量比非国际品牌产品质量要高出很多,能够提供很大的附加利益;另一些顾客则认为,随着产品的成熟,不同酒店企业产品在品质上并不存在太大的差异,国际品牌产品提供的附加利益并不像人们想象得那么大。所以,不同的信念,会导致顾客对酒店产品的不同态度。

知识拓展

代保管剩酒的酒店

近来,中国香港酒店行业兴起了一个新的服务项目——代客保管剩酒。他们将顾客喝剩的酒保管起来,陈列在一个精致的玻璃柜内,使所有人都看得见,瓶上吊有一个制作精美的卡片,上面写明存放人的姓名、单位、职衔和"惠存"字样。

就是这样一个小小的服务项目,却在争取顾客上发挥出了惊人的魅力。其一是它有助于吸引"回头客"。酒店为顾客保管酒后,当这些顾客再需要用餐时,多半会选择存有剩酒的酒店。在顾客喝完了被保管的剩酒后,又会再要新酒,可能还会有剩酒需要酒店为其保管,下次用餐当然还会优先考虑该酒店。如此循环往复,就会不断扩大酒店的业务。

其二是有助于提高酒店的声誉。酒店替顾客保管剩酒,可以使顾客感到如同在家中用餐一样的方便,加上服务人员热情周到、体贴入微的一流服务,更使顾客体会到宾至如归的亲切感和信任感。

后来,这套点子又发展成为代客保管碗碟。因为人们讲究卫生,害怕传染疾病,不喜欢用别人用过的碗碟、筷子、刀叉等。酒店实行对就餐次数多的顾客送一套餐具以供其专用,以此来吸引他们常来用。这些酒店既保证了顾客的就餐卫生,又展现了对顾客的周到体贴,让那些顾客得到了被重视和被尊重的快乐。因此,培养了许多忠实的顾客。

任务3 顾客购买决策过程

决策在顾客购买行为中占有重要地位,决定着购买行为是否发生。正确的决策可以使顾客以较少的时间、费用买到质量和价格相仿、称心如意的产品,最大限度地满足特定消费需要。当顾客产生要购买酒店产品的意识后,就会采取一系列的行动,这些行动过程一般有五个阶段:引起需求、收集信息、比较评价、购买决策和购后行为,如图3-1所示。

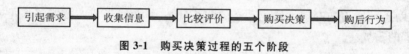

图3-1 购买决策过程的五个阶段

一、引起需求

引起需求是顾客购买酒店产品决策的开始,这种需求往往由两种刺激引起,即内在刺激和外部刺激。内在刺激,如顾客感到饥饿和口渴,就会对食物和饮料产生需求;外部刺激,如顾客看到亲戚、朋友、同事购买了某一酒店产品,自己也想购买。

在这个阶段,酒店营销人员要了解顾客产生某种需要的自身生理、心理状况以及所处的环境,找到引发这种需要的内在动因和外在刺激因素,通过这些因素预测顾客产生需要的原因、会发生什么类型的需要以及寻求何种酒店产品等信息。通过收集这些信息，酒店营销人员就能识别出最能刺激人们对某种产品的兴趣的因素，从而提出有针对性的营销手段，通过促使顾客与刺激因素频繁接触来激发其购买动机，并相应推销对路产品。

二、收集信息

当顾客产生了购买需要之后，便开始注意和收集与需求相关的信息。如酒店的地理位置、该地区及附近的自然和人文景点、产品服务价格、安全卫生保障、酒店设备功能、服务态度等方面的信息，以便权衡得失，最终作出决策。

顾客收集信息时的积极性和投入程度取决于顾客对该种需要的内驱动力强度、原有信息的了解程度、信息收集的难易程度、增加信息的价值以及通过收集信息可能获得的满意程度等。

根据顾客收集信息的强度，可以分为加强注意和积极收集两种类型。前者是顾客开始关注某种产品信息，并适当地留意有关该产品的广告。后者是顾客主动地寻找各种资料，通过各种途径了解该产品的情况。例如，如果顾客决定购买酒店产品，但未确定购买哪个酒店产品，就会寻找各个酒店产品的情况信息，如果他已确定购买某个特定酒店的产品，就只会设法寻找有关该酒店的信息。

如果唤起的需求很强烈，顾客就会希望马上满足自己的需求。但在多数情况下，顾客并不会马上满足自己的需求，而是广泛地收集信息，以便作出更合理的选择。顾客收集信息的来源一般有以下四个方面。

（1）个人来源，即从家庭、朋友、邻居和其他熟人处获得信息。
（2）商业来源，即通过广告、推销员、经销商、包装、展览等渠道获得信息。
（3）公共来源，即通过大众传媒、消费者评审组织等渠道获得信息。
（4）经验来源，即通过自己所见所闻、亲身体验等获得信息。

三、比较评价

顾客通过各种途径收集得到的各种信息，可能是重复甚至矛盾的，因此还要进行分析、整理、评估和比较，在权衡利弊后方能作出购买决定，这是决策过程中的决定性环节。

顾客比较、评价信息的内容包括以下几个方面。

1. 产品的属性

产品的属性是指酒店产品所具有的能够满足顾客需要的性能，包括酒店环境、酒店位置、酒店设计、周边景点、客房档次、食物质量、菜品种类、服务质量、就餐环境和产品价格等。

2. 酒店品牌形象

酒店品牌形象是指顾客对不同酒店品牌产品的特有信念。顾客凭借经验和印象会对不同品牌产品的属性和利益有不同信念。品牌形象是顾客比较评价的重要内容，但这种评价往往带有一定程度的主观性。

3. 产品效用函数

产品效用函数是指产品在一定条件下对顾客需求满足程度的函数。任何产品在不同的时间和不同的场合,其效用是不一样的。例如空调,在南方和北方的效用就有差别。

4. 评价模式

评价模式是指顾客对不同酒店品牌进行评价和选择的程序与方法。顾客从众多可供选择的酒店品牌中,通过一定的评价方法,对各种酒店品牌进行评价,从而形成对某种酒店品牌的偏好。

因此,酒店必须了解顾客所追求的效用,明确本酒店产品的重要属性,以及这些属性是否能满足顾客的效用,从而制定相应的营销策略吸引顾客。例如,商务型顾客比较关心方便和舒适程度,自费的消遣型顾客则更关心价格。

四、购买决策

顾客通过对酒店信息、资料、可选方案进行比较评估后,会对不同酒店品牌进行排序,初步形成购买意图,进而作出相应的购买决策。一般来说,顾客会选择购买最喜欢的酒店品牌,但是在购买意向转为购买决定之间还可能会受到两个因素的影响。

1. 他人态度

即周围的人对顾客偏好的酒店品牌所持的意见和看法。顾客的购买意图会因为他人的态度而增强或减弱。一般来说,关系越密切,对顾客购买意图的影响就越大。例如在选择酒店时,丈夫选择住豪华的高档酒店,而妻子坚持选择经济型酒店,反对的态度越强烈,丈夫修改购买意图的可能性就越大。

2. 意外情况

顾客购买意图是在预期家庭收入、商品价格和购买满足感等基础上形成的,如果出现失业、通货膨胀、经济危机、突发事故和自然灾害等意外情况,顾客则很有可能改变购买意图。例如,某位顾客计划在暑期出游,并且预订好了机票和酒店,但是由于失业,失去了经济来源,需要重新找工作,因此,该顾客就很可能改变甚至取消原来的购买决定。

五、购后行为

酒店产品被顾客购买之后,进入了购后阶段,但此时酒店营销人员的工作并没有结束。顾客购买产品之后,通过自己的使用和他人的评价,会对自己购买的产品产生某种程度的满意或不满意。

顾客的购后行为是购买决策的"反馈"阶段,是一次酒店购买活动的结束,也是下次购买或者不购买的开始。顾客在购买酒店产品之后,如果评价大于预先期望,就会产生满意感,有可能下次还会继续购买该产品。如果评价与预先期望相当,就会产出基本满意,有可能下次继续购买或者不购买该产品。如果小于预先期望,则会感觉不满意,可能再也不购买该酒店的产品,甚至向消费者团体、新闻媒介、亲朋好友等表达自己的不满。如果顾客既体验不到满意,也没有对酒店产品产生不满意时,就会出现购后失调状态。

为了管理好顾客期望,保证现实与承诺相符,酒店应准确地承诺最终能够提供给顾客的产品和服务,否则会引起顾客失望。期望与感受之间的这种差距越大,顾客就越会感到不满。

例如,某旅游岛上的一家酒店在淡季以低价引诱旅游者到该岛度假,称这个季节为"聚会的时光",在广告中宣称岛上所有的景点都可以进入。可当旅游者来到之后才发现,许多设施和景点都关闭了,许多酒店的餐饮设施也都停业了,这使旅游者非常失望。广告宣传最初确实带来了游客,但好景不长,在此后的六年中,该酒店的出租率几乎下降了50%。

顾客的购后行为对酒店来说是一种极为有用的反馈信息。酒店应采取各种措施尽可能地使顾客感到满意。另外,还要尽量加强与顾客间的联系,如设置意见箱、发放意见征询卡、寄送感谢卡、生日卡和节假日问候等,消除顾客的购买疑虑,增加顾客再次购买的可能。

研究和了解顾客的需要及其购买过程是酒店市场营销成功的基础,通过了解顾客如何经历引起需要、寻找信息、评价行为、购买决策和购后行为的全过程,就可以获得更多有助于满足顾客需要的有用线索,为其目标市场设计有效的市场营销策略,在一定程度上引导顾客的购买行为。

案例分析

香格里拉酒店集团个性会议

亚太地区最大的豪华酒店集团香格里拉隆重推出个性会议产品,利用特制的互动CD,提供详细的中英文产品资料,推广旗下的香格里拉会议计划。个性会议CD可以在任何一家香格里拉酒店的市场营销部和地区销售办公室免费获得。个性会议CD涵盖的信息全面丰富,介绍了香格里拉酒店集团旗下酒店各类会议的特色、目的地风景名胜、会议场所、场地规模和设施、全球销售及预订信息等。

在可以登录互联网的地方,会议组织者可以通过该CD轻松点击进入相关网页,查询更多所需信息。"个性会议互动CD"这一举措是为配合香格里拉的个性会议而首次推出的,其全面而新颖的设计,再次体现出香格里拉集团在该领域的领先优势,能够为客人提供全方位和一条龙的会议服务,并保证其成功举行。"个性会议"让组织者自始至终享受更多量身定做的服务和优惠。与亚太地区的其他豪华酒店集团相比,香格里拉酒店集团旗下的酒店拥有更多的会议场所,总面积超过13万平方米,而位于主要城市的一些酒店则拥有超豪华无柱高顶的大宴会厅,其中最大的面积达到2 240平方米。

讨论题:
1. 香格里拉酒店集团为了满足会议客人的个性化需求推出的CD涵盖了哪些信息?
2. "个性会议"互动CD有哪些优越性?

复习思考题

1. 什么是顾客购买行为?有哪些类型?
2. 影响酒店顾客购买行为的因素有哪些?
3. 酒店顾客购买决策过程分为哪几个阶段?
4. 酒店广告中使用了哪些刺激因素?怎样提高这些广告对顾客感知的影响力?
5. 假如你去三亚旅游,根据顾客购买决策过程,你会怎样选择酒店?

实训项目

实训目的：了解酒店消费者的购买心理与购买行为。

实训内容：对有关酒店进行调查，了解酒店销售情况。通过实地观察，记录顾客的实际感受，结合顾客购买行为理论，剖析顾客 2~3 种行为过程，说明其有可能受哪些心理活动的影响。

实训流程：

1. 根据教学班级学生人数确定若干项目小组，每小组 5~10 人；
2. 以小组为单位组织收集资料、研讨，在充分讨论的基础上形成小组的实训报告，并制作成汇报材料；
3. 每小组派代表上台汇报，各小组讨论交流；
4. 教师对各小组的汇报进行总结和点评。

项目四

酒店市场细分与选择

知识目标

1. 了解酒店市场细分的概念;
2. 了解酒店市场细分的标准;
3. 理解酒店目标市场选择的策略;
4. 了解酒店市场定位的概念;
5. 理解酒店市场定位的方法。

能力目标

1. 能够细分酒店市场;
2. 能够使用目标市场选择的策略;
3. 能够运用酒店市场定位的方法,进行酒店市场定位。

任务分解

任务1　酒店市场细分
任务2　酒店目标市场选择
任务3　酒店市场定位

万豪酒店集团的市场细分

万豪酒店集团成功之道,在于针对不同的细分市场成功推出了一系列品牌。在高端市场上,丽思·卡尔顿酒店(Ritz-Carlton)为高档次的顾客提供服务,赢得了很高的赞誉并备受赞赏;万丽酒店(Renaissance)作为间接商务和休闲品牌与万豪酒店(Marriott)在价格上基本相同,但它面对的是不同消费心态的顾客群体。万豪酒店吸引的是已经成家立业的人士,而万丽酒店的目标顾客则是那些职业年轻人。在低端酒店市场上,万豪酒店集团由公平酒店(Fairfield Inn)衍生出公平套房(Fairfield Suite),从而丰富了自己的产品线。位于高端和低端之间的酒店品牌是城镇套房(Towneplace Suites)、万怡(Courtyard)和居民酒店(Residence Inn)等,他们分别代表着不同的价格水准,并在各自的娱乐和风格上进行了有效区分。

伴随着市场细分的持续进行,万豪又推出了弹性套房(Springfield Suites)——比公平酒店的档次稍高一点,主要面对一晚75~95美元的顾客市场。为了获取较高的价格和收益,酒店使公平套房品牌逐步向弹性套房品牌转化。

万豪酒店集团会在什么样的情况下推出新品牌或新产品线呢?答案是:当通过调查发现在酒店市场上有足够的、尚未填补的"需求空白"或没有被充分满足的顾客需求时,公司就会推出针对这些需求的新产品或服务。

通过分析可以发现,万豪酒店集团的核心能力在于顾客调查和顾客知识,并且从公平酒店到丽思·卡尔顿所有的酒店品牌上都有运用。从某种意义上说,万豪酒店集团的专长并不是酒店管理,而是对顾客知识的获取、处置和管理。

万豪酒店集团一直致力于寻找其不同品牌间的空白地带。如果调查显示某细分市场上有足够的目标顾客需要一些新的产品或服务特色,那么万豪酒店集团就会将产品或服务进行提升,以满足顾客新的需求。万豪酒店集团会把这些人作为一个新的顾客群体,为他们开发出一个新的品牌。

万豪酒店集团宣布开发"弹性套房"这一品牌的做法是一个很好的案例,当时,万豪酒店集团将"弹性套房"的价格定在75~95美元,并计划到1999年3月1日时建成14家,在随后的两年内再增加55家。"弹性套房"源自"公平套房",而"公平套房"原来是"公平酒店"的一部分。"公平酒店"始创于1997年。当时,《华尔街日报》是这样描述"公平套房"的:宽敞但缺乏装饰,卫生间没有门,客厅里铺的是油毡,房间的定价是75美元。价格敏感的顾客可能觉得,这些套房是"公平酒店"中比较宽敞的大房间而已。

现在的问题是:"公平套房"的顾客可能不喜欢油毡,并愿意为"装饰得好一点"的房间多花一点钱。于是,万豪酒店集团通过增加烫衣板和其他令人愉快的东西等来改变"公平套房"的形象,并通过铺设地毯、加装壁炉和早点房来改善客厅条件。

通过这些方面的提升,万豪酒店集团吸引到了一批新的目标顾客——注重价值的购买者。但后来,万豪发现对"公平套房"所做的提升并不总是有效——价格敏感型顾客不想要,而注重价值的顾客对其又不屑一顾。

于是,万豪酒店集团考虑将"公平套房"转换成"弹性套房",重新细分了其顾客市场。

通过测算,万豪得到了这样的数据:相对于价格敏感型顾客为"公平套房"所带来的收入,那些注重价值的顾客可以为"弹性套房"至少多增加5美元的收入。

点评

现在,酒店业也像消费品行业一样正发生着剧烈的变化。作为酒店经营者必须经常问自己:我是准备在竞争中提升产品或服务以保护自己的市场,还是准备为新的细分市场开发新的产品?

如果选择前者,就要注意使产品或服务的提升保持渐进性,从而降低成本,因为现有的顾客往往不想支付更多。如果选择后者,新的产品或服务必须包含许多新的目标顾客所期待的东西;进一步来讲,是需要有一个不同的品牌——该品牌不会冲击原有品牌,而新的顾客能够接受这种新产品或服务并愿意为此支付更高的价格。

万豪酒店集团通过创造出"弹性套房"成功地将一种"使价格敏感型顾客不满"的模式转换成一种"注重价值的顾客"的模式,这是一个很典型的市场细分案例。简而言之,这其实就是酒店市场营销的市场细分战略。

任务1　酒店市场细分

一、酒店市场细分的概念

酒店市场细分就是酒店根据顾客的欲望、需求、爱好、购买动机、购买习惯、购买能力和购买行为等各方面因素,把酒店市场分为若干个需求不同的市场部分,其中任何一个市场部分都是一个在需求、欲望,习惯和行为上相似的购买群体,这个操作的过程就叫市场细分。

市场细分是20世纪50年代中期由美国著名市场学家温德尔·史密斯(Wendell R. Smith)提出的概念。这一概念的提出,表明战后西方市场营销思想和战略进入了一个新的阶段。市场细分和目标市场营销已成为企业市场营销战略的一个核心内容,是决定企业营销成败的一个关键因素。市场细分对酒店有重要的意义,概括地讲有以下三个方面。

(1)有利于发现和比较市场机会。通过市场细分过程,可以深入了解不同子市场中的消费者的不同需求,因此,更容易发现新的营销机会,从而形成新的目标市场。另外,还可比较不同细分市场(或子市场)中的需求情况和竞争者在各个细分市场中的地位,在充分了解竞争态势的前提下,确定自身适当的位置。

(2)有利于有效地分配人力、财力、物力。通过市场细分,营销人员能够更清楚地知道各细分市场的消费者对不同营销措施和策略的反应及差异,据此对企业的人力、财力、物力全面分派和使用,不仅可以避免企业资源的浪费,而且可以使有限的资源用在最适当的地方,发挥最大的功效。

（3）有利于酒店自身的应变和调整。通过市场细分，酒店比较容易发现购买群体的反应，信息反馈快，进而根据市场的变化调整产品结构、营销目标，来提高酒店的应变能力。

市场学家把市场分为"同质市场"和"异质市场"。所谓的"同质市场"，就是指消费者对商品（像汽油、食盐等）的需求和企业的经营策略没有明显的差异。然而，现代市场绝大部分的产品需求都是有着明显差异的，商品可替代性强，这就是"异质市场"。在"异质市场"上，没有任何两个消费者的需求是相同的，差异永远存在。酒店市场就是"异质市场"的典型代表。

酒店市场细分就是指营销人员根据顾客对酒店产品需求的差异性，将一个错综复杂的酒店异质市场划分成若干个具有相同需求的子市场，从而确定酒店目标市场的活动过程。它可以使酒店有效地分配和使用有限的资源，并进行各种营销。

酒店市场是一个复杂而庞大的整体，由不同的顾客和群体组成。这些顾客和群体在地理位置、资源条件、消费心理、购买习惯等方面的差异性，使其在同类产品市场上会产生不同的购买行为。因此，针对酒店的每一个顾客群体，都要有一个合适的市场营销方案。

比如，万豪酒店旗下的 W 酒店，设计融合了原生地的时尚潮流和酒店当地的历史文化。如南美洲哥伦比亚的波哥大 W 酒店就借鉴了当地文化中惯用的金色，而巴黎的 W 酒店装饰得像个歌剧院，中国广州的 W 酒店则是融入了贸易港口的特色：酒店装修风格前卫，大套房中的圆形床可以 360° 旋转，床头的灯光颜色可以随住客心情调换，每间房都有化妆间，住客在洗浴间可以边洗泡泡浴边看电视，酒店随处可见面对面摆设的镜子，用以制造空间的纵深感。

W 酒店还兼具摇滚夜店的气息。酒店房间配有家庭影院蓝牙音箱设备，为客人提供开派对用的酒水、零食和面具；酒店邀请知名 DJ 举办派对活动，与当地音乐人才推出音乐演出；有时也和新锐时装设计师合作举办时装秀。W 酒店的顾客群体主要是年轻商务客人，他们收入高、公司待遇好，大多就职于苹果、微软、阿里巴巴、腾讯、花旗银行等知名公司，此外还有广告、媒体、音乐产业中的从业者和高管。W 酒店的产品和服务正好满足了这个顾客群体的需求，受到他们的喜爱，成为 2018 年世界名列前茅的高档酒店品牌。

二、酒店市场细分的作用

酒店市场营销面对的是一个十分复杂且瞬息万变的市场，酒店市场的需求具有多样性和无限性。任何一个酒店企业都不可能满足所有顾客的需求，而只能选择其中一部分加以满足。因此，酒店企业必须进行市场细分，其作用体现在以下几个方面。

1. 有利于酒店企业找到最佳的市场机会

通过市场细分，可以发现酒店市场尚未满足的要求，从而找到对本酒店企业最有利的市场营销机会。一个未被竞争者注意的较小的细分市场，可能比有众多竞争者激烈争夺的大市场带来的效益还要多，特别是对于知名度不高或实力不强的小酒店企业来说，较小的细分市场更有价值。因为这些小酒店企业通过市场细分，有可能找到营销机会，在大酒店企业的空隙中求得生存和发展。

2. 有利于按目标市场的需要改良现有产品和开发新产品

通过市场细分,酒店企业往往会发现顾客需求的新变化,发现现有产品已难以满足其需要,必须对现有酒店产品进行改良或开发新产品才能适销对路。例如,假日酒店集团在市场细分的基础上,推出了高档商务酒店及中档经济型酒店,很好地满足了不同顾客的需求,因此,假日酒店集团生意兴隆,发展速度极快。

3. 有利于酒店企业集中使用资源

如同在战场上全面出击往往不如集中优势兵力打歼灭战一样,酒店企业在整个市场到处开花,不如集中财力投入目标市场、开发特色产品更能提高酒店的知名度和市场占有率,增强酒店的竞争力。

在酒店市场,总会有一些尚未满足的需求无人关注,也会有酒店在经营一些发展潜力不大的项目。因此每个酒店企业都要根据自身的条件,选择合适的目标市场,而不应该盲目起哄上项目。比如,在20世纪80年代末至90年代初,我国一些酒店企业不去调查市场情况,不做可行性研究,就盲目上项目,新建高档酒店,造成高档酒店过剩,投资难以回收,经营业绩不佳。

4. 细分市场有利于提高酒店企业的竞争能力

在市场经济的条件下,竞争作为市场经济的内在规律必然发挥作用。酒店企业能力的强弱受到客观因素的影响,但通过有效的营销战略可以改变现状。利用市场细分战略是提高酒店企业竞争能力的一个有效方法。在市场细分后,每一个细分市场上竞争者的优势和劣势会明显地暴露出来。酒店企业要看准市场机会,利用竞争者的弱点,同时有效地开发本企业的资源优势,用相对较少的资源把竞争者的顾客和潜在顾客变为本企业产品的购买者,提高市场占有率,增强竞争能力。

三、酒店市场细分的原则

酒店企业可根据单一因素或多个因素对市场进行细分。选用的细分标准越多,相应的子市场也就越多,每一子市场的容量就越小。相反,选用的细分标准越少,子市场越少,每一子市场的容量则较大。如何寻找合适的细分标准,对市场进行有效细分,在酒店市场营销实践中并非易事。一般而言,成功而有效的市场细分应遵循以下原则。

1. 可盈利原则

通过细分,必须使子市场有足够的需求量,能够保证酒店企业获取足够的利润,有较大的利润上升空间,即细分出来的市场容量或规模要大到足以使酒店企业获利。进行市场细分时,酒店企业必须考虑细分市场上顾客的数量,以及他们的购买能力和购买次数。如果细分市场的容量和规模过小,细分工作便会相对烦琐,成本耗费大,获利小,因而也就不值得去细分。所以,市场在很多情况下不能无限制地细分下去,以避免造成规模过小。市场细分必须要把握一个前提条件,即细分出的子市场必须有足够的需求水平,是现实中最大的同质市场,值得酒店企业为它制订专门的营销计划。只有这样,酒店企业才可能进入该市场,才可能有利可图。

2. 可衡量原则

可衡量原则是指细分的市场是可以识别和衡量的,即细分出来的市场不仅范围明确,而且对其容量大小也能大致作出明确的判断。酒店企业选择细分市场依据的变量应该是可以识别、可以定量化的,应该能够用数据来描述细分市场中消费者的一些购买行为特征,能够用数据来表达和判断市场容量和规模的大小。否则,既会使细分市场边界模糊,难以做到准确划分或进行了无效划分,又会使酒店无法有针对性地制定营销战略。

比如,一家酒店要通过市场细分划分商务散客,就要把商务散客的开房人数、平均开房率、产生的销售额、平均房价等数据都统计分析出来,并进一步调查这些商务散客对酒店产品和服务的偏好、兴趣、看法与要求等,这样才能做好酒店的市场细分。

3. 可操作性原则

酒店企业要充分运用自己的资源优势,提高经营管理能力,制订有效的市场营销方案,运用科学的方法对市场进行深入调研分析,正确认识评估市场营销的宏观环境和微观环境,采用灵活措施实施产品策略、价格策略、分销策略、促销策略等,进而影响和引领细分市场中的消费欲望、消费行为,并为之提供新的需求。

4. 差异性原则

营销策略反应的差异性是指各细分市场的消费者对同一市场营销组合方案会有差异性反应,或者说对营销组合方案的变动,不同细分市场会有不同的反应。如果不同细分市场顾客对产品需求差异不大,行为上的同质性远大于其异质性,此时,酒店企业就不必费力对市场进行细分。而对于细分出来的市场,酒店企业应当分别制订出独立的营销方案。如果无法制订出这样的方案,或其中某几个细分市场对是否采用不同营销方案不会有大的差异性反应,便不必进行市场细分。

四、酒店市场顾客偏好模式

如果按照顾客对酒店产品价值和使用价值的重视程度进行划分,就会形成不同偏好的细分市场,共有三种不同的模式。

1. 同质偏好

同质偏好是指顾客一般有大致相同的偏好,在同质偏好的市场中,不存在自然形成的细分市场,至少顾客对酒店产品两种属性的重视程度基本一样。在此市场中酒店产品基本相似,而且集中在偏好的中央。

2. 分散偏好

分散偏好是指顾客的偏好差别很大。在分散偏好市场中,进入该市场的第一家酒店可能定位于偏好的中央,以尽可能地迎合较多的顾客,同时可以将顾客的不满降低到最低限度。第一个进入该市场的竞争者应该定位于第一个酒店产品的附近,以争取市场份额,或者将酒店产品定位于某个角落,来吸引对中央酒店产品不满的顾客群体。如果市场上同时存在几个酒店产品品牌,那么他们很可能定位于市场上的各个空间,突出自己的差异性来满足顾客的不同偏好。

3. 集群偏好

集群偏好是指市场上可能会出现具有不同偏好的消费群体,也称为自然细分市场,该市场的第一家酒店企业将面临三种选择:一是定位于偏好中心,迎合所有的消费者,即无差异性营销;二是定位于最大的细分市场,即集中性营销;三是同时开发几种产品,定位于不同的细分市场,即差异性营销。

五、市场细分的方法

由于年龄、性别、收入、社会地位、居住地区等因素的影响,不同的顾客会有不同的需求,这些不同的需求是酒店进行市场细分的依据,即"细分因素"。只有正确地选择细分因素,才能有效地细分酒店市场,为酒店找到理想的经营空间。在市场细分中,常用的依据是地理因素、人口因素、心理因素、行为因素、忠诚度因素和态度因素。

(一)地理细分

所谓地理细分,就是酒店按照顾客所在的地理位置以及其他地理因素(包括城市农村、地形地貌、天气气候、交通运输等)来细分顾客市场。地理细分简单明了,往往是进行市场细分的第一步。

由于处在不同地理位置的顾客对酒店的产品和服务有明显不同的偏好,他们对酒店的产品价格、分销渠道、广告宣传等有明显不同的反应。除此之外,市场潜能和成本费用也会因市场位置不同而有所差异,酒店应该选择那些本企业能最好地为之服务的、营销效应较高的地域作为自己的目标市场。目前,按地理位置来划分,大范围的可分为国内市场和国际市场;国内市场又可以细分为东北、华北、华东、西北、西南等市场;国际市场游客细分为欧洲市场、亚太市场、非洲市场,等等。不同地理位置的顾客对酒店产品的需求具有一定的共性,如广州火车站旁边的流花宾馆,由于靠近广州最大的服装批发市场之一,理所当然地成为外地来广州做服装生意的顾客的聚集地,住满了服装生意人,尽管他们来自全国各地,甚至来自国外,但他们对酒店的产品需求是一样的。

(二)人口细分

人口细分是酒店根据人口因素,比如年龄、性别、职业、收入、文化程度、家庭规模与结构、宗教信仰等来细分酒店市场。人口因素一直是细分市场的重要依据,其原因就是因为人口因素比其他因素更容易测量。

1. 年龄、性别与家庭生命周期

(1)年龄。不同年龄的顾客有不同的需求特点。如青年人在选择酒店时,喜欢刺激、新奇的产品,追求时尚新潮;中年人在选择酒店时,多是在从事商务活动或公务出差,他们消费水平高,对价格、季节不敏感,停留的时间也比较长。酒店营销人员要根据顾客的年龄来细分市场,根据不同年龄阶段顾客的不同特征来选择目标市场。同时,还可以根据年龄细分出许多各具特色的顾客市场,比如儿童市场、青年市场、中年市场、老年市场等。

(2)性别。酒店需求会因需求者的性别不同而产生明显的差别。比如,一般男性住酒店时,对客房的设施设备不会特别敏感,但对于酒店的服务项目,例如娱乐设施、健身设施、酒吧咖啡等会比较重视;女性顾客则注重酒店地点的选择,对价格比较敏感,关注客房的服务细节,比如卫生、房间设计、房间氛围、周边环境,特别重视人身和财产的安全。随着旅游市场消费潜力的增加,酒店营销人员对女性市场更加关注,有的酒店开设了女性客房,有的酒店开设了女性楼层,还有的度假地区开设了专为女性服务的酒店。

(3) 家庭生命周期。家庭处在不同的生命周期阶段,家庭的规模、结构和收入状况等都会直接或间接地影响顾客的需求。因此,营销需将其进行具体的细分,研究不同周期阶段家庭的消费特点。

值得注意的是,酒店顾客的欲望和需求会受到多种因素的影响,因此人口细分需要和其他的细分因素结合起来才更为科学。否则,就会陷入"单因素细分"的陷阱。比如有些酒店认为女性顾客对安全是很重视的,因此根据某些国际酒店品牌的做法设置专门的女性楼层,但客房推出后并不受欢迎:男士认为因为极少数不良分子而让自己被拖累,很不公平;女性认为自己被视为天生的弱者而加以保护,完全没有必要。

2. 收入、职业、受教育程度与社会阶层

可自由支配的收入是入住酒店必不可少的条件,其水平的高低直接影响到消费水平和消费结构。因此,以收入来细分酒店消费市场具有实际意义。人们的收入往往与其职业、受教育程度互相联系,社会阶层的划分也多以收入为基础、职业为代表、受教育程度为参考。从事不同职业的人,具有不同的职业特点,其收入水平也不相同,消费需求也不一样。顾客受教育程度不同,其兴趣爱好、生活方式、文化素养、价值观念、审美偏好等方面都会有所不同。因此,酒店销售人员应当综合分析人口因素的社会属性,并以此进行市场细分。

(三) 心理细分

心理细分,就是按照顾客的生活方式、个性特征、价值观念、兴趣爱好、个性特征等心理因素来细分酒店市场。一般来说,顾客的欲望、需要和购买行为不仅受人口因素影响,而且受心理因素影响,所以还要对其进行心理细分。只不过心理细分与人口细分相比,测量难度会更大。

1. 生活方式细分

生活方式是指一个人或群体对消费、工作和娱乐的特定习惯和倾向方式。生活方式不同的顾客对酒店产品有着不同的需求。在营销实践中,有越来越多的酒店会按照顾客不同的生活方式来细分市场,设计与不同生活方式相适应的服务产品,并有针对性地制定酒店市场营销组合。例如,有些酒店为"背包客"设计酒店服务项目和设施等。对于生活方式的细分,酒店可以通过以下三点进行测量:①活动(activities):如顾客的工作、业余消遣、休假、购物、体育等活动;②兴趣(interests):如顾客对服装流行款式、娱乐等的品位和兴趣;③意见(opinions):如顾客对社会、政治、经济、文化教育、环境保护等问题的意见。

对于生活方式不同的顾客群,酒店设计的产品也不同,产品的价格、营销方式和广告宣传也会有所不同。通过生活方式细分,酒店可以发现更有吸引力的市场机会。酒店可派出调研人员去收集顾客有关活动、兴趣、意见的信息,经过统计、分析和处理,从而发现生活方式不同的顾客集群。

2. 个性细分

个性是指一个人比较稳定的心理倾向与心理特征,它会导致一个人对其所处的环境作出相对一致和持续不断的反应。通常,个性会通过自信、自主、支配、顺从、保守、适应、冒险等性格特征表现出来。如精品酒店多吸引那些讲究生活质量、追求生活享受、具有艺术气质的顾客。酒店应努力使这些个性不同的顾客对本酒店的服务产品产生兴趣,吸引他们进行消费。

(四) 行为细分

行为细分就是酒店按照顾客的购买时机、频率、所追求的利益、要求的服务态度等行为因素来细分酒店市场。

1. 购买时机

购买时机根据顾客产生需求、购买、享用旅游产品的时机加以区别。例如,航空与人们出差、度假或探亲等时机有关,航空公司可以在这些时机中为人们的特定目的提供服务。我国不少酒店在春节、中秋节等传统节日期间大做婚宴广告,推出具有特色的菜肴和服务,也是借助购买时机促进宴会产品和餐饮产品的销售。

2. 利益

利益就是根据旅游者对旅游产品所追求的不同利益细分市场。以宴会为例,婚宴消费者追求的利益主要是喜庆、实惠,大型公司的宴会则是追求气派和声誉。酒店假如希望通过利益来细分市场,就必须使自己的旅游产品突出某种特性,并确定自己的形象,最大限度地吸引某一个或几个客户群体。

3. 购买形式

购买形式是指顾客购买酒店产品所通过的组织形式和所通过的渠道形式,依据购买形式变量可将市场细分为团体市场和散客市场。这是酒店市场最基本的细分形式之一。

4. 购买数量与频率

根据顾客对酒店产品的购买数量与频率可将其分为少量购买者、中量购买者和大量购买者。大量购买者往往在实际或潜在顾客总数中所占比重不大,但他们消费的服务数量在消费总量中所占比重却很大。

(五) 忠诚度细分

酒店还可按照顾客对品牌(或者企业)的忠诚度来细分市场。所谓品牌忠诚度,是指由于价格、质量等诸多因素的吸引力,顾客对某一品牌的产品或者服务情有独钟,形成偏爱并长期地选择这个品牌的行为。提高品牌的忠诚度对于一个酒店的生存与发展、扩大市场占有率极其重要。品牌忠诚度的高低,可用顾客重复选择的次数、挑选的时间、对价格的敏感度等标准进行衡量。

根据消费心理规律,在一定的时期内,顾客对某一品牌重复选择的次数越多,说明他对这一品牌的忠诚度越高;反之,则越低。比如,某个顾客长期在某酒店用餐,并形成了偏爱,产生了高度的信任感,反复到同一家酒店消费。顾客对价格的敏感程度主要取决于:①对产品的喜爱和依赖程度;②产品对于顾客的必需程度的高低,必需程度越低,则对价格的敏感度越高;③产品的市场供求状况和市场竞争程度,当供过于求时,人们对价格的变动非常敏感;如果酒店产品市场上替代品多,竞争激烈,则顾客对价格的敏感度越高。

按照消费者对品牌的忠诚度这种行为因素细分,可以把所有的消费者分为四类不同的消费者群:铁杆品牌忠诚者、有限品牌忠诚者、游移忠诚者、非忠诚者。

每一个酒店市场都不同程度地包含上述四种类型的集群。铁杆品牌忠诚者人数多、比重大的市场称作品牌忠诚市场。酒店通过分析研究上述四种类型的顾客群,如果发现了问题,立即采取适当措施,改进市场营销工作。例如,酒店在分析研究时发现有游移忠诚者,他们从前忠诚于本酒店的品牌,现在转而忠诚其他品牌,这说明本酒店的产品质量或者市场营销工作有缺点,需要及时采取有效措施加以改进。又如,酒店发现有非忠诚者,他们不喜欢本酒店的品牌,就应当采取适当的措施,比如提高产品和服务的质量,加强广告宣传来吸引他们,促进产品的销售。

(六) 态度细分

旅游企业可以按照消费者对酒店产品的态度细分市场。对酒店的产品,顾客的态度一般分为五种:热爱、肯定、漠不关心、否定和敌对。酒店对待不同态度的顾客采用不同的市场营销措施。例如,对漠不关心的顾客,酒店应通过广告宣传,以缓和他们的情绪,改变他们的态度,使他们转变为肯定的,甚至是热情的顾客。

六、酒店市场细分的原则

要使酒店市场细分能真正有效地发挥作用,还必须符合以下原则。

(一) 可测量性

可测量性是指细分后各子市场的规模、购买力能够被具体测量。当细分市场的规模及购买力能够支撑酒店长期、稳定地获取利润,才会对酒店有实际意义。

(二) 可进入性

可进入性是指酒店有能力进入所选定的子市场。它包括客观上有接近的可能(可接近原则)和主观上有能开发的实力(可行动原则)。可接近原则是指营销者能与客源市场进行有效的信息沟通,具有通畅的营销集道。可行动原则是指营销者要有吸引和服务于欲选择的细分市场的实际操作能力,否则再有吸引力的子市场对酒店也是没有意义的。

(三) 可营利性

可营利性是指酒店进行市场细分后,所选定的子市场的规模和购买力足以使酒店达到有利可图的程度,即细分的市场要有开发的经济价值。例如,某酒店发现当地高级商务顾客逐渐增多,对套间客房的需求有增加的趋势,但只有在分析其规模、潜力、持续性以及酒店的投入产出比之后,才可以决定是否进行相应的改建和扩建。

(四) 稳定性

有效市场细分是一项复杂而细致的工作,因此,细分出的市场应该具有相对稳定性,如果变化太快、太大,会使酒店的营销组合很快失效,遭受重新调整资源的各种损失,并形成酒店市场营销活动前后脱节的被动局面。

(五)合法性

有效市场细分还必须在法律允许的范围内进行,法律或者道德所不允许的,即使有厚利可图,也不得选为本酒店的目标市场。

任务2　酒店目标市场选择

一、酒店目标市场的定义

酒店目标市场就是通过市场细分后,酒店准备以相应的产品和服务满足其需要的一个或几个子市场,是具有共同需要或特征的购买者的集合,是打算满足的具有某一需求的顾客群体。

酒店目标市场的选择是指酒店企业估计每个细分市场的吸引力程度,并选择进入一个或若干个细分市场的过程。酒店企业选择的目标市场应是那些能在其中创造最大顾客价值并能保持一段时间的细分市场。

市场细分是酒店企业选择目标市场的依据,选择目标市场是市场细分工作的延伸。酒店需要根据自身的条件,从细分的市场中选择出一个或几个子市场作为自己从事市场营销活动的对象,这一过程就被视为目标市场的选择过程。

酒店营销人员必须把满足顾客的需求放在首位,但是顾客的需求是千差万别的,酒店企业无法满足顾客的全部需求,而只能满足市场中部分顾客的需求。营销人员只有根据自身技术力量、物资条件以及管理能力,通过特定的酒店产品和服务来满足特定的顾客群体。

二、酒店目标市场选择模式

酒店企业在对不同细分市场进行评估后,就必须对拟进入的细分市场作出营销决策。酒店企业可考虑的目标市场模式主要有以下六种。

1. 单一市场集中化

单一市场集中化模式是最简单的目标市场模式,即酒店企业只选择一个细分市场。通过集中营销,酒店企业能更清楚地了解细分市场的需求,从而树立良好的信誉,在细分市场上建立牢固的市场地位。同时酒店企业通过生产、促销和销售的专业化分工,能提高经济效益。

如果酒店在细分市场上处于领导地位,就能获得很高的经济效益。但在某些特定的细分市场,一旦消费者在该细分市场上的消费意愿下降,或者其他竞争对手进入该细分市场,酒店就会面临极大的风险。

2. 选择专业化

选择专业化模式是酒店有选择地进入几个不同的细分市场,每个细分市场都具有吸引力,而且符合酒店企业的目标和资源水平。这些细分市场之间很少或者根本不发生联系,但在每个细分市场上都可以盈利。这种多细分市场覆盖策略能分散酒店的经营风险,即使其中一个细分市场丧失了吸引力,酒店还可以在其他细分市场上继续盈利。

3. 产品专业化

产品专业化是指酒店同时向几个细分市场销售同一种酒店产品,但这种模式的前提是,酒店在某个酒店产品方面树立了很高的声誉,具有极强市场竞争力。即使是在这种情况下,一旦有新的替代品出现,酒店也将面临经营滑坡的危险。

4. 市场专业化

市场专业化是指酒店集中满足某一特定消费群体的各种需求,即酒店专门为某个消费群体服务,并争取树立良好的信誉。酒店企业还可以向这类消费群体推出新产品,成为有效的新产品销售渠道。但无论由于何种原因使这一消费群体的支付能力下降,酒店的收益就会相应受到影响。

5. 完全市场模式

完全市场模式是指酒店企业力图为各个细分市场生产各种产品,满足所有顾客群体的需求,达到覆盖整个市场的目的。一般来讲,只有实力较强的酒店企业才可能采取这种营销战略。采用这种营销战略时,酒店企业通常通过无差异性营销和差异性营销两种途径全面进入市场。

6. 大量定制

大量定制是指酒店企业按照每个顾客的要求大量生产,酒店产品之间的差异可以具体到每个最基本的组成部分。这种模式的实质就是定制营销,采用这种营销模式成本较大,一般要求消费者支付较高的价格。

三、酒店目标市场选择的步骤

1. 明确酒店经营范围

酒店经营范围包括客房、餐厅、酒吧、咖啡厅、舞厅、卡拉OK厅、健身房、球场、会议设施等多种项目。每个经营项目在酒店所占比例及营业收入都不相同。通常情况下,客房收入应占酒店营业总收入的60％、餐饮娱乐及其他项目应占酒店营业收入的40％。根据经营效益来分析,客房利润最高,餐饮的现金流量大,资金周转快,但利润率比较低,许多酒店餐饮都因为亏损而成为酒店经营的包袱。不过作为酒店的配套设施,餐饮仍是一个不可忽视的经营项目。

酒店应将客房和餐饮作为主要经营项目,如果有较好的会议设施,也可以引入主要经营项目中。酒店经营的重点,首先是客房营业,其次是餐饮,再次是其他项目。酒店的客房有了效益,再加上餐饮的收入,就可以决定酒店经营的好坏。因此,酒店营销人员要把重点放在客房和餐饮的市场促销方面,把主要经营的项目市场细分,选择其目标市场。

2. 收集不同细分市场的资料

收集不同细分市场的资料是目标市场选择的第一步。需收集的资料包括销售额、预期的销售额增长率、预期的利润幅度、竞争力量和所需要的市场营销渠道等。酒店通常会选择销售额较大、销售增长率高、利润幅度大、竞争状态弱和市场营销渠道要求简单的细分市场作为目标市场。一般情况下,任何一个细分市场都难以在以上各个方面都做得很好,需要酒店作出权衡。

3. 进行酒店市场细分

酒店市场细分的因素如地理因素、人口特征因素、客人行为因素和心理因素等。酒店营销人员要根据酒店的具体情况,结合市场状况,按照市场细分方法去细分市场,不仅要分析单个细分因素,而且要综合考虑,制定出酒店市场细分因素表,根据细分表将市场划分成若干个细分市场。

4. 细分市场定性分析

定性分析即对各细分市场的性质进行分析,比如各细分市场客人的消费态度、价值观念、文化背景、消费能力等,还有细分市场的发展趋势、各种变化、未来预测等。

5. 细分市场定量分析

通过对细分市场的定性分析,营销人员能确定各个细分市场的发展趋势和变化情况,同时可对细分市场进行定量分析,即用具体数量标准来衡量和预测各细分市场的现实容量和潜在力。市场定量分析的几个因素包括市场的需求量、销售量、营业额、市场占有率、市场增长率等。定量分析的方法有统计图法、均数分析法、交叉影响法、开平方分析法、回归法等。

6. 划分不同的目标市场

酒店可以将目标客源分为质量型目标客源、数量型目标客源和质量与数量结合型目标客源。质量型目标客源,就是人均消费额比较高的客源;数量型目标客源,就是人次或人均停留天数较多的客源;质量与数量结合型目标客源,就是人均消费额高、人次或停留天数多的客源。酒店在客房出租率高的情况下,可以先选择质量型目标客源或是质量与数量结合型目标客源,然后再选择数量型目标客源。

7. 选择、确定目标市场

在确定目标市场时,要对细分市场进行评估,评估有下列五条原则。

一是可衡量性。细分市场可以用数量指标和数量单位来衡量,如市场需求量。

二是可达性。酒店的广告宣传与促销能有效地到达细分市场。

三是大量性。细分市场必须要有足够的客源或潜力,有大量的客人可给酒店带来可观的收入。

四是持久性。细分市场开拓之后能维持较长时间,为酒店带来长期利益。

五是可防性。细分市场能防止对手的竞争,立于不败之地。

四、酒店目标市场营销策略

由于酒店目标市场的范围和大小都不一样,在选择酒店目标市场时,要根据目标市场的具体情况,采用不同的营销策略。酒店目标市场营销策略选择有三种方式:无差异性目标市场策略、差异性目标市场策略和集中性目标市场策略。

1. 无差异性目标市场策略

无差异性目标市场策略是指酒店企业把所有细分出的子市场,都作为自己的目标市场,只推出一种产品,制定一种价格,采用一种统一的酒店营销组合,来满足所有顾客的需求,如图4-1所示。无差异性目标市场策略只关注顾客在需求上的共同点,而不考虑顾客在需求上的差异性。这种策略突出的优点在于,酒店企业可以大规模销售,简化分销渠道,节省相应的市场调研和广告宣传经费开支,降低平均成本。另外,垄断性、吸引力大的旅游酒店产品容易形成名牌产品的强大声势,形成规模效应。

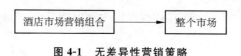

图 4-1 无差异性营销策略

这种策略的缺点是不能完全满足顾客的差异性需求。随着顾客的社会经济情况、生活方式以及个人兴趣的不断变化,顾客对酒店的需求呈现多样化的增长趋势,单一的市场策略已经难以吸引顾客。因此,这种策略主要适用于市场上供不应求、少数垄断性较强以及初上市的酒店产品,因为:一是同质市场,市场差异极小;二是酒店新产品的导入期;三是需求大于供应的卖方市场,随着酒店市场竞争的加剧,酒店企业采用这种策略的机会越来越少。

2. 差异性目标市场策略

差异性目标市场策略是酒店针对不同的细分市场,设计不同的产品及服务,制定不同的营销策略,同时为几个甚至全部细分市场服务,以满足不同顾客的消费需求。

酒店企业根据顾客的不同需求特点,对整体市场进行细分。选择整体市场中数个或全部细分市场作为自己的目标市场,根据各个细分市场的需求特点,制定具体的营销组合。例如,将旅游酒店市场细分为观光、度假、会议、体育等不同的旅游酒店细分市场,针对不同的细分市场需求,设计各种旅游酒店特色产品、提供不同的服务设施和服务项目。

这种策略的优点是生产机动灵活,产品针对性强,顾客选择余地大,能更好地满足各类顾客的不同需求,有利于提高旅游酒店产品的竞争力和扩大酒店的销售量。如果一个酒店企业能够同时在几个细分市场上占有优势,就会由于连带效应而树立起顾客所信赖的、声誉很高的企业形象。另外,由于同时经营数个细分市场,有助于酒店企业降低风险,如图4-2所示。

根据实际情况,适合采用这种策略的有以下几种企业:具有一定规模的酒店集团,实力强大的跨国酒店集团,或是财力雄厚的酒店企业公司等。

这种策略的局限性表现在,由于酒店企业产品种类多,研发费用也相应增多,同时要求具有多种销售渠道,这样使广告费用、营销费用、行政费用等也随之增加。另外,由于经营分散,酒店在某一种产品中难以实现规模经济效益,从而影响了经营效率,影响酒店优势的发挥。

3. 集中性目标市场策略

集中性目标市场策略是酒店在市场细分的基础上,集中酒店所有资源和能力,选择一个或几个细分市场作为目标市场,实行高度专业化生产和销售,提高市场占有率,大部分中小型酒店或者初次进入市场的大酒店,多采用此种策略,如图4-3所示。

图 4-2　差异性营销策略　　　　图 4-3　集中性市场营销策略

中小型酒店由于资源能力有限,在比较大的市场上难以取得竞争优势,但在比较小的市场范围内,能够取得比较高的市场占有率。采取这种策略的显著优点在于能充分发挥酒店企业的优势,使酒店企业在特定市场上具有很强的竞争力。

酒店企业经营范围针对性强,容易形成产品的经营特色,因此有利于扩大酒店企业在特定细分市场上的知名度,并由此带来销售额的增加。这种策略的不利之处是酒店企业过分依赖小部分市场,具有较大的风险性,如果市场环境发生变化,竞争激烈就会导致酒店的经营出现危机。

以上三种策略各有其优缺点,酒店企业在选择自己的营销策略时必须考虑到酒店的具体情况,如酒店的产品和服务项目、酒店的资源条件,以及酒店市场竞争的程度和发展趋势等,权衡三种策略的利弊,作出正确的决策。

五、影响目标市场策略选择的因素

由于无差异性营销策略、差异性营销策略和集中性营销策略各有利弊,各有其适应性,酒店在选择目标市场营销策略时要非常慎重。酒店在选择目标市场时,主要考虑的是所选定的目标市场的需求是否属于自己主要经营项目的范围,如果一家商务酒店把度假客人群体作为自己的目标市场就是错误的。影响酒店目标市场策略的因素主要有酒店资源、产品特点、市场特点和竞争对手的策略四类。

1. 酒店资源

资源雄厚的酒店,如果拥有大规模的生产能力、广泛的分销渠道、程度很高的产品标准、好的内在质量和品牌信誉等,可以考虑实行无差异性市场营销策略;如果酒店拥有雄厚的设计能力和优秀的管理能力,则可以考虑施行差异性市场营销策略;面对实力较弱的中小酒店来说,适用于集中力量进行集中性营销策略。酒店初次进入市场时,往往采用集中性市场营销策略,在积累了一定的成功经验后,再采用差异性市场营销策略或无差异性市场营销策略,扩大市场份额。

2. 产品特点

产品的同质性表明了产品在性能、特点等方面的差异性的大小,是酒店选择目标市场时必须考虑的因素之一。如果本酒店产品与其他酒店的产品相似,说明产品同质性高,宜施行无差异性市场营销;对于同质性低或异质性产品,差异性市场营销或集中性市场营销策略则更为合适。

此外,产品因所处的生命周期阶段不同而表现出的不同特点也不容忽视。产品处于导入期和成长初期,顾客刚刚接触新产品,对它的了解还停留在较粗浅的层次,竞争尚不激烈,酒店这时的营销重点是挖掘市场对产品的基本需求,往往采用无差异性市场营销策略;等产品进入成长后期和成熟期时,消费者已经熟悉产品的特性,需求向深层次发展,表现出多样性和不同的个性来,竞争空前激烈,酒店应适时地转变为差异性市场营销;等产品进入衰退期,应采用集中性市场营销,集中力量在最有利的细分市场,以延长产品的市场寿命。

3. 市场特点

供与求是市场中两大基本力量,它们的变化趋势往往是决定市场发展方向的根本原因。供不应求时,重在扩大供给,无暇考虑需求差异,所以采用无差异性市场营销策略;供过于求时,为刺激需求、努力争取市场份额,多采用差异性市场营销策略或集中性市场营销策略。从市场需求的角度来看,如果消费者对某产品的需求偏好、购买数量和方式大体相同,则称此类市场为同质市场,可采用无差异性市场营销策略;如果市场需求的差别比较大,为异质市场,此时更适合采用差异性市场营销和集中性市场营销策略。

4. 竞争对手的策略

如果酒店产品的垄断性强,具有市场优势,竞争者数量不多,竞争的势力比较弱,可以采用无差异目标市场策略;如果酒店产品的竞争对手多,竞争对手比较强势,就要采用差异性或集中性目标市场策略。

酒店应与竞争对手选择不同的市场营销策略,以避免与竞争者直接抗衡,造成两败俱伤的结果。例如,竞争者采用无差异市场营销策略时,可能有较次要的市场被冷落,本酒店可以乘虚而入,采用差异性市场营销策略或集中性市场营销策略去占领目标市场;如果竞争者已经采用了差异性市场策略,本酒店难以与之抗衡,那就要进行更有效的市场细分,进一步选择目标市场,实行集中性营销策略;如果竞争对手的力量较弱,本酒店的竞争力量较强,则完全可以根据本酒店的情况确定营销策略。酒店的目标市场策略应慎重选择,一旦确定,应该相对稳定,不能朝令夕改。但灵活性也不容忽视,没有永远正确的策略,要根据市场需求的变化和竞争动态来调整策略。

任务3　酒店市场定位

一、酒店市场定位的含义

酒店市场定位就是酒店为其产品确定在目标市场上所处的位置,塑造其在目标顾客心目中独特的形象,使产品具有一定的特色,适合某些顾客群体的需求和偏好,并与竞争对手的产品有所区别,从而取得竞争优势。简而言之,就是酒店的产品在顾客心目中树立独特的形象。

对酒店而言,酒店的产品定位并不是酒店要为产品做些什么,而是指酒店的产品要给顾客留下什么,要使自己的产品有别于竞争对手,在顾客心中留下特别的印象和位置。实际上,酒店市场定位就是要形成一种竞争优势,使酒店在目标市场上吸引更多的顾客。比如希尔顿酒店在顾客的心目中意味着"高效率的服务",假日酒店留给客人以"舒适、整洁、卫生"

的市场形象,香格里拉酒店则以"亚洲式的殷勤好客之道"深入人心。

酒店产品定位从另一个角度看,是要突出酒店产品的个性,并借此建立独特的市场形象。一项产品是多个因素的综合反映,它包括性能、构成、形状、包装、质量等,产品定位就是要强化或放大某些产品因素,从而形成与众不同的特定形象。

产品差异化是达成酒店产品定位的重要手段,在这里必须强调的是,所谓的产品差异化并非单纯地追求已有产品的变异,而是在市场细分的基础上,建立某种产品特色,这也是市场营销观念的具体体现。比如,丽思·卡尔顿是豪华高档酒店,假日是中档酒店,宜必思是经济型酒店。

二、酒店市场定位的作用

市场定位可分为对现有产品的再定位和对潜在产品的预定位。对现有产品的再定位可能导致产品名称、价格和包装的改变,这些外表变化是为了保证产品在潜在消费者的心目中留下值得购买的形象。

对潜在产品的预定位,要求营销者必须从零开始,使产品特色确实符合所选择的目标市场。酒店企业在进行市场定位时,一方面要了解竞争对手的产品具有何种特色,另一方面要研究消费者对该产品各种属性的重视程度,根据这两方面进行分析后,再选定本公司产品的特色和独特形象。

酒店市场定位对酒店的经营具有重要的意义,主要体现在以下两个方面。

(1) 有利于建立酒店和产品的市场特色。在酒店市场中,普遍存在较为严重的供大于求现象,市场竞争激烈,使同类型酒店使出浑身解数争夺有限的客源,潜在竞争者也跃跃欲试,随时准备出击。为了使自己的产品获得稳定的销路,避免因竞争乏力而被其他酒店取代,酒店势必从各方面为其产品创造一定的特色,树立起鲜明的市场形象,以期在顾客心目中形成一种特殊的偏爱。

(2) 为酒店制定市场营销组合策略奠定基础。酒店通过产品与市场进行交换,从中获取收益,这就是酒店经营的目的。酒店经营的基础是产品,如果没有产品,一切经营活动都将毫无用处。因此,酒店的营销活动在一定程度上受到酒店市场定位的限制。

例如,某酒店决定在市场上销售豪华、优质、高价的组合产品,如此定位就决定了酒店产品必须是高水准、有稳定质量保证、能体现顾客身份的。由此,酒店在宣传上就必须以这些特质作为强化的重点,让目标市场的潜在顾客接受这样的产品特质。同时,酒店内部也应协调一致,通过严格执行操作程序和规范、强化技能培训等管理手段,保障产品的高品质。这就是说酒店的市场定位决定了酒店必须设计和发展与之相适应的产品。只有以定位为依据制定各种策略,各项手段相互配合,协同向顾客传达产品的定位信息,才能使酒店产品顺利到达目标市场。只有以定位为前提依据,各项营销策略才能发挥最大效用。

三、酒店市场定位方法

酒店市场定位的方法可以归纳为以下几种。

1. 根据产品属性和顾客利益定位

酒店产品本身的属性以及由此获得的利益能够使顾客体会到其定位,如酒店的"豪华气派""卫生和舒适"等。使用这种定位方法,酒店往往会强调产品的一种属性,而这种属性通常是竞争对手所没有顾及的。产品提供给顾客的利益,是顾客能够真实体验到的,也是酒店市场定位的重要依据。

2. 根据质量和价格定位

价格与质量的变化可以创造出产品的不同定位。在通常情况下,质量取决于产品的原材料、生产工艺及技术,而价格往往反映其定位。人们常说的"优质优价""劣质低价"正是反映了这样的一种产品定位思路。

3. 根据产品用途定位

酒店要发挥同一个产品项目的各个用途,并分析各种用途所适用的市场,是这种定位方法的基本出发点。同样是一个大厅,它可以作为大型宴会、自助餐的场地,也可以被当成会议大厅接待各种会议,同时,还可以成为各种展示、展览的场所。对于这种酒店产品,酒店可以根据其不同的用途,在挑选出来的多个目标市场中,分别树立起不同的产品个性形象。

4. 根据使用者定位

根据使用者定位是酒店常用的一种产品定位方式,即酒店将某些产品指引给适当的使用者或某个目标市场,以便根据这些使用者或目标市场的特点,结合这些顾客的看法,创建适合此类产品的恰当形象。许多酒店针对当地居民"方便、经济、口味丰富"的用餐要求,开设集各地风味于一体的大排档餐厅,便是根据使用者对产品的需求而进行的定位。

5. 根据产品档次定位

根据产品档次定位是将本酒店产品的档次设定为类似于公众认可的另一家酒店产品的档次,以便使两者产生对比。例如,一些酒店将自己客房产品的档次设定为与某一家公众认可的好酒店的客房档次相似,使顾客更易于接受他们的产品。这种做法的另一个方面是为某一产品寻找一个参照物,在同等档次的条件下通过比较,以便突出该产品的某种特性。如一些酒店推出的公寓客房,突出在与标准间同等档次的前提下具备的厨房设施的特点,更加适合家庭旅游者使用,从而达到吸引家庭旅游者购买的目的。

6. 根据竞争定位

酒店产品可定位于与竞争直接有关的不同属性或利益。例如,酒店开设无烟餐厅,无烟意味着餐厅空气更加清新。这实际上等于间接地暗示,如果顾客在普通餐厅中用餐,其他人吸烟会影响到自己的身体健康。

7. 混合因素定位

酒店市场定位并不是绝对地突出产品的某一个属性或特征,顾客购买产品时不单只为获得产品的某一项得益。因此,酒店可将上述多种方法结合起来创立其产品的定位。这样做有利于发掘产品多方面的竞争优势,满足更为广泛的顾客需求。

四、市场定位的步骤

市场定位的关键是酒店企业要设法在自己的产品上找出比竞争者更具有竞争优势的特性,酒店企业市场定位的全过程可以通过以下步骤来完成。

1. 分析目标市场现状，确认潜在竞争优势

识别潜在竞争优势，这是市场定位的基础。通常酒店的竞争优势表现在三个方面：一是价格竞争优势，即在同样的条件下比竞争者定出更低的价格，这要求酒店企业采取一切努力降低成本和费用；二是偏好竞争优势，即能提供确定的特色来满足顾客的特定偏好，这要求酒店企业采取一切努力在产品特色上下功夫；三是产品差别化优势，即酒店产品独具某些功能和利益，与顾客需求相适应，能向市场提供在质量、功能、品种、规格、外观等方面更好地满足顾客需求的产品的能力。

为实现此目标，酒店企业首先必须进行规范的市场研究，切实了解目标市场的需求特点，以及这些需求被满足的程度。酒店企业能否比竞争者更深入、更全面地了解顾客是取得竞争优势、实现产品差别化的关键。另外，酒店企业还要研究主要竞争者的优势和劣势，知己知彼，方能稳操胜券。评估竞争者可以从以下三个方面进行：一是竞争者的业务经营情况，例如，估测其近三年的销售额、利润率、市场份额、投资收益率等；二是评价竞争者的核心营销能力，主要包括产品质量和服务质量的水平等；三是评估竞争者的财务能力，包括获利能力、资金周转能力以及偿还债务能力等。

2. 确立产品特色，树立市场形象

确立产品特色是市场定位的出发点。为此，首先要了解竞争者的定位状况，竞争者的产品或服务有什么特色；其次，要了解顾客对某些产品的重视程度；最后，要考虑酒店自身的资源条件。酒店确立了产品特色，就具备了参与市场竞争的优势。但是，要使优势发挥作用，影响顾客的购买行为，还需要以产品特色为基础，树立鲜明的市场形象。

树立市场形象可以通过各种营销方法，积极主动地与顾客沟通，引起顾客对酒店产品的注意和兴趣，求得顾客的认同。但由于竞争者的干扰和破坏，顾客对酒店的理解有可能出现偏差，态度发生转变，引起市场形象模糊。因此，酒店市场形象树立后，还要不断向顾客宣传促销，加深顾客对酒店产品的印象，纠正与市场定位不一致的行为，以巩固酒店的市场形象。

3. 准确选择核心优势，对目标市场初步定位

竞争优势表明酒店企业能够胜过竞争对手的能力，表现在产品开发、服务质量、销售渠道以及品牌知名度等方面，是有助于酒店在市场上获取明显差别利益的优势。显然，这些优势的获取与企业营销管理过程密切相关。这种能力既可以是现有的，也可以是潜在的。选择竞争优势实际上就是一个酒店企业与竞争者各方面实力相比较的过程，借此选出最适合本企业的优势项目，最终形成企业的核心优势，以初步确定企业在目标市场上所处的位置。

4. 显示独特的竞争优势

酒店企业在市场营销方面的核心优势不会自动地在市场上得到充分表现。对此，酒店必须制定明确的市场战略来充分表现其优势和竞争力。例如，通过广告传导其核心优势战略定位，使酒店企业核心优势逐渐形成一种鲜明的市场概念，并使这种概念与顾客的需求和利益相结合，使之在顾客心目中留下深刻的印象。因此，酒店企业首先要使目标顾客了解、认同、喜欢和偏爱本酒店的市场定位，在顾客心目中建立起与该定位相一致的企业形象。

酒店通过各种努力，强化在目标顾客市场的形象，保持目标顾客对酒店定位的了解，稳定目标顾客的态度，加深目标顾客对酒店产品的喜爱程度，融洽酒店与目标顾客的感情，巩固与市场相一致的企业形象。不过，酒店要注意目标顾客对企业市场定位理解出现的偏差，

避免由于企业市场定位宣传操作上的失误,造成目标顾客的模糊、混乱和误会,及时纠正与市场定位不一致的形象。

五、酒店市场定位策略

市场定位是一种竞争性定位,它反映市场竞争各方面的关系,有助于酒店企业有效参与市场竞争,常用的策略有以下几种。

1. 避强定位

避强定位是一种为避开强有力的竞争对手而进行市场定位的模式。酒店企业不与对手直接对抗,将自己置于某个市场"空隙"、发展目前市场上没有的特色产品,开拓新的市场领域。

避强定位的优点是使酒店企业能够迅速地在市场上站稳脚跟,并在消费者心中尽快树立起一定形象。由于这种定位方式市场风险较小,成功率较高,经常为酒店企业所采用。其缺点是避强往往意味着酒店企业必须放弃某个最佳的市场位置,很可能使酒店企业处于最差的市场位置。

2. 迎头定位

迎头定位是指酒店企业根据自身的实力,为占据较佳的市场位置,不惜与市场上占支配地位的、实力最强或较强的竞争对手发生正面竞争,使自己的产品进入与对手相同的市场位置上。双方在服务、价格、分销及促销等方面进行竞争,争夺同样的客源和市场。这是一种与在市场上居支配地位的竞争对手"对着干"的定位方式。此时,酒店企业选择了与竞争对手重合的市场位置,争取同样的目标顾客。

迎头定位的优点是竞争过程中往往相当引人注目,甚至产生所谓轰动效应,酒店企业及其产品可以较快地为消费者或用户所了解,易于达到树立市场形象的目的。其缺点是具有较大的风险。这种策略适用于实力强大的酒店企业,具备抵抗市场风险的能力。

实行迎头定位,酒店企业必须做到知己知彼,应该了解市场上是否可以容纳两个或两个以上的竞争者,自己是否拥有比竞争者更多的资源和能力,是不是可以比竞争对手做得更好。否则,迎头定位可能会成为一种非常危险的战术,将企业引入歧途。当然,也有些酒店企业认为这是一种更能激发自己奋发向上的定位尝试,一旦成功就能取得巨大的市场份额。

3. 创新定位

创新定位是寻找新的、尚未被占领但有潜在市场需求的位置,填补市场上的空缺,生产市场上没有的、具备某种特色的产品。采用这种定位方式时,酒店企业应明确创新定位所需的产品在技术上、经济上是否可行,有无足够的市场容量,能否为企业带来合理而持续的盈利。

4. 重新定位

重新定位通常是指对那些销路少、市场反应差的产品进行二次定位。初次定位后,随着时间的推移,新的竞争者进入市场并选择与本企业相近的市场位置,致使本企业原来的市场占有率下降;或者由于顾客需求偏好发生转移,原来喜欢本企业产品的人转而喜欢其他酒店企业的产品,因而对本企业产品的需求减少。在这些情况下,酒店企业就需要对其产品进行重新定位。所以,一般来讲,重新定位是酒店企业为了摆脱经营困境,寻求重新获得竞争力和利润增长的手段。不过,重新定位也可作为一种策略,有利于企业的经营和发展,它也有可能是由于发现新的产品市场而引起的。例如,某些专门为青年人设计的酒店产品在中老年人中也开始流行后,这种产品就需要重新定位。

案例分析1

华美达酒店的市场定位

华美达是以吸引家庭旅游者的汽车旅游起家的,并且成立几十年来始终瞄准中等市场,酒店价格适中,设施使用方便,颇受游客的欢迎。

为了拓展酒店集团业务,华美达为自己制定了一个目标,要向中等市场中的各个消费层提供其所需的产品。于是,华美达又把它的酒店分为三个不同的档次,而且各个层次都有自己的独特之处,以满足三个不同层次旅游者的需求。

华美达客栈是华美达公司的基础。这些客栈一般都是花园式的,位于高速公路沿线、紧靠市中心和度假地,对驾车人来说最方便。它的服务、设施与城市大酒店所能提供的相差无几,对那些希望舒适与经常出门旅行的个人来说,十分合适。

在改造现有传统客栈的同时,1985年华美达又推出了一种新型客栈,这种客栈的建筑是住宅式的,公共活动区不大,但客房很宽敞。客栈规模比较小,总体来说除了客房的规模和其他基础设施有一定的品牌标准外,其他地方不要求一致,尤其是外观造型尽量与当地社会相匹配。

华美达复兴酒店是华美达中等档次中最高级的住宿设施,是为满足中等市场中高消费阶层的需求而建造的。其服务和设施与四星级酒店相似,但集中在大城市市区、商业性公园和机场附近。其特点是设施豪华,环境优美,提供传统的欧式服务,但价格并不太高。

华美达酒店,介于复兴酒店与客栈之间的产品,它提供一般华美达客栈里没有的设施和服务,例如全服务的餐厅、大型会议设施和室内娱乐健身活动场所,并能提供每天18小时以上的客房服务,其房价略高于客栈。

讨论题:

华美达酒店是如何进行市场定位的?

案例分析2

青年旅舍的产生和发展

早在19世纪和20世纪之交,就有众多青年学生热衷于在假期徒步旅行。他们背着粮食和炊具,穿越乡村,晚上睡在库房里或者露天场所,弹着吉他唱着民谣,这种生活方式引起各界的强烈反响。学生们把自己称为"候鸟",并逐渐发展成为一个引领更广泛的、带有自己生活哲学的青年运动的核心力量。自此,青年旅舍的生活方式露出"小荷尖尖角"。

20世纪初,德国教师理查德·斯尔曼经常带领学生通过步行、骑自行车在乡间漫游。他说:"这才是真正的教育天堂。"1909年,他带领一班学生出游,途遇大雨,只能在一个乡间学校里,以稻草铺地当床,度过了艰难的一夜。彻夜未眠的教师,萌发了专门为青年提供住宿旅馆的想法,为所有的年轻人提供一个交流思想、了解大自然的场所。

理查德·斯尔曼主张青年走出校门，亲近自然。他说："所有的男孩女孩都应该走出校门，参加远足、留宿。"他带着这一想法四处游说，最终为人们所接受。后来在政府的支持下，青年旅舍作为世界青年相互认识、接触自然的载体出现了。

1912年，世界上第一个青年旅舍在德国一个废弃的古堡阿尔特纳（Altena）中诞生，并奠定了青年旅舍的基本结构，即以"安全、经济、卫生、隐私、环保"为特点，室内设备简朴，备有高架床、硬床垫、被褥、带锁的个人储藏柜、小桌椅、公共浴室和洗手间，有的还有自助餐厅、公共活动室，受到了青年人的广泛欢迎。仅一年后，青年旅舍即达到83家，共2.1万个床位。

如今，世界青年旅舍已经遍布各个国际旅游区的中心地带，除了传统的学生和青少年外，还有很多是30岁左右的，或是全家开车出行，或是独自出游的背包一族。

青年旅舍向人们提供的不仅仅是一条干净的床单，其建立旨在提高对世界各族青少年的教育，鼓励他们更多地了解、热爱和关心郊野，欣赏世界各地的城市和乡村文化，提供没有种族、国籍、肤色、宗教、性别、阶层或政见区别的环境，促进青少年对本国和外国更深刻的了解。

同时，它向人们展示一种健康、回归自然的生活方式：每晚与来自四面八方的青年联欢、交流；每天清晨清理"旅舍杂务"；在当地考察，自己动手打理生活；不使用一次性用具；戒烟、戒酒……

这种生活方式有利于改善生活在城市里的孩子们的心理和生理健康水平，也教给青年人朴素、自律和关心他人的美德。在青年旅舍生活、睡觉、吃饭，使住客们必须考虑他人的需要，爱护旅舍的公共财物。

讨论题：

青年旅舍是采用哪种标准对市场进行细分的？它的成功说明了什么？

复习思考题

1. 什么是酒店市场细分？
2. 酒店市场细分的标准有哪些？
3. 酒店目标市场选择的策略有哪些？
4. 如何进行酒店市场定位？
5. 酒店市场定位的方法有哪些？

实训项目

实训目的： 运用所学知识，掌握酒店市场细分、目标市场选择和市场定位的方法。

实训内容： 选择附近的一家酒店，对酒店经营的产品和顾客群体进行了解，收集相关的资料，从整体市场开始，逐步进行市场细分；将细分市场与酒店产品进行比较，选择合适的目标市场进行市场定位。

实训流程：

1. 根据教学班级学生人数确定小组，每组人数5~10人；
2. 以小组为单位组织收集资料，经过充分讨论后，形成小组的课题报告；
3. 每个小组派代表进行汇报演讲；
4. 教师进行总结和点评。

项目五

酒店产品开发

知识目标

1. 熟悉酒店产品的概念；
2. 了解酒店产品生命周期不同阶段的特点；
3. 了解酒店产品生命周期不同阶段的营销策略；
4. 熟悉酒店新产品的开发程序；
5. 了解酒店品牌的作用；
6. 了解酒店品牌的策略。

能力目标

1. 能够分析酒店产品的定义；
2. 能够掌握酒店产品的开发流程；
3. 能够了解和分析酒店品牌的策略。

任务分解

任务1　认知酒店产品

任务2　开发酒店产品

任务3　打造酒店品牌

> **任务导入**
>
> ## 假日酒店集团的产品
>
> 1952年,世界上第一家假日酒店在美国田纳西州的孟菲斯诞生。假日酒店定位于中等价格、高标准服务,很快就吸引了占当地市场总量65%的中等价格市场的顾客。当时,市场上几乎没有中等价格的酒店,假日酒店的成功顺理成章。
>
> 假日酒店集团将其众多酒店产品定位在中档市场上。为了在中档市场上进行更有效的竞争,假日酒店集团根据不同客源层次将其产品由低到高共分为六种水平,即假日快捷酒店,主要设在美洲,提供较简单的客房和有限餐饮及健身设施,其产品在中档偏低的层面上有极大的竞争力;假日花园酒店,主要设在欧洲、中东和非洲,提供标准的假日客房、较少的餐饮服务、中型会议服务、娱乐和健身设施;假日酒店,是假日酒店集团中档市场的核心产品,提供全面的设施和服务;假日阳光度假酒店,主要设在美洲,是假日酒店集团度假酒店市场的产品,主要为休闲客人提供,设有全面的休闲和娱乐设施;皇冠假日酒店,提供更高水准、更合适的设施和服务,是假日酒店集团中高档次的酒店;皇冠假日度假酒店档次与皇冠假日酒店相同,但主要目标市场是休闲客户群体。

任务1 认知酒店产品

一、酒店产品的概念

(一) 酒店产品的定义

酒店产品是酒店向客人提供的能够满足其需要的有形产品和无形服务的使用价值总和。换言之,酒店产品是酒店的经营者为满足顾客需求所提供的物质和非物质的组合产品,酒店服务是与一定使用价值的有形物质结合在一起的服务,只有借助一定的资源、设施、设备,酒店服务才能得以完成。

(二) 酒店产品的构成

酒店产品由6个部分组成,每一部分都可能带给顾客不同的感受和利益。

(1) 地理位置。是指与机场、车站、商业中心、旅游景点等场所的距离及周围环境。周围环境经济发达、有旅游景点、风景美丽、交通方便,地理位置就好。

(2) 设备与设施。包括酒店的建筑风格、建筑规模、装修档次,酒店各种类型的客房、餐厅、酒吧、康乐中心、商务中心、会议室及配套设备、娱乐休闲设施、自动消防系统、自动报警系统、闭路监控系统以及停车场等。

(3) 酒店服务。包括礼貌礼节、服务项目、服务方式、服务态度、服务效率、服务技能、服务质量、方便舒适程度、清洁卫生、环境安静、自由安全等。

（4）酒店形象。是指顾客对酒店的历史、知名度、星级档次、经营理念、服务质量、信誉、酒店设施、地理位置与室内外环境等各种因素的印象总和。酒店形象是社会及公众对酒店的一种评价和看法，酒店通过优良的服务和高效的公关活动，在公众中间树立起良好的企业形象。

（5）酒店价格。价格既表示酒店通过其地理位置、设施和设备、服务和形象给予顾客的价值，也表示顾客从上述因素中获得的满足。酒店价格不仅体现了酒店产品的价值，也是酒店产品质量的客观反映，是顾客选择酒店的重要标准。

（6）酒店气氛。气氛是顾客对酒店的一种感受，这种感受是无形的，但它的形成取决于酒店的外观、内部设施设备、装修设计、员工素质和行为举止、酒店的企业文化等各方面因素。

（三）酒店产品的不同类型

从整体产品的观念来看，酒店产品由四个层面组成。

1. 基本产品

基本产品也叫有形产品，是指从物质上能展示产品核心利益的多种因素。它是酒店产品的核心利益的有形表现，包括酒店的设计风格、建筑特色、地理区位、设施设备、服务项目、服务水平以及客房和餐饮产品等。

2. 期望产品

期望产品也叫核心产品，是指顾客从酒店提供的产品与服务中得到的根本利益和服务，是顾客各种需要的满足。它是酒店产品中的最基本、最主要的部分，也是最吸引顾客的部分。它可以是最实用的，如一位饥肠辘辘、疲惫不堪的观光旅游者所追求的核心产品很可能是一杯饮料、一顿便饭、一间可供其休息的客房。

3. 延伸产品

延伸产品也叫附加产品，是指顾客在购买酒店实际产品和服务时所得到的附加利益或附加服务，表现为交付、保证、信用和售后服务（酒店的客户关系管理、忠诚顾客的培养），例如旅游信息咨询、免费接送服务、代记出租车牌号码等。酒店可以利用这些附加利益和附加服务，来提高宾客的满意度。

4. 潜在产品

潜在产品是酒店提供的产品带来的、潜在的或无法预见的利益或价值，比如为客人缝衣扣或者擦皮鞋等，更多地表现为人际关系、归属感和自我实现等需要的满足。

通过以上分析，我们可以列出三个等式

　　基本产品＋期望产品＝质量保证＝顾客满意

　　延伸产品＋潜在产品＝灵活性＝附加价值

　　基本产品＋期望产品＋延伸产品＋潜在产品＝质量保证＋灵活性＝竞争优势

此外，从本质上来说，"基本产品＋期望产品"涵盖了酒店产品标准化和规范化的全部内容，"延伸产品＋潜在产品"则体现了产品和服务的个性化。酒店提供基本产品和期望产品之后，产品和服务的质量可以得到保证，顾客会表示满意。然而，仅顾客表示满意还不够，只有在此基础上进一步提供延伸产品和潜在产品,酒店才能拥有竞争优势,这也是酒店市场营销的成功之道。

二、酒店产品生命周期

(一) 酒店产品生命周期概念

产品生命周期一般是指一件新产品自开发过程结束,从进入市场到被市场淘汰的整个过程,如同人的生命一样,由诞生、成长、成熟、最终走向衰亡。产品的生命周期一般包括导入期、成长期、成熟期和衰退期四个阶段。

酒店产品生命周期是指酒店产品从投放市场到退出市场的全过程。酒店产品生命周期有长有短,表现形态各异。随着科技的进步和社会经济的发展,市场需求变化加快,酒店产品的生命周期呈现越来越短的趋势。因此,酒店产品不能一成不变,要适应环境的变化和客人的需求,不断改进,不断更新,让客人有新鲜的感受。

酒店产品生命周期通常可用曲线来表示,如图 5-1 所示。图 5-1 是一般的酒店产品生命周期曲线,但是,由于酒店产品的特殊性和旅游市场的激烈竞争,每一件酒店产品的生命周期并非一样,有的产品生命周期长,有的产品生命周期短,有的产品呈波浪起伏,有的则比较平稳。

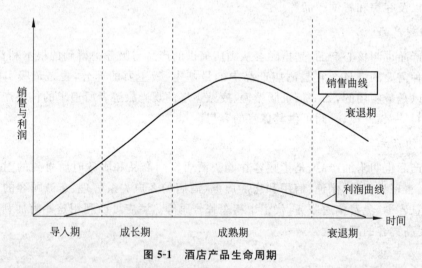

图 5-1 酒店产品生命周期

(二) 影响酒店产品生命周期的因素

影响酒店产品生命周期的因素很多,有外部的因素,也有内部的因素。酒店企业通过分析和了解这些影响因素,可以采取相应的营销对策,进而延长酒店产品的生命周期。

1. 外部因素的影响

(1) 政治因素

政治因素对酒店产品影响极大,酒店所在的国家和地区旅游政策及其变化,国家或地区间的关系变动,都会对酒店产品的生命周期产生影响。如 20 世纪 80 年代初我国实行改革开放政策,逐步取消了限制旅游业发展的一些法规和制度,促进了旅游业的迅速发展,也带动了酒店业的发展,使酒店产品不断开发、不断增加;酒店产品的层次不断提升,对国际、国内旅游者产生了强大的吸引力。随着中国加入国际世贸组织,进入了政策指导下的双向开放的崭新时期,酒店产品迎来了新一轮循环周期。

(2) 经济因素

经济因素对酒店产品兴衰有较大影响。当经济处于繁荣时期,人们生活水平不断提高,可支配的收入逐步增多,对旅游的需求也相应增加,越来越多的人喜欢旅游休闲活动,旅游度假成为人们日常生活中不可缺少的部分,酒店产品随之销路大增;当经济不景气时,随着旅游业的衰退,酒店产品的销量会急剧下降;当发生经济危机时,酒店产品也渐渐进入衰退期。

(3) 环境因素

自然环境对旅游酒店产品兴衰也有一定影响,尤其是对度假型酒店产品影响较大。酒店所在地发生地震、水灾、火灾等自然灾害或恐怖活动,都会影响酒店产品的需求,从而影响酒店产品的生命周期。

2. 内部因素的影响

酒店企业内部环境包括"硬件"和"软件"两个方面。

(1) "硬件"的影响

"硬件"主要是指酒店的设施设备和配套程度,其"硬件"的完善程度会影响酒店产品在市场中的发展,甚至影响酒店产品的生命周期。酒店卫生质量不达标、设备陈旧等因素,都会给宾客留下很坏的印象,破坏酒店产品的声誉,从而使酒店产品很快进入衰退期。

(2) "软件"的影响

"软件"是指酒店的经营理念、管理水平和服务质量,这是酒店最重要的软件。服务质量好坏直接影响酒店产品经济生命周期的长短。服务质量是酒店产品质量的核心,服务质量的高低在很大程度上影响顾客对酒店产品的评价,从而影响酒店产品的销售和在市场上的地位。因此,提高服务质量是延长酒店产品生命周期的重要途径之一。管理水平是影响酒店产品生命周期的另一个重要因素,酒店企业经营管理不善,会影响酒店的营业收入和获利能力,进而影响酒店产品的销售和企业的声誉,导致酒店产品过早进入衰退期。因此,酒店企业应该加强内部营销意识,强化经营管理,在人事、财务、销售等方面采取相应的措施,尽量延长酒店产品的生命周期。

(三) 酒店产品生命周期不同阶段的特点

处于生命周期不同阶段的酒店产品会呈现出不同的特点,掌握和了解这些特点,有利于酒店企业制定出各个阶段的产品策略。

1. 导入期的特点

酒店产品刚投放市场的阶段被称为导入期。此时,顾客对产品还不了解,只有少数追求新奇的顾客可能购买,销售量很低。为了扩展销售,需大量的促销费用,对酒店产品进行宣传。在这一阶段,由于技术、管理等方面的原因,酒店产品不能大量生产,因而成本高,销售额增长缓慢,酒店企业不但得不到利润,反而可能亏损。

2. 成长期的特点

当酒店产品在导入期的销售取得成功以后,便进入第二个阶段——成长期,并呈现出新的特点。这时顾客对酒店产品已经熟悉,大量新顾客开始购买,市场逐步扩大,酒店产品已具备大量生产的条件,生产成本相对降低,酒店企业销售额迅速上升,利润迅速增长。在这一阶段,竞争者看到有利可图,将纷纷参与竞争,使市场同类产品供给量增加,价格随之下降,酒店企业利润增长速度逐步减慢,最后达到生命周期的利润最高点。

3. 成熟期的特点

成熟期是指酒店产品经过成长期以后,市场需求趋向饱和的阶段。此时,潜在顾客已经很少,销售增长缓慢直至转而下降,酒店产品进入成熟期。在这一阶段,竞争逐渐加剧,酒店产品售价降低,促销费用增加,酒店企业利润下降。

4. 衰退期特点

衰退期是指酒店产品已老化,逐渐被市场淘汰的阶段。这一时期随着市场的发展,新产品或新的代用品出现,顾客的消费习惯发生改变,转向其他酒店产品,从而使原来酒店产品的销售额和利润额迅速下降,甚至发生亏损,同行竞争者纷纷退出市场。此时,一些酒店企业因对"衰退期"缺乏足够的认识而猝不及防,随着现有酒店产品衰退而走向衰亡。

(四)酒店产品生命周期不同阶段的营销策略

分析酒店产品生命周期各个阶段的特点,是为了更好地制定有针对性的酒店市场营销策略。

1. 导入期的营销策略

导入期开始于新产品首次在市场上销售之时。产品导入期的时间不宜太长,重点是要尽量扩大产品的市场份额,尽快进入成长期。在酒店产品导入期,主要的营销策略是提高顾客对酒店产品的了解和认知的程度,以扩大市场面。在酒店产品上市前,要进行有效的广告宣传活动,突出"人无我有"的优势,引领消费的新时尚,争取目标市场那些敢于尝试新产品、喜欢酒店新产品的"先锋型"客人。

在这一阶段,酒店要向广大潜在的顾客消费群体介绍酒店产品的优点,向他们展示酒店新产品的吸引力和诱惑力,达到激发顾客购买欲望的目的。因此,针对导入期的酒店新产品可以采取以下策略。

(1) 快速撇脂策略

快速撇脂策略采用高价格、高促销费用、以求迅速扩大销售量,取得较高的市场占有率。采取这种策略必有一定的市场环境,如大多数潜在的顾客还不了解这种新产品,或是已经了解这种新产品急于求购、愿意高价购买。另外,在此阶段酒店还面临潜在竞争者的威胁,在这种情况下应该迅速使顾客建立对酒店产品的偏好。

(2) 缓慢撇脂策略

缓慢撇脂策略是一种以高价格、低促销费用的形式进行经营,以求得到更多利润的营销策略。这种策略可以在市场面比较小、市场上大多数消费者已熟悉酒店新产品、购买者愿意出高价、潜在竞争威胁不大的市场环境下使用。

(3) 快速渗透策略

快速渗透策略是一种低价格、高促销费用的营销策略,其目的是迅速打入市场,取得尽可能高的市场占有率。在市场容量很大,消费者对这种产品不熟悉,但对价格非常敏感,潜在竞争激烈,酒店企业随着生产规模的扩大可以降低单位生产成本的情况下适合采用这种战略。

(4) 缓慢渗透策略

缓慢渗透策略是一种低价格、低促销费用的营销策略。这种策略适用于市场容量较大,市场上酒店产品的知名度较高,顾客对价格很敏感,存在潜在竞争者但威胁不大的市场环境。

2. 成长期的营销策略

针对成长期的特点,酒店企业要保持市场增长率,延长获取最大利润的时间,可以采取以下几种策略。

(1) 改善产品品质

提高产品质量,增加酒店产品的特色设计,如增加新的功能、改变产品款式等。对酒店产品进行改进,使之与特色服务相结合,可以提高产品的竞争能力,满足更广泛的顾客需求,吸引更多的顾客。

(2) 寻找新的细分市场

通过市场细分,找到新的尚未满足的子市场,根据子市场的需要组织生产,进行酒店产品的附加设计,以迅速进入这一新的市场。

(3) 改变广告宣传的重点

把广告宣传的重心从介绍酒店产品转到建立产品形象上来,打造酒店产品的品牌,树立酒店的形象,维系老顾客,吸引新顾客,把酒店产品的形象深入到顾客的心目中。

(4) 适时降价

通过降价激发那些对价格比较敏感的消费者,使其产生购买动机和采取购买行动,有利于酒店产品进入新的市场。

(5) 开展"合作竞争"

酒店与酒店之间的竞争,不一定是你死我活的竞争,也不一定是恶性竞争,可以是良性的竞争、友好的竞争,酒店与酒店之间开展"合作竞争",构建共赢机制。

3. 成熟期的营销策略

酒店产品进入成熟期以后,酒店营销策略的重点应突出一个"长"字。此时酒店企业只能采取主动出击的战略,使成熟期延长或使产品生命周期出现再循环。为此,可以采取以下三种策略。

(1) 市场调整策略

市场调整策略不是要调整产品本身,而是通过发现产品的新用途或改变营销方式等,使产品销售量得以扩大。

(2) 产品改进策略

产品改进策略是通过产品自身的调整来满足顾客的不同需求,吸引有不同需求的顾客,刺激现有顾客重新购买。

(3) 营销组合调整策略

酒店企业的市场营销组合不是一成不变的,应该随着销售环境的变化而进行调整。这种调整是通过产品、定价、销路、促销四个市场组合因素加以综合调整,刺激销售量的回升。常用的方法包括降价、提高促销水平、扩展销售渠道、提高服务质量等。

成熟期的营销策略重点在于保护市场面,维持现有的市场份额,开辟新市场。此时,沟通与促销的主题应是"人优我特",以特取胜。

4. 衰退期的营销策略

衰退期的营销策略重点是收缩市场面,以减少退出的损失。可选择的营销策略有以下4种。

(1) 持续营销策略

在衰退期,由于大量竞争者纷纷退出市场,经营者减少,但市场仍然有一批"怀旧型"顾客。因此,处于有利地位的酒店可以暂不退出,继续沿用过去的营销策略,直到这种产品完全退出市场或等待新的复苏。

(2) 集中营销策略

酒店企业应收缩战线以减少促销费用,把主要精力集中在还有利可图的市场部分,争取从中获利。这样既有利于缩短产品退出市场的时间,又能为酒店创造更多的利润。

(3) 收缩营销策略

对那些没有希望的顾客群体,只有采取放弃的做法,大幅度降低促销水平,减少促销费用。这样虽然在短期内销售额会有所下降,但成本和费用也会降低,仍然能保持一定的利润水平。

(4) 放弃营销策略

对于那些衰退比较迅速的酒店产品,应采取果断措施,结束销售业务,退出市场。或者,也可以采取逐步放弃的策略,逐步退出市场。在选择放弃策略的同时,要及时推出新产品,进入新一轮循环,抢占市场先机。

三、酒店产品组合

大多数顾客进酒店不是来消费分类产品,而是来消费分类产品组合。虽然整体产品代表了酒店的整体功能,但顾客往往只是根据自己的需要选择其中若干项的组合。因此酒店要考虑产品的有效组合。酒店产品组合是酒店提供给市场的全部产品线和产品项目的组合和搭配,即经营范围和结构,包括酒店的地理位置,各种客房、餐厅、会议厅、娱乐设施,产品的形象部分、服务部分和产品的价格。

产品组合由酒店产品的广度、长度、深度和关联性所决定。

1. 酒店产品组合的广度

酒店产品组合的广度是指酒店拥有几条不同的产品线,如客房、餐饮、酒吧、商场、邮电、桑拿、游泳池、网球场、夜总会、健身房等。

2. 酒店产品组合的长度

酒店产品组合的长度是指酒店每一条产品线中可以提供多少种不同的服务项目。酒店有商务套房、豪华套房、总统套房、行政套房、标准客房等不同档次、不同楼层的客房,餐厅有中餐厅、西餐厅、日式餐厅、韩式餐厅、自助餐厅、宴会厅等。

3. 酒店产品组合的深度

酒店产品组合的深度是指酒店产品线上的每个产品项目可提供多少品种。例如,每个餐厅能提供的菜肴、饮料和酒类的品种,普通客房分为 688 元、788 元、888 元三个品种等。

4. 酒店产品组合的关联性

酒店产品组合的关联性(也称密度)是指酒店产品组合中的各类产品在最终用途、生产条件、目标市场、销售方式及其他方面相互联系的程度。例如,客房与餐饮在销售渠道上可能有较好的关联性,在价格和服务上更能达到一致,凡住店客人均能享受免费的自助早餐。

产品组合的重要意义,在于有利于产品组合在更大领域提高企业知名度,挖掘经营潜力,吸引更多的消费者,扩大市场份额,强化市场地位。

四、酒店产品组合策略

酒店产品组合是经常变换的,酒店在调整和优化产品组合时,根据不同的情况可以选择不同的营销策略。

(一)产品组合的扩大策略

如果酒店决定围绕现有顾客提供现有产品线和产品项目,为了使产品线更丰满,对产品经销商更具吸引力,使酒店的声望更高,或者市场不留空隙,防止竞争者的入侵,或者使酒店生产能力充分利用,酒店可以采取填充产品线的策略,适当增加产品项目来满足目标顾客的各种不同需求。

产品项目的增加或者减少,表明产品线的深度、长度发生了变化。产品线究竟多长合适,要根据酒店目标确定,不能盲目地填充产品线。如果产品线扩大过度,将会导致新旧产品的自相残杀,造成消费者对产品认识的混乱。因此产品线扩大时,必须要保持每一个产品项目具有一定的差异性,要与目标顾客的需求差异相吻合。

(二)产品组合的缩减策略

如果发现酒店目标顾客的数量减少或者发生转移,就要检查现有产品线上的产品项目,对顾客需求的满足能力如何,要剔除产品线上不获利或者是不能满足需求的产品,集中力量去生产那些可以为顾客服务的产品项目,来维持目标顾客群。

位于市中心的酒店,由于周边各种类型的餐厅比比皆是,对酒店的餐厅经营造成极大的威胁。因此许多市中心的酒店选择将店内餐厅外包给其他餐饮企业,特别是品牌餐饮企业,既保证了酒店的利润,又降低了酒店经营的压力,这就是酒店产品组合的缩减策略。

业务外包是企业在内部资源有限的情况下,为了更好发展核心业务,而把其他非核心业务转交给外部专业公司来完成,从而达到充分利用外部资源实现自身发展的战略。酒店业渐渐接受纵向一体化的组织模式,业务外包已经成为酒店营业实现经营大跨步的一种有效手段。

(三)产品组合的延伸策略

如果酒店服务的顾客范围发生变化,根据重新进行的目标顾客定位情况,可以采用产品延伸策略,具体有"向上的延伸""向下的延伸"或是"双向的延伸"策略。产品线向上延伸,即从低档产品拓展到高档产品;产品向下延伸,即从高档产品拓展到低档产品;产品线的双向延伸,是定位于中端的产品朝向上、下两个方向拓展。这三种策略都是以市场需求的变化和消费者目标市场的调整为依据的,都能保证酒店产品组合最优化。

不管采取哪一种策略,酒店都会存在一定的风险。例如对于向下的拓展,有可能使原来高档的名牌产品形象受到损害,所以建议低档产品最好使用新的品牌和商标。而向上拓展,有可能使未来顾客产生怀疑,认为该酒店不能生产高档的产品。所以,选择哪一种策略都将面临如何开发新的目标顾客群、如何维持老的目标顾客群的问题,因此要充分了解市场需求,了解自身的能力,制定合适的产品线延伸策略。

(四)产品组合的更新策略

如果产品线的深度适中,但产品线老化、竞争力不断下降,就必须进行产品线的现代化改造,即产品组合的"更新"策略。否则,原有的目标顾客可能因为酒店一成不变的做法而发生转移,使目标顾客范围缩小。

(五)产品组合的品牌优化策略

在每条产品线上找到有特色的产品项目,通过品牌建设来吸引顾客,带动其他产品项目的销售。因为品牌代表了酒店对顾客的产品特征利益和服务的一贯性承诺,最佳的品牌就是最好的质量的保证。品牌又与企业的文化和价值观念相融合,品牌就是酒店的象征,就是酒店的形象。通过品牌建设来优化产品组合,酒店企业要明确是所有产品采用同一品牌,还是不同的产品线、产品项目采用不同的品牌,可以运用品牌"优化"策略,使产品组合达到最优的目标。

任务2 开发酒店产品

一、酒店新产品的概念及类型

(一)酒店新产品的定义

酒店新产品是一个相对的概念,不仅包括新开发的产品,还包括那些在原有产品基础上不断改进、不断创新发展而来的产品,能给客人以新的感受和体验。酒店新产品是根据产品和服务在功能上或者形态上与现有产品和服务相比而具有的新颖程度来定义的,也就是产品任何一部分的改变和创新,能够给客人带来新的利益,都称为新产品。

酒店新产品是在技术、功能、结构、规格、服务、实物等方面与旧产品有显著差异的产品,是与新技术、新理念、新潮流、新需求、新设计相联系的产品。比如一间客房,房内的设施设备经过改进升级,就成为新产品,但如果不进行设施设备改造,却改变了房内的文化氛围,也可以成为一种新产品。只要顾客以前未接受过、未尝试过,却愿意去接受、愿意去尝试的,就是新产品。

因此,酒店新产品是指酒店企业向市场推出的以前没有生产和销售过的产品,它不仅是指一种全新产品,而是只要对产品的整体或部分有所创新和改进,能给消费者带来新体验的产品,都可称为酒店新产品。

知识拓展

万豪创新实验室:探索酒店的未来设计

任何一个深夜从美国州际公路上下来的人都知道,万豪酒店、万豪居家酒店(Residence Inn)、喜来登酒店(Sheraton)和雅乐轩酒店(Aloft)等酒店通常在城市的郊区地带相邻而建,但它们很少会建在地下的空间。然而,在万豪国际集团位于马里兰州贝塞斯达(Bethesda)的总部大楼地下两层,这种情形却出现了:万豪在地下空间建立了万豪创新实验室,探索酒店业的各种可能性。

万豪创新实验室的诞生,源自一个意外的发现。多年前,一名员工不小心把自己锁在了万豪总部的地下室里。在寻找逃生路线的时候,他把头伸向地下室的天花板,却意外发现原来头顶的空间是想象中的两倍高。万豪全球设计策略副总裁 Aliya Khan 表示:"后来,这位员工意识到自己发现的潜在价值,并提出了开启万豪未来创新起点的想法。"

这名员工意外发现的闲置空间约 1 万平方英尺(约 929 平方米),最终成了现在的创新实验室,里面有许多迷宫般的房间,每一个都是一间真实酒店客房的复制品。

Khan 说:"最初,我们在总部之外设有一系列的样板房,但距离我们很远,而且按日常设计工作的需求,想要放置和测试新产品都非常困难。后来,这些样板房搬到了万豪酒店的总部,但仍然缺少设计团队可以快速、非正式地进行创新测试的空间。最终,地下的创新实验室诞生了!创新实验室有点像按真实酒店客房大小打造的娱乐空间,设计师和建筑师在这里为万豪旗下各个品牌打造未来的酒店客房。"

这是一项艰巨的任务。作为全球最大的酒店集团,万豪拥有 30 个品牌,每个品牌都有独特的风格和目标客户群,而且几乎要不断更新和升级。万豪制定了一项颇具挑战的扩张计划,计划到 2021 年,新增 27.5 万间至 29.5 万间客房,所有新增客房都需要外观、体验和内部装修设计。

虽然万豪的品牌在不断增长,现在拥有 130 万间客房(根据 STR 的数据),它仍然面临着来自 Airbnb 的激烈竞争。根据 AirDNA 的数据,Airbnb 拥有近 500 万个房源。为了吸引 Airbnb 的目标客户,万豪最近推出了自己的短租业务,房间的装饰设计需要有足够的吸引力,而这些设计工作将在创新实验室完成。

万豪创新实验室里有各种各样的样板间,都按现实的完整尺寸建设,充分满足了整合式设计的需求。"我们利用创新实验室完善万豪酒店的产品,"Khan 说。"在投放市场前,我们借助实验室产生和测试各种想法。这使我们能够在进入市场前得到需要的反馈。无论是琢磨房间地板、无人机送鸡尾酒,还是公共空间扩建,我们可以放飞想象力,确保提供的服务与现在和未来客人的需求息息相关。"

在创新实验室里,设计团队很快就能找出哪些床架、壁挂、插座和椅子最好用;明确桌子的尺寸以适应客人的需求;考虑淋浴、床头灯、抽屉和衣柜;床离窗口的位置是否太近,导致光线过强;床灯的位置是否能让客人在床上看书。

创新实验室不只是室内设计的场所,也为酒店协作管理提供了便利。比如客房管理人员能够在房间中观察到不易打扫的位置,或者建议改变房间布局,使吸尘清洁变得更容易。此外,设计团队与客户反馈部门紧密合作,确保每家酒店的客房都能满足客户的需求——无论是增加电源插座、提供更好的设施或用品、摆放椅子或沙发的位置,还是方便用餐的位置等。

万豪国际负责全球设计策略的高级副总裁 Jeff Voris 表示,他经常会到斯普林希尔套房 (Springhill Suites)工作,享受那里黑暗、全木制家具装饰的宁静。斯普林希尔套房不对外开放。

万豪收购喜达屋后,其品牌组合变得更加庞大。每个品牌都力求为特定需求的旅行者提供独特的居住感觉。

雅乐轩酒店改造后的客房样板间的目标用户是喜欢冒险、精通科技、寻找实惠价格精品酒店的客人。Khan 和她的设计团队一直在努力更新雅乐轩客房的装饰设计,比如提供了透明的床头板,营造整齐、阁楼般的感受,半开玩笑的复古美国壁纸,未来感十足的抽象图像贴花,和二进制代码款式的窗帘。

设计的更新不仅要满足当下客人的需要,还应该足够灵活,满足未来客人的要求。理想情况下,重新设计的客房还要满足采购和安装成本低、翻新简单,以及对全球 150 多个雅乐轩酒店业主具有吸引力的特点。

时尚、高档的威斯汀酒店(Westin)的客房样板间也很有特色,它的天花板由树叶遮盖,装饰优雅,微风轻拂。费尔菲尔德套房(Fairfield Suites)样板间的设计突出了可拉伸的沙发,专门针对家庭客人,其配套的厨房和阳台,也更适合长住的客人。AC 酒店客房,首先在西班牙推出,更带有欧洲的感觉,客房内配有咖啡机以及家居日常的咖啡。

这些客房一直处于设计进程中,装饰材料、视觉板、台灯、香皂和洗发水等都有各种各样的选择,设计师可以决定哪种选择是最好的。时尚、有趣的雅乐轩客房像是一个孵化器,其成功的点子可以被引入其他传统酒店。大约每隔六年,酒店就会进行翻新,引入新的设计元素和新技术。然后,设计团队就会重新开始新一轮的设计过程。

创新实验室让酒店品牌能够在全球大规模实行前,先小范围地改变客房的风格、技术和服务,以查看效果,避免发现问题时已为时太晚。比如床附近没有电源插座,唯一的电灯开关设在房间的前门,这些问题对大多数旅行者来说都常遇到。

创新实验室里有一条长长的走廊,走廊两侧墙壁上安装了投影设备和高性能的 LED 照明系统,可以作为超大的创意板和展示画廊使用。长廊通向一个类似仓库的空间,可根据需要调整用途。

当然,创新并不只发生在创新实验室里。

万豪总部外的一个停车场里放有一个集装箱,它是 Moxy 酒店客房的样板间。这个集装箱被运往美国各地,在洛杉矶全美酒店投资峰会(ALIS)上,为 Moxy 酒店吸引特许经营的酒店业主。

2017 年,万豪在洛杉矶建立了"快闪"创新实验室(pop-up innovation lab),当 Element 酒店向客人展示新设计的公共生活空间,或者推崇科技的雅乐轩酒店展示机器人管家时,客人能够提供实时反馈。2016年,万豪推出了第一家 M Beta 酒店,这是世界上第一家"现场测试"(live beta)酒店,兼具酒店和创新实验室的功能,为吸引"95后"(Z世代)的年轻客人做好准备。

万豪并不是唯一拥有独立创新实验室的酒店集团。希尔顿在弗吉尼亚州总部旁边设有一个全新的创新展厅,就在离万豪总部不远的环城公路上。瑞士酒店集团(Swissotel)的设计实验室里也有全尺寸复制的客房和大堂,展示其设计理念。半岛酒店(Peninsula Hotels)的研发部门开发了自己内部的所有技术。凯悦(Hyatt)的任何一家酒店都能成为其测试创新的场所。雅高酒店设有"颠覆与增长部门",为其品牌提供新的创意。

酒店创新实验室的激增表明,酒店市场竞争已经非常激烈。酒店只能通过创新、再创造和新技术手段争夺客户,并试图击退 Airbnb、Sonder 等公司的威胁。

(资料来源:环球旅讯. https://www.traveldaily.cn/areticle/129699,2019-06-11.)

(二)酒店新产品的类型

1. 全新型酒店产品

全新型酒店产品是指原来没有出现过的产品,是为满足消费者需要而完全创新的酒店产品。比如在酒店业发展初期,斯塔特勒建造的酒店开创了现代酒店的概念;汽车酒店在美国诞生,是一种全新产品;OYO 酒店的出现,也是一种全新的产品;酒店新装修的特色客房、餐厅推出的新菜式等,也是全新产品。全新型酒店产品开发周期长,人力、物力投入大,但全新型酒店产品一旦获得市场的认可,其收益也较大。

2. 换代型酒店新产品

换代型酒店新产品是指酒店对现有产品进行较大改革后推出的酒店产品。比如,将分体式空调改成中央空调;将客房的电子门锁换成智能门锁;将人工送餐服务变成机器人送餐服务;利用新技术开发升级的智慧酒店和主题酒店,等等,换代型酒店产品意味着酒店产品结构正向高级阶段发展。

3. 改进型酒店新产品

改进型酒店新产品是指在原有酒店产品的基础上进行局部改进和完善,以提升产品功能和市场适应能力而开发的酒店产品。比如,面对不同市场需求的新型服务套餐组合;酒店大堂局部改造调整,增加接待设施;服务流程的调整,服务延时,儿童免费加床服务,儿童看护服务,酒店升级改造,提高星级档次,等等。

这种产品可以通过对基础设施和服务质量进行改进,或通过增减酒店附加服务的方式更好地满足消费需求。改进型酒店新产品在酒店创新中被广泛使用,其投入成本相对较低,投资风险比较小,但能够有效提高市场竞争力,增加市场吸引力,是酒店保持和扩大市场份额的重要策略。

4. 仿制型酒店新产品

仿制型酒店新产品是酒店原来没有而其他酒店已经存在的产品,通过仿制或者稍加改变,作为一种新产品推向本酒店的目标市场。比如北京烤鸭被广东的酒店和餐厅仿制后,变成了广东的片皮鸭;国际品牌酒店的服务方式,被国内的酒店学习模仿,成为国内酒店的新产品。

二、酒店新产品的开发程序

酒店新产品的开发程序包括创意形成、创意筛选、产品概念的形成与测试、新产品营销计划、商业分析、产品设计与开发、市场试销和正式上市八个阶段。对于一些投入不多、预期消极效应不大的小型产品,一旦创意形成,就可以着手开发,比如一些小型的旅游项目和服务项目、餐饮的饮品和菜品等。但对于一些重要的,投资比较大的开发项目,就要做好产品的开发计划,做好产品开发的可行性分析,采用科学的开发程序,使开发出来的产品能够打开销路,符合市场的需求,受到客人的欢迎。

1. 发现创意

一切新产品的开发,都是从构思和创意开始的。一个成功的新产品,一定来源于一个有创建性的构思。酒店对顾客需求进行分析和评估,取得新产品创意。这些创意来源于企业内部、客人、中间商以及竞争对手等。酒店在开发新产品的过程中,要集思广益,广泛收集构思和创意,为开发新产品打好基础。

酒店内部信息来源,大部分创意来自企业内部一线员工和营销人员,他们每天都与客人接触,能够从客人那里得到关于产品的反馈和需求的信息,为解决实际问题而产生好的创意。顾客信息来源,对顾客的观察与询问也是企业创意的来源之一,酒店通过消费者调查和客户关系系统,可以发掘他们的需求,通过分析顾客的问题和投诉,可以发现能更好解决顾客问题的新产品。

收集竞争者信息来源,掌握竞争对手的动态,分析其产品的成功和失败之处,往往可以发现新的创意。中间商的市场关系更为紧密,收集中间商的信息,了解顾客需求更为直接,充分利用中介信息渠道可以获得市场的第一手资料,为创意提供支持。其他信息来源还包括行业杂志、展览和研讨会、政府机构、新产品咨询机构、广告代理机构、营销调研机构、大学和商业性实验室以及发明人等。

创意和构思最重要的特点就是独创性,人无我有,人有我新,人新我奇,人奇我独。只有具备独创性,才会有垄断性;只有具备垄断性,才会有成功性。在追求创意和新颖构思时,还要进行反复认证,评估客人的需求和市场的反应,确保开发的新产品能受到客人偏爱和市场欢迎。

2. 筛选创意

酒店对收集来的创意和构思进行分析、评估和筛选,去粗取精,综合整理,挑选出好的创意和构思,以便将目标集中在有开发前途的产品上。考察的内容主要是新产品的创意是否和企业总体任务目标一致,企业的内部条件和管理水平是否适合新产品的开发,是否有进行过类似产品的营销经验,销售渠道是否畅通,市场规模与潜量、市场增长状况和竞争程度如何等。筛选工作一般由营销人员、高层管理人员及专家进行,利用产品构思评价表,就产品构思在销售前景、竞争能力、开发能力、资源保证、生产能力、对现有产品的冲击等方面综合考虑取舍,评定出构思的优劣,选出最佳的产品构思。

3. 产品概念的形成和测试

酒店对筛选后的产品构思进一步升华,发展成酒店新产品的概念。接下来的工作是要把构思转变成顾客喜闻乐见和愿意购买的现实产品。这项工作是新产品开发中的重要环节,不同的创意会形成不同的酒店新产品概念,相同的创意也可能会形成不同的酒店新产品概念。比如绿色酒店产品创意,既可以设计成绿色客房、绿色餐饮,也可以设计成节能减排设施等。

酒店新产品概念测试一般采用文字、图像、模型等形式进行。酒店可以采用多媒体来说明新产品的特点、功能和结构等。比如酒店的设计中,客房的布局已经广泛采用多媒体方式展现新概念产品,征求顾客意见。

通过概念测试,酒店可了解顾客对新产品功能、质量、结构和价格等方面的意见,可以进一步完善新产品的概念,以便使打算推出的新产品更加符合顾客的需要,而那些被顾客认为没有前途的构思和概念产品将会被淘汰。

概念测试的重点,就是测试消费者的反应,并把该产品与竞争对手的产品作比较,了解它在消费者心目中的位置,确定这种产品概念能否最终被市场接受。

4. 新产品营销计划

通过产品概念测试后,酒店需要进行方案可行性分析。酒店从技术、营销、经济、社会、资金、资源和法律等方面进行综合分析,设计初步的营销计划。营销计划包括新产品的目标市场、目标市场规模和发展潜力、目标市场占有率、市场定位,以及短期、中期和长期的价格、销售渠道、沟通与促销等营销策略。

5. 商业分析

酒店推出新产品是商业行为,要讲求经济效益。因此,在新产品研制出来之前,要进行商业分析。商业分析又叫经济分析,是对酒店新产品的潜在盈利进行分析评估。新产品商业分析的方法很多,常用的是销售量测算,即预测新产品的销售量、成本、利润额及收益率。此外,还应预测该产品推广时所需要的人力和额外的物质资源,预测开发和投入新产品的资金风险和机会成本,预测顾客对这种创新的看法及竞争对手的可能反应,预测环境及竞争形势的变化对产品发展潜力的影响等。

销售量测算对酒店来说非常重要,酒店新产品销售量关系到企业占有市场份额的大小。酒店对新产品销售量测算不准,可能导致生产过多而销售不出去或生产过少供不应求的后果,这就是为什么有的高档酒店刚开业,就出人意料地陷入困境。在经营活动中,有的酒店为了争取投资项目,在可行性报告中只描述最佳状况的最佳销售量,而不愿证实最差状况下的最低销售量,导致实际经营业绩不佳。

6. 产品研发

酒店新产品经过商业分析后,如果不行,则要立即放弃;如果可行,即进入新产品的研发阶段。酒店在新产品研发阶段的任务,就是要把概念性的产品转化为现实产品。

酒店产品有一定的特殊性,并且实物性的产品和服务性的产品在试制方面的要求有较大的差异。实物产品开发既要考虑需求水平,又要考虑在技术上有一定的先进性;服务产品更多要考虑服务技能所能达到的水平以及顾客兴趣变化的趋势。

有些酒店在新产品研发成功后,会邀请各方面人士提出意见和建议,再进行改进。比如有的酒店试营业之前,邀请酒店专家、同行企业代表、旅行社代表、顾客代表入住,请他们提出意见和建议,再根据这些意见和建议进行整改,完善酒店的产品。

7. 市场试销

酒店新产品研发以后,一般还不宜大批量生产,而应该拿到市场上去试销。市场试销是新产品小规模投入市场的试验阶段,其主要目的是了解顾客及其他利益群体的反应,了解市场潜在的需求和消费的习惯,了解新产品在正常营销环境下的销售量和利润额,了解新产品的主要目标市场及其构成,还要了解竞争者对产品的反应和评价,发现可能的不足之处和潜在问题,从而降低新产品失败的风险。

通过市场试销,酒店可以进一步了解顾客的需求和偏好,了解他们对酒店新产品在质量、样式及价格等方面的意见,发现酒店新产品设计时所忽略的缺陷。酒店可以根据市场试销收集来的信息,对新产品加以改进和完善。对于生产成本不高或者对市场很有把握的酒店新产品,也可直接拿到市场销售,以抢占市场先机。但是,对于投入大,不确定性较强的酒店新产品一般还是需要经过市场试销这一环节,以确定新产品的开发效果。

8. 正式上市

通过市场试销后,酒店新产品向市场全面推广。酒店新产品上市的时机、地点和方式,也直接影响新产品能否快速打开市场,实现预期的经营目标。新产品投放市场后,还要对其进行最终评价。此外,酒店新产品全面上市时,要与已有产品衔接进行推广,将其列入销售的产品线中,调整产品组合,投入大量的广告宣传,还要派出营销人员进行促销。

酒店新产品刚投放市场时,一般销售量较小,各种费用比较高,往往会发生一定程度的亏损,这是正常现象,就像有些新开业的酒店,一般在开业的3~6个月内出现亏损是正常情况。但是酒店还是要把亏损控制在一定的范围之内,尽快扭亏为盈。

知识拓展

万豪酒店集团的新产品开发

20世纪70年代中期,万豪酒店集团意识到,目前大城市酒店产品市场已经趋于饱和。他们需要一种可以在第二类城市和郊区位置进行经营的酒店新产品概念。于是,万豪酒店集团决定开发一种新的酒店产品,并把新产品的概念叫作万怡酒店(Courtyard by Marriott)。

万豪酒店集团抽调了各方面的专业人员组成开发团队,来开发这个新概念的酒店产品。通过对市场的调查研究,对竞争对手的产品的分析,开发团队把新产品的概念具体化了,形成如下的意见。

(1) 它将高度集中于暂住型市场。

(2) 每家酒店拥有不超过150间客房。

(3) 它要树立一种住宅形象(通过调查,万豪酒店集团发现了一个重要的细分市场,该市场的消费者竟不喜欢酒店!他们喜欢像家一样的居所)。

(4) 它不会明显地影响到万豪酒店集团其他产品的销售。

(5) 应设有餐厅。

(6) 公共区域和会客场所面积不大。

(7) 它将是一种标准化的产品,一个地区可以有5~8家。

(8) 为了便于识别并产生晕轮效应,要使用万豪这个品牌名称。

然后,万豪酒店集团对新产品的概念进行测试,把这种酒店的各种配置呈现给目标顾客,征求他们的意见,再根据他们的意见进行修改调整,形成新产品的最佳配置方案。

新产品万怡酒店的目标市场是需要中档价格、高质量客房的商务旅行者和需要安全与舒适客房的度假旅行者。万豪酒店集团利用统计软件建立起十分复杂的模型,这些模型能够提供定价信息,并依据这些价格测算出预期市场份额。市场细分信息为万豪酒店集团提供了酒店营销所需要的内容。

在新产品开发阶段,万豪酒店集团用活动墙建造了一个万怡酒店客房模型。他们开发了三种类型的客房结构:标准客房、短式客房和窄式客房。顾客对整体概念都很欣赏,但他们不喜欢窄式客房,却接受了短式客房,这样使每家万怡酒店节省了将近10万美元。

万豪酒店集团选择亚特兰大市作为第一家万怡酒店的试销市场,该酒店开业于1983年。这家试销的酒店里有大小不同的客房,以便获得消费者的感知数据。万豪酒店集团发现,客房可以比原来设计再小一些。客人说,他们希望卫生间有门,因为该酒店原来的卫生间没有门,这在该类酒店中很常见。

在改进了设计之后,万豪酒店集团决定将万怡酒店这种新产品先引入5~8个地区性市场。到1986年1月,已经有300家万怡酒店签订合同、正在建造或已经开业,新产品投放市场后获得巨大的成功。

三、酒店新产品的开发策略

酒店新产品的开发,是酒店长期生存的必要条件,也是企业保持活力和竞争优势的重要途径。酒店通常采用以下几种策略来开发新产品。

(一)领先策略

领先策略是指酒店利用自身雄厚的人力、物力和财力资源在其他酒店新产品还未开发成功或还未投放市场之前,抢先开发出新产品并投放市场,使酒店处于领先地位。领先策略的实质是以速取胜、以攻取胜、以奇取胜,但要求酒店有较强的新产品开发能力和风险承担能力,企业的领导人要有敏锐的目光和开拓的胆识,要能看到市场需求的新动向并果断决策。领先策略的优点是,一旦全新产品开发成功,将给酒店来巨大收益;不足之处是,投资多、风险也大。

(二)跟随超越策略

跟随超越策略是指酒店不抢先研究和开发新产品,而是通过仿制和改进其他酒店已投放市场的产品,来推出自己的新产品。其优点是,不用花费大量的投资,而且研究和开发的周期短、风险小;不足之处是,酒店若仿制新产品的时间太长,将延误产品投放市场的最佳时机,而且如果仿制不当,还可能保留原产品的缺陷,从而影响产品的销售,难以实现企业预期目标。

(三)资源重组策略

资源重组策略是指酒店对现有的资源重新组合,实现产品的性能更新,以使其更好地满足宾客的需求。资源重组策略的优点是,开发费用低,成功的可能性大;不足之处是,新颖程度往往不够。

(四) 产品升级策略

产品升级策略也称产品改进策略,即酒店依靠自身资源改进现有产品,通过不断地开发新的产品来延长酒店产品的生命周期,以满足不断变化的市场需求。通常来说,可以通过提升酒店产品形象和提高产品品质来改进酒店产品。产品升级策略的优点是,开发费用低,取得成功的把握大;不足之处是,新颖程度不够高。

(五) 品牌延伸策略

品牌延伸策略是指酒店将现有成功的酒店品牌应用到新产品中去。品牌延伸策略有利于酒店利用现有的分销渠道、促销方式以及在消费者中已形成的较好声誉,减少新产品的促销费用,缩短市场上消费者认同的时间;不足之处是,分散了企业的力量,新产品一旦有缺陷,就有可能对企业品牌造成负面影响。

四、酒店新产品开发的趋势

酒店产品的创新在某种程度上也是一种经营创新,只不过这种产品创新更多的不是体现在行业的意义上,而是体现在酒店企业的自身。从酒店企业的角度来说,酒店产品创新的总体表现就是分化与综合,一方面分化程度变高,另一方面综合性的发展趋势也越来越明显。近几年旅游产品的创新方面取得的进步,具体特征概括为以下八个方面。

1. 多样化

酒店产品多样化体现在酒店产品、服务产品、活动越来越丰富,这是一个比较普遍的现象。酒店的传统产品就是住房、餐饮、娱乐、购物这四项。现在很多酒店正在努力地使自己的产品多样化,如强化餐饮功能、突出娱乐功能,形成自己的文化主题,使产品的品种和内涵越来越丰富。

2. 细分化

与酒店产品的多样化相对应的是酒店产品的细分化。酒店产品越来越多,自然也要越来越细。这体现在酒店对客人的服务更有针对性、更富于个性化、更富于人文关怀情神,酒店产品越来越细、越来越富于个性化,充分满足客人的个性化需求。

3. 延伸化

为满足新兴的市场需求,酒店产品和服务必须向社会延伸,如酒店的洗衣房、面包房对社会开放等。很多大酒店开办美食街,提供酒店的上门服务和一些服务的分拆,都属于延伸化的表现。又比如很多酒店推出钟点房,尤其是在高考期间,针对考生推出钟点房成为许多城市酒店的普遍行为,这与市场的需求是相适应的,也是一种产品的创新。如果酒店能利用品牌优势向上游和下游双向延伸,酒店产品的市场销路就更加广阔了。

4. 专业化

所谓专业化,就是功能趋于单一,如酒店仅有住宿功能。现在社会的服务设施和服务档次已大幅提高,所以这一举措已基本可行。如首旅集团的"如家客找",就被形容为"一星的墙,二星的堂,三星的房,四星的床",突出了酒店住宿的主要功能。在国内外,有些酒店只是提供住宿,没有餐饮、娱乐、会议等其他设施,也是酒店在住宿专业化方面的体现。

5. 综合化

综合化是多功能、大规模的发展方向。现在很多大酒店都在走这条路,形成商旅结合、旅居结合局面。甚至有些有实力的大酒店自己就形成社区,最典型的就是北京国贸中心。

6. 两极化

一极是向豪华、文雅和高档方面发展。这个趋势近几年比较突出,并且态势还将进一步发展。上海金茂凯悦大厦投资50亿元,每天营业费用是100万元,平均每平方米投资2万元,这是一个极端的例子。与此同时,相当一部分酒店专注于另一极,走大众化这条路,酒店的定位就是国内旅游,甚至定位就是社区服务。这样的酒店也经营得很好。在实战过程中,很多酒店体会到不盲目跟风,自然而然就产生两极化的创新情况。

7. 特色化

特色化的发展是非常值得倡导的。现在酒店越来越追求自己的特色,并且力图通过方方面面的细节表现出来。这意味着现在酒店文化竞争的概念已经比以前大为提高——酒店竞争第一个层次是价格竞争;第二个层次是质量竞争,很多酒店都认识到并在向这方面转向,即只要能保证质量,不愁没有客人;第三个层次是文化竞争,酒店追求文化特色。旅游本身追求的是文化差异,城里人下乡,乡里人进城,都是在追求差异。特色是酒店的基础,这几年特色化发展在酒店行业有了实质性的进步。从一个城市范围来说,早期是谁达到最豪华的程度,谁的市场效果就最好。再进一步,谁能真正有特色,有文化,谁的市场效果才更好。如果一个酒店的经营管理者自身没有文化追求,那么这个酒店在文化竞争上也就很难有优势。所以,要达到这一点,首先要求的是酒店经营管理者的文化追求和文化素质。

8. 品牌化

酒店产品创新在市场上的集中表现就是品牌,所以这几年有很多酒店都非常注重品牌,注重对自身产品品牌进行进一步深化。从品牌本身来讲,必须变成经常性的、市场化的,才真正具有品牌意义,如有些酒店推出品牌宴席,同样是一桌菜,但赋予了它一个品牌便不一样了。

不断进行酒店新产品的开发势在必行。酒店创新产品,是确保酒店销售增长和利润增长的需要,是适应消费需求变化、全面满足宾客需求的需要,是适应市场竞争、保持和开拓市场、增强竞争能力的需要,更是吸收新的理论及技术成果、保持酒店活力的需要。

洲际酒店集团新产品

全球领先的国际酒店管理公司之一——洲际酒店集团亮相第六届中国(上海)国际酒店投资与特许经营展览会,为中国业主打造的特许经营支持模型,以及旗下假日酒店品牌新一代设计概念的发布成为展会的亮点。

中端市场战火已启,洲际酒店集团凭特许经营模式布局

2016年5月,洲际酒店集团旗下中端精选服务类酒店品牌智选假日酒店率先在华开放特许经营权,并迅速获得了市场认可。两年多时间,洲际酒店集团已签约超过100个智选假日酒店特许经营项目,签约速度超过平均每周一家。

中国旅游研究数据显示,发达国家的中端酒店占总比50%以上,而在中国则远未达到此规模,在人均收入持续增长、中产人数不断上升的大环境下,中端酒店在中国市场空间巨大。

作为最早一批进入中国的外资酒店品牌,洲际酒店集团近年来也在逐渐发力中端酒店市场。以旗下的智选假日酒店为例,2017年新签约的智选假日酒店中70%是特许经营模式。截至2018年第三季度,智选假日酒店在大中华区已有124家开业酒店,其中约两成采用的是特许经营模式,而在建的166家智选假日酒店中,有六成采用特许经营模式。

推出特许经营支持模型,为中国业主保驾护航

在智选假日酒店的特许经营模式得到市场的认可之后,洲际酒店集团于2017年11月在华开放旗下全服务品牌皇冠假日酒店、假日酒店和假日度假酒店的特许经营模式。

对洲际酒店集团来说,每一家特许经营模式的酒店都至关重要,洲际酒店集团对加盟特许经营的酒店会持续提供经营指导和技术支持,确保品牌的落地。为了最大限度确保品牌质量和无差别的宾客体验,并与业主高效配合,洲际酒店集团2018年在大中华区成立了一支专门服务于特许经营模式酒店的支持团队,并在萃取集团在全球的4 000多家特许经营酒店经验的基础上,因地制宜推出了适用于中国市场的特许经营支持模型。

在该模型下,洲际酒店集团会为每位业主安排一位酒店经营业绩的首席顾问——特许经营业绩支持负责人,并由其协同一支强大、专业的顾问团队。该团队会帮助特许经营模式下的酒店根据洲际酒店集团的品牌标准建立一个成熟的运营体系,在市场营销、收益管理、运营、培训等各个专业领域提供支持和服务,帮助业主伙伴和酒店管理团队充分运用洲际酒店集团提供的资源来实现高效管理,提高客人满意度和忠诚度,助力业绩提升。

全周期覆盖是洲际酒店集团特许经营支持模型的另一大特点。从投资意向开始,到酒店的设计与建造,一直到开业后的运营管理,洲际酒店集团对业主强有力的专业支持将贯穿始终。

持续不断创新能力,是洲际酒店集团的原动力

创新是洲际酒店集团得以快速、优质发展的原动力,只有持续不断的创新才能适应消费结构和需求不断变化的市场。洲际酒店集团的创新基因在旗下开放特许经营模式的品牌上同样得到了印证。

2017年,智选假日酒店针对商旅客人的新需求推出了新一代设计,用更现代的视觉体验、更方便的工作区域以及更私密的睡眠环境,将客房打造成一个干净舒适、恰如所需的休息和工作空间。新一代公区设计旨在大幅提升酒店空间的利用率,丰富并升级酒店功能。目前,在建采用"新一代"酒店设计的智选假日酒店共有72家,开业迎宾的有11家。

本次中国国际酒店投资与特许经营展会上,洲际酒店集团旗下假日酒店品牌的新一代设计也首次对外亮相。新设计涵盖了客房和大堂公共区域,整体以"鲜活明亮"为主题,进一步凸显假日酒店"尽享欢乐旅行"的品牌理念。在即将到来的2019年,假日酒店新一代设计的更多亮点将会逐一亮相,并在市场上全面推广。

与此同时,假日酒店品牌还隆重推出了全新餐饮概念Hi Bowl(嗨碗)餐厅(图5-2)。嗨

碗餐厅是洲际酒店集团突破传统酒店餐饮模式，以经营社会餐饮的心态，因应中国市场需求开发的品牌。餐厅环境清新休闲，采用独特的"碗"主题，提供丰富的中西餐食饮品，并用精心挑选的碗状容器呈现，带给客人乐趣无穷的就餐体验。餐厅布局考虑不同场景的切换，使嗨碗成为集餐饮、商务、聚会于一体的多功能灵活空间。吃饭只是一个开始，更多的乐趣期待消费者的发现。

（资料来源：美通社．洲际酒店集团新产品新服务亮相中国国际酒店投资与特许经营展．https://www.prnasia.com/story，2018-11-22.）

图 5-2 假日酒店品牌推出的全新餐饮概念 Hi Bowl（嗨碗）餐厅效果图

任务 3　打造酒店品牌

品牌是酒店企业吸引顾客重复购买产品和服务的关键因素，是区别于其他产品的重要标志，品牌能够使顾客通过其提供的有效信息来识别特定的酒店产品，品牌是酒店产品营销的重点，品牌代表了酒店产品的特色。

一、酒店品牌的定义和构成

（一）酒店品牌的定义

酒店品牌是一种质量优秀、服务良好的产品或字号，是酒店企业在长期经营活动中给顾客留下的一种特定印象；酒店品牌可以是一个名字、标记、符号或图案，或者是它们的综合；酒店品牌被用来识别某个酒店产品或服务，并以此区别于其他酒店的产品或服务。

（二）酒店品牌的构成

酒店品牌的主要构成要素如下。

1. 品牌名称

品牌名称是指能用语言发音来表达的部分，可以读出声，如北京王府半岛饭店、上海洲际酒店、广州丽思·卡尔顿酒店、深圳万豪酒店等。品牌名称涵盖了酒店产品和文化属性的内容，是酒店产品的识别标志。

2. 品牌标志

品牌标志是指品牌中可以识别但不可用语言表达的部分，用特定的符号、图案或者别具一格的色彩等表示。它是品牌形象化的标识符，可以唤起人们对品牌的联想，有利于形成品牌的个性，便于识别和记忆，比如洲际酒店集团的品牌标志，如图 5-3 所示。

3. 商标

商标是品牌的法定标记，从法律上保护品牌。品牌经过注册登记以后，获得专用权，受法律保护，是知识产权中的一个类别。未经商标所有权人许可，其他企业不得使用或仿效，否则构成侵权，要承担法律后果。

图 5-3　洲际酒店集团的品牌标志

二、酒店品牌的作用

酒店品牌通常主要起识别作用，具体包括如下内容。

1. 表明酒店产品内在属性

品牌可表明酒店产品的内在属性，以方便顾客识别。如某酒店的粤菜餐厅、豪华行政楼层等，前者代表可以在这家酒店餐厅品尝到广东菜，后者表示可供顾客住宿的房间。顾客可以根据品牌准确地识别和挑选所需属性的产品。品牌往往还可凸显个性，如广东菜的"烤乳猪""佛跳墙"等。

2. 表明酒店产品的品质

顾客可以通过品牌了解酒店产品的品质。在认牌消费的时代，知名品牌的酒店产品更能吸引顾客。如白天鹅宾馆、中国大饭店、北京长城饭店等都是在国内旅游酒店市场上有很高知名度的酒店品牌。

3. 象征利益

酒店品牌象征着带给顾客的利益。比如去瑞吉酒店住一晚豪华客房，亲身感受瑞吉酒店拥有百年历史的管家服务和鲜花服务。瑞吉酒店为了确保每次住宿都能达到顾客的最高标准，满足其高贵典雅的独特品位，还诚邀客人参与西斯廷教堂私人游、品尝彼特鲁庄园稀有精选佳酿，或举办有私人主厨和品酒师相伴的乡村滑雪之旅。住在那里完全不像是在酒店，服务贴心得仿佛自己置身于皇宫，这些会带给顾客以"荣耀利益""舒适利益"等。

4. 代表酒店产品的价值

酒店品牌还代表着价值。如总统套房、高档商务客房、普通标准房等就代表不同的价值。品牌价值体现在现实中就是酒店产品的价格，上述几类客房中其价格往往相差很大，总统套房每天房价可能是几万元，而普通标准房每天房价可能只有几百元或几千元。品牌是企业的无形资产，有的品牌还价值连城，如万豪国际品牌总价值为129.23亿美元，希尔顿酒店集团品牌总价值为146.73亿美元。

5. 内敛效应

在知名的品牌酒店工作，比如丽思·卡尔顿酒店、喜来登酒店、希尔顿酒店、四季酒店、香格里拉酒店、文化东方酒店等，这些酒店良好的形象，和谐的工作氛围，使员工在工作中产生了自豪感和荣誉感，并能形成一种企业文化，激发员工的工作热情，发挥员工的潜能，提高酒店企业的竞争力。

三、打造酒店品牌的步骤

酒店品牌的打造分为以下几个步骤。

1. 树立品牌战略意识

在酒店经营管理活动中,根据市场的发展趋势,结合酒店的实际情况,及时抓住机遇,实施酒店品牌战略。在酒店行业的市场竞争中,为了取得市场竞争的优势,获得更多的市场份额,促进企业的经营发展,实施品牌战略是非常必要的。

2. 注重品牌文化特色的渲染

在现代旅游市场中,由于竞争激烈,酒店产品的更新换代很快。每一个品牌的酒店产品的生命周期都不一样,有效地延长产品生命周期的重点就是其文化内涵的深化,以文化来阐释品牌将成为品牌定位的永恒主题。品牌应反映酒店产品的特色文化,突出个性,借助品牌表示出与竞争对手产品的差异,如纽约华尔道夫酒店、巴黎丽思酒店、上海深坑洲际酒店等名牌酒店产品,便极具文化特色。

3. 创建品牌的核心价值

品牌的核心价值,即品牌产品的价值主张,它是品牌的精髓,它代表了一个品牌最中心且不具有时间性的要素。一个品牌独一无二且最有价值的部分通常会表现在核心价值上,是否拥有核心价值是品牌经营是否成功的一个重要标志。

4. 全面导入 CI 战略

CI 是企业形象识别标志(Corporate Identity)的英文缩写。企业形象标志就像人的外观特征,人们通过企业形象来识别企业,比如酒店的徽号、建筑物、中英文店名等;酒店的设计风格和装修特色,是酒店形象的具体体现,另外,许多酒店的大楼本身就是所在城市的地标。

酒店品牌的 CI 战略首先是要建立酒店的理念识别系统,包括酒店的经营理念、服务文化、企业精神和价值观等;其次,要规范酒店的行为识别系统,重视员工品牌意识的培养,建立完善的品牌服务制度;再次,是强化酒店的视觉识别系统,重视酒店的外观形象,突出酒店的鲜明特色,注重酒店的布局和装饰,给客人一种温馨的感觉;最后,需要时时处处宣传酒店的品牌,推广酒店产品的特色,树立酒店的形象,提高企业的市场竞争力。

此外,还应注意品牌名称要新颖简明、引人注目;品牌的打造要适应市场,充分考虑不同目标市场的审美观念、风俗习惯、宗教信仰等的差异;还应遵守法规、讲求艺术。

随着酒店市场的不断发展,品牌营销已成为酒店企业必不可少的营销手段之一。在进行品牌营销的过程中,只有充分考虑到以上各个方面,企业品牌才能深入人心,品牌才能真正成为企业竞争的核心,企业才可能在市场竞争中立于不败之地。

5. 强化员工品牌意识

员工是酒店的内部宾客,是塑造和传播企业形象决定性的因素,承担着传递品牌个性和展现品牌形象的重任。员工是酒店中最基层的实践者,酒店的产品和服务质量、品牌文化、价值观念、品牌个性和品牌形象塑造的情况,都取决于员工的素质,取决于员工的责任心和敬业精神。

员工是酒店品牌形象的代表者和展示者，他们的行为举止随时都在传播着酒店品牌的信息。员工形象是酒店品牌形象的基础，他们直接面对的是酒店的客户群体，直接面向顾客的利益、属性、功能和情感诉求，是酒店的产品和服务质量在顾客心目中的具体表现。

员工形象是顾客获得对酒店品牌形象的总体感受的一个重要来源，员工的行为举止和工作表现，员工的礼貌礼节和服务技能，还有员工的品牌理念，都会影响顾客对酒店品牌形象的感知。

酒店员工是品牌理念的传承者，是品牌文化的展示者，是品牌服务的直接提供者，是品牌形象的代言者。因此，酒店要进行品牌管理和实施内部化，发挥员工的创造力，鼓励员工向顾客推广和展示品牌，通过员工的行为将品牌转化为可以触摸的和可以体验的顾客感知价值。

酒店要让员工理解和认同品牌的内涵、价值和使命，并主动向顾客展示和传递品牌的形象。酒店要把企业文化和价值观念转化为品牌的承诺，与员工进行沟通，通过相关部门的协调和对员工的培训，把品牌承诺的内涵传递给员工，使员工具有与品牌一致的价值观。酒店要在企业内倡导与品牌形象一致的服务理念和行为，向顾客提供优质的服务，提高酒店品牌的知名度。

四、酒店品牌策略

酒店实行品牌策略是酒店产品决策的一个重要组成部分，它的基本职能是把本酒店的产品和服务同其他酒店区分开来。著名的酒店品牌可以提高酒店产品的身价，成为吸引顾客重复购买酒店产品的一个决定性因素。酒店企业常用的品牌策略有品牌延伸策略、多品牌策略、改变品牌策略和单一品牌策略。

1. 品牌延伸策略

品牌延伸策略是指通过现有的、已成功的品牌来带动酒店新产品或修正过的产品的一种策略。品牌延伸的好处主要有：可以加快新产品的定位，保证新产品投资决策的快捷准确；有助于减少新产品的市场风险；有助于强化品牌效应，增加品牌这一无形资产的经济价值；能够增强核心品牌的形象，提高整体品牌组合的投资效益。

酒店企业采用品牌延伸策略的例子很多，如一些有一定知名度的品牌酒店，经营者以酒店为旗舰，成立了同一品牌的酒店管理公司、酒店物业管理公司、酒店旅游公司、酒店贸易公司、酒店洗衣公司等，以此来实现酒店产品品牌的扩展和延伸。

品牌延伸策略既可能给酒店企业带来利益，也可能带来风险。酒店进行品牌延伸策略时，应考虑以下四方面因素。

第一，酒店提供的服务品质、价格、档次等方面不尽相同，呈现多样化特点，不同的酒店需要不同的品牌定位。

第二，品牌延伸能够充分发挥酒店品牌的规模效益，壮大酒店品牌实力。

第三，成功的酒店品牌延伸可以为现有的品牌带来新鲜感，为消费者提供更完整的选择。

第四，当新的品牌有消费者已经熟悉的因素时，消费者更加容易接受其所要传达的有关信息，从而以更快的速度认知该品牌。

在品牌延伸决策中，酒店企业要用战略的眼光对品牌资源进行认真研究、细致分析、综合考虑，注意兴利除弊。酒店可以采取线性的、单一品牌延伸，如假日酒店集团；也可考虑采取系列化品牌家族，如万豪酒店集团。这样既便于消费者识别，又使各种不同定位的品牌在消费者心目中形成一定的距离。

品牌延伸是一个战略问题，应考虑延伸的合理性，不能盲目作出决策，否则会对原有品牌发生冲击而损害原品牌。最成功的品牌延伸应该是主力品牌和延伸品牌相得益彰，主力品牌通过延伸得以壮大，延伸品牌通过和主力品牌的连续而得以快速成长，这是单独品牌上市无法做到的。

2. 多品牌策略

多品牌策略是指在同一个产品品类中有意识使用多个品牌的品牌战略，其目的在于深度细分市场，充分占领多种品类需求。比如酒店企业根据各目标市场的不同利益分别使用不同的品牌。多个品牌能较好地定位不同利益的细分市场，强调各品牌的特点，吸引不同的消费者群体，从而占有较多的细分市场。

多品牌策略具有较强的灵活性。没有一种产品是十全十美的，也没有一个市场是无懈可击的。巨大的酒店市场，为企业提供了许多平等竞争的机会，发展的关键在于企业能否及时抓住机遇，在市场上抢占一席之地。见缝插针就是多品牌灵活性的一种具体表现。比如万豪酒店集团通过酒店市场调查，发现还有没填补的"需求空白"，还有没满足的顾客需求，就会针对这些需求和空白推出新产品。

多品牌策略能够充分适应市场的差异性。顾客的需求是千差万别的、复杂多样的，不同的地区有不同的风俗习惯，不同的时期有不同的审美观念，不同的人有不同的爱好追求，多品牌能较好地满足不同顾客群体的差异性需求。

多品牌策略有利于提高产品的市场占有率，其最大的优势是通过给每一品牌进行准确定位，强调各品牌的特点，吸引不同的消费者群体，从而有效地占领各个细分市场。

实行多品牌策略的酒店企业要有相应的实力。酒店产品从市场调查，到产品推出，再到广告宣传，每一项工作都要耗费酒店企业的大量人力、物力，这对于在市场上立足未稳的酒店企业来讲，无疑是很大的考验。运用多品牌策略的酒店企业应注意以下几点。

首先，酒店企业应审视是否具有多品牌管理的能力和技巧。对酒店企业来说，多品牌比统一品牌的管理难度要高得多，因为各品牌之间要实施严格的市场区分，具有鲜明的个性，且这些个性还要足以吸引消费者。企业实施多品牌策略的最终目的是用不同的品牌去占有不同的细分市场，联手对外夺取竞争者的市场，如果引入的新品牌与原有品牌没有明显的差异，那么新品牌的引入毫无意义。

其次，多品牌策略具有一定风险，推出一新品牌需要相当大的费用。对于缺乏实力的酒店企业来说，若品牌销售额不足以支持它成功推广和生存所需的费用，就很难实施多品牌策略。

最后，多品牌策略应根据企业的经营目标来具体设计。对于酒店企业来说，确定品牌线的最佳长度（品牌个数）是很重要的问题。如果酒店想要作为完善的品牌线的经营者来定位，或者想要追求比较高的市场占有率，有效防止竞争者的侵入，则要具有较长的品牌线。如果酒店为了追求最大的利润，品牌线的长与短则需要经过实际的估测。酒店对每一品牌所投入的力量也不应是均等的，主要品牌应重点培育，其他则处于陪衬地位。

知识拓展

万豪酒店集团品牌

所有的品牌主要从三个维度分类,一是酒店等级,包括奢华(Luxury)、高级(Premium)和精选(Select);二是酒店定位类型,包括经典(Classic)和特色(Distinctive);另外从酒店功能上,又区分出长住型(Longer Stays)和非长住型(Non-Longer Stays)。

(1) The Ritz-Carlton Hotels & Resorts(丽思·卡尔顿)——万豪旗下的顶级酒店。丽思·卡尔顿最早引入了奢华理念,掀起了美国酒店业的革命。酒店标识中的皇冠代表了皇室贵族,狮子代表了财富,酒店的特色包括高质量的床品、亲密的私人厅堂等,如图5-4所示。

(2) St. Regis(瑞吉)——奢华酒店,起源于黄金时代的纽约,第一家酒店于1904年在五十五街和第五大道交汇处开业,瑞吉在"定制"和"鉴赏"领域闻名于世,包括管家服务、爵士乐计划、独家杂志和瑞吉香水等,如图5-5所示。

图5-4 丽思·卡尔顿酒店   图5-5 瑞吉

(3) JW. Marriot Hotels & Resorts(JW万豪)——奢华酒店。这个品牌主打品质,每个细节都精心打磨,装修风格高贵典雅,是万豪集团最形象化的缩影,如图5-6所示。

(4) W Hotels(W酒店)——第一家W酒店于1998年在纽约开业,并由此成为业界瞩目的焦点,品牌主打现代化的时尚风格,外观极具特色,设计感极强,配有中英文网站、标识和宣传资料,黑白搭配桃红的主题色和酒店特色相得益彰,这里的所有服务和设施都针对年青一代,如图5-7所示。

(5) The Luxury Collection(豪华精选)——起源于意大利大酒店有限公司CIGA,该公司1994年被喜达屋收购,创立了豪华精选品牌,这是喜达屋旗下第一个精选独立酒店品牌。该品牌主要面向成熟人群,通过提供独特的体验,为客人留下珍贵的回忆,如图5-8所示。

(6) Ritz-Carlton Reserve(丽思·卡尔顿隐世精品度假酒店)——于2013年年初,从丽思·卡尔顿的度假部分衍生,主打"远离喧嚣的稀有住宿环境,贴心服务见于每一个角落",服务于最挑剔的旅客,拥有隐秘的私人海岛、高山、沙滩,真正远离喧嚣,如图5-9所示。

图 5-6　JW 万豪　　　　　　　　图 5-7　W 酒店

图 5-8　豪华精选　　　　　　　　图 5-9　丽思·卡尔顿隐世精品度假酒店

（7）Edition（艾迪逊）——特色品牌，营造一种个性十足、别具风格的原创顶级酒店体验，不俗而罕见的设计风格让它在奢华酒店中独树一帜，如图 5-10 所示。

（8）Bvlgari（宝格丽）——脱胎于意大利著名珠宝品牌集团，宝格丽于 2001 年和万豪签订合作合约。第一家宝格丽酒店于 2004 年在米兰开业，酒店的床品和家具十分考究，房间布局精心设计，区别于大多传统酒店，更注重私人性的定制服务，如图 5-11 所示。

（9）Marriott（万豪）——万豪集团的第一个品牌，具有现代精致的装潢，主打时尚轻松的旅行方式，向入住的宾客提供舒适现代的入住体验，如图 5-12 所示。

（10）Delta（德尔塔）——超高端酒店品牌，原为加拿大酒店品牌，2015 年被收购。强调细节到极致的品质要求，房间的整体风格简单精致，注重床品、浴室设施、工作区域环境等，符合不追求奢华装饰却看重环境、设备品质的顾客，如图 5-13 所示。

（11）Sheraton（喜来登）——自 1937 年创办首家酒店开始，喜来登酒店一直在旅游业界保持着变革的形象，始终超越期待，始终随着时代的演变而不断更新、调整和变革，如图 5-14 所示。

（12）Westin（威斯汀）——威斯汀酒店诞生于 1930 年，强调健康和活力，从金牌床垫，有机食品,健身计划到为客人提供可租借的跑鞋、运动服,营造的环境让人放松、愉悦,如图 5-15 所示。

图 5-10　艾迪逊　　　　　　　　图 5-11　宝格丽

图 5-12　万豪　　　　　　　　　图 5-13　德尔塔

图 5-14　喜来登　　　　　　　　图 5-15　威斯汀

(13) Le Meridien(艾美)——1972年法航创办艾美酒店品牌,立足于为旅客提供温馨舒适的"家外之家"。艾美的整体风格非常法式,不一味追求华贵,加入了现代艺术元素,深受高品位客人的喜爱,酒店主题里常融入画廊,摄影音乐和精致甜点等,如图5-16所示。

(14) Renaissance(万丽)——万丽酒店于1982年成立,具有历史感,选址多坐落于世界各大城市的中心位置,毗连旅游景点,建筑本身就可以成为该地区的重要地标。万丽提出"Live Life to Discover"的意趣生活态度,如图5-17所示。

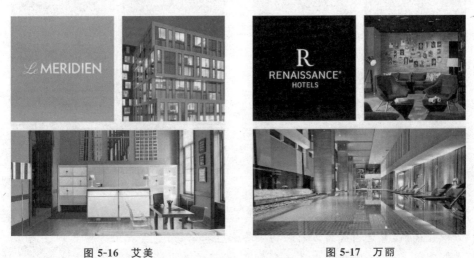

图5-16 艾美　　　　　　　　图5-17 万丽

(15) Autograph Collection(傲途格精选)——傲途格强调精品酒店的独特设计和目的地的融合,每一家都由不同设计师和业主独立打造,各具特色,如图5-18所示。

(16) Tribute Portfolio(臻品之选)——喜达屋于2015年推出的第二个独立酒店品牌,强调独立风格和卓越的服务品质。如果说豪华精选是成熟人群的品位偏好,那么臻品之选则是向年青一代抛出橄榄枝的新潮品牌,如图5-19所示。

图5-18 傲途格精选　　　　　　图5-19 臻品之选

(17) Four Points(福朋喜来登)——福朋喜来登因推出1美元早餐、会显示天气的智能镜子、自家酿的啤酒等在行业内闻名,如图5-20所示。

(18) Courtyard(万怡)——1983年第一家万怡酒店在亚特兰大开业,专门服务于商务出差旅客。万怡酒店强调社交空间，大堂和一楼的餐吧总是设计的舒适、雅致，让人放松，并且想多待一会儿。从商务酒店转型为强调生活和工作平衡的酒店，万怡无论客房还是健身房都设施齐全、现代，深得客人的欢心，如图5-21所示。

图5-20　福朋喜来登　　　　　　　　　图5-21　万怡

(19) Fairfield Inn Suites（万枫）——万枫源起位于美国弗吉尼亚州的万豪家族农场——万枫庄园，这座庄园成为万豪农场早餐加住宿酒店，更成就了万枫品牌。酒店房间内多采用木制家具装饰，并且突出大玻璃窗采光，贴近前身农场主题。万枫与打造国内城市便捷酒店的东呈集团合作，共同打开中国市场，如图5-22所示。

(20) Aloft（雅乐轩）——针对年青一代市场，大量使用粉红色，不同于W酒店着力于时尚元素，雅乐轩强调科技，包括礼宾机器人、服务菜单、无卡解锁房间等，酒店富有设计感，氛围轻松，充满活力，如图5-23所示。

图5-22　万枫　　　　　　　　　　　图5-23　雅乐轩

(21) AC Hotels（AC酒店）——AC酒店强调细节和格调的设计，希望为客人提供个性化的独特体验；同时满足住宿时的舒适需求，酒店风格简洁大气，是着力于渲染"体验设计"的精品饭店，如图5-24所示。

(22) Moxy（Moxy酒店）——脱胎于青年旅社Hostel，也针对年轻群体，房间简洁现代，公共空间充分发挥社交属性,酒吧永远是酒店里最热闹的地方。相比 Aloft 的青年独立空间属性,Moxy 更像一个聚集同类年轻人的热闹小社区,如图 5-25 所示。

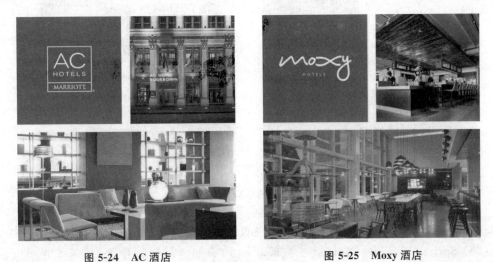

图 5-24　AC 酒店　　　　　　　　　　图 5-25　Moxy 酒店

（23）Marriott Executive Apartments（万豪行政公寓）——万豪行政公寓为常驻旅客打造奢华的家。酒店地理位置优越,居住空间宽敞,家居设备齐全,如图 5-26 所示。

（24）Element（源宿）——源宿酒店的灵感来源于威斯汀,主打宽敞明亮、自然和谐的空间,环保特征明显,提供健康餐饮和定制房间布局的服务,如图 5-27 所示。

图 5-26　万豪行政公寓　　　　　　　　图 5-27　源宿

（25）Marriott Vacation Club（万豪度假会）——度假式酒店。1984 年,第一家万豪度假会开业,首次尝试推广分时度假 Time Share 的理念。随着集团发展,相对于丽思·卡尔顿的隐世度假,万豪的度假会几乎开遍了世界上所有热门目的地,提供度假场景中所需要的各种场地、服务,如图 5-28 所示。

（26）Design Hotels（设计酒店）——原属喜达屋旗下的设计酒店精选,与傲途格定位相似,由内心具有工匠品质的酒店经营者打造而成,强调大胆的设计和与当地特色的融合,如图 5-29 所示。

图 5-28　万豪度假会　　　　图 5-29　设计酒店

(27) Gaylord(盖洛德)——盖洛德主打酒店建筑的特色,其中还包含列入文化遗产的历史建筑。酒店大多恢宏大气,强调酒店里各类设施应有尽有,如图 5-30 所示。

(28) Springhill Suites Hotels(万豪春山套房)——建立于 1998 年,强调工作和生活应该分开,所以酒店房间大多以套房形式区分休息区和工作区,想让顾客在旅行时也像在家一样拥有轻松和舒适的感受,如图 5-31 所示。

图 5-30　盖洛德　　　　图 5-31　万豪春山套房

(29) Protea Hotel(普洛提酒店)——提供精选服务,主打非洲市场,遍及非洲南部多个国家,酒店设计融入非洲当地环境,强调人与自然的和谐,特色鲜明,同时提供质量无可挑剔的服务。此外酒店还倡导保护自然环境,如图 5-32 所示。

(30) Residence Inn Hotels(万豪居住客栈)——高端长住公寓,装潢布置更贴近家的感觉,但保留了行政公寓的服务规格,强调本土化的舒适居住环境,如图 5-33 所示。

(31) Towneplace Suites Hotels(万豪城镇套房酒店)——配置完整厨房和餐具,但房间布局更接近酒店,

图 5-32　普洛提酒店

除长住外也适合家庭旅行短住。氛围和装潢温馨,红色主题充满活力。与万怡酒店同规格,风格相近,如图 5-34 所示。

图 5-33　万豪居住客栈　　　　　　图 5-34　万豪城镇套房酒店

3. 改变品牌策略

改变品牌策略是指酒店企业改进或者合并原有品牌,设立新品牌的策略。品牌改变有两种方式:一是渐变,新品牌与旧品牌造型接近,随着市场的发展而逐步改变品牌,以适应消费者的心理变化,这种方式花费很少,又可保持原有商誉;二是突变,舍弃原有品牌,采用最新设计的全新品牌,这种方式能引起消费者的兴趣,但需要大量广告费用支持新品牌的宣传。

对一个品牌来说,每一种策略都要经受市场的洗礼与检阅。改变品牌策略,有时是竞争下的迫不得已,有时则是给品牌一个新生的机会。把握执行改变品牌策略的时机应注意以下几点。

其一,当品牌认同和执行表达不畅时。没有针对目标消费群体的认同和执行,以及针对目标消费群体的糟糕表达,对品牌建设与传播来说都是一场灾难。前者不仅浪费资源,而且收效甚微,后者则有可能造成消费者对品牌认知的混乱。当目标消费者无法清楚地认识品牌、了解品牌和他们的关系、认同品牌价值时,最实际也最可能的策略就是改变策略,以新的思想、策略和更明晰、到位的执行重塑品牌形象。

其二,当品牌认同和执行没有时代感时。市场是动态发展的,随着高新技术的发展、时尚的变化,消费者的品位和价值观都会发生变化。当品牌认同与执行和时代脱节,不能很好地满足消费者喜好变化的节奏时,变化是必需的。

其三,当品牌认同和执行吸引的市场有限时。有时品牌认同和执行在市场上针对某一特定消费群有很好的反馈,但所起作用的范围有限,产生的效应不够广泛。这时候,为了拓展更广阔的市场,有必要改变或扩张原来的品牌策略,如通过对品牌的重新定位来寻求触及其他消费群体。

其四,当品牌认同和执行萎缩、乏力时。消费者总是多变和喜新厌旧的,当某一品牌逐渐失去新意和亮点时,消费者也会失去耐心和兴趣。如果一个品牌的策略在执行过程中不能有效地吸引消费者的注意力,酒店企业就应果断地改变品牌策略。

此外,酒店企业要作出改变品牌决策的决定时还应考虑如下问题:投入产出是否合算,能否符合旅游者的期望,能否形成新的竞争优势。这些问题有肯定的答案,改变品牌才有实际价值。

4. 单一品牌策略

单一品牌策略是指酒店所有产品都使用同一个品牌的策略。比如,希尔顿酒店集团采用的是单一品牌策略,在其所有次级品牌中都能见到"希尔顿"的字样,如"希尔顿花园酒店"等。四季酒店集团,也始终秉承单一品牌策略,不断拓展全球酒店市场。再有美国最佳西方国际集团,在全球近一百个国家和地区拥有成员酒店 4 200 多家,总客房数超过 30 万间,是全球单一品牌下最大的酒店连锁集团,在美国、加拿大及欧洲具有广泛的影响。

单一品牌策略的优点是节约酒店产品促销费用,所有产品共用一个品牌,宣传了主力产品也就宣传了所有产品,为酒店企业集中资源宣传单一品牌、树立品牌形象提供了良好的物质基础,同时,还容易维持顾客对酒店唯一品牌的忠诚度。单一品牌策略的缺点是对品牌管理要求比较高,风险比较大,一旦某个产品质量出现问题,就会损害酒店品牌形象,连累到其他产品的声誉。

案例分析1

国际酒店集团在中国的品牌策略差异

中国国内游客的偏好不断发生变化,而全球连锁酒店集团凯悦和希尔顿采用了不同的应对策略。凯悦酒店集团在全球拥有19个品牌,在中国有50年的运营经验,目前运营了74家酒店,并有超过100家酒店正在筹建中。2019年6月,凯悦与首旅如家合作,推出了全新的中国市场品牌"逸扉酒店 UrCove by HYATT"。

凯悦全球运营大中华区总裁何国祥表示,凯悦和如家都认为有必要打造一个独特的中国品牌,结合凯悦的国际品质和中国连锁酒店如家的本土洞察。

何国祥在接受采访时表示,"如家在与我们早些时候的讨论中明确表示,他们不想像其他本土酒店和国际酒店的合作模式一样,成为凯悦酒店在中国的代理公司。我们都认为,全新品牌是有效打入中国市场的最佳选择。"

凯悦并不是第一个为中国市场推出专门品牌的国际酒店集团:2012年,洲际酒店集团率先为中国市场推出了华邑酒店及度假村品牌。

以中国礼仪、文化和传承为特色的华邑酒店,将目标消费者定位为国内高端旅游者。UrCove 主要针对年轻、不断增长的中产阶级休闲游旅客和商务常旅客,酒店提供便捷的地理位置、现代设计、实用的功能设施、优质餐饮以及全面的移动体验、连接和数字支付技术。

何国祥表示,中国有着不断壮大的中产阶级群体,他们的需求远未得到满足。这个群体较为国际化、独立、有品位,在个人旅行时会选择高档酒店。但在差旅中,由于预算有限,他们通常不得不选择中端酒店。

了解中国游客的想法

与凯悦不同,希尔顿选择了发展其现有品牌的策略,希尔顿目前拥有17个品牌,其中8个已经进入中国市场,采取本地化的手段,适应中国市场的需求和偏好。

希尔顿一直在提升其本地化手段,该公司在中国推出嘉悦里酒店(Canopy by Hilton)

时,尝试通过神经系统研究了解中国游客的想法。

这项由市场研究公司 Kantar 和尼尔森进行的调查研究,通过脑电图传感器监测中国游客的大脑活动,并通过跟踪眼球运动,准确地找到让中国游客产生共鸣的兴奋点。约 1 000 名不同年龄、不同地区、至少住过一次高档酒店的中国公民参与了该项调查。虽然这项"读心术"调查并没有惊人的发现,但它帮助希尔顿促进嘉悦里酒店能与市场产生共鸣。

调查结果显示:超过 80% 的受访者热衷于探索当地文化。50% 的人表示,他们更喜欢酒店的墙壁上装饰有当地特色的物品,48% 的人喜欢独特时尚的设计装饰。超过 60% 的人更喜欢周到、个性化的特别待遇,而不是奢华体验。

希尔顿亚太地区奢侈和生活方式酒店副总裁 Daniel Welk 表示,研究表明中国游客此前的观光地标景点的传统旅游观念已经发生转变,他们开始倾向于选择融入当地文化和社区的独特旅游体验,国内游也是如此。

希尔顿酒店于 2019 年年初在成都开设了中国第一家嘉悦里酒店,该酒店展示了当地艺术家的作品和美学风格,体现出成都在历史上曾是丝绸之路沿线艺术和商业的交汇点。酒店还为客人提供了麻将作为欢迎礼物,折射出当地朋友、家人甚至商业伙伴一起玩麻将的传统。酒店还提供免费使用的自行车方便客人探索当地社区,如图 5-35 所示。

图 5-35 成都领地希尔顿嘉悦里酒店特色自行车

庞大的市场

全球连锁酒店都渴望在中国取得成功,因为中国市场潜力巨大。中国文化和旅游部数据显示,2018 年国内旅游收入同比增长 12.3%,达到 5.13 万亿元。国际连锁酒店若赢得了中国国内游客的喜爱,他们在出境游时也会选择入住相应品牌酒店。

中国市场为全球连锁酒店创造了机会,他们需要在经济型酒店、中档酒店、高档奢华酒店等各个细分市场重新打造产品。

凯悦酒店希望将其在中国的业务规模扩大一倍。该公司认为,逸扉酒店能够帮助其加深对中国市场的了解、建立品牌知名度和增加新一批忠诚度会员。

"我们想让更多的消费者熟悉凯悦的品牌。发展中国市场能让我们扩大客户数量和增强影响力。"何国祥表示。

最早两家逸扉酒店预计将于 2020 年年底分别在上海和北京开业。何国祥希望在广州和深圳等城市也开设更多的逸扉酒店。

虽然全球连锁酒店一直通过在房间里提供热水壶、早餐供应粥和点心来满足中国客人的需求,但这样的方式已经不够了。

酒店升级平台 Upgrading.cc 首席执行官兼联合创始人 Cetin Sekercioglu 表示,"全球连锁酒店需要采取更全面的策略,而不仅仅是在酒店内部增加中国元素,这些已经是一种常态。"他之前在香格里拉酒店集团工作,在中国有多年的工作经验。

(资料来源:环球旅讯. www.traveldaily.cn,2019-08-01.)

讨论题:

国际酒店集团为什么纷纷在中国开发新的产品和品牌?

案例分析2

喜来登启用全新品牌标志

作为万豪国际集团旗下具有全球视野的酒店品牌,喜来登酒店及度假村于近日发布全新品牌标志,如图5-36所示。官方宣称喜来登酒店将会逐步换上全新的 Logo,这也将是喜来登在全球转型计划中的一部分。

这是喜来登迈出品牌转型的重要一步,向品牌悠久的历史致以敬意,同时也昭示着喜来登未来的愿景。新的设计全面体现出喜来登未来的品牌策略,即致力于将全球喜来登酒店及度假村打造为汇聚之所,向全球宾客及当地社群开放现代化的公共空间。

图5-36 喜来登酒店及度假村的全新品牌标志

宾客将在2019年年底前在美国凤凰城享受到喜来登的全新品牌体验。自万豪国际集团于2018年购置此处物业后,便将之改造成拥有1 000间客房的凤凰城喜来登大酒店(Sheraton Grand Phoenix),这将是喜来登品牌转型之后的第一家全新品牌体验的酒店,届时还会有更多创新性体验和惊喜等待宾客揭晓。在凤凰城,喜来登将展现焕然一新的品牌形象,运用新的科技和创意将酒店打造成为独具魅力的社交空间。

万豪国际集团经典高级酒店全球品牌副总裁 Mara Hannula 女士表示,"此次品牌标志的更新彰显了喜来登致力打造富有活力的品牌形象,也透露着对喜来登这个经典品牌复兴的坚定信念。此次的改变,并不仅仅是品牌标志,更是我们对业主以及酒店宾客的承诺,这是喜来登全新体验的开始。作为喜来登品牌升级的收官之作,新的标志不仅为喜来登带来了现代化的品牌形象,呼应了全新打造的酒店空间,同时也保留了显著的品牌辨识度"。

全新品牌标志将在4月开始应用。喜来登酒店及度假村品牌全球品牌领导人 Indy Adenaw 先生表示,"喜来登的品牌升级计划得到了许多业主的支持。从凤凰城、多伦多,到特拉维夫和斐济等全球超过30%的喜来登酒店将会进行不同程度的改善工程,甚至是全新改造,我们相信宾客将会对这些变化感到欣喜"。

作为对悠久品牌历史的致敬,新的品牌标志保留了中央经典"S"字样。同时,新品牌标志设计也体现了喜来登品牌未来的策略及规划,新设计中的月桂花环全都指向正中间的

"S"字母,象征着品牌打造汇聚之所的愿景。

喜来登酒店及度假村是进入中国市场的第一个国际酒店品牌,同时也是进入东欧地区及俄罗斯的第一个美国品牌,其品牌标志设计是全球颇具辨识度的品牌标志之一。

喜来登酒店创办于1937年,是万豪国际集团旗下最重要的酒店品牌,喜来登在全球70多个国家和地区近450家酒店,可以让顾客探索、放松并享受洲际旅行。

中国人对喜来登的认知很早。1985年,随着北京喜来登长城饭店开业,它成了第一家西方进入中国的国际连锁酒店品牌。一年之后华亭宾馆喜来登酒店开业,喜来登以管理方的身份进入上海。这两家老酒店曾充斥着城中人们对奢华、高端的想象,渐渐地让喜来登品牌深入人心。

只是顺遂的发展,让喜来登错过了20世纪80年代开始,自美国兴起的精品酒店运动。在其他媒体对万豪国际副总裁Aliya Khan采访时,他表示对于全新的时代来说,喜来登显得有些传统守旧。

这些都是喜来登的过往,换成全新的Logo以全新姿态面对住客,未来是否有更多方面的"新",我们很期待。

"例如,中国千禧一代游客和拥有较高购买力的顾客更喜欢独特的本地体验,而不是大众熟知的项目。比如,猪手、德国啤酒配上粥和鸡肉米饭的混搭,"他打趣道。

因此,随着市场的发展,连锁酒店集团必须不断地重新学习。

Sekercioglu认为,连锁酒店集团为中国打造专门的品牌会取得成功。"中国国内和国外的酒店应该有所不同。专门针对中国客人的酒店品牌,会得到很好的反响。"

"例如,餐饮在中国扮演着重要角色。每个城市都有很多好餐馆,而且离酒店都很近。酒店需要能在产品、服务、人员、形象和连接方面创造出不同的感觉,"他说。

然而有趣的是,全球连锁酒店集团并不急于推出新的中国品牌。UrCove是近年来国际连锁酒店集团在中国推出的少有的新品牌。洲际酒店集团旗下的华邑酒店自7年前推出以来取得了不错的成绩,共开设了8家酒店,但这距离该集团2013年提出的最终将华邑酒店推广至中国100个城市的目标,仍有很大差距。

这也说明,虽然中国市场很大,但竞争和挑战也非常大。

(资料来源:酒店高参.www.hoteln.cn,2019-03-18.)

讨论题:

喜来登酒店为什么要更换品牌标志?

复习思考题

1. 酒店产品的定义是什么?
2. 酒店产品生命周期不同阶段有什么特点?
3. 酒店产品生命周期不同阶段营销策略有哪些?
4. 简述酒店新产品的开发程序。
5. 简述酒店品牌的作用。
6. 简述酒店品牌的策略。

实训项目

实训目的：了解国内外酒店产品的发展趋势。

实训内容：通过网络和文献资料，收集国内外酒店产品的发展动态，包括酒店产品的现状、市场需求的情况、市场的变化趋势、酒店产品存在的问题和解决的方法等。分析酒店产品的发展趋势。

实训流程：

1. 根据教学班级学生人数确定项目小组，每小组 5～10 人；
2. 以小组为单位组织收集资料、研讨，在充分讨论的基础上形成小组的实训报告，制作成汇报材料；
3. 每小组派代表上台汇报，各小组讨论交流；
4. 教师对各小组汇报进行总结和点评。

项目六

酒店产品定价

知识目标

1. 了解酒店产品价格的概念；
2. 了解酒店产品价格的特点；
3. 了解影响酒店产品价格的内部和外部因素；
4. 熟悉酒店定价方法；
5. 熟悉酒店定价策略。

能力目标

1. 能够分析酒店产品价格的特点；
2. 能够掌握酒店产品的定价方法；
3. 能够掌握酒店产品的定价策略。

任务分解

任务1　了解酒店产品价格

任务2　酒店定价方法

任务3　酒店定价策略

> **任务导入**
>
> ## 秋季"广交会"期间——酒店价格节节攀升
>
> 尽管距离广交会开幕还有一个多月的时间,但广州各大酒店预订已经趋热。记者从携程旅行了解到,在10月举行的秋季广交会期间,广州酒店价格节节攀升,各星级酒店房价较平时都有2~3倍的涨幅。
>
> 记者在网上查到,广州某五星级酒店标准房的平时房价在1 000元左右,而在广交会开幕当天价格翻倍至2 000多元;广州某四星级酒店标准房平时的房价在450元左右,而广交会期间涨至1 300元左右;广州某三星级宾馆的房价则由平时的300元左右涨至700元左右。可以看出,高星级和低星级酒店房价的涨幅都在平时价格的2~3倍。
>
> 据了解,今年广交会期间酒店价格的涨幅与去年基本持平。从去年的预订情况看,虽然展会期间酒店价格高涨,但整体预订情况十分火爆,一些热门酒店一般在开展前一周就已满房,这类热门酒店要么是在展会会场附近,要么是在成熟商业区但品质较好、价格适中。在高星级酒店和低星级酒店的选择上,商务客人更偏好高星级酒店,所以一般情况下,会场附近的高星级酒店预订比较紧张。
>
> (资料来源:李政杰. 人民网,2019-09-03.)

任务1　了解酒店产品价格

一、酒店产品价格概念

酒店产品价格就是顾客为满足需要而购买的酒店产品或服务价值的货币体现。酒店产品具有满足顾客住宿、餐饮、休闲、娱乐以及其他活动的物质和精神需求的使用价值。

二、酒店产品价格特点

酒店产品价格具有服务价格的一般特点,也有其自身的特殊性,表现如下。

(1)复杂性。酒店产品的价格受多种内外因素影响,包括酒店内部因素,如成本、人员、过程、设施等,也包括外部影响因素,如市场结构、需求、竞争、自然、汇率等,多种因素使酒店价格的构成及定价过程都比较复杂。

(2)高固定成本。酒店建造投资巨大,因此酒店资本摊到每年经营的固定成本也比较大,这是导致酒店行业固定成本比例比较高的原因。

(3)低变动成本。酒店的变动成本,如水电能耗费用、原材料、消耗品等,相对于固定成本的巨额投资来说,是比较低的,特别是酒店的客房,其日常的费用主要是水电能耗、易耗品和人工费用,一间客房每天的费用加在一起也就是几十元,其利润率是很高的。

（4）波动性。酒店产品的服务性特点使其价格具有较强的波动性,酒店产品定价的上下限差别较大,价格调整灵活。针对酒店产品不可储存性,酒店需要根据不同细分市场需求特点,采用差别定价和边际定价策略,有效进行生产能力调节和管理,使收益最大化。酒店产品主要是感受和体验,其价格与顾客的心理密切关联。

（5）前置性。酒店必须及时调整产品价格,以应对生产能力固定和竞争的压力。酒店在提供产品前必须将有关产品的价格信息传递到目标市场,才可能按照企业预期,实现顾客的购买行为。价格决策和产品销售之间的前置时间较长,在这一段时间内,如果酒店产品价格发生频繁的、大幅的变动,就会给顾客带来不信任感,导致产品的吸引力下降。

三、酒店产品价格的表现形式

（一）酒店产品的计价方式

按照国际惯例,酒店产品计价方式主要包括以下五种。

（1）欧式计价。欧式计价是指酒店客房价格仅包括房租,不包括餐饮费用。这种计价方式源于欧洲,因此叫欧式计价。世界各地绝大多数酒店均属此类,我国的旅游酒店也基本上采用这种计价方式。

（2）美式计价。美式计价是指酒店价格包括房租以及早、中、晚三餐费用在内。因此,又被称为全费用计价方式。这种计价方式多用于度假型酒店。

（3）修正美式计价。修正美式计价是指酒店价格包括房租、早餐及午餐或午、晚餐的费用,这种计价方式多用于旅行社组织的旅游团队,以便宾客有较大的自由去安排白天的活动。

（4）欧陆式计价。欧陆式计价是酒店价格包括房租及一份简单的欧陆式早餐,即咖啡、面包和果汁。此类酒店一般不设餐厅,因此也有些国家称其为"床位＋早餐"计价。

（5）百慕大计价。百慕大计价是酒店价格包括房租及美式早餐的费用,美式早餐除含有欧陆式早餐的内容以外,通常还包括火腿、香肠、咸肉和鸡蛋等。

（二）酒店产品价格类型

酒店是综合性服务企业,其产品涉及客房、餐饮、商品和康乐等不同部门,且每一种产品又包含更具体的产品项目和类型。因此酒店产品价格种类繁多,呈现多样化的特点。

1. 基准价、特别价、追加价、协议价

（1）基准价。基准价即门市价、挂牌房价,一般不包括税金和服务费。

（2）特别价。特别价即优惠价,包括团队价、包价、折扣价、优惠价和免费价。

（3）追加价。追加价是在标准价的基础上,根据客人的实际情况,另外加收的房费,包括白天租用价、退房超时价、加床费、深夜房价和保留房价等。

（4）协议价。协议价是公司与酒店签署协议,在保证入住率的情况下,给予该公司客人或员工的酒店优惠价。

2. 单项价格和组合价格

（1）单项价格。单项价格是顾客以单项购买方式所购买的酒店产品和服务的价格。

(2) 组合价格。组合价格是基于特定目标市场所提供的特定的多种产品和服务价格总和,即特定产品组合的价格,如旅游包价等。

3. 酒店产品差价和酒店产品优惠价

(1) 酒店产品差价。酒店产品差价是相对于对外公开的基准价格而言的,是同类酒店产品由于时间、地点或其他原因而引起差额的价格,主要有季节差价(淡季与旺季)、批零差价(批发与零售)、地区差价、质量差价、机会差价、团体与散客差价等。例如,相同的客房类型对散客、团体、家庭等价格不同,相同景区门票对儿童、成人及其他特殊群体等价格不同,相同餐食对餐厅用餐和客房送餐价格不同等。

(2) 酒店产品优惠价。酒店产品优惠价是在基准价格基础上,给予特定顾客一定比例的折扣或其他优惠条件的价格。优惠价是酒店争取某些客源的策略,有利于企业与顾客保持良好的关系,增加酒店的销售额。

4. 战略性价格和战术性价格

(1) 战略性价格。战略性价格与企业的营销战略相符,是经营商在生产之前数月就必须在宣传册、指南、网络等上予以公布的价格。例如,酒店门市价。这个价格结构是战略性营销决策的反映,它涉及产品定位、货币价值、投资的长期回报、企业目标、市场份额和经营利润水平等。

(2) 战术性价格。战术性价格与企业的营销操作或营销战术相一致,是酒店以每周、每日或每小时为单位开展业务的价格。这个价格随着生产日期的临近,根据当时的预订情况和预测而有所变动。战术性价格可以起到的作用包括:通过奖励措施提高收益,击败竞争对手,推动初次购买者试用,提升酒店的营销业绩。

四、影响酒店产品价格的内部因素

(一) 酒店成本费用

酒店成本是构成酒店产品价值和价格的主要组成部分,是影响价格的最主要和最直接的因素。酒店产品在生产与流通过程中形成的产品成本费用,是为其产品制定价格的最低限度,酒店定价必须保证价格不能低于平均成本费用,否则企业将难以生存。

酒店希望产品价格能够弥补其产品的全部生产、分销和促销成本。除了弥补这部分成本之外,价格还应该能够向投资者提供一定量的收益。有效的低成本企业不是借助降低质量,而是靠提高效率来节省成本。那些低成本企业可以通过低价来获得较大的市场份额,但是,较低的成本并不总意味着要采用低价策略。有些低成本的企业将价格维持在与竞争者相同的水平,从而获得较多的投资收益。

成本有两种形式:固定成本与变动成本。固定成本是指那些不随着生产或销售水平的变化而变化的成本。也就是说,不管产出多大,酒店每个月都要支付一定的费用,不会因为租客房数量增多(减少)而增加(降低),如租金、利息以及管理人员的工资、客房折旧费等。

(二) 营销组合策略

定价是酒店营销组合策略中的重要因素,价格一定要与产品、渠道、分销以及促销等手段相互协调,形成一个统一而有效的市场营销计划。比如,那些通过批发商来分销大多数客房的度假酒店,必须要在客房定价上留有足够的利润空间,以便使他们能够给批发商比较大的折扣。同时,营销组合对价格也有影响。在不同的媒体上做广告,采用不同的促销方法和促销策略,其成本费用也是不同的,这些成本费用都要包括在价格中,从酒店产品的价格中收回。

营销组合策略是根据酒店的价格来制定的,酒店要先作出价格方面的决策。比如,雅高酒店集团看到了经济酒店这一市场中潜藏的机会,在宜必思这种传统的经济型酒店之外,于2019年又开发了格雷特经济型酒店品牌。格雷特经济型酒店品牌无论在外观或者理念上都非常的不传统,走的是非标住宿路线,要求酒店20%的房间必须可以容纳4~6人,这样便于拓展家庭和团体旅游的市场潜力。此外,酒店业主在设计房间方面有很大的自由度。雅高酒店集团计划在2030年前,在欧洲开设300家格雷特酒店,作为提升酒店收益的营销策略。

(三)酒店产品特点

酒店产品与其他产品一样,同样存在替代性的问题。在旅游住宿方面出现同类产品的可能性比较大。如果在同一旅游目的地同类产品并存,会增加酒店之间的互相竞争,为了提高销量,酒店有可能实行削价竞争。此外,酒店产品的特点还有酒店季节性产品的价格平衡与调整,标准化产品和服务的价格波动,特色产品和服务的市场认知度,以及产品生命周期不同阶段价格的差异化,等等。

(四)酒店企业实力

酒店企业规模、组织结构、经营理念和管理模式都会对酒店产品的价格产生一定的影响。酒店的定价权、调价自由度以及价格管理机制都受到企业自身条件的影响和制约。比如在全世界管理六七千家酒店的超级国际酒店集团、大型的酒店连号和酒店企业集团,都设有收益管理部,负责定价和协调工作,它们在价格管理中发挥了重要作用。

(五)非价格竞争因素

顾客能否获得额外的利益,是影响酒店产品定价的重要因素。顾客在购买酒店产品时,不但注重酒店产品的价格,也会考虑酒店提供的服务质量和所能获得的额外利益。产品价格只代表了产品的价值高低,并不包括额外利益和售后服务。因此,酒店在进行产品销售时,也要提供配套的优质服务,价格与服务一致,从而得到顾客的认可和美誉。此外,酒店尽量提供一些额外免费的服务项目,使顾客感到购买了产品后带来的额外利益,增强对酒店产品的信任度。

五、影响酒店产品价格的外部因素

(一)市场需求

决定价格下限的是成本,决定价格上限的是产品的市场需求,顾客和旅游批发商都会将产品的价格与其所能提供的利益进行权衡。根据现代营销学的观点,企业必须在满足市场需求的基础上实现营业收入。因此,酒店在产品定价时,必须充分了解市场的需求。但是,酒店面对的市场需求是不稳定的,会经常变化。因此,酒店要多做市场调查研究,经常进行市场营销分析,发现市场需求的变化动态及规律,采取相应的措施,以灵活的价格策略吸引顾客。

酒店产品价格受市场需求的影响,主要表现为供给与需求的相互关系的影响。当酒店的市场需求大于供给时,价格应高一些;当酒店的市场需求小于供给时,价格应低一些。反过来,价格变动影响市场需求总量,从而影响销售量,进而影响酒店经营目标的实现。

(二)市场结构

对于不同的市场结构,酒店定价的自由度也会有所不同。根据市场竞争程度,市场可分为完全竞争、完全垄断、垄断竞争和寡头竞争四种类型。

1. 完全竞争

完全竞争市场中,酒店没有定价的自由权,只能被动接受市场价格。企业只能通过降低成本、提高劳动生产率获得效益。这是一种抽象的极端现象,现实中几乎不存在。

2. 完全垄断

完全垄断市场中,企业没有竞争对手,独家或少数几家企业联合控制市场价格。企业主要通过市场供给量来调节市场价格。由于资源的独占性和政府的保护,这类产品价格属于垄断性价格。这种情况在资源依托型的旅游产品中常见,但酒店或旅行社很难形成该市场格局。

3. 垄断竞争

垄断竞争市场中,同类产品在市场上有较多的生产者,市场竞争激烈,产品特色和差异性成为价格的核心,比如酒店主题或品牌等。因此在这种市场竞争中,拥有某些优势的酒店可以创造独特的市场地位,影响并控制市场价格。在垄断竞争市场中,由于竞争者众多,酒店较少受竞争者市场营销战略的影响。

4. 寡头竞争

寡头竞争市场中,少数大型酒店企业共同占有大部分的市场份额,控制和影响市场价格,个别酒店难以单独改变价格。在寡头竞争的情况下,产品的价格主要实行超重价格,即由寡头们通过协议或默契决定。这种价格一旦决定,便会保持长时间不变,一般不会出现某个寡头升降价,其他寡头随后升降价的现象。但是各个寡头在广告宣传、产品促销方面的竞争非常激烈。

(三)心理因素

酒店定价策略必须是顾客导向的,顾客心理行为是酒店定价时要考虑的重要因素。影响酒店产品价格的心理因素有三种:一是价格预期心理,是顾客在未来一段时间内,对于价格水平变动趋势和变动幅度的心理估测;二是价格观望心理,是顾客对价格水平变动趋势和变动量的观察等待,以求达到预期并进行购买;三是价格攀比心理,通常会产生盲目争购、超前消费乃至诱发和加重消费增长态势,是价格上涨的重要推手。顾客在选购商品时,通常会根据商品为自己提供效用的大小来判定该商品的价格。

(四)政府因素

政府对酒店市场中产品的价格管理,主要是通过行政、法规、货币供给和物价政策等手段来实现的。政府对酒店产品价格的干预和管理,是为了限制酒店的不正当竞争或谋取暴利,以免损害消费者的权益。比如广州在"广交会"期间,各个酒店竞相提价竞争,政府会对酒店在"广交会"期间的房价提出限价的政策,保护消费者的权益,维护市场的稳定。如果酒店市场削价竞争加剧,影响了酒店业的正常发展,政府会制定最低保护价,扭转这种局面,促进行业的正常发展。因此,酒店在定价中,要密切关注政府的经济、贸易、货币、汇率等方面的政策和法规。

地中海俱乐部的"一价全包"

地中海俱乐部(Club Med)是著名的国际连锁度假机构之一。创始人格拉德·伯利兹秉承"度假不仅是换个地点,而是换个生活方式"思想,首创了"一价全包"的全新度假方式。

一价全包式度假套票,可以享受到一日三餐的国际美食,包括午餐和晚餐的葡萄酒、啤酒和各种软饮料,也可以享受到酒吧营业时间内无限免费畅饮和精美点心零食。度假酒店内免费提供各种水上、陆上活动及相关的教练指导入门课程,包括水中健身操、浮潜、高空弹跳、儿童马戏学校、网球、射箭和瑜伽等活动。度假酒店还安排了如阳光热舞、吧台游戏、古典音乐欣赏、现场乐队演奏和娱乐晚会等大型娱乐活动,供客人免费参加。

度假酒店还提供GO(欢乐假期组织者)服务,那些被称为GO的工作人员拥有独特的专长,有的免费教授各项水上、陆上活动,有的是在儿童俱乐部照顾顾客的小孩,还有的与顾客共进早餐或晚餐。他们来自全世界各地,能说多种语言(包括中文),热情又专业,能够与顾客一起营造快乐亲切的度假氛围。

"一价全包"假期套票内容如下。
(1) 可以自由选择的多样房型;
(2) 一日三餐豪华自助美食,包括酒水饮料;
(3) 免费酒吧畅饮、精美点心供应;
(4) 婴儿便利设施(0~23个月)、迷你俱乐部(4~10岁)、青少年天地(11~17岁);
(5) 度假酒店内适合成人的各种水上、陆上活动以及相关的教练指导和入门课程;
(6) 度假酒店每天不间断免费娱乐活动,晚间大型文艺演出;
(7) 独一无二的GO,是整个度假酒店的灵魂,他们来自世界各地。

任务2 酒店定价方法

一、定价目标

定价目标是指酒店通过制定一定水平的价格,达到所需要的预期目的。定价目标直接影响酒店产品价格的制定。常见的定价目标有生存、利润最大化、市场占有率和产品质量领先。

1. 生存

酒店在经营活动中,有时会被生产、销售、竞争等因素所困扰,这时酒店就会把生存作为自己的主要定价目标。在短期内,酒店的生存比盈利更为重要。在经济大环境不好时,酒店通常会使用这种定价策略。

比如,由于酒店产品的不可储存性,一家拥有300间客房的酒店每天晚上都有300间客房要出售。如果需求已经降至每晚只有100间客房,那200间没有出售的客房是酒店的损失,而这种损失是永远无法挽回的。在这种情况下,酒店通过降价来增加营业收入,提升开房率。这个降价的策略会影响其他竞争的酒店,甚至影响到整个酒店行业。酒店业的竞争者往往对价格非常敏感,一旦发现了市场上的威胁,就会迅速作出反应。

2. 利润最大化

最大利润又有长期利润和短期利润之分,还有单一产品最大利润和酒店全部产品综合最大利润的分别。通常酒店追求的应是长期的、全部产品的综合最大利润,这样,酒店就可以取得较大的市场竞争优势,占领和扩大市场份额,拥有更好的发展前景。当然,对于一些中小型、产品生命周期较短、产品在市场上供不应求的酒店,也可以寻求短期最大利润。

最大利润目标并不一定要高价,价格太高,会导致销售额下降,反而降低了酒店的盈利能力。有时,高额利润是先采用低价策略,待占领市场后再逐步提价来获得的。酒店可以采用招徕定价技巧,对部分产品定低价,以扩大影响,招揽顾客,带动其他产品的销售,进而谋取最大的整体效益。

3. 市场占有率

市场占有率又称市场份额,是指酒店的销售额占整个行业销售额的百分比,或者是指某酒店的某产品在某市场上的销售占同类产品销售总量的比重。市场占有率是酒店经营状况和酒店产品竞争力的直接反映。作为定价目标,市场占有率与利润的相关性很强,从长期来看,较高的市场占有率会带来高利润。因此,以销售额为定价目标具有获取长期较好利润的可能性。

市场占有率目标在运用时存在着保持和扩大两个互相递进的层次。保持市场占有率的定价目标的特征是根据竞争对手的价格水平不断调整价格,以保证足够的竞争优势,防止竞争对手抢夺自己的市场份额。扩大市场占有率的定价目标就是从竞争对手那里夺取市场份额,以达到扩大酒店销售市场乃至控制整个市场的目的。

在实践中,市场占有率目标被国外许多酒店采用,其方法是以较长时间的低价策略来保持和扩大市场占有率,增强酒店竞争力,最终获得最大利润。但是,这一目标得以顺利实现至少应具备3个条件:酒店有雄厚的经济实力,可以承受一段时间的亏损,或者酒店本身的生产成本本来就低于竞争对手;酒店对其竞争对手情况有充分的了解,有从其手中夺取市场份额的绝对把握;在酒店的宏观营销环境中,政府未对市场占有率作出政策和法律的限制。否则,酒店不仅不能达到目的,反而很有可能会受到损失。

4. 产品质量领先

为了保证对顾客的服务质量,有些酒店产品的价格较高,采用的是产品质量领先目标战略。比如,丽思·卡尔顿酒店在硬件与软件投入方面成本较高:其一,每间客房建设或装修成本往往超过30万美元;其二,员工招聘采取全球招聘的方式进行,每间客房投入的劳动力成本很高。为了提供豪华的服务,这些酒店不仅要求配备训练有素的员工,而且员工与顾客的比例较高,这就决定了其价格在同行业中是比较高的。

6美元汽车酒店

　　6美元汽车酒店于1961年在美国加利福尼亚州芭芭拉地区开了第一家酒店,房价仅要6美元,连锁店由此而得名。大约25年以后,6美元汽车酒店在美国39个州开设了401酒店,尽管如此,它仍强调经济低廉的定价。一间标准的客房在得克萨斯州仅要价15美元,在加州也只要25美元。

　　6美元汽车酒店毫无疑问是全美国众多廉价酒店的一部分。这种酒店以提供可以还价的住宿为特色,比同地区平均住宿费便宜20%~50%。1980年,全美共有1 500家经济酒店,仅占全美国酒店房间总数的不到10%,到20世纪80年代中期,美国已有3 500家经济酒店,占全美国270万酒店房间的12%以上。

　　酒店业这一部分的增长为该行业带来了大批新的竞争者,包括英国经济小旅馆、红顶旅居和白昼酒店。这种竞争的结果是,6元汽车酒店的出租率从1981年的81%下降到1986年的59%。

　　1985年,科尔伯格·克拉维斯·罗伯斯的科克罗公司花费8.81亿美元买下了6美元汽车连锁酒店。新东家不仅面临着连锁酒店日益下降的出租率,而且还面临着大量的其他问题。

　　根据1986年《消费者报道》的一项调查,6美元汽车酒店出租率排列在廉价连锁酒店的第14位,即使是低价(约比竞争者便宜5美元)也无法抵消顾客对6美元汽车酒店设施所持的否定的态度。

　　科克罗公司采取了一系列措施来改善6美元汽车连锁酒店的条件——在酒店房间增设了电话和彩电等设施,计划更新破旧的房间,并正在考虑安装免费电话客房预订系统。此外,科克罗公司还将每年建造30家汽车酒店,重点放在6美元汽车酒店设施较少的东北部地区。

　　6美元汽车酒店还将得益于新的营销活动。令人惊奇的是,除了在酒店附近装有招牌外,6美元汽车连锁酒店从来没做过广告,连被科克罗公司聘为连锁酒店新总裁的约瑟夫·W.麦卡锡也不得不承认这一点。麦卡锡计划将目标对准一个新的市场,对准那些经费有限的出差人员,以抵消光顾6美元汽车酒店周末度假人员的短缺。

　　6美元汽车酒店面临着来自美国白昼连锁酒店的严重挑战。白昼连锁酒店在44个州拥有390家酒店,平均房费为34美元。它从免费电话订房系统中获得了极大的益处,通过这种免费电话预订的房间在1984年就占了预订房间总数的44%。白昼连锁酒店把老年公民、军人、学校运动队、教育人员和出差人员,作为其廉价房间的关键市场。

　　白昼连锁酒店采用了一系列不同寻常的营销方式。它没有通过电视来做广告,而是通过克氏商业中心有限公司和基斯顿照相器材有限公司等机构来帮助推销。如1985年,蓝帽牌人造黄油的使用者可以凭购货印章免费在白昼连锁酒店住一晚,由此额外增加了一万个房间的营业额。

此外,白昼连锁酒店还开创了一个革新型的定价方法,成为提供"与航空公司相似的省钱让利住宿"的第一家连锁酒店公司。如果客人提前30天预订房间,便只要付19～29美元。这一项目至今已获得了22万人次的房间预订。

工业方面的分析家预计,这种经济廉价的住宿还将继续迅猛增加,很多客人住不起具有整套服务设施、价格昂贵的酒店,他们不需要诸如宽敞的会客厅和餐厅这样的舒适场所。6美元汽车酒店希望自己能面对来自白昼酒店和其他竞争者的挑战,最终增加自己的市场占有额。

二、房价定价方法

(一) 千分之一定价法

千分之一定价法是指房价为平均每间客房建筑造价的千分之一。计算中所采用的成本应包括酒店的土地使用费、建造费及设施设备成本。具体公式如下。

平均每间客房租价=(土地使用费+造价+设施设备成本)/(客房总数×1 000)

使用千分之一法定价,酒店管理人员可以迅速作出价格决策。但是,该方法有赖于各项假设的可靠性,且未考虑到当前的各项费用及通货膨胀等因素,一般仅可以作为制定房价的参考,明确一个大致的房价范围。

(二) 赫伯特定价法

赫伯特定价法是指以目标投资回报率这个经济指标作为定价的出发点,预测酒店经营的各项收入和费用,测算出计划平均房价。具体公式如下:

客房部需达销售额=酒店总投资×目标投资回报率+酒店管理、营业费用−其他部门经营利润+客房部经营费用

$$\text{计划平均房价} = \frac{\text{客房部需达销售额}}{\text{可供出租客房数} \times \text{计划期天数} \times \text{预测出租率}}$$

这种定价方法的缺点是根据预计的营业额来确定房价,没有考虑顾客需求这一变动因素。

(三) 随行就市定价法

随行就市定价法又称流行水准定价法,它是指在市场竞争激烈的情况下,酒店企业为保存实力,采取按同行竞争者的产品价格定价的方法。这种定价法特别适用于完全竞争市场和寡头垄断市场。

在这种情况下,如果某酒店企业把价格定高了,就会失去顾客,而把价格定低了,需求和利润也不会增加。所以,随行就市法是一种较为稳妥的定价方法,也是竞争导向定价方法中用的比较多的一种。

(四) 客房面积定价法

客房面积定价法是通过确定客房预算总收入来计算单位面积的客房应取得的收入,进而确定每间客房应取得的收入来进行定价的一种方法。

（五）盈亏平衡定价法

盈亏平衡定价法也叫保本定价法或收支平衡定价法，是指在销量既定的条件下，酒店企业产品的价格必须达到一定的水平才能做到盈亏平衡、收支相抵。盈亏平衡定价法就是运用平衡分析原理来确定产品价格的方法。盈亏平衡分析的关键是确定盈亏平衡点，即酒店企业收支相抵、利润为零时的状态。

根据盈亏平衡定价法确定的酒店价格，是酒店企业的保本价格。低于此价格酒店会亏损，高于此价格酒店则有盈利，实际售价高出保本价格越多，酒店盈利越大。因此，盈亏平衡定价法常用作对酒店各种定价方案进行比较和选择的依据。

（六）需求差异定价法

需求差异定价法又称差别定价法，是指根据销售的对象、时间、地点的不同而产生的需求差异，对相同的产品采用不同价格的定价方法。

1. 基于顾客差异

这是根据不同顾客消费性质、消费水平和消费习惯等差异，制定不同的价格。如会员制下的会员与非会员的价格差别，学生、教师、军人与其他顾客的价格差别，新老顾客的价格差别，国外消费者与国内消费者的价格差别等。可以根据不同消费者的购买能力、购买目的、购买用途的不同，制定不同的价格。

2. 基于不同地理位置

根据房间的朝向、方位、楼层等不同，可以制定不同的价格。例如，海景房因顾客可享受到大海美丽的风景而定价高于酒店其他房间。

3. 基于时间差异

在实践中我们往往可以看到，同一产品在不同时间段里的效用是完全不同的，顾客的需求强度也是不同的。在需求旺季时，产品需求价格弹性较小，可以提高价格；在需求淡季时，价格需求弹性较高，可以采取降低价格的方法吸引更多顾客。

三、客房价格类型

（一）门市价

门市价又称标准房价或挂牌价，是由酒店管理部门制定的，价目表上明确公布的各类客房的现行价格。该价格不含任何服务费或折扣。门市价应当用作定位价，它能够使顾客和中间商在将本酒店同其竞争者以及同其他市场中所有酒店进行比较后，对本酒店产品的质量产生某种认知。门市价是一种基准价格，其他各种折扣价都是在门市价的基础上打折形成的。

一般来说，门市价的幅度越大越好，即从酒店中条件最差的房间（不打折的全价）到条件最好的房间（定价略高于距离最近的竞争者同类房间的价格），价格幅度尽量要大。这样一方面酒店可以通过控制价位最低的全价客房的销售和存量实现收益最大化，另一方面可以在顾客心目中树立本酒店是当地最好酒店的印象。

(二) 协议价

协议价包括商务协议价和长包房协议价。

(1) 商务协议价是指酒店与有关公司或机构签订房价合同,并按合同规定向对方客人以优惠价格出租客房。房价优惠的幅度要看对方能够提供客源量及顾客在酒店的消费水平。

(2) 长包房协议价是指承租 30 天以上的包房价,如航空公司机组人员和乘务人员的包房、搬迁期间的包房和各种培训班包房。

(三) 团队价

团队价是酒店提供给旅行社团队、会议团队及航空公司机组人员等团队客人的一种折扣房价。根据购买量、租住天数、旅行社的重要性、淡旺季等不同情况确定房价。

1. 批量价

批量价是面向客房批量购买者实行的一种特定价格,低于公司协议价。客户所预订的客房量越大,对客户实行的批量价也就越低。批量价应根据客户或社团客户的名称而专有所指。

2. 散客价

散客一般不通过旅行社而直接向酒店进行预订,或者只经过预订网络系统一个环节。散客价比门市价低,比其他价格高,是一种优惠价。

3. 网络价

网络价是指顾客通过网络系统预订客房,享受网络价。网络价一般比散客价低,比协议价、团队价和批量价高。

4. 折扣价

折扣价是酒店向常客、长住客、订房顾客或其他有特殊身份的顾客提供不同比例的折扣的优惠房价。各种折扣价都是在门市价的基础上,按照折扣的比例形成的。

四、客房定价策略

(一) 小包价策路

酒店为顾客提供一揽子报价,除房费外,还可包括餐费、游览费、交通费等其他费用以方便顾客。

(二) 折扣定价策略

酒店向常客、长住客、订房顾客或其他有特殊身份的顾客提供的优惠房价,包括以下几种。

1. 现金折扣

如客房在成交后 10 天内付款,就可得到 1% 的现金折扣;20 天内付款,就可得到 0.5%

的折扣。

2. 数量折扣

数量折扣又分为一次性批量折扣和累计批量折扣。

(1) 一次性批量折扣便于酒店大批量生产和销售产品,有利于其降低成本,加快资金的周转速度。

(2) 累计批量折扣则是对在一定时期内累计购买酒店产品的数量或金额超过规定数额的常客、长住客、订房客或其他有特殊身份的顾客的价格折扣,例如某酒店规定对累计入住六次(含六次)以上的顾客给予房价八折的优惠待遇。实行这种价格策略的目的在于与最终消费者或中间商建立长期友好的合作关系,一批忠诚的消费者和中间商可以帮助企业更好地应对激烈的市场竞争。

例如,有的酒店对散客、会议和团队采取不同的折扣率,比如分别为10%、30%和40%,有的酒店采取奖励住房办法,宾客入住满6天便可以获得一晚全免房,还有的实行一次性优惠卡,逾期退房至下午6点,免收半天房费,等等。

3. 季节折扣

酒店在经营淡季时在标准房价的基础上,下浮一定的百分比而制定的房价,旺季时在标准房价的基础上,上浮一定百分比而制定的房价。

4. 同业折扣

同业折扣策略是指酒店根据各类中间商在销售中所起作用的不同而给予不同的价格折扣。一般来说,大型中间商(如网络中间商、大型旅行社、航空公司等)销售的酒店产品的数量要多于规模较小的中间商(如小型旅行社),因而酒店给予大型中间商的折扣一般要大于其他中间商。酒店实行同业折扣策略的目的在于激励各类中间商的销售积极性,以最大可能地向市场销售酒店的产品。

5. 推广让价

如希尔顿酒店集团向旅行社收取净房价,如果旅行社为团队或散客代订房,则向他们收取的价格比规定的团队价、散客价低15%。

6. 实物折扣

如凯悦酒店集团规定,旅行社为宾客每预订24间客房,该公司就免费向旅行社提供一间客房。

(三) 时段房价策略

根据不同时间段制定不同房价,白天租用价是酒店为白天到酒店休息但不在酒店过夜的客人所提供的房价。白天租用价一般按半天房费收取,但目前更多的酒店按小时收费。也有专门对周五、周六、周日住店客人生效的价格。周末价是一种公寓式房价,也就是不论多少人同住该客房,它的房价不变。

(四) 免费策略

为了促进客房销售,建立良好的公共关系,酒店还为某些特殊客人提供免费房。如按惯例对满15名付费成员的团队免费提供双人间客房的一张床位,即所谓十六免一。

(五) 限制房价策略

如果根据预测,将来某个时期的客房出租率很高,这时就会对房价进行限制,限制出租低价客房或特殊房价客房,不接待或少接待团队客人。如果酒店按较低折扣价格提前接受过多团体预订,就会失去将来按标准价接受的商务旅游者的需求量。酒店也应尽量限制房价打折,尽量限制打折的房间数量,并缩短付折扣顾客的滞留时间,既将那些不打折就无法售出去的客房售出去,同时又使其余客房维持较高价格,甚至不接受住一天的客人,这些举措的目的都是提高实际平均房价。

(六) 最后一分钟定价策略

由于酒店的产品具有不可储存的特点,某一天未出售的产品到了第二天将不具有任何价值(其中以客房最为典型),因此酒店业出现了所谓的最后一分钟产品销售市场,也相应地出现了"最后一分钟定价"策略。例如,某酒店一种普通标准间的门市价为398元/(间·天),每间客房的固定成本100元/(间·天),变动成本60元/(间·天),如果在最后时刻(如某一天的傍晚七八点时),该客房要么只能以120元的价格售出,要么就无法实现销售时,酒店的经营者往往会选择前者(当酒店处于经营淡季时尤其如此),因为虽然120元的价格不足以弥补该种客房的全部成本,但由于其固定成本已经投入,120元的销售所得至少可以弥补变动成本并获得60元的收益,可以部分地弥补100元的固定成本,否则就相当于损失了100元。

(七) 俱乐部房价策略

对坐落在俱乐部楼层、商务行政楼层或者其他有专人守卫区域的客房指定的价格,它高于非俱乐部级别楼层的同类客房门市价。

10万住一晚? 三亚亚特兰蒂斯酒店,究竟有多"壕"!

"在梭伦九千年前左右,海格力斯之柱对面,有一个很大的岛,从那里你们可以去其他的岛屿,那些岛屿的对面,就是海洋包围着的一整块陆地,这就是'亚特兰蒂斯'王国"。

——柏拉图《蒂迈欧篇》

柏拉图笔下描绘的海底王国。关于亚特兰蒂斯的传说,充满了神秘、新奇和刺激。之后,酒店业出现了亚特兰蒂斯品牌,代表了一种奢华和水上娱乐的震撼效果,如巴哈马的天堂岛上的亚特兰蒂斯、迪拜棕榈岛上的亚特兰蒂斯。

而第三家,即是中国首家亚特兰蒂斯酒店,是全球顶级的七星级酒店之一,酒店是一座以海洋为主题的度假胜地,以惊险刺激的亚特兰蒂斯水世界、奇幻斑斓的水族馆和海豚湾、神秘奢华的水底套房等,构筑起一个充满创想与乐趣的梦幻玩趣世界。

备受瞩目的中国首个亚特兰蒂斯度假胜地,坐落于国家海岸海棠湾的三亚亚特兰蒂斯酒店,占地面积达54万平方米,由80余家国际著名建筑和设计机构联手打造,酒店设计融汇东西方文化以及琼岛本土文化,集度假酒店、餐饮购物、娱乐演艺和物业会展及特色海洋文化体验等丰富业态于一体的旅游综合体。通过打造一站式娱乐休闲及综合旅游度假目的地,进一步发展海洋文化,树立三亚旅游新标杆,推动海南旅游升级转型。

酒店大堂就是现代建筑内部装饰的完美展现。墙面由珠光石膏和五种不同大理石组成,波光粼粼,美不胜收。而且酒店大堂中庭还特别设计了 Sea Motion(海之律动)的水晶装置。流畅线条,和精细复杂的曲线,每一处都与海洋的波浪相合。

不知道是巧合,还是设计师的小心思,刚好1 314间客房,从115~944平方米不同类型,而最大的套房居然做到了1 061平方米,令人赞叹不已。

三亚亚特兰蒂斯拥有多款精心打造的套房,如皇家套房、总统套房、金爵套房,每间套房均带一个大阳台,站在那里可将海棠湾和水世界的好风光尽收眼底。此外,在波塞冬水底套房或尼普顿水底套房,可欣赏大使环礁湖水族馆的神奇水下世界。

最令人叹为观止的当属5间梦幻水底套房,透过卧室和浴室的落地窗即可欣赏水族馆大使环礁湖的壮丽景致,与奇趣曼妙的海洋生物共居,枕着海底世界悦然休憩。

此外,酒店还引进了来自以色列的水疗AHAVA,世界上唯一认证的死海泥SPA产品,看着海景放松身心,非常舒服。

亚特兰蒂斯水世界是全中国唯一全年运营的水上公园。13 000吨淡水加热实现26~28℃冬季恒温,让快乐全年无休。

水世界共15条大滑道,全部采用加拿大进口设备。自重力漂流河是全世界仅有的几条之一。多项滑道设计都是绝无仅有。

除了滑道,冲浪也是最刺激的运动,水世界的造浪池采用全英国设备,极限浪高可达2.5~3米。水世界还包含儿童水寨,大水桶等适合低龄儿童玩耍的游乐设施。

海神塔是惊险刺激爱好者的天堂:从高24米、75°倾斜的塔顶,以最快20.2米/秒的速度一跃而下至水上公园,堪称水世界里的速度之最!

三亚亚特兰蒂斯设有21间不同风味的餐厅酒吧及餐饮点位,宾客可于或摩登,或雅致,或休闲舒适的氛围中,赏味地道寰宇美食,无论是海底餐厅的美味珍馐,或是池畔边的日落茶饮,都将成为一次难忘的用餐体验。

除了水底套房,酒店还有奥西亚诺海底餐厅,在享受美食的同时,也可透过餐厅的落地窗将水族馆的无限秀色尽收眼底,品鉴别样美妙的海洋味道。此外,还有"棠"中餐厅、享誉全球的Bread Street Kitchen & Bar、奈苏日式料理、"蟹"餐厅、番红花、七彩晶、纳雷斯啤酒屋、Tikki餐厅、柏拉图吧、波塞冬湾、星光美食等21家寰球美食餐厅供宾客选择,想吃什么就吃什么。

酒店还建有"失落的空间"水族馆,这里是超过8.6万只海洋动物(包括鲨鱼、鳐鱼和其他特色海洋生物)的家园,大使环礁湖拥有1.35万吨的蓄水量,系中国最大的露天水族馆之一,拥有270种观赏性海洋动物。据说酒店仅仅买海洋生物就花费达1亿元。在这里,宾客可以学习海洋生物与海洋环境相关知识,也可以在潜水项目中与异域海洋生物共舞,感受海洋的曼妙美景。

在三亚亚特兰蒂斯,来自世界各地的宾客将感受到优质住宿、舒适水疗、奢华购物、精品会议,以及无垠的海滩和迷人的椰风海韵。来自以色列的AHAVA水疗、国际亲子玩学俱乐部"Miniversity"、精品店铺、5 000平方米的大型会议中心等,这座汇集酒店、娱乐、餐饮、购物、演艺、高端物业、国际会展及特色海洋文化体验8大业态于一体的度假区,成为中国海南的一站式综合旅游新地标。

任务3　酒店定价策略

酒店产品的定价,需要以科学的理论和方法为指导,同时由于竞争和旅游消费者的需要,还必须有高明的定价策略和技巧。酒店的定价策略就是根据旅游市场的具体情况,从定价目标出发,灵活运用价格手段,使其适应市场的不同情况,实现酒店的营销目标。酒店的产品定价策略主要有新产品定价策略、心理定价策略、折扣定价策略等。

一、新产品定价策略

任何产品都有自己的市场生命周期。由于产品生命周期的各阶段特点不同,酒店应从市场需要和产品生命周期的变化要求出发,有针对性地进行价格调整。新的产品能否获得旅游消费者的欢迎,其定价策略起着十分重要的作用。

(一)市场撇脂定价

市场撇脂定价是一种高价格策略,即在新产品上市初期,价格定得很高,目的在于在短时间内获取高额利润。这种价格策略因与从牛奶上层中撇取奶油相似而得名,因而所制定的价格称为撇脂价格。

撇脂定价能在短期内获取大量利润,而且在竞争加剧时可以采取降价手段,既可限制竞争者的加入,又符合旅游消费者对待价格从高到低的客观心理反应。撇脂定价策略是一种有效的短期策略。但是竞争者会注意到消费者所愿意支付的高价位,从而也想进入该市场,使供给增加,最终使价格回落。因此,在旅游业中,长期使用这种策略几乎是不可能的。

撇脂定价适用于具有新颖独特、生产技术或资源具有垄断性、流行时间短等特点的新产品,同时也要市场上存在高消费或时尚性的要求,市场对价格不敏感。酒店新开张或在新的客房产品推出之际,若当地酒店市场竞争不十分激烈而又定位高端市场,设施先进、服务完善,且由著名酒店管理集团经营管理,则酒店可采用撇脂定价策略为客房产品制定一个相对高的价格,以较高的姿态进入市场,借助酒店集团品牌效应和预订网络实现销售。

(二)市场渗透定价

市场渗透定价是一种低价格策略,即在旅游新产品投入市场时,以较低的价格吸引顾客,从而很快打开市场。市场渗透定价就像倒入泥土的水一样,从缝隙里很快渗透进去,因而称此种价格为渗透价格。这种价格策略由于价格偏低,有利于迅速打开产品的销路,扩大市场销量,提高利润率,还能阻止竞争对手介入,有利于酒店控制市场。

一般来说,在旅游市场中运用渗透价格策略,也有可能导致投资回收期较长,产品若不能迅速打开市场,或遇强有力的竞争对手,会遭受重大损失。因而,这种价格策略的运用要具备相应的条件:市场对价格高度敏感,低价能引导市场的快速增长;必须存在规模经济;低价必须有助于抵御竞争。如果新开业的酒店定位中档市场且欲在当地迅速站稳脚跟,市场渗透定价策略是一个好的选择。市场渗透定价策略也适用于低星级酒店的客房产品等。

(三) 满意定价策略

满意定价策略是介于撇脂定价和渗透定价之间的定价策略。不少酒店认为,过高和过低的价格都是价格决策中的极端行为,往往对酒店形象、产品销售、旅游中间商、旅游者都不利,因而宜权衡各种利弊得失,兼顾各方面利益,既不以高价吓走游客,也不以低价排斥同行,采取适中的、令各方面都较为满意的价格策略。

使用满意价格策略在价格上与人为善,令各方都较为满意,也有利于减轻价格竞争压力。但对各方面兼顾过多,价格上没有特色,既可能失去潜在市场,又可能失去高额利润,结果可能是以满意价格策略开始,以各方都不满意告终。适用条件是:产品需求弹性适中,不愿引发价格战,不愿以高价吸引潜在竞争者加入,市场产销较为稳定。

二、心理定价策略

心理定价通常要考虑价格的心理作用,而不是简单考虑经济学问题。定价时利用、迎合不同类型旅游消费者对价格的心理反应,有意识地将产品价格定得高些或低些,以刺激消费者购买产品或服务,扩大销售。

(一) 尾数定价策略

尾数定价策略也称为非整数定价策略,是指酒店为了迎合消费者求廉心理,给产品定一个带有零头的数结尾的价格策略。例如,一些经济型酒店客房价格以9或7结尾,一些旅游酒店客房价格以8结尾。结尾为非整数,可给消费者形成一种产品价格低廉的印象。一般来说,在中低档酒店,定价为29元的菜肴可能比定价30元的菜肴有更好的销路。

心理学家认为,每一个数字都具有符号和视觉特性,在定价时值得注意。例如,由于数字8是圆形的,因此它能创造一种平和的效果;而数字7是三角形的,因此创造的是尖刻的效果。尾数定价可使消费者易于产生这是经过精确计算的最低价格的心理,旅游消费者会觉得酒店定价认真,对消费者负责。一般来说,尾数定价策略主要适用于价值较低的产品或服务。

(二) 整数定价策略

整数定价策略是指酒店在定价时,采用合零凑数的方法,制定整数价格。这是因为在现代旅游活动中,由于产品或服务十分丰富,旅游消费者往往只能利用价格辨别产品的质量,特别是一些消费者不太了解的产品,整数价格反而会提高产品的身价,使消费者产生"一分钱一分货"的购买意识,从而促进产品的销售。一些工艺品、字画以及高星级酒店的客房价格就采用这种定价策略。

(三)分等级定价策略

分等级定价策略是指一些旅游消费者有时不大会感觉到价格的细微差别,但对许多产品的需求曲线呈阶梯形状。因而酒店可把产品分为几档,每一档定一个价格,这样标价就可使消费者觉得各种价格反映了产品质量上的差别,简化其选购过程。

酒店常常采用分等级定价策略来确定房价结构,对客房分级定价,制定不同的价格。但是在产品分级中,级数不宜太多,档次的差别不宜过大或过小,并且要使不同等级的产品在质量、性能、额外利益等方面有着明显的区别,使旅游者确信房价的差别是合理的。

(四)声望定价策略

声望定价策略是指凭借酒店在旅游消费者心目中的良好信誉及消费者对名牌产品、高档产品"价高质必优"的心理,以较高的价格吸引顾客购买而制定商品价格的策略。这是因为价格档次常被当作产品质量的直观反映,特别是旅游消费者在识别名、优产品时,这种心理意识尤为强烈。

因此,高价与性能优良、独具特色的名牌产品比较协调,更易显示出产品特色,给消费者留下优质的印象或使消费者感到购买这种产品可提高自己的声望。

酒店采用声望定价策略所制定的价格,往往为本行业中同类产品中的较高价格甚至为市场中的最高价。如那些追求豪华和高贵的酒店采用高价策略进入市场,有助于这种市场定位。而降低价格会使定位发生改变,从而不能吸引目标市场的顾客。

(五)习惯定价策略

某些产品的价格长期一贯制,已在市场上形成了心理定式,酒店对这类产品定价时,以旅游者所熟悉的习惯价定价,这就是习惯定价策略。采用这种策略时,即使市场需求旺盛或者成本上升也不能轻易提价,通常是通过减少产品数量、重量、体积或质量的方式去解决。

习惯定价策略适用于价格长期固化的某些产品,如酒店的自助餐等。按照习惯价格定价,有利于产品在市场上的销售,符合旅游者的习惯和心理承受能力。但经营者往往通过降质、减量等手段赚取利润,使客人反感。比如有的酒店的自助午餐包括海鲜品种,但在海鲜价格上涨时把海鲜品种换掉,这样会引起客人的不满。

(六)招徕定价策略

招徕定价策略实质上是发挥促销导向的作用,以特殊价格吸引旅游消费者,从整体上提高旅游酒店的销售收入和利润。

1. 亏损价格

亏损价格是指酒店在产品和服务结构中,把某些产品或服务的价格定得很低,甚至亏损,以价格低廉迎合顾客求廉心态,达到吸引顾客、招揽顾客的目的,从而借机带动和扩大其他产品的销售。

例如,某些餐厅向消费者免费提供饮料,虽然旅游消费者用这些饮料会使餐厅在饮料上亏损,但消费者必然会购买甚至增加购买菜肴等产品,餐厅就可通过菜肴等产品的销售弥补饮料上的亏损,提高总的销售收入和利润。

2. 特殊事件价格

特殊事件价格是指酒店在某些节日和季节，或在本地区举行特殊活动时，适度降低产品或者服务的价格以刺激旅游消费者，招揽生意，增加销售额。这种定价策略往往在旅游淡季时受到酒店的重视。一般来说，采用这种策略必须要有相应的广告宣传配合，才可能将这一特殊事件和信息传递给广大的旅游消费者。

三、折扣定价策略

折扣定价策略是在产品或服务的交易过程中，酒店的基本标价不变，而通过对实际价格的调整，鼓励旅游者大量购买自己的产品或服务，促使旅游者改变购买时间，及时付款消费。

（一）现金折扣

现金折扣又称付款期限折扣，是指对现金交易或按期付款的产品或服务给顾客价格折扣。若顾客按酒店规定的付款期以前若干天内付款，酒店就会给予一定的折扣。这样的目的是鼓励顾客提前付款，达到尽快收回货款的目的，加快资金周转。

酒店在运用现金折扣策略时要为产品确定一个合理的折扣率，通常该折扣率是酒店加速周转所增加的盈利和银行贷款利率之间的某个合理水平，足以吸引顾客，同时也不至于让自己入不敷出，因为折扣只是一种手段，加速周转才是酒店的最终目的。同时，酒店还应对那些逾期仍未付款的顾客采取措施。

（二）数量折扣

酒店为了鼓励产品购买者大量购买，根据具体所购买的数量给予一定的折扣价格。

1. 累计数量折扣

累计数量折扣是指在一定时间内，产品或服务的购买总数超过一定数额时，酒店给予一定的折扣。购买的数量越多，折扣也就越大。折扣定价策略有利于加强酒店与产品或服务购买者之间的业务关系，能够吸引更多的回头客，还能够稳定常客，提高酒店的产品销售量。但累计数量折扣实行周期长，不少顾客会产生等待时间过长的感觉。酒店给予购买者累计数量折扣包括团体价、公司价和会议价等。

2. 非累计数量折扣

非累计数量折扣是指酒店规定产品或服务购买者每次购买达到一定数量或购买多种产品达到一定的金额时所给予的价格折扣。一次性购买数量越多，折扣就越大。用折扣定价策略能刺激旅游消费者大量购买，增加酒店产品销量，同时减少交易次数与时间，节约人力物力等成本开支。

（三）季节折扣

季节折扣是指酒店在淡季时给顾客的优惠折扣。在淡季时，酒店普遍出现客源不足、服务设施和生产设备闲置的情况，因而为吸引旅游者，增加消费，酒店往往此时制定低于旺季时的产品价格，以刺激旅游消费者的消费欲望。但是这种折扣价格的最低优惠度不应低于产品或服务的成本。

大多数酒店产品的淡旺季价格之差都在30%以上,而实际卖出的房价中淡旺季价格之差很多在50%左右。酒店投资最大的部门是客房部,酒店盈利最高的部门也是客房部,客房的销售决定了酒店的经营业绩。鉴于酒店固定成本高、变动成本低的特点,酒店产品价格有很大的灵活性,上下浮动的空间也很大,价格只要不低于保本价就有钱赚。因此,酒店要制定合理的淡旺季价格,确定一个能够实现保本线的最低客房出租率和餐厅上座率。只要是超过了这条保本线的营业额,就是酒店的利润。

(四) 同业折扣和佣金

同业折扣也称作功能性折扣,是指酒店根据各类中间商在市场营销中所担负的不同职责,给予不同的价格折扣。一般来说,酒店给旅游批发商的折扣较大,给予旅游零售商的折扣较小。使用同业折扣和佣金的目的,在于刺激各类旅游中间商充分发挥各自组织市场营销活动的功能。但在旅游活动中,由于旅游市场营销的复杂性和多样性,同业折扣和佣金的具体形式也就迥然各异。

如丽笙酒店给予旅行社15%的佣金,以便增加来酒店的商务旅行者人数;还有的酒店规定,只要旅行社为旅游者每预订24间客房,酒店就可免费向旅行社提供1间客房;希尔顿酒店集团向旅游批发商收取净房价,若旅游批发商代替团队订房,希尔顿酒店集团给旅游批发商的价格会低于一般团队价格的15%。需要注意的是,若酒店采用同业折扣和佣金,客观上会使酒店的平均价格下降,因而实行同业折扣和佣金一定要使增加销售所带来的收入高于所需的成本支出,否则就应仔细研究是否实行同业折扣和佣金以及折扣、佣金的比例是多少为妥。

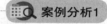
案例分析1

反其道而行的价格策略

1997年夏天,香格里拉酒店集团所有的香格里拉酒店及国贸酒店提供正常房价30%~40%的折扣。与正常降价措施不同,香格里拉这种大幅度折扣期正是当地的旅游旺季或接近旺季(6月1日至9月30日)。这种做法与通常的旺季提价的做法截然相反,属于"反向思维方式",使香格里拉极具竞争力,有巨大的震撼力与宣传效果,获得了巨大的成功,使香格里拉酒店在此期间的出租率达到85%以上。

为了避免单纯削价竞争带来的收入不足的弊端,在进行折扣期间,香格里拉酒店集团宣布了具有革命性的新房价的概念。香格里拉所有城市酒店(不包括度假区)为客人和旅行社提供"贵宾服务计划",即客人要是付给酒店标准房价,将享受以下优惠服务。这已作为香格里拉固定服务的一部分:免费机场接送服务;免费市内电话;免费早餐;免费干洗、熨烫和洗衣服务;客房价格的承诺;可以到下午6点结账离开。

目前尚没有其他酒店能为以门市价付费的客人提供如此昂贵的增值享受。香格里拉确保客人能享受最高标准的服务,让客人感到现在的香格里拉提供的日常服务是酒店业最好的,并且是最受欢迎的。香格里拉致力于减少客人的额外花费,而这正是客人所关注的。酒店的新房价概念不是某个酒店短时间的促销,而是一年365天在所有酒店都推行的经营策略。

香格里拉还推行家庭计划,为18岁以下,和父母同住一间客房的小客人提供免费住宿。

若还需要更多房间,每间房都按单人间计价,这比假日集团提供儿童床的优惠更进一步。

四、价格调整策略

在制定好价格结构和策略之后,酒店面临的情况就是何时作出降价或提价的决策。

(一)降价

有几种情况会促使酒店考虑降价。一种情况是生产能力过剩时,由于不能通过加大促销力度、改进产品或其他措施来增加销售量,酒店只好动用降价策略。在20世纪70年代末,国外许多旅游酒店都放弃了那种跟随主要竞争对手制定相同价格的"追随主导者"定价策略,而是主动采取降价策略来刺激销售量的增加。在一个生产能力过剩的产业中发动降价往往会诱发价格战,因为竞争对手也想夺回失去的市场份额。

有些酒店的降价也可能是为了通过较低的成本来达到控制市场或增加市场份额的目的。不管酒店是从低于竞争对手的成本开始,还是从夺取市场份额的愿望出发,都会通过销售量的扩大而进一步降低成本。

(二)提价

与上述情况相反,近年来许多酒店不得不提高价格。他们也知道这样做会招致顾客、经销商和中介商的不满,但成功的提价有助于提高销售额。

提价的一个主要原因是成本上涨。由于成本上升,利润自然降低,迫使酒店提价。有的酒店预期将来成本还会上升,会把提价的幅度高于成本的增长幅度。有些酒店并不想与顾客达成长期的价格协议,就是因为害怕成本上涨导致酒店利润减少。例如,有些酒店不喜欢提前三年向一个预订会议的机构报价。此外,酒店产品的改进,也会导致提价,比如酒店重新进行了装修、更换了新的设施设备、增加了新的服务项目、提高了产品的质量,在这些情况下价格也会相应地提升。

另一个导致提价的原因是需求过剩。当一家酒店无法提供足够的产品来满足顾客的需要时,它就可以提价或对顾客实行产品配额,甚至双管齐下。当一个城市要承办一次大型年会时,一些酒店会把房价定得高出平时房价的一倍或者几倍,因为酒店管理者知道届时酒店客房的需求量很大,他们可以利用这种需求。

在把高价转嫁给顾客的过程中,酒店要避免给人以价格骗子的形象。提价的时机最好是顾客感觉应该提价时。酒店必须通过一定的沟通计划来支持提价,通过这种计划来告知顾客和员工提价的理由。

(三)购买者对价格变动的反应

不管是提价还是降价,都会影响到购买者、竞争者、分销商和供应商,还会引起政府部门的关注。顾客并非总是用一种直观的方法来解释价格变动。购买者在评价他们未曾亲身体验过的产品时,常常将价格与质量联系在一起。因此,表面上会引起销售量下降的提价,对购买者而言却可能有一些积极的意义。

（四）竞争者对价格变动的反应

拟对价格进行调整的酒店避免不了要担心竞争者的反应。当牵涉的酒店数量较少、产品相同而购买者又拥有充分的信息时，竞争对手就最有可能作出反应。试图利用价格作为竞争优势的一个问题是，竞争对手可以通过降价使本酒店价格优势化为乌有。在一个供给大于需求的竞争市场上，这常常会引发价格战，在这场战争中，受损失的是整个行业。有些竞争者会采取在不同的市场上进行报复的策略，也可能报以非价格竞争战术。

（五）酒店对价格变动的反应

酒店对竞争对手的价格调整应作出什么样的反应。酒店需要考虑几个问题：竞争对手为什么要调价？是为了争取更多的市场份额，是为了利用过剩的生产能力，是为了适应不断变化的成本条件，还是为了引发全行业的调价风潮？调价是暂时性的还是长期性的？如果本酒店无动于衷，会对酒店的市场份额和利润产生什么影响？其他酒店是否会作出反应？如果本酒店作出反应，竞争对手和其他酒店会分别有什么样的连锁反应？除了这些问题，酒店还必须进行更广泛的分析。它必须考虑产品在生命周期中所处的阶段，在酒店产品组合中的重要性，分析竞争对手的意图和资源，以及消费者对调价可能作出的反应。

案例分析2

豪华度假酒店定价策略

在智利北部的阿塔卡马沙漠，有一家豪华度假酒店，酒店拥有52间客房，由"探险"酒店管理集团经营管理。酒店的卖点在于探险，它的目标市场是探险旅游者。酒店为顾客组织了旅游地35个探险活动，包括步行、远足、骑马、登山、攀岩、驾车探险远征等，供旅游者选择参加。根据这类探险游客的平均逗留时间，酒店针对性地推出了四天2 636美元的包价项目。这包价包括四个晚上的住宿、四天的所有饮食及探险旅游活动费用，喝酒另外收费。为了安全和管理，每项探险活动参加人数限制为最多10人，每天在晚餐前由顾客选择决定第二天的活动内容，酒店相应配上导游及安全员。

在遥远的沙漠地经营度假酒店，重要的是营造一种探险旅游者所喜欢的氛围。从城市来的探险旅游度假者，到酒店后喜欢打开窗户，放松自己，享受宁静。酒店内没有电视，没有影碟播放机，但有卫星天线连接的电话。在阿塔卡马沙漠能听到的声音，是鸟鸣和夏天房间内天花板上老式风扇的呼呼声。

厨师长为探险游客准备了清淡、新鲜而可口的菜肴，他认为重油、重肉不利于探险旅游。新鲜的素菜、水果都是随每天的航班运来的，当然这些成本也都计算在昂贵的房价内。

这家规模只有52间客房的度假酒店，虽然地理位置远在沙漠边缘，日常供应有诸多不便，但由于他的产品、服务、节目完全符合目标市场即探险旅游者的需求，所以他的高价卖得很成功，经营业绩十分理想。

讨论题：

豪华度假酒店定价运用了哪种定价策略？

案例分析3

五星酒店五星价

北京凯宾斯基酒店属五星级,系燕莎实业的核心企业。该酒店于1992年开业,在京城高星级酒店群体中属于后来居上者。面对日甚一日的白热化酒店市场竞争,凯宾斯基酒店从来没有放弃过对五星级高尚形象的执着追求。在众多知名酒店纷纷通过降价手段来寻求生存空间的大环境下,他们始终保持着稳定的价格政策,而没有一头扎进这"先降价格,再降服务"的恶性循环中去。卓越准确的战略定位确保了酒店的双重效益。

1992年,由德、中、韩三国合资兴建的北京凯宾斯基酒店正式开业。开业伊始,正值北京的高星级酒店群体形成之际。京广中心、港澳中心、中国大饭店等现代化酒店相继落成,而王府饭店、北京饭店等老牌名店也完成了硬件的改造,重新加入大竞争圈子中,高档次酒店的数量增加了许多。

有限的客源量面临突然猛增的接待规模顿显匮乏,长期以来一直处于供不应求地位的京城酒店业也由卖方市场变为了买方市场。众多酒店一时难以适应,尤其是对于新近开业的酒店来说,更是别无选择,只能披挂上阵,仓促应战。这是市场的真实情况。京城酒店业残酷的客源战终于打响了,各大酒店纷纷施展出自己的看家本领,争夺市场的客源。有的以行业背景为依托,通过行政手段来确保肥水不流外人田,如一些中央机关部门开办的酒店;有的背靠知名国际酒店集团,大打集团预订网络的主意,如香格里拉、凯悦等;也有一些百年老店,如北京饭店,则把营销重点放在过去的回头客身上,留住一个算一个……既无行业优势、又无历史积累的酒店就只有降价让利,通过拼设备、拼硬件来维持营运。对于1992年前后的北京市场来说,这种不得已而为之的下下策竟然成了相当多酒店的选择。

凯宾斯基酒店避实就虚,绕过大家都咬住不松口的国内旅游市场,先行一步进军商务客源市场,率先确定以接待商务顾客和国际会议为主、辅以境外旅游客源的营销体系。同时大量优价出租公寓写字楼,以此带动客房的出租,并明确以高支付、高消费型客源为主攻方向,及时退出在中低档客源市场的争夺。这一点在当时的大气候下,的确是未雨绸缪,需更足够的勇气和实力。他们在商务客源市场上的不懈努力终于得到了丰厚的回报。开业第一年也就是1993年,酒店全年客房出租率就已达58.31%,营业收入高达1.9亿元,经营利润7 970万元,位列全国行业50强,并成功地接待了德国总理科尔一行,开创了民间饭店接待国宾的先河。

然而凯宾斯基酒店并未因此而停止对市场营销的更高追求,考虑到当时固定客源主要局限于欧洲市场,较容易受到政治、经济、外交因素的影响,客源基础相对脆弱,有一定的经营风险,酒店管理层又提出了树立国际性大酒店形象的经营思路,放弃原来的经营方式。1993年后,酒店主动参与国际、国内的多种旅游促销展览,招聘专人负责对政府部门和国外驻华使馆的销售工作,组成了一支中外合作、各显神通的销售队伍,迅速开辟了除欧洲外的美洲、东南亚、日韩、港澳和中东等新的地区市场,形成了自己的多元营销网络系统,彻底扭转了单条腿走路的被动局面,这一点在日后的竞争中作用越发突出。

1995年年底,由于北京地区高星级酒店总量的持续增加,市场竞争日趋白热化,并再度引发了酒店行业最敏感的价格大战。少数急功近利的酒店为了眼前的利益而不惜牺牲同行的利益,又一次打起了降价竞争的大战,而且来势汹汹。一时间酒店价格超大幅度下滑,严重危及酒店的正常经营利润,也不可避免地造成了服务管理水平的整体跌落。作为经营效益显著的凯宾斯基酒店,自然也受到了降价风潮的波及。由于一些酒店自杀式的不正当竞争的影响,酒店客源组织遇到了前所未有的困难,在跌破成本的低价诱惑下,一些常年客源流失了。但成熟的经营者们处乱不惊,在反复分析形势、仔细的研究后,他们甩出了撒手锏——同档酒店同价位战术,即任何同档次酒店的价格这里都接受。这一战术的根据就是:五星级酒店,就应该理直气壮地卖五星级的价格。

凯宾斯基酒店对自己的软硬件优势充满信心,同时也深信,明智的顾客们在价格相同的同档次酒店中只会选择服务管理更优秀者,与其屈尊去斗价格,损人不利己,不如理直气壮比服务,将行业竞争引入健康合理的轨道。在这样的思想指导下,凯宾斯基酒店不但没有在淡季陷入无休止的价格战,反而保住了平均房价水平,进一步在顾客心中树立、巩固了自己的形象,凸显了自己的至尊地位,同时又以现身说法得到了同行们的称道和认同,从客观上制止了降价风潮的进一步蔓延。

这就是凯宾斯基酒店的经营之道,既充分满足顾客们的愿望,又不牺牲自己的利益,同时也兼顾到整个旅游酒店市场的稳定和发展,正所谓利人、利己、利社会。用凯宾斯基酒店人的话来说就是:"每一个企业都应该有权根据自己的市场情况来灵活决定自己的价格政策,而这个价格政策应当以既有利于本酒店收入,又不损害当地旅游市场为前提。"

讨论题:
凯宾斯基酒店为什么不降价?

复习思考题

1. 酒店产品价格的概念是什么?
2. 酒店产品价格的特点有哪些?
3. 影响酒店产品价格的内部因素和外部因素有哪些?
4. 酒店定价方法有哪些?
5. 酒店定价策略有哪些?

实训项目

实训目的:酒店产品价格的制定。

实训内容:以小组为单位,选择本地区一家酒店作为分析对象,分析其酒店产品的价格,主要是酒店客房的价格,分析该酒店产品价格制定的依据,并讨论制定的房价是否合理。

实训流程:

1. 根据教学班级学生人数来决定每个项目小组,每小组人数以5～10人为宜。
2. 以小组为单位,小组成员分工合作,收集相关资料,开会进行研讨。在充分讨论的基础上,形成小组的实训报告。
3. 每个项目小组派代表上台汇报,讨论交流。
4. 教师对各小组汇报进行总结和点评。

项目七

酒店营销渠道

📌 知识目标

1. 理解酒店营销渠道的概念；
2. 了解酒店营销渠道的类型；
3. 熟悉酒店营销渠道的选择；
4. 熟悉酒店营销渠道的管理；
5. 了解网络营销的主要方式；
6. 熟悉酒店的网络营销渠道。

🏅 能力目标

1. 能为酒店选择、建立销售渠道；
2. 能够懂得管理酒店营销渠道；
3. 能够建立酒店网络营销渠道。

📋 任务分解

任务1　了解酒店营销渠道

任务2　选择酒店营销渠道

任务3　构建酒店网络营销渠道

万豪十阿里巴巴旅游分销模式

合资公司成立两年　旅享家用户增加 600 万名

两年前,万豪与阿里巴巴成立合资公司。该公司结合阿里巴巴在线上零售的优势,融合万豪与阿里巴巴的资源,针对万豪中国客人量身打造内容、项目以及推广活动。公司成立两年来,万豪已经从阿里巴巴平台上获得了约 600 万名万豪旅享家(Bonvoy)用户,万豪门店所在的阿里飞猪平台月活用户从 5 亿增至 6 亿,万豪的目标客户也逐渐瞄准到 40 岁以下的休闲旅游客人。

万豪酒店首席市场营销官 Peggy 表示,万豪在阿里巴巴旅游事业部飞猪(Fliggy)上售卖其全球酒店库存,成本远低于其他 OTA 平台的分销成本。客人使用支付宝即可完成所有支付流程。此外,从飞猪预订房间的客人不仅可以获得飞猪积分,也可以获得万豪旅享家(Bonvoy)的积分。

对于合资公司的商业模式,Peggy 表示,公司会抽取一部分万豪酒店房费,为实现公司战略目标提供资金支持。阿里巴巴的商业影响力也在这家合资公司中得到体现,就销售酒店商品的总价值来看,阿里巴巴的产量大约是亚马逊的两倍。

万豪十阿里巴巴用积分和促销吸引消费者

利用阿里巴巴的大数据系统,万豪可以做更有针对性的市场营销,比如向喜欢购买儿童产品的客人推荐儿童友好的度假村酒店。

万豪集团表示,2019 年第一季度,全球范围内的万豪旅享家会员增加了 500 万,其中 40% 来自中国。Peggy 表示,这其中大部分中国会员来自万豪与阿里巴巴的合资公司。

6 月下旬,万豪酒店宣布 5 000 飞猪积分可以兑换 1 000 万豪旅享家积分。短短几周后,大约有 1 000 万英里(旅享家积分)被兑换成功。

万豪还与阿里巴巴的其他业务合作,如在口碑平台上进行促销活动,阿里巴巴十万豪旅享家的会员可以享受餐饮 7 折的折扣,鼓励顾客前往万豪的酒吧和餐厅。

此外,万豪还在小红书上推出了官方店面,小红书 82% 的用户为女性,万豪计划打入小红书社区,通过该平台销售旅行产品。

瞄准家庭休闲游客户　作出境游首选酒店

虽然在全球范围内,万豪的客户倾向于商务旅行,但 Peggy 说:"万豪和阿里巴巴的合资公司的会员相比全球会员更年轻,女性居多。86% 不到 40 岁,39% 不到 30 岁。会员更倾向于休闲旅游,家庭旅行的兴趣浓厚。"

她表示,万豪将以这个数据为基础,塑造更多适合家庭出游的度假酒店。她说:"不论是短途旅行还是长途旅行,我们会把注意力放在家庭旅行这个客户群,聆听他们的需求,设计更多的家庭旅行酒店。"

目前,中国是世界上最大的出境游来源,预计未来十年也是如此。万豪还将致力于满足出境游客户的需求,让出境游变得更方便。

任务1 了解酒店营销渠道

一、酒店营销渠道的概念

营销渠道又称为销售渠道,也称为分销渠道或交易渠道,是指企业向目标市场传递产品和服务的通道和路径。营销渠道的起点是生产者,终点是消费者,中间环节包括各种批发商、零售商、经纪人、交易市场等。

酒店营销渠道是指酒店把产品和服务销售给顾客的途径,向顾客提供产品过程中经过的各个环节的形式,主要包括中间商、代理中间商,以及处于渠道起点和终点的酒店与顾客。

二、酒店营销渠道的作用

1. 提高销售效率

中间商凭借业务往来关系,接触面广,了解市场行情,经验丰富,经营达到了专业化和规模化的水平,能够有效地弥合产品、服务与顾客之间在时间、空间等方面的缺口,能够给酒店提供更多的客源。由于酒店的客源市场分布的地域广阔,不仅来自国内各省,而且来自世界各地。单靠酒店自身的营销活动,很难达到满意的效果,必须要利用中间商,扩大酒店市场覆盖面,提高酒店营销效率。

2. 提高经济效益

在现实中,销售渠道环节繁多,关系复杂,中间商自身特有的功能保证了酒店销售的顺利实现,缩短了销售时间,也缩短了酒店与顾客在空间上的距离,方便顾客购买产品和服务,节约了销售费用,降低了成本,提高了效益。

3. 获取市场信息

处于销售渠道中的各种中间商活动于酒店市场,熟悉市场发展趋势,能较准确地掌握顾客的需求及其变化、顾客对产品和服务的意见,以及竞争者的具体情况,从而给酒店提供有价值的信息,拓展潜在的顾客群体。通过这种信息沟通和反馈,酒店能及时改进自己的营销组合方案,采取有效措施,提高竞争力。

4. 实现联合促销

酒店的销售渠道不仅承担酒店产品的销售功能,而且由于利益相互关联,中间商还会积极投入各种促销宣传,向顾客提供酒店产品信息,努力说服顾客购买酒店产品。而且,各种销售机构在进行促销时,还可以充分利用其网络优势。

5. 进行酒店产品与服务的重新组合

酒店的销售渠道可以把酒店产品与其他产品组合到一起,比如与旅行社、旅游景点、航空公司、餐饮公司和娱乐公司等,联合促销,方便顾客消费,降低促销成本,增加营业收入。酒店的销售渠道还可以把旅游者的吃、住、行、游、娱、购融为一体,形成各种适合不同细分市场需要的组合产品,扩大市场的覆盖面。

三、酒店营销渠道的类型

根据有无中间商参与营销活动,酒店营销渠道可以分为直接营销渠道和间接营销渠道两种最基本的类型。

(一)直接营销渠道

直接营销渠道又称零层次渠道,是指酒店产品和服务在流向消费者的过程中,不经过任何中间环节,即顾客直接向酒店购买产品。

酒店直接营销渠道通常有以下三种方式可供选择。

1. 酒店—客户

酒店—客户是指酒店直接向登门的宾客出售酒店产品和服务,这是酒店的传统销售方式,销售点为酒店现场。

2. 客户—酒店

客户—酒店是指客户通过电话、微信、社交媒体、邮件、传真、互联网等途径向酒店预订产品,销售点为客源地、客户公司或宾客家中。

3. 酒店—自设销售网点—客户

酒店—自设销售网点—客户是指酒店在经营区域或目标市场领域内自设销售点,如在机场、火车站、高铁站、口岸等设立销售点,面向宾客直接销售。这一方式还包括酒店集团成员之间相互代理,互相推荐客源。其销售点为网点现场。

(二)直接营销渠道的优缺点

1. 直接营销渠道的优点

(1)有利于酒店与顾客之间更好地沟通,使酒店更及时地了解顾客的需求,调整酒店产品结构,增减服务项目,提供优质的服务。

(2)酒店通过直接营销渠道销售,可以对营销活动进行有效的控制,在酒店进行营销活动的过程中,酒店可以对营销人员销售的过程、服务态度等各方面进行监督和管理,确保酒店服务的质量。

(3)直接销售渠道可以减少佣金支付或者价格折扣。采用间接营销渠道时,都要以付出佣金或者折扣为代价,特别是有实力的中间商,代理费用则更高。因此,直接营销渠道可以节省这笔费用。

(4)可以在销售过程中直接进行促销,比如前台接待员工可以在客人选择是否入住时,适时地向客人介绍酒店的特点和优势,餐厅的接待员工可以向客人介绍酒店的特色菜式。

2. 直接营销渠道的缺点

(1)如果酒店只是以直接营销渠道销售产品,会使目标顾客的需求得不到及时满足,竞争者可能乘虚而入,进入目标市场,夺走酒店的目标顾客。

(2) 酒店如果只凭自己的力量去广设营销网点,可能会力不从心,很难使产品在短期内迅速占领、巩固市场。

(3) 中间商最了解顾客的需求和购买特点,在商品流通中起着不可缺少的桥梁作用。如果酒店自销产品,必须要增加营销机构、营销人员和设施,从而增加了销售费用,直接增加了酒店的经营成本。

(三) 间接营销渠道

随着旅游市场迅速发展,市场规模越来越大,单靠直接营销渠道已难以有效地掌握分散在各地的宾客,许多酒店开始借助批发商、零售商、代理商等销售机构开展销售活动,这种借助中间商将酒店产品转移到最终消费者手中的途径称为间接营销渠道。

根据中间商介入的数量不同,间接销售渠道有不同的长度和宽度。营销渠道的长度是指产品从酒店转移到宾客这一过程中所涉及的中间商的数量。只包含一种中间商的渠道形式称为短渠道,包含两种甚至更多种类中间商的渠道形式称为长渠道,中间商的数量越多,销售渠道越长。所谓销售渠道的宽度,是指一个酒店在具体销售渠道中的中间商以及销售网点的数目和分布格局。中间商及销售网点多的属于宽渠道,反之则称为窄渠道。

间接销售渠道由于介入的中间商层次多少不同,又可分为以下几种方式。

1. 一级销售渠道

一级销售渠道即酒店—零售商—顾客。

一级销售渠道只有一个中间环节,即零售商。酒店将产品以较低的价格出售给零售商,由零售商组织客源。它适用于批量不大、地域狭窄或单一的客源市场。

2. 二级销售渠道

二级销售渠道即酒店—批发商—零售商—顾客。

二级销售渠道具有两个中间环节,第一环节是从酒店到酒店批发商,第二环节是从酒店批发商到酒店零售商,这种销售渠道被酒店业广泛采用。酒店在与批发商如经营团体包价旅游的旅行社合作时,通过价格谈判,以大幅度低于门市价的价格,把产品批量销售或预订给批发商,批发商则委托零售商将产品出售给顾客。这与直接和零售商打交道相比的优点在于,大的酒店批发商的销售规模、手段、网点比零售商要大得多,成本也要低得多,而且销售地区广阔,客源量大。

3. 三级销售渠道

三级销售渠道即酒店—代理商—批发商—零售商—顾客。

三级销售渠道是由多种销售环节和多种销售渠道组成的,第一个环节是从酒店到代理商,第二个环节是从代理商到批发商,第三个环节是从批发商到零售商,第四个环节是从零售商到顾客,实际上存在五条并行的销售渠道。这种销售渠道应该根据酒店客源市场的大小,以及酒店客源市场的结构,选择一种或者几种销售渠道加以灵活组合使用。

(四) 间接营销渠道的优缺点

1. 间接营销渠道的优点

(1) 有助于产品广泛分销。中间商处在酒店与顾客之间,有利于调解酒店与顾客之间在品种、数量等方面的矛盾,有利于满足酒店目标顾客的需求,也有利于酒店产品价值的实现,更能使产品广泛分销,巩固已有的目标市场,扩大新的市场范围。

(2) 缓解酒店人、财、物等力量的不足。中间商更了解顾客的需求和购买习性,起着重要的桥梁作用。此外,中间商还承担销售过程中的部分人力和物力,能减少酒店的工作负荷,弥补酒店营销中的力量不足。中间商的介入,使交易次数减少,节约了流通成本和时间,降低了产品价格。

(3) 有利于酒店产品的间接促销。中间商一般经销众多酒店的产品,因此中间商对同类产品的不同介绍和宣传能直接影响到产品的销售。另外,有实力的中间商还能支付一定的宣传广告费用,具有一定的售后服务能力。

(4) 有利于酒店之间的专业化协作。酒店只有广泛地进行专业化协作,才能更好地迎接新技术的挑战,才能更高效地进行运作。中间商是专业化协作的重要因素,中间商能减轻酒店在市场营销的压力,有助于酒店集中精力提高服务质量,开发新产品。

2. 间接营销渠道的缺点

(1) 可能形成"需求滞后差"。中间商购走了产品,并不意味着产品就从中间商手中销售出去,有可能销售受阻。对于酒店而言,一旦多数中间商销售受阻,就形成了"需求滞后差",即需求在时间或空间上滞后于供给。

(2) 可能加重顾客的负担,导致其产生抵触情绪。中间商的参与,增加了产品成本,会加重顾客的负担。如果出现服务欠佳,还可能引起购买转移。

(3) 不便于直接沟通信息。如果酒店和中间商协作不好,则很难了解和掌握消费者对产品的意见或需求、竞争者的情况、目标市场的变化趋势等,不便于及时调整酒店产品。

四、酒店营销中间商

酒店营销中间商即酒店销售中介,是指处于顾客与酒店之间参与销售或者帮助销售的企业、组织或者个人,他们的性质是居间(介于消费者与酒店之间)经营,通过中间买卖受益。酒店间接销售渠道中的所有中间环节,都叫作酒店营销中间商。这些中间商不生产自有的产品,主要是向酒店与消费者提供中介服务。

酒店营销中间商有以下几种类型。

(一) 旅行社

旅行社是指以营利为目的,从事旅游业务的企业,为旅游者提供住宿是其重要的业务之一。旅行社是酒店销售其产品的重要销售道之一。

旅行社拥有大量的连接航空公司、铁路、酒店和景点等旅游企业的网络系统。旅行社拥有十分广泛的团体客源市场,直接向消费者销售其代理的交通产品、住宿产品或景点门票等,是一种典型的代理零售商。酒店与旅行社建立业务关系,将其纳入酒店间接销售渠道系统,可以促进酒店的市场营销。同时,旅行社根据企业的利益,也需要与酒店建立和保持良好的关系。对于旅行社来说,酒店产品与服务的质量也是它赖以生存的根本,所以,旅行社在选择酒店时同样非常谨慎。旅行社作为酒店的销售渠道具有以下特点。

1. 订房数量大

除大型会议外,一般商务企业、政府组织等机构的订房数量受其自身业务规模所限不会太大,但旅行社的订房则不然。通常旅行社的年接待量都比较大,大型旅行社的年接待量可达到几十万甚至上百万。因此,旅行社的订房对酒店,尤其是旅游城市或风景区的酒店来说,是最主要的生意来源。

2. 订房价格低

旅行社为了尽可能提高经营利润以及降低直观报价,增强旅行社的价格竞争力,通常会向酒店争取较低的团队价格。加上酒店付给旅行社的佣金,旅行社的实际订房价格通常都比较低。

3. 订房时间集中

旅行社订房季节性强,通常都集中在旅游旺季,而旅游淡季则订房较少。这样会使酒店在旅游旺季客源激增,形成营业高峰,酒店设施超负荷运转,在淡季酒店设施则大量闲置。这种现象给酒店的经营带来一定的困难。为了避免订房过于集中,酒店应当采取相应的措施,如采取淡旺季价格,与旅行社合作开展淡季促销活动,尽可能做到淡旺季订房的均匀分布。

4. 订房取消率高

酒店大量接受旅行社订房,具有很大的风险。旅游业是一项很敏感的行业,极易受到政治、经济和突发事件的影响而出现大的波动,旅游团队取消行程在行业中时常发生。

5. 订房连续性强

酒店通常与旅行社保持密切的业务联系,所以旅行社的订房也能够连续持久。旅行社一般会把团队安排在有主要业务往来的酒店,而不会随意向其他酒店订房。原因很简单,双方了解,合作容易,且能够达成有利的价格协议。如果酒店能够保持与旅行社的密切合作,有利于预测和稳定客源。

(二)旅游批发商和经营商

旅游批发商和经营商都是从事旅游产品的组合设计和批发销售的中间商(后者有时也从事零售业务),它们将酒店、交通、餐饮、游乐和购物加以组合,然后将这些组合产品提供给旅游市场。

购买旅游批发商和经营商产品的往往是作为零售商的旅行社,它们的优势体现在能够接近大量的各种旅游产品的生产商,而且对市场需求相当熟悉,在组合产品方面具有很强的专业知识,它们所提供的组合产品,是整个旅游市场上的典型产品形式,所以,它们也是推动大众旅游的基本力量之一。

连接旅游批发商和经营商两端的,一个是旅行社,一个是旅游产品生产企业,如酒店、餐厅、航空公司或景点等。酒店如果能利用旅游批发商和经营商,将自己的产品作为组合产品的一部分纳入其中,对于增加销售量、提高酒店知名度都是有好处的。

(三)酒店联合体

酒店联合体是多家独立拥有和管理酒店的公司为了联手进行市场营销而组成的拥有统一

标志,但名字各不相同的松散团体,成员酒店通过联合体可以获得单一酒店无法取得的重要资源(例如预订网络),国际知名的酒店联合体有世界一流酒店组织、世界小型豪华酒店组织等。

酒店联合体的中心管理部门并不真正拥有酒店(非控股),也没有管理酒店的责任(非管理合同),不能要求成员酒店按照统一的管理模式运营(非特许经营),酒店联合体成员可以保留自己的品牌,由业主按照自身的意愿管理酒店,同时参与联合体的一系列支持性活动(如联合促销、人员招聘和培训等)。

酒店联合体的成员酒店既享受到了隶属于一家酒店联号所拥有的种种好处(例如集体采购),又拥有自己管理酒店的权力。因此,酒店联合体是独立酒店联合运作的一种有效方式,成立酒店联合体的目的是在保持酒店独立性、经营自主性和产品个性化的同时,最大限度地整合资源,开辟分销渠道,比如联合体有一套全球预订网络,向会员提供各种营销策划和营销服务,成员酒店之间也可以相互推荐顾客等。

(四)预订公司

预订公司是指在全世界各主要地区为成员酒店提供预订服务的公司。这些公司每年都会印制列举所有成员酒店的目录表,有时还会提供辅助的营销服务。一般来讲,预订公司会花大量的精力和金钱宣传公司的品牌和形象,鼓励旅行代理商和酒店使用中心预订系统。

酒店加入预订公司没有准入要求,例如不要求成员酒店必须达到某一产品等级。预订公司会就每一笔预订业务向成员酒店收取费用。预订系统不会对成员酒店进行集中管理。

(五)会议策划商

某些大型组织机构如大公司和行业协会都设有专门负责会议和旅行策划的部门或个人。这些人负责与酒店及其他旅游企业进行接触、洽谈,构成了酒店的中介机构之一。

另外,也存在独立的会议与展览策划商,它们在合同的基础上为某些组织机构进行会议和展览策划,是一种在展会选址、谈判、预算和促销方面都很有专长的中间商。他们经常与一些能够承办大型会议的酒店联系业务。

(六)全球分销系统

全球分销系统(Global Distribution System,GDS)是20世纪90年代以来迅速发展的大型旅游营销网络,由国际性航空公司分别联合组建,连接酒店、度假村、汽车租赁公司、铁路公司、旅游公司等其他旅游企业,提供航班订位、酒店订房等市场营销综合服务。

GDS是全球性的计算机预订分销系统。通过GDS可以向遍布全球的客户,包括旅行社、在线预订系统和大型公司企业等提供酒店、机票、租车的查询、预订和确认功能。接入GDS有助于酒店与通过GDS预订的旅行社和订房机构建立联系,有机会将自身的产品和服务进行全球范围的分销。

(七)网络订房

随着科学技术的高速发展,互联网迅速成为一种高效的酒店分销系统。互联网作为酒店的销售渠道,具有很多优势,例如它不受时空限制,可以持续营业,可以覆盖全球,可以快速传送营销信息,可以进行多维营销,能将文字、图像和声音有机地组合在一起等。

目前国内常用的网络订房系统有携程旅行网、去哪儿网、艺龙网、途牛旅游网、飞猪网等,行业称为 OTA,即网上旅行社。国外有 Expedia、Booking.com、Hotels.com 等。

酒店与订房网站合作,建立联动销售,打破地域分割,在市场营销资源和旅游服务资源上进行联合,推出双倍积分计划,根据积分的多少,在各加盟企业提供优惠或者免费享受住宿、旅行、餐饮、购物、娱乐等服务。

因此,互联网成为一种很有潜力的销售渠道。大型酒店集团拥有自己的中央预订网络系统,可以发挥自身的品牌优势,进行全球整体促销活动,这就是网络分销渠道的应用。

(八)航空公司和其他交通运输公司

航空公司是酒店的重要营销渠道,航空公司为酒店输送的客源包括飞机乘客、航空机组人员、航空公司组织的包价旅游团或包机游客等。除了航空公司之外,其他交通设施的办事机构,比如出租汽车公司、铁路服务公司、轮船服务公司等,也可成为酒店的营销渠道。

(九)行业协会

行业协会包括旅游协会、酒店协会等,这些机构是为了行业的共同利益而组织的。行业协会允许成员酒店在保留经营权和所有权的同时,利用协会的营销渠道,推广酒店的产品和服务,从而提高酒店的销售额,增加酒店的经营收入。

酒店市场新客源分析

酒店营销的关键是酒店的渠道分销策略。正所谓做生意就是做渠道,怎样在稳固现有酒店营销渠道的同时,增强对客户的吸引力,进而开拓全新的客户群体,提升酒店业绩,是提升酒店营销水准的重要一环。

随着星级酒店的不断兴建,客房数量急剧增加,过去客户需要"过一条江"才能找到称心如意的星级酒店,而今,环顾四周,星级酒店林立,部分社会酒楼的品牌效应已经深入人心。酒店不仅需要应对异常激烈的竞争格局,也需要消化 20 世纪 90 年代星级酒店过度兴建而造成的行业苦果,许多酒店高层对酒店现有的营销普遍感到缺少对策,与此同时,市场竞争逐渐展现出其残酷性,不少酒店的业绩开始出现停滞,甚至开始有下滑的趋势。

就拿××酒店来说,无论从硬件还是软件的竞争角度讲,都无一家可比,这本不是一件坏事,可是长时间这样下去,是否就会成为一个问题?

第一,从可持续发展角度讲,因为本酒店长时间处于养尊处优的地位,容易造成生意垄断,其他一些散客总是订不到房间、包厢,导致他们对酒店的一个根深蒂固的印象就是我们酒店生意太好,基本上房间、包厢订不到。这样的现象对以后酒店的发展必定不利。

第二,对酒店本身讲,因为长时间处于没人竞争的状态下,包括硬件、软件都处于一个消极的状态,就不会不断地提高水平,相反会停滞不前,不进则退这个道理谁都懂。

第三,对酒店的营销来说也是不利的,因为无论是客房还是包厢长时间处于饱和状态,就会麻痹营销的积极性,麻痹管理人员的思想。

然而明后年高星级酒店层出不穷,我们酒店也面临着与很多酒店一样的竞争,那就是优胜劣汰。

酒店营销的关键是酒店的渠道分销策略。正所谓做生意就是做渠道,怎样在稳固现有酒店营销渠道的同时,增强对客户的吸引力,进而开拓全新的客户群体,提升酒店业绩,是提升酒店营销水准的重要一环。

酒店的营销渠道可以分为以下四大部分。

一、旅行社、旅行团队

目前旅行团队在酒店的客源市场上,已经占有了重要的份额。撇开房价不谈,旅行社的团队能为酒店输送大量的客源,无论国内国外都如此。旅行社与酒店的关系可谓相容共生,因为旅行社订房具有数量大、连续性强的特点,故而对酒店入住率的拉动效应十分明显。然而本酒店对该渠道没有好好地利用,当然其中也存在很大的客观原因:一则我们酒店订房弹性较大,经常出现满房状态;二则旅行社也有其不稳定性。在以后的发展道路中,我们要弥补该渠道不足,与旅行社建立良好的合作伙伴关系,是实现良性互动和良好效益的开始。

二、网络订房

酒店营销有许多不同的分销渠道,其实这与客户自身的预订偏好和预订习惯有关。以往,客户喜欢用电话、传真进行预订,也有相当的客户是在旅行社等渠道的影响下进行预订。近来,随着网上订房的兴起,许多客户逐渐开始习惯于网上订房,虽然网上订房的总量仍不大,但增速十分迅猛。目前在国内经济发达地区,网络订房比重已经占到20%左右。网络订房我们饭店也有所发展,目前我们有艺龙、携程、中国航信、阳光旅行网、北京金色世纪、黑龙江世纪凤凰商务服务有限公司、舟山的订房中心等网络合作伙伴,面对竞争激烈的酒店行业,我们要稳固已有的基础,开拓新的网络合作伙伴,这样才能长期立于不败之地。

三、协议客户、大客户

协议客户和大客户是酒店的顶梁柱。很多酒店的主要收入来源是单位协议客户,这部分客户主要是当地重要的大型国有企业、跨国公司以及政府部门,而这部分客源,也是各家酒店争夺的焦点。目前,我们酒店已经和当地两百多家大型单位签订协议。在针对这部分客户的对待上,我们销售人员要积极主动配合客户,并维持关系。对协议客户的拼抢,很大程度上取决于酒店的公关能力,此外,客户到酒店招待客户是否便利,酒店自身的品质口碑,也十分重要。由此可见,在为开拓新市场的同时我们酒店自己也要提高服务水平,做一家名副其实的四星级酒店。在日常营销工作中,我们销售部的主要精力和工作重心,无疑应放在大型协议客户上。以拉新客户为主,维持老客户关系为辅。

四、商务散客

商务型客户开始被很多酒店所重视,他和旅行社客源市场不同,它没有明显的淡季和旺季之分,价格也并不是商务型客户考虑的首要因素,舒适的商务旅途,才是他们关注的首要问题;温馨的入住体验,也是他们追求的目标,所以他们是酒店价格的调节阀。在他们身上,酒店往往可以赚到更多的钱,获得更可观的利润率,如果商务散客比例上升,不仅提升整个酒店的房价体系,还会增强酒店对旅行团队的议价能力和叫板砝码。

所以我们每一位员工只有认真做好本职工作,让客人觉得到我们饭店就好像回家一样的亲切,我们的服务才算到位,我们才能有更多优势与其他层出不穷的高星级竞争,才能留住老客户,开拓新客户。

任务 2　选择酒店营销渠道

一、影响营销渠道选择的因素

影响营销渠道选择的因素很多,酒店在选择营销渠道时只有对下列几方面的因素进行系统的分析和判断,才能作出合理的选择。

(一) 产品因素

1. 产品的价格

一般来说,酒店产品单价越高,越应注意减少流通环节,否则会造成销售价格的提高,从而影响销路,对酒店和顾客都不利。而单价较低、市场较广的产品,则通常采用多环节的间接营销渠道。

2. 产品的性质

由于酒店产品具有无形性、不可储存性和位置不可转移性等特征,使酒店在销售时面临许多困难,所以酒店应该尽量多使用不同的营销渠道来销售其产品。

3. 新产品

为尽快地把新产品投入市场,扩大销路,酒店一般重视组织自己的营销队伍,直接与顾客见面,推荐新产品,同时收集顾客意见。如能取得中间商的良好合作,也可考虑采用间接销售形式。

(二) 市场因素

1. 购买批量大小

购买批量大,多采用直接销售,购买批量小,除通过自设销售处销售外,多采用间接销售。这就是酒店为什么要有专门的销售人员负责向旅行社或大型公司销售其产品。

2. 顾客的分布

酒店市场分布比较集中,适合直接销售。反之,适合间接销售。

3. 潜在顾客的数量

若顾客的潜在需求多,市场范围大,需要中间商提供服务来满足顾客的需求,宜选择间接销售渠道。若潜在需求少,市场范围小,酒店可直接销售。

4. 顾客的购买习惯

顾客的购买习惯有较大的差异,酒店应该根据目标市场的消费习惯有选择地进行营销渠道决策。

(三)酒店因素

1. 资金能力

酒店本身资金雄厚,则可自由选择营销渠道,既可以建立自己的销售网点,采用产销合一的经营方式,也可以选择间接营销渠道。但如果酒店资金薄弱,则必须依靠中间商进行销售和推广,只能选择间接销售渠道。

2. 销售能力

酒店在销售力量和销售经验等方面具备较好的条件,选择直接营销渠道。反之,则必须借助中间商,选择间接营销渠道。如果酒店能与中间商紧密合作,或者对中间商能进行有效的控制,则可选择间接营销渠道。如果酒店与中间商合作不好,就会影响产品的市场开拓和销售效果,则不如进行直接营销。

3. 可能提供的服务水平

中间商通常希望酒店能尽可能多地提供广告、展览、培训等服务项目,为销售产品创造条件。如果酒店无意或者无力满足这方面的要求,就难以达成协议,迫使酒店自行销售。反之,如果酒店提供的服务水平高,中间商则乐于销售该产品,酒店则选择间接营销渠道。

(四)经济收益

不同分销途径中经济收益的大小也是影响酒店选择营销渠道的一个重要因素。对于经济收益的分析,主要考虑的是成本、利润和销售量三个方面。具体分析如下。

1. 销售费用

销售费用是指产品在销售过程中发生的费用。它包括包装费、运输费、广告宣传费、陈列展览费、销售机构经费、代销网点和代销人员手续费、产品销售后的服务支出等。一般情况下,减少流通环节可降低销售费用,但减少流通环节的程度要综合考虑,做到既节约销售费用又有利于酒店产品的销售。

2. 价格分析

在价格相同条件下,进行经济效益的比较。目前,许多酒店都以同一价格将产品销售给中间商或最终顾客。如果直接销售量等于或小于间接销售量,就要多占用资金,增加销售费用,此时间接销售的经济收益高,对酒店有利;如果直接销售量大于间接销售量,而且所增加的销售利润大于所增加的销售费用,则选择直接销售有利。当价格不同时,进行经济收益的比较,主要考虑销售量的影响。

如果销售量相等,直接销售多采用零售价格,价格高,但支付的销售费用也多。间接销售价格低,但支付的销售费用也少。究竟选择什么样的销售渠道,可以通过计算两种销售渠道的盈亏临界点作为选择的依据。当销售量大于盈亏临界点的数量,选择直接销售渠道;反之,则选择间接销售渠道。在销售量不同时,则要分别计算直接销售渠道和间接销售渠道的利润,并进行比较,一般选择获利较多的销售渠道。

克服从众心理 单体酒店如何在竞争中胜出

目前单体酒店在我国酒店总量大约占88%的份额,还是绝大多数,和大集团旗下的连锁品牌酒店相比,因为缺少营销渠道和平台、因为缺少专业团队支持、因为缺少共享供应链的机会成本、似乎显得孤单和无助。近年来资本驱动下的大集团品牌加盟热潮中,不少单体酒店有了找靠山、加盟品牌的动议,不少单体酒店前来咨询,希望得到建议和意见。

建议和意见是相对的,因为每个个案不同。单体酒店的自我定位最重要。

若是新开的、小型的、中低端的酒店,在投资方找不到专业的有经验的经营管理者,可以考虑通过加盟品牌而得到成熟的营销渠道,并建立完整的管理体系,从而融入行业圈。如果品牌方仅提供品牌和系统标准而缺少专业支持,具体的日常的经营管理对于没有行业经验的投资方还是会困难多多,业绩不如人意,因为品牌和系统不是万能的,需要专业团队的营运和管理。

若是新开的、大型的、高端的酒店,在投资方找不到专业的有经验的经营管理者,采用加盟品牌的方法风险很大,新开的、大型的、高端的酒店需要一支成熟的有经验的管理团队来营运,仅仅有品牌是远远不够的,因为品牌加盟模式品牌方一般是不提供管理营运团队的。

还有就是原有品牌老酒店,随着集团资本运作而挂上新买入的品牌,换牌后继续运营,这种方法在换牌老酒店的现实中,效果并不理想。如上海有两家很有影响的老酒店,一家有近80年的历史,在上海外滩地段,目前这家知名老酒店挂上了一个法国中端品牌,除了大堂装饰的较好,客房基本就是经济型标准;还有一家虹桥地区于改革开放初建设的800间客房的大型四星级酒店,也换牌挂上了法国的中端品牌,不说换牌过程的客源损失,换牌后的效果业绩未必优于原来。

对于中高端的有特色的单体酒店,没有必要有从众心理去跟风加盟,加盟后会把原来的特色抹去而变成标准化,而融入行业最不理想的同质化,反而失去竞争力。

目前国内在各地经营成功的不少都是高端单体酒店,它们并不孤单,因为有特色、因为服务优质、因为管理创新。行业还有一种针对单体酒店的第三方联盟:LHW(全球高端酒店营销渠道、宣传运作平台),上海的璞丽在10年前就加入联盟、新开业的宝格利、阿纳迪酒店和新加坡的嘉佩乐也都加入该联盟。还有一个小型精品酒店的全球第三方联盟平台:SLH,北京的怡亨、广州的南岭5号、杭州的玫瑰园等都是会员。这两个全球性的第三方联盟有个共同特点,不是酒店花钱就允许加盟,加盟必须符合条件,每年有严格的质量标准审查,不符合标准的立即取消会员资格。

以上两个第三方联盟和目前大集团连锁推出的品牌加盟很多区别:只提供宣传渠道和销售预订渠道,不要求统一品牌和统一营运管理标准,但有严格的质量评价体系。这样的联盟既为单体酒店提供了全球的平台,又让单体酒店保留各自的特色,同时严格审核质量标准。

有品质的单体酒店,不用从众,做好有特色的自己,提供给顾客有质量的管理和有温度的服务,寻找适合自己的第三方平台(不限于渠道营销,可以是供应商平台),完全可以在市场中赢得自己的存在和地位。在消费升级的当下,越来越多的消费者已经厌倦标准化时,单体酒店的优质个性化产品和服务是赢得顾客的最佳良策。

二、选择酒店营销渠道

酒店营销渠道的选择包括渠道模式的选择和渠道中间商的选择。酒店营销渠道的选择是指选择以直接销售渠道为主,还是以间接销售渠道为主;间接销售渠道又是以长渠道为主还是以短渠道为主(中间环节的多少决定了渠道的长短),以宽渠道为主还是以窄渠道为主(每个环节同类中间商的多少决定了渠道的宽窄);中间商的挑选是在确定了营销渠道的模式后,决定挑选哪一家或哪些中间商。

(一)确定渠道模式

酒店营销渠道首先是要确定采取什么类型的分销渠道,是派营销人员上门营销或以其他方式自销,还是通过中间商分销。如果决定采取中间商分销,还要进一步决定选用什么类型和规模的渠道。

(二)确定中间商的数目

即决定渠道的宽度和长度。这主要取决于产品本身的特点、市场容量的大小和需求面的宽窄。通常有以下四种选择策略。

1. 广泛销售渠道策略

凡是符合酒店最低信用标准的渠道成员都可以参与产品或服务的分销,即尽可能通过不同的甚至相互竞争的销售点或分销商进行销售。优点是使宾客购买方便、可以增加销售量,缺点是由于有大量的中间商,可能使价格偏低,加大酒店控制管理销售渠道的难度。

2. 独家销售渠道策略

酒店在一定地区、一定时间只选择一家中间商来销售自己的产品。独家分销一般双方签订书面协议,规定在这个地区内只对选定的中间商提供产品与服务,而中间商也不能再经营其他竞争性的产品与服务。采用这一渠道有助于酒店控制中间商,监督其改进服务态度,但也相应地影响了顾客购买的方便性。

3. 选择性销售渠道策略

酒店在特定的市场选择一部分中间商来销售本企业的产品,即选择好的中间商,以少数中间商创造大销售量的市场。这种渠道有三点好处:一是有利于两者之间互相配合和监督、共同对消费者负责;二是由于中间商数目较少,酒店和中间商可以配合,更加默契,从而建立密切的业务关系;三是由于酒店与中间商相对固定,因而能增强市场竞争力。

4. 复合式分销渠道策略

酒店通过多条渠道将相同的产品销售给不同的市场或相同的市场,这种分销渠道有利于调动各方面的积极性。

(三)规定渠道成员彼此的权利和责任

在确定了渠道的长度和宽度之后,企业还要规定与中间商彼此之间的权利和责任。包括规定酒店对不同地区、不同类型的中间商和不同的购买量给予不同的价格折扣,提供质量保证和价格保证,以促使中间商积极销售。还要规定结算条件,以及规定彼此为对方提供哪些服务,如酒店方提供各种酒店宣传资料协助促销,中间商提供市场信息和各种业务统计资料等。

三、管理酒店营销渠道

管理酒店营销渠道是指对不同营销渠道进行及时有效的管理。当一家酒店拥有三种以上的营销渠道时,渠道管理的重要性就体现出来了。酒店在选择渠道方案后,还要对中间商进行选择、评估和激励,并根据情况的变化对渠道进行调整。

(一)选择渠道成员

酒店在选择渠道成员时,要有严格的标准,这些标准是根据酒店自身的特点、经营的范围等确定的。总的来说,知名度高、实力雄厚的酒店很容易找到适合的中间商;而知名度低的、新的、中小酒店较难找到适合的中间商。酒店选择渠道成员,与中间商合作销售,要给予中间商合理的销售利润,调动中间商促销酒店产品的积极性。

酒店选择渠道成员之前应注意以下特点:能否接近酒店的目标市场;地理位置是否有利;市场覆盖率的大小;中间商对产品的销售对象和使用对象是否熟悉;中间商经营的商品大类中,是否有相互促进的产品或竞争产品;资金多少,信誉高低,营业时间的长短及经验是否丰富;从业人员的数量多少及素质高低;销售能力和售后服务能力的强弱;管理能力和信息反馈能力的强弱等。

(二)激励渠道成员

酒店在选择确定了中间商之后,为了更好地与中间商合作,进而达到酒店的营销目标,还要采取各种有效的措施,经常激励中间商,调动中间商的积极性。比如通过合作或合伙的方式激励中间商。酒店可将原本的销售佣金依据目标政策做不同比例的分割,再依中间商完成的程度给予不同比例的佣金作为奖励。

激励中间商的方法较多,但使用一定要有针对性。不同的酒店产品选择的中间商不同,激励的方法也有所不同。酒店在与中间商合作中,在发展自身的同时,也要支持中间商的经营工作,从提供产品发展为提供管理、培训人员、加强合作、扩大业务范围,增加酒店对中间商的影响力,从而提高产品的销量。

(三)评估渠道成员

酒店除了选择和激励渠道成员外,还必须定期地、客观地评估他们的工作绩效,看是否达到要求。比如销售完成情况、服务满意度、与酒店的营销计划配合情况等。如果某一渠道成员的绩效水平低于既定标准,则需找出主要原因,同时还应考虑可能的补救方法,及时整改。对工作成绩不达标的中间商要求其在一定时期内有所改进,否则就取消其合作资格。

(四)调整营销渠道

酒店需要随市场环境的变化而改进调整营销渠道,使营销渠道保持活力。调整营销渠道的最终目的是方便客户购买、提高销售额、增加利润。酒店营销渠道调整有三种形式可供选择：增减某一营销渠道中间商的数量、增减部分营销渠道和调整整个营销系统。

1. 增减某一营销渠道中间商的数量

经过运营和监督管理，酒店常常会发现，在同一条营销渠道中，有的中间商营销积极性高、诚信度高、营销能力强、销售数量和销售金额大，是酒店需要的并且要继续鼓励挽留的中间商；而有的中间商营销热情低、营销能力弱、销售数量和金额较低，有的甚至违背合同约定，干扰其他渠道成员。对于经营管理不善、销售不力、难以合作的中间商，酒店可以进行淘汰，中断双方的合作关系。

在经营的过程中，酒店还会发现有的中间商虽暂时未加入酒店的某一营销渠道，但是符合酒店的要求，就会考虑把这类中间商纳入某一营销渠道。另外，有时酒店为了开拓某一新市场，需要选择一个新的中间商，经过调查分析和协商，在双方愿意合作的基础上，可以选定其作为酒店在新市场的中间商。

2. 增减部分营销渠道

在酒店市场营销中，当发现仅靠增减某一营销渠道里的中间商数量效果不佳时，就需要考虑增减整条营销渠道。但是如果对于不符合要求的营销渠道整个裁减，有可能影响产品销售，于是酒店往往在削减现有营销渠道的同时，增加新的营销渠道。

有时，酒店为扩大产品销售，即使不削减现有营销渠道，也会考虑增加新的营销渠道，拓展新的市场，提高酒店产品的销量。无论是营销渠道的加宽或收窄，酒店都要根据实际需要和渠道具体状况而定，主要目的就是要发挥中间商的作用，扩大酒店的市场份额，增加酒店的营业收入。

3. 调整整个营销系统

酒店对原有营销渠道进行全面变革，即放弃旧渠道，构建新渠道。当原有营销渠道功能基本丧失，或酒店市场发生重大变化、酒店经营战略发生重大调整时，都可能促使酒店调整整个营销系统。

任务3　构建酒店网络营销渠道

酒店网络营销渠道是利用互联网提供酒店的产品和服务，以便那些能够使用计算机或其他技术手段的目标市场通过电子手段进行和完成交易活动。作为营销渠道的一种，以互联网作为支撑的网络营销渠道也应具备传统营销渠道的功能。

互联网科学技术在酒店业的广泛应用，以及消费者生活网络化的潮流，使网络营销迅速发展，成为酒店非常重要的营销渠道，促进了酒店市场营销的发展，拓展了酒店市场发展的空间，是当今酒店经营的一个新趋势。构建酒店网络营销渠道，是酒店市场营销的一项重要工作职能。

一、酒店网络营销的重要性

互联网就像一个通往世界的桥梁，它使整个世界变成地球村，使酒店与客户的沟通更自由、更及时、更近距离、更多样化,让酒店市场营销渠道更丰富,使酒店营销覆盖面更广、销售量更大。现代酒店网络营销在整个酒店市场营销中起着举足轻重的作用。

(一)即时获取大量信息

在信息量丰富、实时沟通、市场迅速变化的资讯时代,酒店传统的媒介系统如报纸、户外广告、电视、电台等在传递信息时都显得滞后且受局限。而网络是全球性的,酒店利用网络营销渠道可以加快酒店与消费者之间的沟通与了解,可以即时变更信息并得到快速反馈。

(二)树立酒店形象,赢得顾客信赖

酒店可以通过互联网宣传企业形象,利用多媒体技术,把酒店整体的设施设备、内部环境装饰、各种特色服务等在互联网上动态地表现出来。这种方式比以往的宣传方式更快捷、清晰、全面、利于互动,使无形服务有形化。顾客可以更快、更便捷地了解酒店,而且足不出户便可以在自己的家里或办公室里挑选到适合自己的酒店产品。

除此之外,酒店网络营销规模也反映了酒店的经营规模和整体实力,通过网络可以逐步提高顾客对酒店的知晓度、认可度、信任度和忠诚度。但酒店在宣传的同时,要做到"诚实",酒店发布到网上的图片、宣传资料也要与顾客在酒店亲眼看到的一致,甚至超出他们的期望。

酒店在网上公布的价格要与在其他各个途径的报价保持一致,真正让顾客对酒店产生信任感。

(三)增强酒店市场营销的核心竞争力

首先,酒店的网站是酒店在互联网上的一个窗口,类似于传统名片的作用,是一个比传统的杂志、电视、报纸和其他广告形式更有成本效益的广告方式。酒店集团的网站,可以让客人在网站上看到集团不同区域各个酒店的情况,了解每个酒店的产品及价格信息,进行网上预订,为集团提供的"一站式服务"而感到满意,集团各酒店更是可以达到网上资源共享。

另外,互联网营销对单体酒店的帮助更大。在没有互联网之前,连锁酒店有分布在全球各地的销售网络,有其独立的订房系统,在客源上有一定范围的垄断性,但在整个酒店市场中,单体酒店缺乏竞争力。有了互联网,单体酒店可以通过跟各订房网合作,实现资源共享、利益共享。通过互联网,单体酒店能在面对市场变化时表现得更灵活,能根据市场的变化快速调整应对策略。相对地,连锁酒店虽然有整体的营销模式和策略,能形成轰动效应,但它不可能适合所有的市场,当市场发生变化时,往往不容易即时调整。

(四)方便顾客订房、提高服务质量

网络营销在给酒店带来很多机会的同时,也给顾客带来很多便利,它信息更准确、沟通更便捷、效率更高、成本更低。如果该酒店已经进入全球预订网络系统,世界各地的客户则可以通过网上浏览,马上获取酒店的所有信息,只需打一个电话或者通过计算机"链接"订房网络,就可以完成客房预订等需求。

同时,在进行网络营销的过程中,酒店可以广泛收集顾客的爱好及要求,并对这些信息进行分析,根据顾客需求的变化及时调整产品或服务,为顾客提供个性化服务。在满足个性化消费需求的驱动下,随着酒店对顾客信息的积累,酒店可以针对不同顾客的不同需要,设计、生产个性化产品,实现大规模定制服务,从而更快地提升服务质量。

酒店与OTA的关系走向:价格战仍将持续

酒店对OTA的频繁封杀源于其对核心利益的保护,如果OTA继续挑战酒店的价格底线、抢夺酒店会员并让酒店支付越来越高的佣金,这场战争将成为持久战。

江湖恩怨,恩怨江湖。酒店和OTA就像一对天生的江湖冤家,彼此不可分离,但又有诸多爱恨情仇。伴随着OTA不断做大,对传统酒店行业利益进一步蚕食,后者对于前者的怨念更加深重,于是从2014年开始,酒店频繁封杀OTA,一时间在这片江湖上刀光剑影,血雨腥风。打归打,闹归闹,双方最终依然会在共同利益前提下达成一致,让失衡的天平短暂恢复。但是,这种平衡又能维持多久?怕是一部说不清、道不明的恩仇录。

4月28日上午,华住酒店集团下发通知,称因为去哪儿、艺龙、携程三家擅自违规促销,宣布即日起,在线上线下全面断开与三家中介的合作。不过"硬气"的华住并没有撑多久。4月29日,华住方面则向记者确认已经和OTA和解,产品全部在OTA上恢复预订。其实,酒店对OTA的频繁封杀源于其对核心利益的保护,如果OTA继续挑战酒店的价格底线、抢夺酒店会员并让酒店支付越来越高的佣金,这场战争将成为持久战。

触及价格底线

对于此次与OTA的合作中断,华住的态度显得很坚决。华住在邮件中表态,所有的门店不得与此三家单签任何合作,不得接受此三家中介任何线下订单,否则视为违规操作。与此同时,中断合作的时间从2015年4月28日起至中介价格梳理干净且得到公司认定为止。从言辞来看,火药味颇浓。华住相关负责人对此的解释为,OTA的私自促销或低价违反了协议,打乱了他们的价格体系。

事实上,酒店集团因为低价销售发难OTA已不是第一次。华住、如家、锦江之星三大连锁酒店集团曾经联手,不惜以下架威胁,向几家主要OTA施压,要求停止返现。从2014年的警告到如今的中断合作,华住显然已经丧失了耐心。而如家也曾爆发,与去哪儿撕破脸,将其酒店产品从去哪儿网全部下架,并上演了一轮激烈的口水战。

在OTA看来,通过价格促销或返现很大程度上可以获得客源,快速地拓展市场份额。有数据显示,2014年整个互联网行业用于对消费者的返现总额高达1 500亿美元。而对于酒店而言,OTA以倒贴的方式低于成本价的竞争,触及的是酒店的价格底线。例如,一间底价300元的经济型酒店客房,OTA以15%的佣金或更多去做促销或"返现",可能只卖到255元或更低,这样就打破了酒店自身定价体系。

有业内人士表示,酒店与OTA通常会拟定一个协议价格,只要OTA售卖价不低于这个底线,OTA利润率的高低其实酒店是不太在意的。但若打破了酒店底线,则会一定程度上影响酒店官网价,从而使酒店整体价格出现走低,酒店利益将受到损害。

力保会员体系

OTA带给酒店的痛点不只是威胁到价格底线,还有会员体系的撼动。江苏九洲环宇商务广场管理公司常务副总经理方世宏表示,事实上酒店消费客源的忠诚度并不高,在硬件条件相同的情况下,顾客很容易转去考虑价格优势,而一旦客人养成在OTA上预订的习惯后,酒店直销的客源市场就会转移到OTA,而若消费者产生了依赖性,酒店的会员体系将会成功转化为 OTA 会员。

面对 OTA 对客源的巧取豪夺,酒店业也正从单打独斗向抱团取暖靠拢,以此保住酒店会员体系。铂涛酒店集团与港中旅维景酒店集团举行了会员战略联盟签约,双方将能够直接通过彼此的预订平台预订对方酒店,并享受对应的会员权益和积分政策。这是业内酒店集团之间实现系统互联、会员共享的首次尝试。紧随其后,铂涛酒店集团再度联手数十家酒店和国际酒店品牌,将原有"七天会"升级为"铂涛会",并专门成立独立的会员事业部予以管理。

如家、华住也在押宝"联盟模式"。随着如家推出收费服务平台"家盟",华住提出打造"万店联盟"模式,在会员体系共利的基础上更不惜从 OTA 处"取经",做全方位酒店服务商。显然这些酒店集团"自立门户",是对于不想再受 OTA 的"剥削"作出的反击。而在业内人士看来,和其他酒店的整合会为自身增加流量和潜在会员,会员资源与会员体系作为酒店集团核心竞争力还可以扩大直销渠道订房比例。

高佣金成负担

回溯传统酒店业和 OTA 恩怨情仇不难发现,所有的症结点还是由 OTA 高佣金引发。据华美酒店顾问机构首席知识官赵焕焱统计的数据显示,2013 年 OTA 佣金为 31 亿元,而星级酒店亏损近 21 亿元。有资深酒店人士曾向北京商报记者自嘲,酒店在该年度亏的钱就是 OTA 在酒店的佣金利润。

根据携程旅行网发布的 2014 年财报,住宿业务获得的收入一年增长 45%,达到 32 亿元。这个数字占其全年 72 亿元净营收的 40% 以上。携程一笔订单收取酒店 15% 的佣金,而华住 2013 年的营业利润率只有 6.81%,就酒店来看,在线旅行社与酒店的利益分配并不均衡。

略有资本的酒店方也在通过加速建设直销平台来减少对 OTA 的依赖程度。北京皇家驿站酒店董事长刘少军表示,以其酒店为例,目前 OTA 占酒店预订的份额还是很大,除了国内的 OTA 网站,国外的酒店预订巨头支付的佣金也是很大一笔,现在也正在做 PC 端和移动端预订的一种尝试,未来希望能通过自己建设的预订渠道减少对 OTA 的依赖。

东呈酒店集团则是借微信开展酒店的直销。据东呈酒店集团董事长兼 CEO 程新华介绍,到目前为止,通过微信直销入口预订酒店房间的比例达到 25%,而 OTA 的比例大概只不到 8%。

趋势预测

记者通过多方采访了解到,未来在酒店在线预订领域出现三个明显趋势,包括 OTA 的价格战还将持续,酒店佣金制度面临改革以及 OTA 通过大数据对酒店把控力进一步增强。

1. 价格战将持续存在

OTA 在酒店业务方面的竞争十分激烈,返现、送券等优惠措施持续进行,业内人士指出,价格战是 OTA 在酒店方面竞争中最有效的手段。对此,劲旅网总裁魏长仁指出,目前价格战仍是 OTA 的主战场,"只要条件存在,价格战就是竞争的重要方式"。他说,价格战需满足三个条件,包括存在降价空间、有资本支撑、市场竞争不平衡。

近期,去哪儿网开展的 5 折酒店促销活动,超过 10 万家酒店参与,覆盖全国近 400 个城市,业内人士表示,此举将提前搅动中国在线旅游市场。

2. 佣金模式面临变革

快捷酒店管家和鹰漠旅行开放免佣金酒店平台,酒店佣金的模式出现转变。中投顾问董事、研究总监郭凡礼表示,目前做酒店免佣金平台的是新兴在线酒店预订 APP,对于艺龙、去哪儿、携程等 OTA 巨头而言,威胁尚不大,还没有迫切改变盈利模式的计划,"但今后如果这一模式使 OTA 巨头的酒店资源、客户资源出现大量流失，OTA 巨头将开始展开'反击战'"。郭凡礼说。易观产业创新咨询中心总监李宁对此表示，若有可能，OTA 最需要解决的便是影响酒店和 OTA 合作的佣金问题，不过这建立在 OTA 在未来实现其他盈利模式基础上。

3. OTA 强化酒店资源把控

华住中断与三大 OTA 合作的事情也反映出，酒店资源端的底气越来越足。实际上，近段时间以来，随着酒店大数据的出世，OTA 抢夺酒店资源的战略逐渐明晰。

易观分析师朱正煜指出，大数据不仅可以增加用户的满意度，更重要的是可增加 OTA 与酒店的合作深度和相互依赖度。此外，以争夺用户为主要目标的价格战进行一段时间之后，各大 OTA 的用户增长速度逐步放缓，酒店资源端的重要性日益突出，如何增加对酒店的把控力度，成为 OTA 的重点。"大数据将抢夺用户资源转移到抢夺酒店资源上。"朱正煜说道。

(资料来源：陈杰. 酒店与 OTA 的关系走向：价格战仍将持续. 北京商报，2015-05-05)

二、酒店网络预订系统

订房是酒店的主要业务内容，随着酒店网络营销的发展，网上的订房比例在不断增长，因而网上订房业务也成为酒店业信息化程度的重要标志之一。目前较为常见的酒店网络预订系统有以下几类。

（一）全球分销系统

全球分销系统是 20 世纪 50 年代末由国际性航空公司在开发计算机定位系统的基础上，通过在全球旅行社安装计算机终端来实现的全球即时机位查询和订票的系统。

全球分销系统是应用于民用航空运输及整个旅游业的大型计算机信息服务系统。通过全球分销系统，遍及全球的旅游销售机构可以及时地从航空公司、旅馆、租车公司、旅游公司获取大量的与旅游相关的信息，从而为顾客提供快捷、便利、可靠的服务。

全球分销系统是由于旅游业的迅猛发展而从航空公司订座系统中分流出来的、面向旅行服务的系统。除了原有的航空运输业，酒店、租车、旅游、铁路等公司也纷纷加入到全球分销系统中。经过技术与商务的不断发展，全球分销系统已经能够为旅行者提供及时、准确、全面的信息服务，并且可以满足消费者旅行中包括交通、住宿、娱乐、支付及其他后继服务的全方位需求。

全球分销系统是第一个在国际旅游行业使用的预订系统，并且是全球旅游行业主要的预订系统，酒店预订的占有率为 50%。加入全球分销系统等于直接与全球 50 万家旅行社签订了订房合作协议。许多国际酒店集团纷纷加入到全球分销系统中，提高自己的订房效率。

凡是加入了该系统的酒店，都将获得更大范围、更为紧密的客户群。顾客也可以通过联盟网站查找到酒店的所有信息，直接与酒店预订。全球分销系统具有强大的推广作用，它能在无形中提高酒店在顾客心目中的地位，同时与境外旅行社建立合作关系。

（二）网络订房系统

网络订房系统是酒店营销的预订平台，也叫作 OTA（Online Travel Agency），中文译为"在线旅行社"，是指旅游消费者通过网络向旅游服务提供商预订旅游产品或服务，并进行网上支付或者线下付费,即各旅游主体可以通过网络进行产品营销或产品销售。

国内的 OTA 主要有携程旅行网、去哪儿网、途牛旅行网、艺龙旅游网、同程旅游网、美团旅行、马蜂窝、飞猪、驴妈妈旅游网、号码百事通、旅游百事通,等等。国外的 OTA 主要有 Expedia、Priceline、booking.com、Hotels.com,等等。OTA 的出现将原来传统的旅行社销售模式放到网络平台上,更广泛地传递了线路信息,互动式的交流更方便了客人的咨询和订购。

国内 OTA 时常使用返现红包促销,返现方式即在客人到酒店入住后,以现金或红包的形式对其进行奖励。这种模式使出行者、OTA、酒店三方获利。携程、艺龙和去哪儿便广泛采用返现模式抢占份额。随着格局稳定、话语权增强,携程和去哪儿明显缩减了返现产品比例,目前其返现产品在一、二线城市占比不到 4% 和 2%,但返现幅度较高。相反,同程和艺龙仍大幅采用返现模式,虽然返现幅度不高,但有助于促进其深耕客户多次消费。

为了更好满足用户需求,在线旅游服务商们为用户提供了相当多的新式应用。这些应用主要以多元化、多点式的 APP 客户端为主,应用中包含航班、酒店、旅游产品、攻略、图片分享等各个环节,在产品的使用上进行了大量优化,提升用户体验。2018 年我国在线旅游市场交易规模约 8 750 亿元,相比 2017 年的 7 426 亿元增加了 17.82%。

(三) WDS 系统(Web Distribution System)

WDS 是酒店自己的网络在线营销,主要是酒店在互联网上通过建立网站或网页向公众展示自己的产品和服务,并且开发网上预订业务。旅游者可以通过网络获得所需的产品信息,也可以直接进行网上预订。国际知名酒店管理集团如万豪、洲际、雅高、希尔顿、香格里拉等都建立了这样的预订系统,国内建立这样预订系统的有汉庭连锁酒店、如家连锁酒店、格林豪泰连锁酒店等。

(四) 专门从事酒店订房及销售的企业和组织

它们在世界上许多地方设立办事处和销售办公室,为加入订房系统的酒店推销客房,各酒店则需要支付一定的费用。世界上较著名的有尤特尔国际有限公司、世界一流酒店组织、旅行信息公司、选择酒店订房系统等。

(五) 酒店集团中央预订系统(Central Reservation System,CRS)

国际酒店集团营销网络化的核心战略之一就是建立中央预订系统,它是指国际酒店集团所采用的、由集团成员共享的预订网络。它使国际酒店集团利用中央数据库管理旗下所有酒店的房源、房价、促销等信息,并通过同其他各旅游分销系统,如 GDS(全球分销系统)和互联网分销商连接,客人如需要预订该集团内任何一家酒店的客房,可以通过该集团的任何一家酒店进行网上预订。

国际上一些著名的酒店集团,如假日酒店集团(现属于洲际酒店集团)的 HOLIDEX 预订系统、洲际集团的 GLOBAL Ⅱ 预订系统、雅高集团的 ACOR 订房系统、希尔领的 HIL-TRON 中央预订系统和 HILSTAR 预订系统等,都属于这类系统。CRS 同时也为酒店集团其他营销及管理活动提供数据平台,如常客计划、促销动态等。

(六) 酒店独立网站

酒店建立自己的网站,等于在互联网上为酒店打开了一个窗口。相对于网络订房系统而言,酒店自己的网站可以对酒店设备设施、服务及产品进行比较详尽及个性化的介绍,同时还可以通过网上调查及时了解客户的反馈意见和建议,并接受在线预订。

但酒店网站建立和运营还存在以下问题。

(1) 建设成本高,后期维护、推广费用也高。通过市场上的专业信息网络公司进行整体策划,设置包括酒店首页、酒店概况、网上预订等14个项目的模板,采用Linux平台进行开发及动态信息发布,注册域名及租用虚拟主机,如果与当地几家综合门户网站建立链接,首期就需投入较高费用,以后每年还需投入不菲的维护及广告费,且访问率不会很理想。

在主要的搜索引擎上创建酒店网站的链接是十分重要的,否则没有人知道酒店的存在。如果与国内外著名的综合站点,如Google、新浪等建立链接目录分类和进行搜索引擎登记,则需要高额费用。有调查显示,在搜索引擎列表最前面的酒店能够确保很高的预订率,在第15位之后的预订率则大幅下降,而要将酒店名字排列在搜索结果前几页,费用还将成倍增加。

(2) 回报效果低,投资回收期长。如此高昂的成本费用换来的效果怎样?通过对多家酒店的调查发现,酒店网站的在线网络预订寥寥,且有时客人在网上预订后,酒店并未及时跟进或根本无人关注,经常发生客人到达后没有订单的尴尬状况。所以,大部分酒店网站只能作为酒店的一个宣传窗口。

(3) 网站设计技术落后,忽视网络营销基础工作。许多酒店制作了几个网页,就等客户上门了,很少做网络营销的基础工作。有的网站营销目标不明确,属于纯静态页面制作,主页一般都是几幅图片和千篇一律的文字介绍,几幅图片也不外乎是酒店外观、大堂、客房和餐厅的照片,而且网页更新速度慢,对访问者缺乏吸引力。

三、构建酒店网络营销渠道

通过构建网络营销渠道,可以拓展目标客源市场,提高酒店顾客的忠诚度。保证客源市场,对酒店品牌的发展具有重要的意义。虽然酒店业在不断更新自身的网络营销渠道,但所取得的效果还不明显。

在当今新媒体时代,如何构建和完善酒店网络营销渠道,是酒店必须考虑的问题。建立酒店独立的网站,发挥网络营销的优势,降低对网上预订系统的依赖,是酒店不断开拓营销渠道、提高销售和市场营销的管理水平、建立品牌意识、加强客户资源管理和竞争观念的需要。同时,也能提高酒店的自主定价权和控制权,符合酒店市场定位和营销发展战略。可以考虑以下几种网络营销渠道。

(一) 采用"订房系统+酒店网站"的二元营销模式

订房系统作为现阶段无投入、见效快的方式,应与酒店网站营销相结合,作为营销的有效补充。一方面,客户能通过订房系统很快找到酒店,等于在前期不用花费广告就实现了搜索引擎的功能,另一方面,又能登录酒店独立网站进一步了解更详细的信息,实现网络预订。这无疑是最经济、最高效的模式。

所以,酒店可在建设酒店网站的同时,力争与多家知名网络订房系统(比如Expedia亿客行、Hotels.com、携程、去哪儿、飞猪等)建立合作关系,尽快吸引和培养大批高素质的商务客户。此外,需要注意酒店网站的定价和对各网络订房系统的报价政策和技巧。

(二)酒店网站建设可分阶段进行

在网站建设初期,应以在互联网创建一个宣传"窗口",重点突出酒店的特色和优势,以实现客户和酒店互动的目的。那种认为网页一建成就有大量订房、马上收回投资的想法是不切实际的。所以初期投资不宜太高,以网页设计的特色化和实用性为主,而费用较高的广告链接及推广计划可根据本酒店实际慎重选择或暂缓。在网络订房初见成效、有一定规模和效益之后,再对酒店网站进行后期维护及推广计划投资,如在国内主要的门户网站和搜索引擎上建立链接,保证点击率和访问人数,实现有效营销。

(三)进行全方位、多角度的网络营销渠道管理

网络营销是一种新型的营销方式,没有完美的模式可采用,没有成功经验可借鉴。酒店要在这个领域中取得成功,必须要用科学的手段管理好营销渠道。比如采取"订房系统+酒店网站"的二元营销模式,酒店就应不断地对各营销渠道进行信息沟通和协调,保证酒店在网络营销上的连续性和统一性。等到酒店网络预订达到了一定的规模,有了一定的经营效益,再考虑建立酒店独立的网站,继而投入后续资金实现功能升级和更强大的广告推广,从而逐步降低对网络订房系统的依赖性,最终实现网络直接营销,提高酒店的市场竞争力。

(四)及时更新酒店网络营销信息

酒店有营销优惠活动或者产品信息变动时,要及时更新。若顾客获取虚假信息,要及时制定解决措施。如果已经网络订房却无房可住,可联系附近相同品牌酒店,安排入住。如果是房价或房型出入太多,可根据实际情况进行水果赠送服务或房型升级等。

(五)注重个人体验性

加强个人体验性,可以提高顾客好感度。随着人工智能的发展,国际大型酒店集团已经开始在客房内配备智能化产品。在国内,智能化客房还未得到普及,客房内一些操作流程还是人工完成。在未来的管理中,酒店可以尝试引进智能化客房,使其设计更加人性化。

(六)构建社群化传播途径

对于会员,酒店可以建立社群,在线上时不时发起话题性聊天,定期更新信息,保持活跃度,在线下定期举办聚会或户外活动。酒店可以制定一个会员日,当天有一定优惠。此外,凡是会员预订的房间,可适当做一些个性服务,如折叠小动物放床上、开夜床时赠送礼物或者每天赠送水果等。

四、酒店网络营销策略

酒店网络营销是利用计算机网络技术传递产品和服务的信息,激发需求、影响消费者购买行为的各种活动。由于网络营销是在虚拟的网络市场中进行的,消费者的消费行为发生了很大的变化,沟通渠道也有别于传统的营销,因而对营销策略有了新的要求。

（一）产品策略

在酒店网络营销中，顾客是通过酒店的网站了解酒店产品，如酒店的客房、餐饮等，经过调查分析后，才会作出购买的决定。因此，酒店网站的设计和虚拟客房的建设，是酒店产品策略的关键。

酒店通过网站来吸引顾客，创造网络营销的机会。酒店的网站设计所追求的效果简单地说，一是精致，二是方便，具体应注意以下几点：第一，酒店的主页应能够给顾客比较强烈和突出的印象；第二，网站结构设计合理，层次清楚，顾客应该可以从主页的目录中得知自己应查的方向；第三，网站的内容应全面，尽量涵盖顾客普遍所需的信息；第四，网站的链接应方便浏览，传输速度和图片下载速度快，应注意避免死链接、调不出图形的情况。

顾客在购买产品前，都要对购买的产品进行了解。传统营销中酒店的顾客在预订客房前不可能像其他顾客购买商品一样，先到自己将要预订的客房里参观一下再做决定。而互联网销售可以满足顾客的这种需求。酒店利用计算机和互联网高科技手段营造一间"虚拟客房"，让顾客不仅能够对他将预订的客房有一个全方位的了解，更重要的是可以在"虚拟客房"内设计出自己喜爱的客房，从而真正使酒店客房的有形产品和无形服务达到最佳结合。

酒店开展预订服务，发布优惠活动信息，让顾客能够随时随地了解酒店，便于酒店维护好新老客户。酒店可以根据需要组建自己的短信平台和WAP站点，利用短信平台接受客户的预订服务信息并及时反馈预订情况，或者针对一些老客户的消费积分情况，通过发送短信通知他们能够享受到的一些优惠信息和免费服务。这样既扩大了酒店的销售渠道，又方便了客户，对老客户的维护也更贴切。随着移动通信技术的发展，无线互联网的用户大大增加，酒店通过建立自己的WAP站点，既可以让顾客了解酒店，预订酒店服务，还可以提升酒店的形象和知名度。

（二）价格策略

制定酒店价格策略时，根据每个消费者的价值观制定相应策略。酒店传统营销定价主要考虑酒店成本与市场同类酒店价格。在网络上，消费者购物基本属于理智型，价格是否合适取决于其价值理念，因此酒店要充分掌握消费者的购买信息，顺畅双方沟通渠道。网络营销使酒店产品的开发和促销成本降低，并且网上的价格是公开的，具有一定的透明度，顾客可以从网上查到其他同类酒店产品的价格，因此，价格的制定要合理，并且具有竞争力。

酒店产品的网上价格随时会受到其他酒店的冲击，要建立客房价格自动调节系统，按照旅游的淡旺季、市场供需、其他酒店的价格变动等情况，在计算最大盈利的基础上自动地进行实际价格调整，并且定期提供优惠、折扣等吸引顾客。

（三）促销策略

酒店网络促销是在互联网虚拟市场状态下进行的，连接了世界上的各大网络，聚集了国内外的消费者，融合了多种消费观念，显示出全新的无时间限制、无地域限制的电子时空观。酒店网络促销运用网络传递酒店产品和服务，提供了双向的、快捷的信息传播，有利于酒店与客户的随时沟通，也有利于挖掘潜在的消费者需求，提高酒店的市场占有率。

酒店网络促销策略主要有网站推广、博客（微博）、网络广告、网络公共关系、与旅游中间商合作、网络口碑、网络视频、搜索引擎优化、网站交换链接、电子邮件、电子杂志、网络广告，等等。酒店借助网络广告，将信息辐射到全球每个角落，可以与消费者建立一对一的联系，了解客人的需求，刺激客人对酒店产品的购买欲望。

五、酒店网络营销渠道的发展

（一）重视网络推广，突出个性化设计

一般来说，只在网站投放图片广告、文字链接是传统而常见的网络推广方式。根据数据显示，网络图片广告的平均点击率仅为0.3%，而对于广告内容的选择，据不完全统计，网络用户对数字、优惠词汇、利益信息等的敏感度更高。因此，在酒店页面的设计上应更突出个性化、特色化元素。由于酒店产品是个性化消费品，不同的年龄段、不同的社会阶层的顾客对酒店产品的要求是有差异的。所以，酒店应该针对不同的目标客户群体设计不同的页面风格。

例如，对于价格敏感型的顾客，可以专门设计一个链接介绍酒店价格折扣，以及与其他酒店相比所具有的价格优势，也可以适当地提供一些优惠措施。对于商务顾客则可以专门介绍酒店的设施设备、服务项目、装修风格、地理位置等，推荐酒店的客房、餐饮、娱乐等各种服务项目。当然，对于不同语言、国家、宗教信仰的潜在顾客都可以从语言文字、内容、页面色调、图案等各个方面进行个性化的设计，吸引顾客的注意，使顾客未订房之前，就先感受到酒店给他们带来的亲切感和吸引力。

（二）巧妙设置网络定价，消化库存

酒店产品具有不可储存性，如果在规定的时间内卖不出去，其当天的价值就会自然消失，既失去了营业收入，也失去了营业利润。酒店要加强网络营销的管理，巧妙设置网络价格，通过网络把酒店的产品和价格信息传播出去，打通酒店的销售渠道，拓展酒店的客源市场，尽量减少酒店产品的库存，提高营业额。通过网络营销，拓展更多的潜在顾客群体，培育更多的潜在顾客群体，扩大酒店的市场份额，提高酒店的市场占有率。

（三）线上线下结合，树立酒店形象

近年来，随着携程网、美团网、大众点评网的火爆，看点评选酒店、选美食正成为大众消费的一种时尚。线上的主题推广，线下的实际体验，给消费者带来较强的满足感，鼓励其在线上参与评论。网站上的网友评论实际上是一家酒店的"口碑"和形象，是顾客体验酒店产品后的真实反馈，有比较高的可信度，对消费群体的影响也比较大。

面对日益激烈的竞争，酒店业越来越重视线上的评论。酒店应加强网上产品的开发，并对顾客资源有效利用，做好客户关系管理，提高酒店的知名度和美誉度。

（四）酒店动态信息，提高网络营销效率

同程网对在线旅游预订用户的资讯获取途径进行了追踪。调查显示，有76.05%的被调查者选择通过搜索引擎获取旅游资讯或查询特定目的地的网站，有15.79%的被调查者选择

通过旅游资讯门户网站获得相关旅游信息,而仅有 8.15% 的被调查者选择直接在地址栏内输入网址,获取特定旅游企业的信息。很多酒店在网站建设完成后就置之不理,很少去更新和维护网站信息。实际上,一个活跃的网站将大幅提高其点击率,很多从业者会将促销信息快速地发布给其分销渠道和合作伙伴,却忽略了本网发布。因此,酒店要对网站的信息经常更新、精心维护,才会达到满意的效果。

(五)虚拟与实际相结合,让网络营销更生动

开心网新推出的游戏"开心餐厅"火爆,成为人们议论的焦点。"3D 酒店"借助虚拟技术,提供了数字视频动画,让用户根据自己的喜好自由地在场景中漫游。顾客足不出户就可以身临其境,全方位感受和了解酒店的建筑构造及服务。酒店工作人员可以通过虚拟实景酒店直接和来自世界各地的客人取得联系,客人可以直接"走进"酒店前台预订客房,不仅节约了时间,还节省了人力和物力。虚拟酒店服务人员还可以和顾客互动,参与酒店的在线互动环节,及时推荐新的产品和服务。

案例分析

希尔顿酒店销售渠道采用多样化的模式

(1)中央预订系统:希尔顿酒店配备了免费私人旅行商预订专线,配备 40 个预订员与旅行商接洽,全天提供客房信息,还有通过 sabre、apollo、system one 等的自动订票服务。

(2)中央佣金支付:加入佣金项目的旅行商,希尔顿酒店每两周用佣金支票结算一次,其他佣金是当客人离店 48 小时后结算。

(3)希尔顿酒店直查:它是免费顾客问询和会议预订系统,为顾客提供 24 小时内的客房存量、价格及会议设施信息。

(4)旅行商帮助柜台免费专线:为旅行商提供预订信息服务。

(5)旅行商顾问团:由 9 名旅游业专家及 5 名希尔顿酒店管理人员构成,为公司旅行商项目提供反馈信息,确保酒店与旅行商的关系得到不断的改善。

希尔顿酒店公司对新技术的发展保持高度的敏感性。当他们认为新技术能够给顾客提供更快更好的服务、能够提高酒店的工作效率时,就积极地尝试,将其应用在日常经营中。其中最为典型的是希尔顿的中央预订服务。

1973 年,所有希尔顿酒店统一使用中央预订服务 CRS,这在当时是酒店客房服务的一大突破。1999 年 4 月,希尔顿酒店集团宣布使用新的中央预订系统,该系统耗资 3 000 万美元,使全世界 500 多家酒店连成网络。

1995 年 8 月,希尔顿因特网站开通,希尔顿酒店集团登上了信息高速路,又一次成为酒店业的先锋。希尔顿酒店网站与其他酒店网站相比,提供的住宿信息更为全面和及时。

公司设置网址的最主要目的在于销售。hilton.com 为方便客人订房提供了不少的便利条件。当客人在网上订房时,需要填写一张简单的表格,说明抵离时间、所需房间数、成人小孩数、喜欢怎样的床(包括床上用品)、是否抽烟和承受哪种房价等。

为了避免差错与误解,hilton.com 在"网上订房"栏下另外设有"订房帮助网页",对上述填写内容做了详细的解释。如"成人",说明"一个客房内最多可住 4 名成人,超过一人时可

能加收一定费用";又如"小孩",说明"根据(希尔顿)家庭计划",与父母同居一室的小孩不收房费,对"小孩"的年龄可能有限制,同一房内可以住几个小孩,各地可能不同。

讨论题:

希尔顿酒店的营销渠道模式有哪几种?

复习思考题

1. 什么是酒店营销渠道?
2. 影响酒店营销渠道选择的因素有哪些?
3. 如何管理酒店营销渠道?
4. 酒店网络预订系统有哪些?
5. 如何构建酒店网络营销渠道?

实训项目

实训目的:了解酒店营销渠道。

实训内容:全班分成若干小组,分别在旅行社、携程旅游网、酒店官网、酒店前台预订标准客房一间,比较哪个预订渠道更加快捷、价格最低、服务最好。

实训流程:

1. 根据教学班级学生人数确定小组,每组人数5~10人;
2. 以小组为单位组织收集资料,经过充分讨论后,形成小组的实训报告;
3. 每个小组派代表进行汇报演讲;
4. 教师进行总结和点评。

项目八

酒店促销策略

知识目标

1. 了解酒店促销的概念；
2. 掌握酒店人员促销的技巧；
3. 掌握酒店广告促销的方法；
4. 了解酒店营业推广的活动；
5. 了解酒店公共关系的形式。

能力目标

1. 能够运用人员促销的技巧；
2. 能够运用广告促销的方法；
3. 能够运用营业推广的活动；
4. 能够运用公共关系的手段。

任务分解

任务1　酒店促销认知
任务2　酒店广告促销
任务3　酒店人员促销
任务4　酒店营业推广
任务5　酒店公共关系

酒店市场营销

万豪国际宣布常客计划新名字——万豪旅享家

万豪国际集团1月16日宣布其旗下常客计划将正式更名为万豪旅享家(Marriott Bonvoy),取代已在2018年整合为一的万豪礼赏、丽思·卡尔顿礼赏及SPG俱乐部,继续为会员提供丰厚的礼遇、遍布全球的酒店阵容以及众多精彩体验。万豪旅享家的理念是相信旅行让人生充盈,也让世界精彩丰盛。自2月13日新名字万豪旅享家正式启用起,万豪国际也将在全球市场投入超过数百万美元,展开全媒体营销推广。届时,万豪旅享家将在全球市场包括万豪国际旗下酒店店内、市场营销及销售渠道、网络、移动平台和联名信用卡等平台,以全新的品牌形象与消费者见面。

万豪国际集团全球首席商务官Stephanie Linnartz表示:"万豪旅享家代表着行业革新,它不仅仅是传统意义上的常客计划,更是一个旅行计划,旨在整合万豪国际在全球129个国家和地区的酒店品牌资源,从而为会员提供有关旅行的丰沛灵感并帮助他们追寻和实现个人爱好。"

Linnartz同时还表示:"万豪旅享家使用简洁、大胆和现代的品牌标识,希望能够借此传达给消费者热情好客、积极乐观的品牌精神。自此,我们全球约1.2亿的会员可以用优惠的价格预订酒店,享受非凡卓越的会员礼遇,并通过万豪旅享家专属时刻畅享更多独特且多元化的体验。"

自2月13日起,万豪国际旗下的会员体验平台万豪礼赏专属时刻、SPG专属时刻将整合为万豪旅享家专属时刻。加上提供目的地体验的万豪时刻,会员可以通过购买或会员积分兑换的方式,在全球千余目的地享受超过12万项专属时刻体验——无论是在巴塔哥尼亚冰川享受与心灵对话的徒步,还是在骆驼背上感受神秘的摩洛哥沙漠之旅,又或在越南漂浮村庄泛舟而行,会员都可以通过专属时刻尽享不同风景带来的独特旅行体验。除了当地特色景点游览和户外体验之外,会员更可尽享与名厨Daniel Boulud或Eric Ripert携手,烹饪一顿饕餮大餐与家人朋友享用,又或是与著名橄榄球运动员Jerry Rice在万豪国际大师班上切磋球技等一系列难忘的体验。

2019年,万豪国际将通过一系列全新体验活动让万豪旅享家为会员的旅行体验注入更多激情与灵感。依托与全美大学体育协会(NCAA)、世界一级方程式锦标赛、梅赛德斯AMG马石油车队(Mercedes-AMG Petronas Motorsport)等众多传奇品牌的合作伙伴关系,以及包括奥斯卡、科切拉音乐节、迪拜爵士音乐节、香港国际七人橄榄球赛及世界高尔夫锦标赛-墨西哥站等赞助合作关系,万豪旅享家都将为会员提供一系列精彩非凡的专属体验,创造更多专属福利。

2018年8月18日,万豪国际集团旗下三大常客计划万豪礼赏、丽思·卡尔顿礼赏及SPG俱乐部整合为统一的常客计划。2019年2月13日,万豪国际将启用常客计划新名字万豪旅享家。

通过万豪旅享家,会员可尽情体验万豪国际集团旗下卓越的酒店品牌阵容,从历久弥新的经典酒店品牌到别具风尚的特色酒店品牌,都将为宾客每一次入住留下精彩回忆——在马尔代夫沃木里瑞吉度假酒店的海上别墅恣享阳光与海风,在惠斯勒威斯汀滑雪度假村白雪皑皑的滑雪坡道上感受纯白世界的快意人生;或是在巴厘岛丽思·卡尔顿酒店拥抱宁静避世的沙滩,在迪拜JW万豪马奎斯酒店标志性城市塔楼上鸟瞰城市风情,又或者是入住昔日皇宫,在格瑞提皇宫豪华精选酒店中感受旅途之美。万豪旅享家都将为会员提供别具一格又精彩纷呈的入住体验,以及赚取会员福利的良机。

自万豪礼赏、丽思·卡尔顿礼赏及SPG俱乐部正式整合为统一的常客计划后,会员能够在整合后的系统内实现无缝预订住宿、赚取或兑换积分,会员在整合后的计划下平均每1美元合格消费可赚取多20%的积分,升级也变得更加轻松。

万豪旅享家将为之前的白金卡等级引进两个新名称:
- 入住超75晚的尊贵优越白金卡,将被命名为尊贵钛金卡。
- 入住超100晚,并且累积20 000美元有效消费的尊贵优越白金卡,将更名为尊贵大使会籍。这些会员将享受计划中最高级别的大使服务,帮助其规划旅程,奉上一对一的定制化服务。

万豪旅享家将推出全新的移动体验。万豪国际建议目前使用SPG俱乐部或丽思·卡尔顿礼赏应用程序的会员尽快下载万豪国际手机应用程序,2019年2月13日该应用程序将自动更新成为万豪旅享家手机应用程序。SPG俱乐部和丽思·卡尔顿礼赏手机应用程序将于2月13日停用。

关于万豪旅享家

万豪旅享家是万豪国际集团整合推出的旅行计划。万豪旅享家相信旅行让人生充盈,也让世界精彩丰盛。于2019年2月推出,万豪旅享家正式取代整合后的万豪礼赏、丽思·卡尔顿礼赏和SPG俱乐部。会员可体验万豪国际旗下在全球范围内庞大的酒店阵容并轻松赚取及兑换积分,更推出拥有约120 000项独特活动的万豪旅享家专属时刻,为会员提供众多的全球旅行灵感,令旅行体验更出彩。成为万豪旅享家会员,畅享高品质服务。统一的积分单位,更轻松地赚取积分及兑换奖励,使用Chase或美国运通卡享更多优惠。当会员通过Marriott.com直接预订酒店时,可以享受会员专属价格以及免费使用WiFi或高速WiFi,还可通过万豪国际官方手机应用程序使用手机登记入住和退房功能、手机客服功能,并在提供移动入住体验的酒店体验智能手机房卡功能。

任务1　酒店促销认知

一、酒店促销的概念

酒店促销是指酒店通过各种传播媒介,向目标顾客宣传介绍酒店产品和服务项目,帮助顾客认识酒店产品带给他们的利益,从而引起顾客的兴趣,激发顾客的购买欲望和购买行为,说服或吸引顾客购买其产品的活动。

促销实质上是一种沟通活动,促销在酒店的最初经营活动中是从信息的传递开始发展起来的。酒店在对消费者的潜在需求进行调查分析的基础上,把最能激发消费者进行消费的信息以一种适当的方式传达给目标消费者。

促销作为酒店与市场联系的主要手段,包括多种活动,其中重要的有人员促销、广告促销、营业推广以及公共关系等诸多内容。酒店促销的目的就是能使酒店的供给量与市场的需求量趋于一致和平衡。

促销是以最小的投入,获得最大的经济效益。酒店需要对各种不同的促销活动进行有机的组合来形成促销计划。各种不同的促销活动的有机组合被称为酒店的促销策略。

当酒店出租率不高时,酒店为了提高自己产品的出租率或是客房的使用率,其营销人员可以采用人员促销、广告宣传、营业推广、公共关系等诸多特殊促销手段来增加产品的销售量。

反之,当顾客对酒店的产品需求量过大时,甚至已经超过了酒店接待量时,酒店为了保证正常的经营运转,其营销人员可以通过减少广告宣传、降低人员促销量、减少销售渠道等手段来控制顾客对本酒店产品的需求。

二、酒店促销的作用

在现代的市场营销活动中,促销比早期的商品推销更为重要。早期的产品推销,其作用仅限于直接地促进产品所有权的转移,而现代促销的作用不仅可以说服市场上的潜在顾客去购买产品,还在很大程度上刺激了顾客多种需求的产生。企业潜在的顾客不断形成,使促销变得更加重要。

归纳起来,酒店促销有以下几个方面的作用。

1. 传递产品信息

促销最基本的作用是向目标顾客传递信息。酒店通过促销活动,及时将产品信息传递给目标市场、中间商、现有顾客以及潜在的顾客,引起他们的广泛关注。通过信息的传递,把顾客与酒店联系起来,扩大酒店产品的知名度,树立酒店在顾客心目中的形象。

2. 刺激市场需求

酒店通过各种各样的促销活动,加深顾客和中间商对酒店产品的认知,唤醒顾客的需求,激发顾客的购买欲望,达到促销的目的。酒店促销的作用就是向顾客和中间商介绍产品和服务,展示给他们合乎潮流的消费模式,提供满足人们生存和发展需求的承诺,从而唤起人们的消费欲望,使潜在的顾客转变成为酒店的顾客和消费者,创造出新的消费需求。

3. 突出产品特点

在市场竞争激烈的情况下,多数酒店的产品都大同小异,其差别有时非常细微,难以被消费者识别。这时,酒店可以通过促销活动,宣传自己的产品区别于竞争酒店的地方,强调产品的差异化,突出产品的特点,从而使消费者认识到本酒店的产品会给顾客带来某种特殊的利益和享受,加深顾客对本酒店产品的印象,并发自内心地愿意去接受酒店的宣传,进而购买酒店的产品。

4. 稳固市场地位

由于市场竞争和酒店内外环境变化,酒店的销售量难以保持稳定,形成曲线式的波动,有时甚至还会产生大幅下滑的情况。这时,酒店应该有效地实施促销活动,及时地作出市场反馈,调整对策,使更多的顾客对本酒店的产品和服务产生购买动机,从而稳定酒店的产品销售,扩大酒店市场份额,巩固酒店的市场地位。

三、酒店的促销组合

(一)酒店促销组合的构成要素

酒店的促销组合是指酒店为达到一定的销售和促销目标,将各种促销方法进行配合,以实现最佳的促销效果。这些方法包括各种形式的广告、包装、展销会、销售传单、销售信息以及宣传报道等。这其中,最为重要的就是人员促销、广告、营业推广、直销和公共关系。酒店的这几种促销方法也都有着自己的优点与不足。

酒店的促销组合的确定,必须严格按照促销市场调查所确定的关键要素,并且充分考虑各种相关因素的影响,强调其有效性和可行性。

(二)酒店促销组合策略

酒店促销组合的策略有很多,最常用的有以下几种策略。

1. 推式策略

推式策略也称从上而下式策略,是指以人员促销为主、辅之以上门的营业推广活动以及公关活动等,是把酒店产品推向市场的促销策略。表现在销售渠道中,即每一个环节都对下一个环节主动出击,强化顾客的购买动机,说服顾客尽快地采取购买行为。这一策略需要大量的销售人员,适用于生产者和中间商对产品前景看法一致的产品。推式策略风险小、促销周期短、资金回收快,但其前提条件是必须有中间商的共识和配合。

推式策略常用的方式有:派出推销人员上门推销产品,提供各种售前、售中、售后服务来促销等。

2. 拉式策略

拉式策略也称从下而上式策略,是指以广告宣传和营业推广为主,辅之以公关活动来进行,通过创意新、高投入、大规模的广告轰炸,直接诱发消费者的购买欲望,由消费者向零售商、零售商向批发商、批发商向制造商求购,由下至上、层层拉动购买。

在市场营销过程中,由于中间商与生产者对某些产品的市场前景常有不同的看法,很多新产品上市时,中间商往往因过高估计市场风险而不愿经销。在这种情况下,生产者只能先向消费者直接推销,然后拉引中间商经销。

拉式策略常用的方式有:价格促销、广告及展览促销、代销、试销等。

3. 推拉结合策略

在通常情况下,企业也可以把上述两种策略配合起来运用,在向中间商进行大力促销的同时,通过广告刺激市场需求。在"推式"促销的同时进行"拉式"促销,用双向的促销把商品推向市场,这比单独地利用推式策略或拉式策略更为有效。

4. 创造需求策略

创造需求策略就是酒店根据自身的优势或特点,举办一些独具特色的项目或活动,诱发消费者购买,从而为酒店创造出新的需求。这一策略在酒店原有市场需求的基础之上,引导顾客和潜在顾客去购买酒店的产品。一般来说,对于处于旅游淡季的酒店,或是一些不太知名的酒店,都比较适合采用这种策略。比如,酒店可以通过举办店庆、独特的饮食文化节、艺术表演等活动吸引顾客,当然,这种策略也要有效的人员推销作为必要的辅助。

(三)影响酒店促销组合的因素

1. 产品的特点与性质

酒店的产品是一种具有综合性质的产品,它包括吃、住、购、娱等方面的内容,这就要求酒店的营销管理人员对待不同的酒店产品要采用不同的促销组合。比如,对于价格比较低的、人们比较熟悉的、比较简单的酒店产品就可以选用以广告宣传为主、其他为辅助的促销组合;对于多数人不熟悉的、比较复杂的而且价格比较昂贵的酒店产品,则选用以人员推销为主、其他为辅的促销组合。

2. 市场状况

酒店针对不同的市场状况,比如不同的市场区域、不同的竞争程度、不同的供求变化等,应该采取不同的市场促销组合。对于规模比较大的,而且相对集中的市场,酒店往往可以采用人员推销的方法,或用广告和文字进行宣传。

当市场竞争处于高峰期时,酒店可以同时使用多种促销手段发起销售攻势,可以同时利用推式和拉式策略。而当市场竞争处于缓期时,酒店最好只采用拉式策略这一种手段进行促销。

3. 酒店的特征

在考虑促销组合时,酒店必须要从自身的实际情况和特征出发进行选择。酒店的特征是指酒店的规模、市场覆盖率等。酒店与酒店之间特征的差别决定了它们所使用的促销组合是不一样的。一般来说,大多数的中小型的酒店财力有限,销量范围狭窄,就应该采用人员推销为主的方式;规模比较大的酒店,销量范围比较宽广,财力比较雄厚,可以广告宣传的方式为主,并面对更多的细分市场。

4. 酒店产品的生命周期

酒店的产品在处于生命周期的不同阶段时,酒店相应的促销策略也应该有所不同。在酒店产品的导入期,由于新产品刚刚上市,多数的消费者对其不了解,广告宣传和销售促进的联合使用可以使消费者加强对该产品的了解和认识。

在酒店产品的成长期,酒店如果想继续提高或是增加自己产品的市场占有率和竞争力,最好采用人员促销的方法,以此来代替广告宣传和销售促进的联合使用,以降低酒店的成本与费用。

在酒店产品的成熟期,由于市场上竞争对手增多,酒店为了和竞争对手抗衡,同时保护已有的市场占有率,稳住自己的客源市场,最好采用一些销售促进手段,比如赠送赠品、以折扣的形式鼓励顾客重复购买等,来巩固自己的地位。这样的促销手段要比单纯的广告宣传更为有效,因为这时候的顾客已对酒店的产品留下了较为深刻的印象,即使需要广告,也只是一些提醒式的宣传即可。

在酒店产品的衰退期,酒店应该把自己的促销规模降到最低的限度,以此保持酒店有一定的营业利润。在这时期,酒店可以将宣传全面停止,人员推销也应该降低到最少,只是留下一些少量的广告来提醒自己曾经的顾客即可。

5. 酒店顾客对促销方式的接受程度

酒店的顾客对于不同的促销方式的态度是不同的。例如,有的顾客由于工作等原因没有时间关注电视广告,根本不相信广告的宣传;有的顾客认为一对一的人员推销是一种浪费时间的表现等。总之,每个顾客都有自己的习惯和接受程度,酒店必须根据他们的心理特点采取不同的促销方式,以便让他们顺利地接受推销信息。

6. 酒店的促销预算

酒店在制定促销策略时,还要受到自己酒店所允许的促销预算的限制。一般来说,在酒店的预算费用少时,就不要刊登大幅广告,而是采用一次性花费较少的促销方式,对市场进行缓慢、逐步渗透,比如雇用少量精干的营销人员等。

任务 2　酒店广告促销

一、酒店广告的概念

酒店广告是指酒店通过各种大众传播媒体如电视、广播、报纸、杂志等,以支付费用的方式,向酒店的目标市场中的顾客和公众传递酒店的信息,展示酒店的产品和服务,引起他们的关注和认知,刺激他们的消费需求,诱发他们的购买动机,最后实现他们的购买行为,达到酒店促销的目的。

酒店广告通过各种媒介对顾客进行引导、劝说、提醒,目的在于推销酒店产品和服务,树立酒店形象。所以,广告是酒店付费使用媒介物的宣传报道活动,它是以直接、明显的手法向现实、潜在的市场传递信息的一种手段。构成广告的先决条件是酒店付费和使用媒介物。

酒店广告是酒店促销过程中最受重视和运用最广的促销策略,是酒店和顾客之间的一座桥梁。酒店广告能够激发消费者的兴趣,促进顾客的购买欲望,树立酒店的形象,提高酒店产品和服务的知名度和美誉度,它的作用是长期的,有时甚至是潜移默化的。

二、酒店广告的作用

酒店广告在酒店行业的应用越来越广泛,其作用主要表现在以下几个方面。

(一)树立酒店市场形象

酒店的市场形象体现为酒店的经营理念、管理模式、服务文化、品牌标志、信誉品质与店容、店貌、产品特征等内外因素的统一。通过广泛的广告宣传,赢得顾客及公众的认知、认同和赞誉,才能把握并开拓市场、创造更有效的机会。

酒店形象的塑造和宣传是相辅相成的,良好的品质和真诚的努力本身就是最好的宣传,而有效的宣传又是形象得以塑造的必备手段。各种广告媒介和宣传策略的巧妙应用,都有助于提高酒店的知名度和美誉度。

(二)宣传酒店产品和服务

酒店通过介绍性的广告宣传,主动向市场提供有关酒店产品和服务的信息,刺激公众和潜在顾客的消费需求。在市场竞争激烈的环境中,酒店采用劝说性的广告,运用说服的方式,改变顾客的看法,鼓励他们购买酒店的产品和服务,或者造成他们主观上对酒店产品和服务的偏爱。

(三)提醒顾客购买产品

在产品生命周期的成熟期阶段,酒店通常使用提示性的广告,设法保持酒店产品和服务的知名度,提醒顾客使用酒店产品和服务,保持顾客对酒店的不断记忆和印象,吸引更多的回头客,既让老顾客不要忘记了曾经使用过的酒店产品,也让新顾客认识酒店产品,唤醒他们潜在的需求意识,进而产生购买的行为。

(四)平衡酒店淡旺季销售

酒店通过广告效果,可以引导顾客改变自己的购买时间。在旺季,酒店可以不做或者少做广告,避免过分刺激市场的需求,造成酒店无法接待。在淡季,酒店可以通过广告宣传酒店的产品和优惠价格,刺激市场的需求,改善酒店在淡季营业收入下降的状况。

(五)提高酒店产品竞争力

酒店利用广告的作用,抵消或者削弱竞争对手促销活动的影响,叫作"夺势广告"。酒店通过广告宣传,压倒竞争对手的宣传攻势,突出酒店产品和服务的特色,强调酒店的优势,巩固酒店的市场地位,保持酒店的市场份额,防止酒店销售量下降。

三、确定酒店广告目标

广告目标是指在一个特定时期内广告要达到的目标。酒店广告要收到较好的效果,必须有的放矢。从广告所要达到的具体目标看,一般有以下三种类型。

1. 告知型广告

告知型广告即酒店利用广告媒体告知顾客该酒店所提供的产品的价格、渠道、特色、服务项目、购买地点等。在新产品投放市场前后,酒店广告一般为告知型,目的是让顾客对酒店新产品有一个初步认识。一些刚开业的酒店一般都打出诸如"×年×月×日,××酒店隆重开业,×折酬宾,欢迎惠顾"之类的告知型广告。为提高广告的吸引力,告知型广告可通过突出服务项目、服务特色等内容来加深顾客的印象。

2. 劝导型广告

劝导型广告多用于酒店产品成长期,用于说服购买、说服偏好转移、消除顾客顾虑、改变顾客态度、树立品牌形象。此时市场竞争趋于激烈,酒店为显示特长,突出比较优势以区别于竞争对手,必须强化顾客对酒店产品的购买意愿,其目的在于唤起顾客对该酒店产品的选择性需求。需要注意的是,劝导型广告本意是要显示比较优势,绝不能过分夸大其词,否则适得其反。如某酒店的广告"无与伦比的金碧辉煌、无与伦比的服务、无与伦比的享受",极尽夸张之词,而顾客入住后却感到失望。

3. 提醒型广告

提醒型广告是为了保护顾客对酒店产品的记忆和连续购买,通过广告活动提醒顾客在特定的时间使用酒店的产品,多用于在成熟期和衰退期的酒店产品,对于已有一定知名度的产品较为适用。提醒型广告是要保持产品较高的知名度,提醒顾客需要,提醒新老顾客关注,保持酒店产品形象。特别是在酒店经营的淡季,更要提醒顾客重复购买。

四、酒店广告的类型

酒店广告大致可以分为以下几种。

1. 产品导向型广告

产品导向型广告主要是宣传酒店产品的特色,强调酒店产品的优势,以及较之竞争对手的不同之处,让顾客充分认识到酒店产品和服务的价值。

2. 顾客导向型广告

顾客导向型广告较少强调产品,重点关注顾客的需求、顾客的兴趣和偏好等。采用顾客导向型广告,要能够迎合顾客的消费观念和价值取向,按照顾客的需求和个性化的特点,提供受顾客欢迎的产品和服务。

3. 企业形象导向型广告

企业形象导向型广告是要建立酒店鲜明的企业形象,提高酒店的品牌知名度,并使之区别于其他同类酒店,在顾客心目中留下深刻的印象。企业形象导向型广告适用于新开业的酒店,以及大型的酒店集团。

4. 市场定位导向型广告

市场定位导向型广告主要是为了确定酒店企业和酒店产品在目标市场上所处的位置,使酒店的产品有别于竞争对手的产品,吸引目标客户和潜在客户的注意,取得目标市场上的战略优势。

五、广告媒体的选择

广告媒体是指广告信息的传递工具。按广告宣传对象的不同可分为视觉广告和听觉广告。视觉广告媒体有印刷品广告、电子媒体广告、户外广告、直接邮寄广告、POP 广告、互联网广告等。

(一)印刷品广告

印刷品广告包括报纸广告、杂志广告、画册广告、交通工具时刻表广告等。

1. 报纸广告

报纸是新闻报道的主要工具,酒店可利用报纸作为主要的广告媒体。报纸广告的表现形式多样,如文字、插图、漫画、摄影等形式。报纸广告具有以下优势:覆盖面广,读者稳定,传递灵活迅速;具有新闻性、可读性、知识性、指导性和记录性;便于保存,可以多次传播信息,制作成本低廉等。

报纸广告的局限是:报纸以新闻为主,广告版面不能居突出地位,广告有效时间短;广告的设计、制作较为简单粗糙,广告照片、图画运用少。一般来说,报纸广告的版面大致分为以下几类:跨版、整版、半版、双通栏、单通栏、报眼、报花等。酒店可根据自身需要选择以上版面做广告。

2. 杂志广告

杂志广告是指利用杂志的封面、封底、内页、插页为媒体刊登的广告。杂志不以刊登新闻报道为主,具有很强的知识性、娱乐性和专业性,目标群体相对明确、稳定,有较高的文化水平。

杂志广告的优势是:阅读有效时间长,便于长期保存;内容专业性较强,有独特的、固定的读者群。同时杂志广告也有其局限性:周期较长,不利于快速传播,时间性、季节性不够鲜明。

酒店广告应选择旅游类等专业性杂志做广告。内页广告应充分发挥画面的艺术表现力,信息内容可几乎全部通过画面来体现,文字要少而精。

(二)电子媒体广告

电子媒体广告包括电视广告、电影广告、电台广播广告、电子显示大屏幕广告。

1. 电视广告

电视是一种兼有听觉和视觉的广告媒介,是集图像、色彩、声音于一体的广告媒介。电视广告的优势有:覆盖面广泛,形象生动;形声兼备,视觉刺激强,能重复播放;收视率高,收视效果佳,插于精彩节目的中间,其广告效果是其他广告媒体无法相比的。

电视广告的局限性也很明显,主要是电视广告制作成本高,电视播放收费高,广告对象缺乏选择性;瞬间消失,无法长时间保留,企业通过电视做广告的费用很高,小型企业无力选择。

2. 电台广播广告

电台广播是一种听觉媒介,不受空间距离限制,是一种大众化的广告媒介。电台广告是指利用无线电或有线广播为媒体播送传导的广告。电台广播广告具有以下优势:电台广播广告传收同步,最快最新地传递酒店产品信息;重播频率高,听众层次广泛;广告制作费低。广播广告的局限性是只有信息的听觉刺激,而没有视觉刺激,只有声音效果的广告不容易引人注意。

(三)户外广告

户外广告是指那些在交通要道、旅游点、商业中心、机场、车站、码头等地做的广告。主要包括路牌广告(或称广告牌,它是户外广告的主要形式,除在铁皮、木板、铁板等耐用材料上绘制、张贴外,还包括广告柱、广告亭、公路上的拱形广告牌等)、霓虹灯广告和灯箱广告、交通车厢广告、招贴广告(或称海报)、旗帜广告、气球广告等。

户外广告的优势主要表现在:信息传播范围广泛,行人可随时看到并反复接触,保留时间长,费用低。它的局限性主要是内容选择局限性大,人们对广告内容不能仔细研读,广告接受对象选择性差。

（四）直接邮寄广告

直接邮寄广告是通过国家邮政服务的渠道或者通过快递传播广告信息，供应给消费者或用户广告中所推销的酒店产品。邮寄广告或快递广告内容包括产品目录、产品说明书、宣传小册子、明信片、挂历等。

邮寄广告是广告媒体中最灵活的一种，也是最不稳定的一种。邮寄广告的优势主要表现为：一是选择性强，由于直邮广告的信封上写有接受者的姓名，接受者会认为是"专门"为他服务的，且接受者一般收到这类广告较少，因此较容易接受广告的内容；二是所受限制少，酒店可根据自身实际情况需要，安排直邮广告的时间、对象、广告措辞、色彩、纸张等，并可在直邮广告中随寄预订单、折扣券等，便于接受者作出购买决策。它的局限性主要是因收信人的通信地址易改动，易造成浪费。

（五）POP 广告

POP 为英文 Point of Purchasing Advertising 的缩写，译为售点广告、即售货点和购物场所的广告。POP 广告是指在一切购物场所（商场、百货公司、超级市场、零售店、专卖店、专业商店等）内、外所做广告的总和。

POP 广告的种类就外在形式的不同分为立式、悬挂式、墙壁式和柜台式四种，就内在性质的不同分为室内 POP 广告和室外 POP 广告两种。室内 POP 广告是指酒店内部的各种广告，如柜台广告、货架陈列广告、模特儿广告、圆柱广告、空中悬转的广告、室内电子广告和灯箱广告；室外 POP 广告是指酒店门前和周围的 POP 广告，包括门面装饰、酒店招牌、橱窗布置、活人广告、招贴画广告，以及广告牌、霓虹灯、灯箱和电子显示广告等。

（六）互联网广告

互联网的兴起为酒店的广告宣传打开了新的通道，酒店可以在互联网发布各种信息。消费者可以借助检索工具迅速找到所需要的酒店信息。常用的互联网广告形式有旗帜广告、图标广告、文字链接、电子邮件广告、新闻组、网上问卷调查等。

网络本身是一种很有潜力的广告载体，它具有传统媒体广告无法比拟的优势。一是交互性，它可以使消费者随心所欲地选择自己感兴趣的广告信息，而且传播快速，发布和接收基本同步；二是广泛性，互联网的全球性使发布的广告也是全球性的；三是针对性，可以分析网站访问者的喜好，以精确定位投放广告；四是易于统计性，互联网广告的发布次数和效果均有技术手段可以精确统计。

（七）其他广告

其他广告是指除了以上几种广告之外的媒体广告，比如馈赠广告、赞助广告、体育广告，还有包装纸广告、购物袋广告、火柴盒广告和手提包广告等。

六、酒店广告预算

广告的高额成本是酒店使用广告促销方式所面临的一个难题。有效控制广告成本、进行科学的预算管理将直接影响酒店促销效果的好坏。广告预算决策主要是要权衡广告费用的投入量以及由此带来的广告效益。酒店在决定广告预算时要弄清两个问题:一是酒店目前在哪个阶段经营,二是酒店的销售与广告支出是否成正比。

对于需要进行普通形象宣传或者逐渐创立品牌的促销目标来说,选择投入长期广告,即概念型广告;而对于针对酒店季节或竞争对手而增加销售的促销目标来说,则选择短期广告,即销售型广告。销售型广告是实现企业促销目标、获得收益的重要手段。无论哪种类型,酒店都要结合自身具体情况,综合运用长期和短期广告,从广告载体、手段及信息等方面确定广告投入。

七、酒店广告设计

广告设计是影响酒店促销活动成败的关键环节。在信息爆炸的时代,酒店企业要想争取和保持消费者的注意力,广告的设计只有具有独创性、艺术性和吸引力,才能迅速得到目标受众的注意和接受。一个成功的广告应该是诉求和形式两方面的有机结合,体现广告的创意性。

(1)信息的诉求。广告的诉求也称为主题、创意、独特的销售主张等,是说服受众对广告的观念或思想作出有利反应的一种手段。酒店在确定广告诉求时,必须结合情感号召与理性介绍,一方面考虑顾客需求是什么,通过互动、情感性信息编辑来设计广告内容,另一方面,向顾客提供理性的立体化信息,消除购买中的疑虑和担忧,应对突发问题,找到产品和服务与顾客之间感情契合点。

当诉求与顾客心智产生共鸣时,顾客才能有积极的反应。信息诉求包括理性诉求和情感诉求两种。理性诉求是从顾客需求出发,强调产品或服务的特性,以及拥有或使用该产品所能带给消费者的利益。理性诉求立足于顾客的切身利益,在旅游者出行决策的过程中起着不可替代的作用,尤其是购买阶段。情感诉求是通过直接作用于目标受众的情绪、情感等,形成或改变旅游者的品牌态度。这类广告不会直接宣传产品或服务带来的好处,而是渲染一种气氛,表现某种情感,从而引起受众共鸣。

香格里拉酒店集团全新品牌形象广告

2010年夏天,香格里拉酒店集团在全球隆重推出其全新制作的品牌形象电视广告。广告主题为"至善盛情,源自天性",广告创意大胆、风格前卫,一改普通酒店广告不厌其烦地介绍酒店豪华设施的陈旧套路,在不呈现任何酒店场景镜头的情况下,传达了香格里拉独特的服务理念,将酒店想要表达的价值观以及定位"间接"传达给受众。这支广告传达了香格里拉在过去40年里所恪守的独特服务理念,证明香格里拉成为亚太地区最佳豪华酒店集团实至名归。

由奥美和国际知名商业导演布鲁诺 Aveillan 设计创意,该广告将观众的视线带入极端的自然环境,只为传达一个简单而普通的真理——至善真诚,莫过于对陌生人送上无微不至的关怀。广告外景选在积雪覆顶的雪山上,故事由一个迷路的旅行者在寒冷的暴风雪中苦苦寻找一个落脚点展开。同时推出的还有展现蓝色海洋中人与海豚嬉戏,和一只美丽的天鹅沉浸在神秘奢华世界里的场景,将观众带入一种自然和谐的意境。

香格里拉酒店集团这种独辟蹊径的品牌理念将打破人们对酒店行业的固有认知,为香格里拉在全球范围内提升品牌价值起到关键作用。

(2)信息的形式。信息内容是诉求,要解决"说什么",而信息形式则侧重于"怎么说",也就是信息的结构和表现形式。广告的最终目的是通过某种方式来赢得目标市场的注意和兴趣。

因此,酒店或广告代理商必须结合所利用的信息媒体特点,寻找一种有效的信息表达方式,完成促销目标。广告设计就是创作广告画面来表现广告主题思想、勾画广告意境,展现广告文案的过程。酒店广告信息侧重利用生活片段、生活方式、虚拟幻境、环境与氛围、专家名人效应以及多感官刺激等表达方式。

此外,酒店广告文案作为广告设计中举足轻重的组成部分,其结构主要包括标题、标语、正文和附文四个部分,其中标语作为对酒店产品和服务价值的简洁凝练、生动形象的信息设计,在促销中发挥着重要的作用。

世界著名酒店广告语

Howard Johnson——Go anywhere. Stay here. 不管您去哪里,请在这里停留。

Days Inn——The best value under the sun! 天下最划算的地方!

Kempinski——The access to success. 成功之道。

The luxury Collection——Collect the world's experience! 精选世界的风采!

Westin——Explore & Experience! 探索,体验!

W Hotels——Well, Hello there! W 酒店,欢迎您!

ACCOR——We built smile! 我们创造微笑!

Suite hotel——Suite hotel. A new way of hotel living. 一种新的酒店生活方式。

Novotel——Contemporary hotel concept convenient for business and leisure. 方便、休闲的现代商务酒店。

Hilton——Travel is more than just A to B. 旅行不仅是 A 地到 B 地。

Conrad——The luxury of being yourself! 做高贵的你!

Holiday Inn——Be yourself. 自在自我。

Marriott——Thinking of you! 全心为你!

Harbor Plaza——A Experience to Remember! 一次值得记住的经历!

Best Western——Our worldwide standard for service and amenities. 我们国际化的标准服务为的是您的满意。

(资料来源:迈点网.)

八、酒店广告效果评估

广告效果的评估是指运用科学的方法来鉴定广告的效益。广告效果包括三个方面:一是销售效果,即广告的经济效益,是指广告促进酒店产品或服务销售的程度和企业的产值,酒店营收利润的情况等;二是沟通效果,即广告的心理效益,是指消费者对广告的心理认同程度和购买意向、购买频率;三是社会效果,是指广告是否符合社会公德和价值观,是否寓教于销,有利于物质文明和精神文明。

任务3 酒店人员促销

一、酒店人员促销的概念

酒店人员促销是指酒店派出专职或兼职的营销人员,通过与顾客的直接接触推动酒店产品销售的促销方式。酒店人员促销可以与目标顾客直接进行双向交流,不但有利于宣传推介酒店产品,还能够迅速得到来自顾客的信息反馈,这是酒店经常用到的一种促销方式。

二、酒店人员促销的特点

酒店人员促销是市场营销的一种主要方式,通过营销人员与客户见面,介绍酒店产品,激发顾客需求,引起顾客购买欲望,同时还可以了解顾客的需求,针对需求提供产品和服务。

酒店人员促销有以下特点。

1. 信息传递的双向性

双向的信息沟通是区别其他促销手段的重要标志。在促销过程中,促销人员与顾客直接对话,可以面对面地观察对方的态度。这样一方面,可以了解对方的需求,并运用适当的方法和语言解答顾客的问题,排除顾客的顾虑,达到促进产品销售的目的。另一方面,促销人员要把从顾客那里获得的产品信息反馈,以及可能对产品的意见和建议,及时上报酒店,以便酒店及时采取有效措施,更好地满足客人的需求,取得良好的营销效果。

2. 促销过程的灵活性

在人员促销过程中,买卖双方直接联系,现场洽谈,灵活互动,反应迅速。促销人员要根据顾客的态度和反应,把握对方的心理,从顾客感兴趣的角度介绍酒店产品,吸引顾客的注意。同时,要及时地发现问题,进行解释和协调,抓住有利时机促成顾客的购买行为。但要注意的一点是,即使未能成交,促销人员也要与顾客之间建立和保持良好的人际关系。

3. 促销目的的双重性

在人员促销活动中,促销人员不仅要通过交往、沟通、讨价还价,将产品卖出去,还要通过宣传、答疑、微笑、参谋、承诺来促使顾客愿意购买,并使顾客在购买过程中获得满意和满足。因此,人员促销不是单纯意义的买卖关系,它一方面要推介酒店、推销产品,另一方面还要满足顾客需要,建立同顾客的情感友谊和良好关系,形成长期友好的合作,维系住稳定的客源,以利于开展"关系营销"。

4. 满足需求的多样性

人员促销满足顾客的需求是多种多样的：通过促销人员有针对性地宣传、介绍，满足顾客对商品信息的需求；通过直接销售方式，满足顾客方便购买的需求；通过为顾客提供售前、售中、售后服务，满足顾客在技术服务方面的需求；通过促销人员礼貌、真诚、热情的服务，满足顾客消费心理上的需求；最重要的还是通过产品的使用效能来满足顾客对商品使用价值的需求。

5. 人员促销具有选择性和针对性

在每次销售之前，可以选好具有较大购买可能的顾客群体进行推销，并有针对性地对未来顾客作一番研究，拟订具体的促销方案、策略和技巧等，以提高促销成功率。这是广告促销所不及的，因为广告促销往往包括许多非可能顾客在内。

6. 人员促销具有完整性

促销人员的工作包括从寻找顾客开始，到接触、洽谈，最后达成交易。除此以外，促销人员还可以担负其他营销任务，如售后服务、了解顾客使用后的反应等。人员促销包括售前、售中和售后服务的所有环节，具有完整性。

三、人员促销的基本形式

1. 试探推销

推销通常是初次接受顾客，是销售人员经过认真的信息分析和市场预测之后，进行的试探性拜访。一般是在较小的地理区域内，对潜在顾客进行短时间的访问。访问的目的不一定是要马上促成购买，而主要是为了收集客户信息资料，或是证实已获得的信息，以便日后制订销售方案，进行后续的促销访问。这种方式多用于开发潜在的市场，联系新客户。由于试探性销售的时间短，可以不需要预约，因此具有一定的冒险性。

2. 公关拜访

公关拜访是指促销人员对酒店固有顾客进行的礼节性拜访，这类访问的对象是已经成为酒店客户的公司或者个人，其目的主要是征求顾客的意见，加强酒店与顾客的感情沟通。许多酒店特别将公关拜访安排在节假日或重要日期，并给客户赠送礼品。

3. 预约推销

预约推销是指销售人员对客户进行预期的访问。由于之前双方已有过接触，这类客户一般是打算购买酒店产品，但是需要同促销人员进一步确定细节。因此，促销人员除对本酒店的产品了如指掌外，还要对客户可能的要求有所估计。预约推销的时间性很强，因为关系到双方的利益，气氛也比较严肃，要求促销人员必须做好充分准备。

4. 展示推销

展示推销是促销人员向顾客介绍产品，并证明顾客利益的商洽过程，通常是在前期访问后进行。促销人员可以借此机会充分施展公关才能和促销技巧。这类访问常依托视觉性材料及其他辅助性宣传品，呈现的内容一般都是一些新产品和新项目。因此，无论是对新顾客或者老顾客，多采用主动上门拜访的形式。良好的呈现效果往往一次很难成功，促销人员必须善于创造机会,争取展示推销的连续性和完整性。

5. 店内促销

店内促销是指顾客主动来酒店进行有关合作的咨询访问。由于店内促销的偶然性,促销人员可以实际地向顾客展开实地销售,必要时可以宴请招待,争取顾客的信任和好感。店内促销的成功概率比较高,有时可以获得直接预订。

四、人员促销的任务及步骤

(一)人员促销的任务

1. 探寻市场

作为酒店促销人员,应该积极寻求机会,挖掘和培养新顾客,创造需求,开拓新的市场。促销人员首要的任务是不间断地寻找企业的新顾客,包括寻找潜在顾客,吸引竞争者的顾客,积聚更多的顾客资源,这是市场开拓的基础。

2. 传递信息

酒店促销人员要及时向顾客传递有关酒店产品和服务的信息,为顾客提供购买决策的参考资料。

3. 销售产品

促销人员应该积极地与顾客联系,展示酒店产品与服务,解惑答疑,竭力促成交易。

4. 收集情报

酒店促销人员在销售过程中还要收集情报,反馈信息。促销人员要传递酒店的各种信息,说服和劝导顾客购买酒店产品。在信息传递的过程中,关注顾客对酒店产品的信息反馈,主动听取顾客对产品与酒店的意见和建议。

5. 服务

酒店促销人员应该为顾客提供信息咨询、技术指导、售后回访等服务,以赢得顾客的信任。

(二)人员促销的步骤

一般来说,酒店的人员促销包括以下几个步骤。

1. 寻找顾客

促销人员有很多种办法来寻找顾客,如地毯式访问法、连锁介绍法、个人观察法、广告开拓法、市场咨询法、资料查阅法等。寻找顾客的目标是找到潜在顾客。潜在顾客是指既可以获益于酒店推销的产品,又有购买能力的个人或组织。

2. 访问前的准备

(1)筛选顾客

促销人员在访问客户之前,要做好充分的准备,明确客户的需求,了解客户的背景,提高访问的成功率。促销人员可以从平常收集的公司资料、新闻报道等材料中选择适当的潜在顾客,根据近期酒店的销售目的选取,列出重点顾客、普通顾客名单。绝对禁止对访问的公司或其他顾客一无所知就盲目上门拜访。

(2) 做好计划

对于重点客户和比较大的客户、现有顾客和新顾客,都要做好访问计划,明确访问的目的,制定访问路线,确保访问达到促销目标。

(3) 准备资料

包括顾客档案资料、酒店简介、酒店宣传册、特别推广单、图片册、价格表、销售访问报告、名片、记事本、酒店产品介绍、送给顾客的酒店纪念品等。

(4) 确认见面时间、地点

确定访问时机也很重要,如正赶上顾客出差、开会或工作繁忙,就不宜上门造访。

(5) 准备洽谈提纲

在走访顾客之前,促销人员必须就讨论问题、促销内容、促销方式等关键性问题列出提纲,做好准备,不能毫无准备便随意访问顾客。

3. 走访顾客

(1) 建立良好形象

酒店促销人员走访顾客时,需要给顾客良好的"第一印象",包括自然的微笑、清楚的称呼、热情的握手、精练的介绍、得体的着装、合适的开场白等,争取尽快地被顾客接纳。

(2) 做好讲解与示范

酒店产品有一些是无形产品,促销人员难以向顾客现场实物展示,就需依靠图片等材料进行讲解和示范来吸引顾客。促销人员应熟记酒店资料,在传送酒店宣传资料的同时,介绍酒店产品,以得体的言辞将自身产品的优势介绍清楚。也可先与顾客讨论,再根据顾客的不同特点采用不同的讲解示范方法。促销人员应注意多倾听顾客的意见和建议,了解顾客的需求,解决顾客的问题,找到适合不同顾客需求的卖点进行促销。

(3) 注意细节

走访顾客时,促销人员要注意相关细节,例如,对于顾客的接待表示感谢,注意控制谈话时间、谈话内容及谈话方式,对于客人的投诉或谈话的重点内容做好记录等。

4. 处理异议

酒店促销人员在向顾客销售时,顾客有时会提出不同意见。有的顾客甚至已作出了购买决定,还会挑剔产品、服务、价格等方面的"毛病",以此要求促销人员提供更多的优惠。促销人员因此要善于应对各种反对意见。首先,要耐心倾听顾客的意见或者不满;其次,对本酒店所提供的产品要心中有数、要有信心,把顾客的反对意见看成是"常态",甚至可把反对意见看成是顾客对酒店感兴趣的另一种折射;最后,向顾客做详细的解释以解除顾客的疑虑和异议,千万注意不要直接反驳,最好是列出现象让顾客自己得出结论。

5. 达成交易

促销人员要能够捕捉时机,把客户的购买愿望转化成实际购买行为。要学会辨别来自购买者的交易信号,包括身体行为、声明、评论以及问题等,也要善于使用促成交易的方法,例如重复合同的要点、帮助对方填写预订单、提出给对方价格折扣和优惠等。

6. 售后服务和维护

促销人员在授权范围内代表酒店与顾客签约后,并不等于促销工作的结束。促销人员要把有关信息传递给顾客,并把交易情况通报给酒店,以便各部门齐心协力准备好为顾客服务。在激烈的市场竞争中,酒店特别重视对"回头客"的争夺,因此,一笔交易的达成,还意味着新一笔交易的起点。交易达成后,促销人员必须保证交易合同的完全履行,确保顾客满意。在整个交易完成后,还需要撰写访问报告并建立客史档案,这也是极其重要的后续工作。

五、酒店人员促销技巧

销售人员在销售时,要明白一个观点:我们不是在向顾客销售房间或餐厅,而是在向顾客提供舒适、享受、豪华的服务,在向顾客提供一段愉快的经历。对于不同价格的客房,应强调其不同的设施和服务,报价格时可以采用先报基本房价,再加服务费,再加税额,不要只报总价格,给人不合理或价格太高的感觉。也可采用"三明治"报价法,即依据一项一项服务报价,而不是先报总价。

对于不同的客房,要说明其优点和缺点,不要掩盖缺点,更不要欺骗顾客。但缺点要一带而过,详细地说明其优点,如套房要强调豪华舒适、便于社交商务活动、有气派,靠近走道或电梯的客房强调进出方便,无窗的客房强调其清静和安全等。

推销附加服务。顾客白天入住时,可以介绍康乐中心的服务项目、美容厅、桑拿及餐饮服务。顾客夜间入住可以介绍房间用膳服务、娱乐服务项目、餐饮特色项目等。

争取每一个顾客。详细介绍酒店的产品和服务,陪同顾客参观房间及营业场所和各种服务设施,让顾客身临其境,深刻地感受,才便于选择。对性格内向、不善言辞的顾客要耐心介绍,实事求是地提供信息,帮助对方决策;对于有主见的顾客,介绍完毕后让他自己考虑并做决定。

向顾客销售时,要察言观色,要看销售对象的特点,根据顾客的需求来介绍。生动描述酒店产品的优点,介绍能够给予顾客的方便和利益,还有附加的心理方面的满足感,这样会取得较好的效果。

在销售中,要避免讲"我不知道,让我查一查"等不确定的话,这会让顾客感到促销人员业务不熟。要尽快记住顾客的名字,称呼客人的名字,会使顾客感到亲切。

下面介绍"几招"具体的销售技巧。

1. 招徕

先介绍酒店产品和服务的特色,再介绍价格,即使因顾客感到价格太高,而采取低一档的价格,但前者的特点或服务也会在顾客心中留有印象,以后也会愿意尝试一下。有时,顾客在比较了价格和服务之后,还会重新选择前者。这是招徕产生的影响。

2. 吸引

带顾客参观、试用各种档次和规格的客房、餐厅及服务设施,或让顾客品尝某些菜肴和点心,使顾客依依不舍,无法拒绝。顾客品尝了美味食品,或受到温馨典雅环境的吸引,对价格也就不那么关注,这就是一种吸引的策略。

3. 包围

在接待顾客时,将接待逐步升级,先是销售人员出面,然后是销售部经理出面,再是销售总监出面,最后是老总出面。使对方感到受到极大的重视。

4. 滚雪球

利用长住顾客或 VIP 顾客的口碑或影响,提高酒店知名度,扩大客源队伍。

许多酒店的商务顾客或散客是由长住顾客介绍进来的,这一比例高达 25%。酒店的长住客或常客成为酒店义务推销员,起到了积极的作用,所以酒店要定期或不定期地拜访长住客或常客,关心他们,节假日时给予问候或邀请他们参加节庆活动。

六、店内推销

店内推销即全员推销,是营销的基础保证。店内推销的优势如下。

第一,店内推销是面向已有的住客或者顾客进行的促销,对内总比对外容易和方便。

第二,店内推销不需要专职人员,从总经理到清洁工,从前台到后台,人人都可参与。酒店所有员工都是产品义务推销员,只要把积极性、主动性调动起来,再适当地掌握一些方法和技巧,就会形成强大的推销实力。

第三,内部推销不需要专门的经费投入,它不像广告、公关等要有专项的预算,经费开支大。店内推销是在完成本职工作的同时,不失时机地、恰到好处地推销,只需多一些灵活多变的方法、语言和形式。因而是成本最低、见效最快的促销手段。

第四,店内推销没有时限性,一年 365 天,每天 24 小时,随时都可进行。店内推销做好了,是外部推销的继续和深入,也是外部推销的基础和保证。内部推销取得成效的关键是优质服务,只有优质服务才会令顾客满意,才能让顾客乐于消费、多消费、再次消费。店内推销还取决于酒店内部竞争、激励机制的建立健全,从上到下要树立全员营销意识,对在店内推销方面成效显著的个人或部门实行奖励。

任务 4　酒店营业推广

一、酒店营业推广的概念

营业推广又被称为销售促进,是指企业利用各种短期诱因鼓励消费者购买本企业产品或是服务的一种促销活动。它是与人员促销、广告促销和公共关系促销相并列的企业四大促销手段之一,是构成企业促销组合的一个重要方面。

酒店营业推广就是指酒店为了鼓励顾客购买酒店产品,刺激顾客的消费,提高酒店销售量,扩大市场占有率所采用的一种促销活动。酒店营业推广的目的是吸引顾客,特别是在推出新产品、新服务时,吸引新顾客。

二、酒店的营业推广的特点

1. 不规则性和非周期性

酒店的营业推广活动不像广告、人员促销和公共关系那样以一种酒店的常规性活动出现,反而是酒店的一种短期的和临时的促销工作,其着眼点往往在解决一些比较具体的促销问题。

2. 灵活多样性

酒店营业推广的促销方式很多,比如特种价格促销、价格保证、互惠、义卖、优惠券等。这些方式各有其长处和特点,可以根据酒店所经营的不同的产品和服务的特点与所面临的不同的市场营销环境,灵活地加以选择和运用。

3. 短期效果比较明显

一般来说,酒店只要营业推广方式选择得比较适当,其效果往往可以很快在经营活动中显示出来,而不像广告、公共关系那样需要一个相对较长的周期。因此,营业推广最适合完成酒店短期的具体目标。

三、酒店营业推广的作用

随着旅游业的迅速发展,酒店的数量越来越多,酒店之间的竞争也越来越激烈。因此,酒店除了继续增强广告、公共关系和人员促销之外,还必须要利用营业推广的方式,鼓励顾客购买酒店产品,扩大酒店的市场占有率。

1. 酒店营业推广有效加快新产品进入市场

当市场上的消费者还没有对酒店刚刚投放到市场的新产品有足够的了解,还没有作出积极反应时,酒店可以通过一些必要的促销措施,为自己的新产品打开销路。

比如酒店可以让顾客免费试用产品,或者免费体验酒店的服务,以此吸引顾客对新产品的关注,提高顾客的兴趣,激发顾客的消费欲望。再比如,酒店可以采用搭配出售的方法,把新推出的产品与其他价格较低的老产品搭配起来进行销售,利用原有的顾客网络扩大自己的新产品市场。

这些方式都可以使顾客感到自己通过购买产品享受到了利益和满足,进而激发他们对酒店新产品的购买热情。国际酒店业的发展过程说明,这种方式对酒店的新产品进入市场是行之有效的。

2. 酒店营业推广有效反击对手的促销活动

当酒店的竞争者进行大规模的促销活动时,本酒店要积极采取有效措施,否则就会失去酒店所拥有的市场份额。酒店的营业推广是在市场竞争中抵御和反击竞争者的有效武器。

在这方面,酒店有很多的营业推广工具可以选择,比如采用优惠券的方式来增强酒店经营的同类产品对顾客的吸引力,从而稳定和扩大自己的顾客群体,更好地抵御竞争者的入侵。又如很多酒店采用消费累积的方式,促使自己的顾客增加消费的数量,提高购买的频率。

3. 酒店营业推广有效刺激顾客的购买

当顾客在同类酒店产品中进行选择、作出购买决定时,酒店要及时运用促销手段,达到促销的目的。比如,酒店可以向顾客或潜在顾客赠送一些挂历、台历、笔记本和纪念品,在上面印上酒店的标志、名称、电话和地址,传递酒店产品的信息,引起顾客对酒店的好感,促进酒店产品的销售。

4. 酒店营业推广有效影响中间商的交易行为

酒店企业应该在销售自己的产品和服务的同时,保持好与中间商的关系。取得他们的合作是十分关键和重要的,因此,酒店常常会采用一些促销方式,使中间商作出有利于自己的经营决策。

比如,酒店可以通过向中间商提供购买批量产品时的较大折扣,或提供类别顾客的折扣,以及利用销售竞赛的方式,劝诱中间商更多地购买酒店产品,同酒店保持稳定的购销关系。另外,酒店可以主动帮助中间商培训他们的员工,以便改善其经营管理的水平,还可以给他们一些优惠或是帮助,确保他们可以为酒店带来更多的客源。

5. 酒店的营业推广增强酒店整体促销效果

酒店在采用其他的促销手段的同时,往往可以考虑伴随以营业推广手段。例如,酒店的公共关系和人员促销往往都采用赠送宣传品和优惠券的手段,营业推广活动中也可以同样使用这种手段。另外,酒店还可以直接向自己的员工进行营业推广,从而激起他们的工作热情。

四、酒店营业推广的方式

酒店的营业推广主要是针对消费者和酒店中间商进行的,由于两者之间的需求有一定的差异,所以酒店在进行营业推广活动时,也应该注意在方法上有所不同。酒店的一般顾客比较关注自身消费的利益,而中间商则比较注重自己经济利益的获得。

(一)价格优惠

当酒店产品的价格成为激发顾客购买行为的主要因素时,酒店使用几个优惠的方法往往会取得比较好的效果。目前,很多酒店都在自己的经营淡季或是特殊时期推出优惠的价格项目,从而招徕客源。这种以价格取胜的方式可行性比较强,对于酒店的顾客或是中间商都有比较大的吸引作用。

(二)奖券和抽奖

酒店所推出的奖券和抽奖都是用来刺激顾客进行购买的诱因。作为奖券,酒店可以把它附载在报纸、杂志以及宣传材料中,或是通过邮寄直接寄送给顾客。酒店还可以将奖券在顾客消费时就赠送给他们,以求在第一时间内去刺激他们的再次购买和消费欲望。

酒店抽奖的形式多种多样,目前在美国和欧洲有许多的酒店就采用一种幸运抽奖的方式,即凡是在本酒店消费的顾客都有机会参加这种抽奖活动,一旦顾客中了奖,他们就可以获得一些酒店提供的实物或是一次免费的服务作为奖品,以使他们更进一步地接近酒店的产品,并在此过程中获得身心的愉悦。但是,酒店在举行抽奖活动时,一定注意要实事求是,不能出现只抽无奖的情况,这样会使顾客产生反感。

(三)提供酒店的产品样品

有时候,酒店可以让一些顾客先试住或是品尝自己的产品,再向他们收取费用,或是进行大量的销售。其实这也是酒店的一项很有竞争力的高招,这种方法对帮助顾客了解酒店、消除顾客的顾虑有很大的作用,尤其对鼓励中间商和酒店大型宴会办理者的购买是十分有效的办法。

(四)退款和折扣

给予没有得到满意服务的顾客以全部或是部分的退款以及折扣,是使顾客对酒店产品质量充满信心的一种保证,也是酒店吸引顾客的一大有利条件。比如,美国的酒店规定,如果顾客送洗的衣物没有在规定的时间内洗好并送回,酒店将不得收取顾客的洗衣费用;再比如,如果在酒店餐厅内,客人所点的菜肴没有在规定的时间内送到,这桌客人就将免费享有这顿佳肴。这种方法对个人或是少数的消费者,是行之有效的。

(五)优先照顾

酒店对待某些特殊的顾客,比如贵宾、重要客人、酒店俱乐部成员、长期客户等,可以实行一种具有个性的特殊服务。酒店可以为他们优先订房,定期地给予他们特别的礼品,或是赋予他们在酒店内部就可以将支票兑换成现金的特权等。

(六)红利

酒店为了刺激中间商的购买积极性,有时也可以采取销售分红的形式,使之可以与酒店共享一定比例的利润。酒店通过这种红利形式,将自己与中间商的利益紧紧地结合在一起。

(七)鼓励重复购买

这是酒店对经常下榻在本酒店和与酒店有长期业务关系的客户所给予的各种优惠以及激励的方式,以提高顾客对本酒店的忠诚度。例如,在美国有很多酒店对曾经购买过本酒店产品六次以上的顾客给予特殊的荣誉,其中包括按照其特殊的要求来安排房间,以及在其所用的客房用品上面绣上姓名,以供其专用。另外,还有些酒店按照顾客住宿的天数来累计分值,给予他们十分丰厚的奖赏,以刺激他们对本酒店产品的持续购买。

(八)酒店俱乐部

酒店举办俱乐部是稳定自己客源的一项有效的手段。世界上酒店俱乐部的形式多种多样,比如健身中心俱乐部、高级管理人员俱乐部、秘书俱乐部等。顾客参与进来,既可以是以一种消费的形式,也可以是以一种被酒店给予优惠或是奖赏的形式。酒店通过为俱乐部的成员提供优质的服务,来提高他们对本酒店的忠诚度,并争取使之成为自己酒店的常客。

(九)特殊活动

举办各式各样的酒店活动,在顾客的心目中形成"活动中心"的形象,是酒店进行促销的又一形式,也是酒店促销活动的一大优势。现在一些酒店大搞酒店食品节、酒店店庆、夏日消暑节、啤酒节、烧烤节,以及针对白领女性的健康保健节等,活动内容层出不穷。这样,酒店就可以利用这些机会来扩大自己的影响,增加自己的销量。

(十) 赠送礼品

向顾客和中间商赠送特别的礼品是酒店加强与顾客感情交流和联系的有效途径,它也是酒店的一种促销手段,能够使这些礼品的接受者更加了解酒店,并对酒店留下深刻的印象。

酒店的赠品并非是越贵越好。作为酒店的一种宣传品,它是一种带有酒店明显标记的物品,该物品应该可以达到宣传酒店形象和产品的目的。比如,印有酒店名称或标志的公文包、胸针、T恤衫等。

五、酒店营业推广的目标

酒店营业推广的目标就是以多种方式刺激和鼓励与酒店有关的单位、个人和酒店消费者,广泛地开展业务活动,使其能产生较快的、较强的反应,并加速其购买酒店产品和服务的过程。

(一) 酒店针对消费者的营业推广

营业推广是酒店企业向自己的顾客直接实行的一种促销手段,是酒店通过一系列的方法,鼓励顾客试用酒店的新产品,进行连续的购买,同时去吸引其他有意购买同类产品的顾客等。其具体的做法有折价赠券、赠送样品、现金折扣等。

(二) 酒店针对中间商的营业推广

针对酒店的中间商,酒店营业推广的目标一般要促使中间商持续地经营本酒店的产品和服务,提高他们的购买水平和自己的销售额。

1. 价格折让

酒店中间商的生存经济条件就是一种进销差价的积累,因此,如果酒店可以给他们提供一定的折扣与优惠,就一定可以刺激他们的大批量购买。

2. 销售竞赛

销售竞赛是酒店刺激和鼓励批发商或是中间商及其销售人员积极地推销本酒店的产品和服务,并对购买额大、展销活动影响大、本期比上期购买量比例增加大的进行奖励。

3. 合作广告

对于中间商所做的广告宣传,酒店可以给予他们一定的"广告折扣"或是直接支付给他们一些广告宣传费用。此外,酒店还可以采用赠送赠品的形式来刺激中间商的大量购买。

(三) 酒店针对销售人员的销售推广

针对销售人员的销售推广是指酒店鼓励自己的销售人员多成交、多发展新的客户,大力地去推销自己酒店的产品和服务,以刺激酒店的非季节性销售和寻找更多的潜在消费者等。采用的方法主要有给员工利润提成,开展促销竞赛、培训等。酒店力求通过这些措施来刺激自己的促销员工全心全意地为酒店销售产品。

六、酒店营业推广的决策过程

酒店在制定其营业推广策略时,需要考虑很多复杂的因素,而且要经过一系列的环节才可以制定出一个优秀的营业推广策略,酒店的决策过程越深入、细致、全面,才越有可能保证酒店营业推广获得良好的效果。

一般来说,酒店的营业推广决策过程需要经历以下的一些环节和内容。

(一)选定市场目标

通常,所选定的目标市场要与酒店的整体目标市场保持一致,但是有时候,酒店也会有自己具体的营业推广的目标市场。因为对酒店总体目标市场的各个部分而言,不同的促销方式具有不同的接触能力以及效果。所以,明确酒店营业推广的具体目标市场应该是酒店进行这项决策的第一个环节。

(二)设定酒店的具体营业推广目标

这种目标应该是非常具体的、有针对性的,最好可以细致到明确酒店的这次营业推广活动到底要完成什么样的指标。

(三)策划酒店营业推广的主题

这是一个对酒店创造力进行挑战的重要环节,主题的选择将直接影响到酒店营业推广工具的选择。一个好的酒店的营业推广主题可以起到对外增加销售,对内唤起员工工作热情的双重作用。

(四)选择适当的酒店营业推广的工具

酒店对于不同的营业推广对象、不同的营业推广目标,应该选择适当的营业推广的工具。酒店的每一种营业推广的工具都有自己的特点,要在比较之后谨慎地作出选择,在仔细分析、认真研究的基础上大胆地创新,想出各种各样的营业推广来。

(五)制定酒店营业推广的预算

营业推广固然可以促进酒店产品的销售,增加酒店对顾客的吸引力,但是,采用这种促销手段也增加了酒店的促销费用。酒店必须要权衡促销成本和经营效益之间的得失。常用的方法有三种:第一,参照上期的费用来制定酒店本期的促销费用,这种方法比较简单易行,但是必须充分估计到各种情况的变化给酒店带来的影响;第二,比例法,根据其占酒店总促销额的比例来具体确定营业推广所需的费用,再将预算的总费用分到各个推广项目中;第三,总和法,即先确定酒店营业推广的各个项目的费用,然后再将它们的费用相加得到总费用预算,其中,各个营业推广的项目的费用就已经包括优惠成本和实施成本两部分。

(六)选择酒店营业推广的支持媒体

任何一家酒店都必须谨慎考虑采用一种最佳的途径来实施自己的营业推广。例如,一张要送给顾客的酒店优惠券,既可以在酒店内部发放,又可以通过邮寄送给顾客。如果酒店选择在酒店内部发放,虽然其推广的费用较低,但是只能将优惠券发给到现实的顾客手中,市场宣传的覆盖面就小了许多;如果酒店选择将优惠券邮寄出去,就可以吸引自己潜在的消费者,扩大自己酒店的市场覆盖率,但是其实施的费用也会相对较大。这就需要酒店根据不同媒体的普及程度和费用支出加以权衡,作出最佳的选择。此外,酒店有很多的营业推广活动要借助广告来加以推动,还需要酒店对广告的选择进行一些相关的决策。

(七)制定一个酒店营业推广的时间表

一般来说,酒店的营业推广活动多数是临时性的,其短期的目的十分明确,因此,酒店必须有一个十分详尽的时间安排表。酒店营业推广活动的时间安排必须要符合酒店整体经营策略的安排,选择最佳的市场机会,并且应该有适当的持续时间。如果时间太短,还没等到购买浪潮形成就已经曲终人散,一定不会有很好的促销效果。相反,如果营业推广的时间太长,不仅费用上升,还极有可能会给消费者造成一种误解,认为这不过是酒店的一次变相降价,失去了酒店最初设计营业推广时的吸引力,甚至会影响到消费者对本酒店此后发动类似活动的反应,产生"狼来了"的反面效应。因此,酒店的营业推广时间既要安排得有"欲购从速"的吸引力,又要避免草率行事。这种时机的掌握,可以通过以往的经验进行仔细的分析。

(八)酒店要进行全员的培训

酒店的一次大规模的营业推广活动可能会需要酒店内部各个部门的配合。在营业推广活动之前对全体员工进行培训,可以增强他们对酒店这次营业推广活动意义的理解,明确相应的服务要求,从而消除营业推广过程中酒店各部门之间的摩擦和行动的误差。

(九)酒店营业推广的控制

在进行酒店营业推广的活动中,管理人员要随时了解活动的情况,对营业推广工作进行评估,把营业推广的效果与营业推广的目标进行对比,找出差距,对不足地方加以改进,确保酒店达到营业推广的目标。

知识拓展

"喜来登亲子套餐计划"——Love Your Family Package

从2018年7月开始,大梅沙喜来登酒店在亚太区的新服务项目"Love Your Family Package",率先开始专门为家庭提供顶级服务。这一服务项目专为家庭度假休闲而设。参加这一套餐计划的家庭,不仅小孩能得到更特别的呵护,家长也可能得到"重温二人世界"的机会。

许多实实在在的、让家长和儿童安心快乐的度假体验也包含在这项亲子计划中:家庭办理入住时再不需要一家等候在前台,酒店为带小孩的家庭专门划分了休息区域;酒店的儿童俱乐部为家长提供免费儿童看护,让父母可安心享受一番久违的二人世界或享受浪漫的烛光晚餐;参入"亲子套餐计划"的家庭可免费获得一只儿童专用水杯,玩得又热又渴的小朋友再也不必到处找饮料,而是可用这只水杯在酒店的池吧、大堂吧、西餐厅添加软饮,不仅免费,并且是无限量的。值得一提的是,儿童可免费参加喜来登儿童俱乐部开展的活动,如在私家海滩玩沙桶、制作饼干、绘制T恤、体验沙画等。到了晚上,家人还可以免费在酒店富丽堂皇的海滨会所观赏一部电影。待回到面朝大海、海声低吟的舒适客房,喜来登甜梦之床上的睡前礼物已经在等待小朋友了。

任务 5　酒店公共关系

一、酒店公共关系概述

(一) 酒店公共关系的定义

酒店公共关系是指酒店为了增进与社会公众、内部员工之间的信任、了解和合作而作出的各种谨慎的、有计划的、持久不懈的沟通努力。通过各种有效的公关活动,帮助酒店在公众的心目中建立良好的企业形象,提高酒店的知名度,减少或是消除对酒店不利的影响,提高酒店员工的凝聚力,并密切与新闻界、顾客、竞争者以及社会公众和组织的关系,创造良好的企业营销环境。

(二) 酒店公共关系的对象

简单地说,公众就是公共关系的对象。对酒店来讲,可分为酒店外部公众和酒店内部公众。酒店外部公众包括酒店现实和潜在的客户、金融机构、公司社团、所有酒店渠道成员等。酒店要从事经营活动,就要与社会各方面打交道,与他们保持良好的关系。

酒店企业不仅要和所在社区和有关组织建立广泛的经济关系,还要和政府、新闻界等各方面发生非经济关系,只有争取社会公众的理解和支持,酒店企业才能顺利地开展自己的经营活动,达到社会效益和经济效益的目标。

酒店的内部公众就是酒店企业所有员工。酒店要生存和发展,必须依靠全体员工的合作,这就要求酒店要正确处理好员工与员工之间、员工与部门之间、员工与企业之间的关系,形成良好的工作氛围,建立优秀的企业文化。

二、酒店公共关系活动的主要形式

(一) 酒店外部公共关系活动的方式

1. 宣传型公关

酒店运用报纸、杂志、广播、电视等各种大众媒介,采用新闻稿、演讲稿、报告等形式,向社会各界传播酒店企业有关信息,以提高酒店知名度,树立酒店企业整体形象,密切酒店与客人的关系。

大众媒介就是通过大众传播媒介，为公众报道大量国内外新闻，为各行各业的人士传递和汇聚各种信息。大众媒介分为传统媒体和新媒体两种。传统媒体包括以视觉为主的印刷媒介，比如报纸、杂志、期刊；以听觉为主的媒介，比如广播；视听兼有的音像媒介，比如电视、电影。新媒体以视听为主，是可以互动沟通的媒介，比如现代通信产品、互联网以及新概念数据广播等。它们均以传播新闻信息为主要特征，也被称为新闻传播媒介和新闻媒介，如IPTV、DITV、Mobile TV、手机电视等。新闻媒介处于酒店与顾客之间的第三者立场上，能公正地对酒店产品和形象作出实际的评价，若新闻界发表一条对酒店有利的消息，对酒店的营销活动所起的作用，会远远超过酒店自己花钱做广告。

2. 公益型公关

公益型公关是一种社会性公关，即以酒店的名义发起或参与社会性的活动，在公益、慈善、文化、体育、教育等社会活动中充当主角或热心参与者，在支持社会事业的同时，扩大酒店的社会影响力，提高酒店信誉，赢得社会公众的了解和当地政府的支持，为酒店塑造良好的社会形象。

3. 观念型公关

观念型公关是通过向消费者灌输或提倡某种观念和意见，试图引导或改变社会公众的看法、态度和行为的一种公共关系。其内容可以是宣传酒店的宗旨、信念、文化或某项制度，也可以是传播社会潮流的某个倾向或热点。

这类公共关系不仅不直接宣传商品，甚至不直接宣传酒店企业本身，有时仅仅用来对某个问题表明看法和陈述意见，因此也被称为意见型公共关系。这种公共关系用暗示的方法触发消费者的联想，在潜移默化中影响其观念和态度。

北京长城饭店、南京金陵饭店在开业之初，在里根总统和密特朗总统身上大做文章，就是向社会传递一种酒店规格的信息，目的在于营销公众对酒店的态度。

4. 响应型公关

响应型公关是用来表示酒店与社会各界具有关联性和共同性的一种公共关系。其内容可以是联络感情性质的，如表达对其他企业、团体、组织等的祝贺、支持和赞许，也可以是社会性的，如响应和支持公众生活中的某一重大主题。这种公共关系一方面显示酒店企业关心、参与公众生活，向公众或其他酒店企业表达善意和好感，另一方面借助于社会主题的影响或借助于对方的传播机会来扩大本酒店企业的影响。

2002年，四川省内主要酒店企业共同发起并参与的支持环境保护、拒绝宰杀销售野生动物万名厨师签名活动，就是一项响应型公共关系活动。

5. 服务型公关

服务型公关是指酒店通过各种针对消费者和社会公众的实惠服务，以行动去获得公众的了解、信任和好评，从而实现以树立酒店良好社会形象为目的的公共关系。酒店以向顾客提供免费的消费指导、消费培训等多种形式来为社会公众提供服务。

公共关系促销大多不是以直接促进营利为目的，一般都是通过为公众提供有益的服务，或是施以某种观念的影响，来取得公众对酒店的好感、信任和赞许，从而树立酒店良好的社会形象。

(二)酒店内部公共关系活动的方式

酒店的各项工作最终都是由员工来完成的,酒店员工间融洽的工作关系直接影响酒店的凝聚力和竞争力。为了协调酒店员工间的关系,调动员工工作积极性,建立员工主人翁意识,以及工作的自豪感,酒店也常常开展内部公共关系活动。活动的方式多种多样,如各酒店年末都会举行嘉年华等员工集体活动,通过与员工的沟通交流,给予员工特殊奖励,给予员工身心关怀,把酒店的政策、制度和困难及时告知员工。

希尔顿集团的"双树旅馆事件"危机公关

两位在西雅图工作的网络顾问——汤姆·法默(Tom Farmer)和沙恩·艾奇逊(Shane Atchison)在美国休斯敦希尔顿酒店集团的双树旅馆(Double tree Club)订了一个房间,并被告知预订成功。

尽管他们到酒店登记的时间是在深夜两点,实在是个比较尴尬的时间段,但他们仍然很安心,因为他们的房间已经预订好了。但在登记时,他们立刻被泼了一桶"凉水",一位晚间值班的职员草率地告诉他们,酒店客房已满,他们必须另外找住处。这两位住客不仅没有得到预订的房间,而且值班人员对待他们的态度也实在难以用言语表达——有些轻蔑,让人讨厌。甚至在他们的对话过程中,这个职员还斥责了顾客。

这两位网络顾问当时离开了,但随后制作了一个严厉却又不失诙谐幽默的幻灯文件,标题是"你们是个糟糕的酒店"。在这个文件里记述了整个事件,包括与那名员工之间不可思议的沟通。他们把这个幻灯文件电邮给了酒店的管理层,并复制给自己的几位朋友和同事看。

这一幻灯文件立刻成为有史以来最受欢迎的电子邮件,几乎世界各地的电子邮箱都收到了这份文件,从美国休斯敦到越南河内,还有两地之间的所有地区。这份幻灯文件还被打印和复印出来,分发到美国各地的旅游区,双树旅馆很快成为服务行业内最大的笑话,成为商务旅行者和度假者避之不及的住宿地。传统媒体的评论员们也将这一消息载入新闻报道和社论中,借此讨论公司对消费者的冷漠和网络对于公众舆论的影响力。

接着,法默和艾奇逊收到了3 000多封邮件,大部分都是支持他们的。对此,酒店的管理层也迅速有礼而大度地作出回应。双树旅馆毫不迟疑地向他们俩道歉,并以两个人的名义向慈善机构捐献了1 000美元,作为双树旅馆的悔过之举。双树旅馆的管理层还承诺,要重新修订旅馆的员工培训计划,以确保将此类事件再次发生的可能性降到最低。另外,双树旅馆的一位高级副总裁在直播网络上与法默和艾奇逊就此事展开讨论,以证明酒店认真对待此事。

评析:

首先,互联网迅速的、无孔不入的传播方式,在该"双树旅馆事件"中表现得淋漓尽致了,对此我们要给予充分关注,要明白互联网巨大的影响力。

其次,两位客人和酒店负责预订房间员工的互动,证明了酒店员工的劣质服务会影响到公司的声誉,形成舆论的关注点,引起公关危机事件。

最后,双树旅馆管理层迅速采取有效措施,处理这一公关危机事件。双树旅馆通过道歉、捐款、悔过、培训等方法,表达了真诚改过的决心,得到了消费者的认可,修复了消费者的信心,成功地处理了公关危机事件。

三、建立酒店危机公关意识

引起酒店危机的因素有很多,多数为突发事件,如自然灾害、文化差异引起的矛盾冲突、安全事故等,所有这些都会给酒店的信誉带来极为不良的影响。因此,正确处理各种突发事件,对维护酒店的形象和信誉具有十分重要的意义。

公共关系在处理酒店突发事件中起着举足轻重的作用。一方面,通过公共关系活动,建立一套完整的检查制度,通过科学的调研与预测,防患于未然,避免各种事件的发生;另一方面,当事件发生以后,必须充分听取公众的意见,设法查清事实真相,与公众进行必要的沟通,相互之间达成谅解,从而妥善解决矛盾,维护酒店的信誉和形象。

危机发生时会严重影响酒店的运作,因此必须立即妥善处理。只有加强酒店员工的危机意识,充分评估酒店所处社会环境的复杂系数,建立危机管理预案,才能从容地驾驭并处理出现的复杂局面与各种风险,使酒店经营立于不败之地。

案例分析

长城饭店的成功公关

1984年年初,当长城饭店的经理和公关人员得到美国里根总统访华的消息后,立即意识到这是一个非常难得的机会。他们想,美国总统如能光临长城饭店,将会给"长城"带来极大的声誉,对饭店前途产生极大的影响。外国总统结束国事访问后,临别时总要举行答谢宴会。按照往日惯例,答谢宴会总是在人民大会堂宴会厅举办。而开业不久的长城饭店想打破这一惯例,他们迅速制订出了周密的公关计划,并全力付诸实施。

当时,饭店还未全部竣工,服务设施尚不完善,公关部人员克服种种困难,做了大量准备工作。他们不厌其烦地陪同美国驻华使馆的工作人员参观饭店,介绍各种设施、服务项目及保安措施,接待上百名外国记者,为他们提供各种通信设施和材料,协助他们采访,做到有求必应。

经过努力,长城饭店终于争取到了里根总统在本饭店举办答谢宴会的机会。1984年4月28日,来自世界各国的500多名记者聚集在长城饭店,向世界各地发出了里根总统举办答谢宴会的消息。这些消息,当然无一不提到了"长城饭店"。长城饭店在全世界声名大振,这使许多外国人产生了好奇心:"长城"是怎么样的一家饭店,为什么美国总统选择在这里举办宴会?以至于后来许多外国来宾一下飞机,就想到"长城"去住宿。此后,长城饭店的生意格外兴隆,接待了许多国家元首和政府首脑,在长城饭店举行答谢宴会已成为惯例。所有这些都不能不归功于长城饭店那次极为成功的公关活动。

讨论题:

长城饭店采用了何种公关方式?

复习思考题

1. 酒店促销的定义是什么？
2. 酒店人员促销有哪些策略？
3. 酒店广告促销有哪些方法？
4. 酒店营业推广有哪些策略？
5. 酒店公共关系活动有几种形式？

实训项目

实训目的：掌握酒店促销策略的营业推广、人员促销、广告促销和公共关系在酒店的实际应用。

实训内容：参观当地的一家酒店，考察酒店的设施设备和各种服务项目，为酒店制订一个淡季促销的计划。

实训流程：

1. 根据教学班级学生人数确定小组，每组人数5～10人；
2. 以小组为单位组织收集资料，经过充分讨论后，形成小组的实训报告；
3. 每个小组派代表进行汇报演讲；
4. 教师进行总结和点评。

项目九

酒店营销管理

知识目标

1. 了解酒店市场营销组织的含义；
2. 熟悉酒店市场营销组织的演变过程；
3. 了解酒店市场营销组织的形式；
4. 熟悉酒店市场营销计划的概念；
5. 掌握酒店市场营销计划的制订；
6. 掌握酒店市场营销计划的实施；
7. 掌握酒店营销控制的内容、程序与方法。

能力目标

1. 能根据酒店的具体情况，设置营销组织机构；
2. 能根据内外环境的状况，制订酒店营销计划；
3. 能够根据酒店实际情况制订营销控制方案。

任务分解

任务1　酒店营销组织
任务2　酒店营销计划
任务3　酒店营销控制

香格里拉酒店的营销管理

香格里拉酒店集团的名称源自英国作家詹姆斯·希尔顿出版的小说《消失的地平线》,在这本书中香格里拉被描述为一个世外桃源。从1971年新加坡第一间香格里拉酒店开始,香格里拉酒店集团便不断向国际迈进。以香港为大本营,今日香格里拉已是亚洲区最大的豪华酒店集团,且被视为世界最佳的酒店管理集团之一,在无数公众和业内的投选中,均获得一致的美誉。香格里拉酒店集团的成功得益于诸多因素,其中之一就是其杰出的营销管理。

一、品牌全方位扩张战略

香格里拉酒店集团在短短的35年时间里发展成为亚洲最大的豪华酒店集团,成功的秘诀之一就是其成功地实施了品牌多元化扩张战略,主要表现在以下几个方面。

(1) 多品牌扩张。在香格里拉品牌取得市场成功以后,利用其良好的市场声誉和广泛的市场网络推出了四星级商务酒店品牌——商贸酒店,不仅抢占了商务旅游市场,而且形成了高、中档酒店品牌互补的品牌群,增强了集团的市场竞争力。

(2) 横向一体化扩张。香格里拉酒店集团以购并、控股、重组等方式实现其品牌的横向一体化扩张,实现了集团在短时间内的迅速发展壮大。2000年后香格里拉在国内开始了新一轮的酒店拓展计划,实施输出管理和带资管理齐头并进的策略。香格里拉公布了8家正在新建中的酒店,其中有一半是输出管理。从其未来发展计划来看,通过管理合同建造的酒店数量达计划开业酒店数量的50%。

(3) 坚持多元化发展的经营战略。集团以酒店业为主,同时向其他关联行业扩张,例如餐饮、度假区、物业等,扩大了集团的业务范围,降低经营投资风险,增强了集团的盈利能力。香格里拉酒店集团注册了"香宫""夏宫"等餐饮品牌,实施餐饮品牌化发展道路,以拓展餐饮市场;1995年,郭氏旗下的嘉里集团和北京北奥公司合作兴建了高级写字楼嘉里中心,其中包括嘉里酒店,香格里拉拥有绝对的控制权。

(4) 在地理区域扩张方面,香格里拉酒店集团一直致力于拓展亚太地区市场,并将亚太地区主要城市及受欢迎的度假胜地作为主要目标,目前集团经营或管理的酒店已分布于亚洲地区的重要城市。在亚洲市场网络逐渐完善的基础上,集团开始开拓欧洲和美洲市场的试点,例如在伦敦、渥太华、澳大利亚、美国、法国等地区和国家都开始建造或管理酒店,标志着集团发展进入全球扩张阶段。分阶段、有计划的市场拓展计划使香格里拉酒店集团逐渐成长壮大,可以预见其在未来的市场业绩将更加辉煌。

二、超值酒店产品与服务

香格里拉酒店集团赢得业界和顾客赞誉的另一个关键是:超值的酒店产品与服务。集团长期坚持以优质的酒店产品与服务来塑造集团豪华酒店品牌形象,提高顾客忠诚。香格里拉的经营思想是以"殷勤好客亚洲情"为基石,以"为顾客提供物有所值的特色服务和创新产品,令顾客喜出望外"为指导原则,让员工在与顾客的接触中表现出尊重备至、彬彬有礼、真诚质朴、乐于助人、善解人意的待客之道。对于管理人员,香格里拉要求其具有追求经营业绩的魄力,同时强调行政管理人员要与顾客保持直接接触,强调和奖励那些能够令顾客喜出望外的言行举止。香格里拉酒店集团标准化的管理及个性化的服务赢得了国际社会的高度赞誉。

在建立顾客忠诚方面,香格里拉酒店集团不局限于传统的客人满意原则,而是将顾客满意发展成为顾客愉悦,直至建立起牢固的顾客忠诚。香格里拉主要通过以下五方面来使顾客感到愉悦,从而建立顾客忠诚。

(1) 关注和认识顾客,使顾客觉得自己非常重要与特殊,这是建立顾客忠诚的关键;

(2) 掌握顾客的需求,在顾客开口之前就提供其需要的服务;

(3) 鼓励员工在与顾客的接触中,灵活处理突发事件;

(4) 迅速有效地解决顾客的问题;

(5) 酬谢常客,制订"金环计划"。"金环计划"的成员是那些不断光顾香格里拉酒店,并被视为最有价值的客人。香格里拉把"金环计划"成员分为三个等级:标准级成员(所有第一次住店的客人)、行政级成员(一年内住店至少10次的客人)、豪华级成员(一年内住店次数至少25次的客人)。对于不同的等级,香格里拉提供不同层次的优惠。优惠内容主要包括服务项目、价格折扣、特色服务、赠送免费公里数等。香格里拉酒店集团的"金环计划"被广泛赞誉为业内最佳的忠实顾客奖励计划之一,其会员数量正迅速上升。

针对普通顾客,集团也有许多有吸引力的优惠,例如香格里拉将其"超值房价"计划全面升级,在全年任何时间,为以全额房价入住香格里拉酒店的宾客提供更加广泛的超值服务,且不附带任何特别限制。顾客以"超值房价"入住香格里拉下属的城市酒店,即可免费享受豪华轿车机场接送服务、自助早餐、不限量干湿洗衣和熨衣服务、在酒店设有宽带的地方均免费上网、免费拨打当地电话、传真和国际长途以成本收费以及保证延迟退房时间至晚6时。

正是由于香格里拉酒店集团长期坚持以超值的酒店产品与服务提供给顾客,不断提高市场营销管理水平,为其赢得了良好的市场声誉,塑造了豪华酒店品牌形象,增强了顾客的忠诚度。

三、视员工为重要的资产

香格里拉酒店集团卓越服务的背后是一支积极进取、努力实现集团目标的员工队伍。香格里拉相信只有拥有忠实的员工才会有忠实的客人,因此一直推行以人为本的企业文化,将员工视为企业最重要的资产,采取各种措施吸引和留住人才,包括以下几点。

1. 尊重员工,提高企业凝聚力

香格里拉酒店集团坚持"员工第一""以人为本"的企业文化,提供一种使员工实现自我价值和积极参与管理的良好环境,从而极大地提高了企业凝聚力。在每个香格里拉酒店都有"员工日",每当"员工日"搞活动时都由总经理主持,员工可以与经理们自由交谈、相互沟通。

酒店设有总经理热线,员工可随时打电话投诉或提建议。酒店每月给当月过生日的员工集体过生日,赠送有总经理签字的贺卡和生日礼品;酒店管理层定期与基层员工进行沟通,总经理很重视每月一次的员工大会,每个基层部门的代表都会在会前统计好本部门员工的意见和建议,有时甚至是一些很琐碎的事情。集团内部尊重员工的文化氛围极大地鼓舞了员工对香格里拉酒店的忠诚感,从而乐于为企业奉献。

2. 具有竞争力的福利

香格里拉酒店集团坚持为员工提供优厚的工资与福利，这既保证了企业员工的稳定性，又吸引了众多人才前来为其服务。香格里拉酒店集团的工资与福利水平比同行业平均水平高。优厚的工资与福利待遇极大地巩固了员工的企业归属感。

3. 全方位的培训

香格里拉酒店集团为每一位员工提供全方位、多层次的培训机会，以促进员工个人的长期发展。集团要求下属酒店拨出用于培训发展的专项预算，并由总经理亲自负责，每年至少投资员工工资总额的2%用于员工的培训与发展。

四、构建立体式营销体系

在营销方面，香格里拉酒店集团实施立体式营销以拓展其市场网络，塑造其品牌。在广告宣传方面，香格里拉酒店集团灵活的广告宣传方式为其带来了可观的市场效益，其广告宣传具有投入资金多、形式多样、创意新颖等特点。

在营业推广方面，集团经常开展主题营业推广活动，以扩大品牌市场知名度，吸引顾客。

在促销措施方面，香格里拉酒店集团实施灵活多样的优惠促销措施。例如，将"超值房价"计划全面升级，在全年任何时间为以全额房价入住香格里拉酒店的宾客提供更加广泛的超值服务，且不附带任何特别限制。集团还与众多的航空公司联合推出"频繁飞行旅游行者"计划，入住香格里拉时客人只要出示频繁飞行旅游者计划的会员卡和付门市价时，就可得到集团给予的免费公里数或累计点数。

另外，香格里拉还单独给予客人一些额外的机会来领取奖金和优惠。除了传统的营销手段，香格里拉酒店集团也注重运用互联网来宣传酒店产品与品牌，建立自己的集团网站，进行产品促销和预订，并向所有客户保证其网站的房间报价是最低的。全新改版的香格里拉网站最近完成了内容的改进，增加了酒店导航和一些特殊功能。新的网上预订引擎配有照片和模拟参观，使预订者更容易比较价格和房间种类，并且可以直接在网上变更日期、价格和个人喜好等资料。同时集团与其他旅游网站和酒店预订网站合作，通过网站发布营销广告，拓宽营销渠道。立体式营销体系为集团广开客源发挥了重要作用。

任务1　酒店营销组织

酒店市场营销活动是通过一定的组织机构来进行的。有效地制定酒店市场营销计划，必须以完善的市场营销组织为基础。酒店市场营销组织是管理和执行营销工作的专门机构，是制定和实施酒店市场营销策略的主要部门，是对酒店的全部市场营销活动进行平衡和协调的实施主体。

一、酒店市场营销组织的含义

酒店市场营销组织是指酒店内部涉及市场营销活动的各个职位及其结构。它是以市场营销观念为理念建立的组织,以消费者的需求为中心,把消费者需求置于整个市场运行过程的起点,并将满足消费者的需求作为其归宿点。

影响酒店市场营销组织设置的因素如下。

1. 酒店规模

通常酒店规模越大,市场营销组织越复杂;酒店规模越小,市场营销组织则越简单。

2. 酒店市场状况

一般情况下,决定市场营销人员分工和负责区域的依据是市场的地理位置。

3. 酒店产品特点

酒店产品特点包括酒店的产品种类、产品特色、服务项目的关联性以及产品技术服务方面的要求。如果酒店经营的产品种类单一,就只需要针对该产品的购买群体设置相应的营销组织机构,这种营销组织相对比较简单;如果酒店经营的产品种类较多,各类产品之间的关联度不高,就要设置产品大类经理和具体产品经理。不过,无论是单一产品或者是多种产品,酒店都要根据产品消费群体的特点来设置酒店营销组织机构。

二、酒店市场营销组织的演变过程

现代酒店市场营销组织是随着旅游市场营销的不断发展逐渐演变发展形成的,一般经历以下几个阶段。

1. 简单的推销部门

在酒店经营的早期,主要是按产品观念指导自己的市场活动,酒店的目标、规划、价格等主要是由生产来决定的,而推销部门的职能主要是推销已经生产出来的产品,即有什么产品就推销什么,并没有享有应有的独立地位,对酒店的产品、规格等没有发言权。

2. 具有其他附属功能的推销部门

随着旅游经济和市场营销观念的发展,酒店需要经常做调研、广告等促销活动,因此推销管理者除了要负责简单的推销人员外,还必须设置营销主管去执行广告、调研等计划、指挥、控制的营销职能,以实现新广告的出现、调研等工作需要。

3. 独立的营销部门

随着旅游经济的发展和酒店规模的扩大,酒店市场已经逐渐地转变成为买方市场,这时顾客的意见和需求已经能够为经营者所重视。由此,营销部门除了推销以外的其他职能显得越来越重要,市场营销部门独立存在的必要性越来越明显,推销和市场营销成了平行的职能部门。

4. 现代营销部门

尽管推销部门和营销部门是平行的,但是前者注重的是短期的目标,后者注重的是长期的目标,两者执行时容易产生矛盾,然而在根本上二者又是一致的,都是市场营销的一部分,所以随着旅游业和酒店业的发展,二者最终合二为一,形成了现代的酒店市场营销部门。

九十九朵红玫瑰

某日,四川锦江宾馆市场营销部订房中心的电话铃急促地响起:"您好!订房中心。我想预订一间大床房间,时间是3月15日,住三天。"

"好的,请问先生您贵姓?您的单位和电话号码是……"。订房中心的小姐热情地为客人介绍宾馆的设施并为客人杨先生预订好客房。

"小姐,有一件事我想请你们帮一下忙,我有一个女朋友在成都,我这次专程去看她,你能帮我订九十九朵红玫瑰吗?我想当天晚上送给她。"

"好的,请您将买玫瑰的钱电汇到宾馆,我们为您预订好。"

"不行,我现在在国外,后天就到成都,汇款不方便,我到达宾馆后马上就付款,可以吗?"

"杨先生,按照宾馆财务的规定,客人必须先付预订金,因为鲜花具有时效性,每个人对它的需求目的也不一样,我们按照您的要求装饰、包扎好的九十九朵红玫瑰,如果您因为有其他的事不能如期到达成都,那么,将会给宾馆花店造成损失。"

"小姐,我已买好了去成都的机票,我一定会到你们宾馆的。"

订房小姐迅速地将这一特殊情况请示了经理,经理告诉了订房小姐一个方法:给杨先生发一个传真,请他对客房和玫瑰花的价格及预订确认签字后回传宾馆。可是,此方法杨先生还是不同意。"我在国外办事很忙,收发传真不是很方便,请相信我吧!"面对这一特殊情况,市场营销部经理作出了决定:既然顾客选择了我们宾馆,请求我们给予帮忙,说明顾客对宾馆充满信任,我们就以部门的名义给他担保,相信他会如期到来。

3月15日晚上9时,杨先生到达了宾馆。前台的值班经理热情地告诉他:"杨先生,您需要的九十九朵红玫瑰已准备好,花店员工马上给您送上房间。"杨先生高兴地连声说:"给你们添麻烦了,非常感谢!"

点评:

从上面的例子分析,市场营销部订房中心的员工在处理杨先生预订九十九朵红玫瑰的事情上遇到了困难和矛盾。①按照宾馆规定,电话预订客房的顾客需购买宾馆的时效性消费用品(包括鲜花、生日蛋糕等),必须提前到宾馆支付预订金,市区外的顾客可采用汇款的方式进行预订。②顾客因自身原因不能预付或汇款。③顾客如果不能按时抵达宾馆,玫瑰花怎么处理。针对以上情况,市场营销部经理没有强制地要求顾客预付,也没有拒绝顾客提出的帮助,而是采取了特事特办,相信顾客,并为顾客提供帮助。

酒店员工在各个岗位中,每天都会遇到各种特殊事情,怎样处理好这些事情呢?我们认为:学会信任顾客是很困难的,但往往又是非常必要的。充分信任你的顾客,并为之付出十分的努力,你会发现,你获得的将远远超出失去的部分。同时,你还会找到属于你自己的尊严和久违的成就感。"九十九朵红玫瑰"代表的是一种和谐、理解和无私的信任,它符合现代经营"双赢"的理念。

三、现代酒店市场营销部门的组织形式

酒店制定的营销战略最后必须被忠实有效地执行,否则便是一纸空文,没有实际意义。所以它要求酒店要建立一个能够成功执行计划的组织,制订对计划实施起支持作用的政策和运作程序,诸如营销活动的控制评估系统等。酒店的营销计划制订得越缜密,执行得越有效,监控评估越有力度,酒店就越有可能在市场上成为一个强有力的竞争者,就越有可能在市场上获得竞争的成功。酒店市场营销部的组织形式一般有以下几种。

1. 职能型营销组织

这是一种常见的酒店市场营销组织结构,主要强调市场营销各种职能,比如销售、公共关系、市场调研和广告等的重要性,根据不同的营销职能来设置酒店企业的营销机构。通常是酒店设立一名营销总监管理营销事务,下面有若干名营销经理,各执行某一项营销职能,他们都对营销总监负责,如图9-1所示。

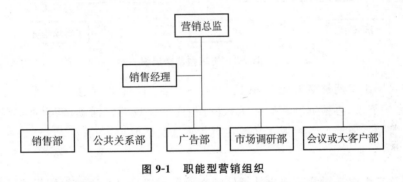

图 9-1　职能型营销组织

这种组织形式分工明确,结构简单,便于管理,有利于管理者指挥和控制营销活动,适用于产品种类不多、规模不大的酒店。但是随着酒店产品种类的增多和规模的扩大,这种组织形式的管理效率会逐渐降低,各个平行职能部门都强调自己的重要性,容易产生利益冲突,不利于酒店内部的协调。

2. 产品型营销组织

产品型营销组织是根据酒店产品和品牌的类别设置的酒店营销组织机构。如果酒店生产多品种或品牌的产品,而且各种产品之间的差别比较大,要是按照职能来设置营销组织,就不利于酒店的产品销售。产品型组织机构通常下设不同的产品经理进行管理,产品经理以下还可以进一步细分。比如,酒店可以根据自己的产品种类,设置客房、餐饮、会议、康乐等机构,如图9-2所示。

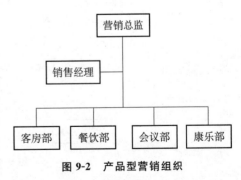

图 9-2　产品型营销组织

产品型营销组织有专门的部门专注于某一产品的经营,有利于全面地、有针对性地促进酒店产品的销售,能够对市场上出现的各种问题快速作出反应。然而,这种组织形式过多强调产品销售的个人负责制,各产品经理相互独立,彼此之间联系较少,缺乏整体观念,有时甚

至为保持各自产品的利益而发生冲突。且随着市场规模的逐渐扩大,这种组织形式必须雇用大量的销售人员,组织逐渐膨胀并变得复杂,人员的耗资也会逐渐增加。

3. 市场型营销组织

市场型营销组织适用于将酒店一系列产品既出售给消费者,又卖给团体客户的情况。每一个分销渠道都需要以不同的方式来组织。对不同偏好的消费群体,使用不同的分销渠道。这里组织形式是按照顾客的购买习惯和细分市场设置的,有一名销售经理管理若干细分市场经理,如图 9-3 所示。

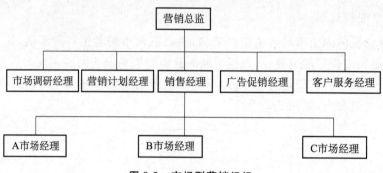

图 9-3 市场型营销组织

市场型营销组织能够更好地体现"以顾客为中心"的经营理念。酒店通过市场调查研究,了解顾客的需求,再根据顾客的需求,进行相应的市场营销活动,满足顾客的需求,提高酒店市场占有率。但这种组织形式易存在权责不清的情况。

4. 地区型营销组织

地区型营销组织是指酒店根据地理区域来设置营销组织。这种组织形式适用于大型酒店企业或酒店集团,它们的市场营销活动涉及全国或全世界。具体做法是,先确定管理幅度的大小,再从较大区域到较小区域依次设置全国或者全球销售经理、区域销售经理、地区销售经理、地方销售经理和销售代表等,形成一个系统的销售网络,如图 9-4 所示。

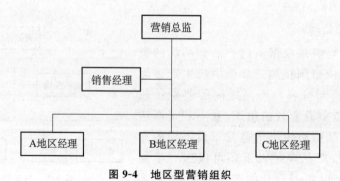

图 9-4 地区型营销组织

地区型营销组织的各区域销售经理一般都比较了解本地的营销环境,便于有针对性地开展营销活动,提高酒店产品销量。地区型营销组织的缺点是管理跨度太大,在管理上有一定的难度,营销费用也比较高。为了使市场营销活动更为有效,地区型营销组织通常都与其他类型的组织结合使用。

四、网络化条件下酒店市场营销组织结构的新变化

随着网络环境在酒店业的日益发展和应用,酒店市场营销组织也必须适应市场和企业的新变化,并随之进行改变。总的看来,在网络化条件下,酒店营销组织呈现以下特点。

1. 酒店营销管理信息化、网络化

在酒店内部或者其他的电子商务平台上,构建酒店营销管理的子系统和营销数据库,并与网络连接,使组织结构处于网络化状态。企业内部可以借助网络平台进行沟通,同时营销组织也可以通过网络与客户实现双向交流。

2. 管理层级减少,酒店营销机构扁平化

在网络环境下,酒店营销管理者可以直接通过网络获得信息,减少人员的使用量,同时可以跨越界限进行交流。这样扁平化、网络化的组织机构有利于管理者抓住市场机遇,更加快速果断地进行市场决策。

3. 组织结构无边界化

网络系统的使用促使酒店内部之间的联系更加方便,并且打破了彼此之间的界限,加强了沟通,消除了各部门之间以及营销组织者与顾客之间的沟通障碍,使机构组织无边际化。

知识拓展

酒店营销经理的妙方

日本的古都奈良处在青山环抱之中,这里既有金碧辉煌的古迹名胜,又有小白长红、迎春摇曳的樱花,加之拥有现代化的娱乐设施与世界一流的旅店、周到殷勤的服务,使每年春夏两季的各国旅客接踵而至。4月以后,燕子又争相飞来,纷纷在宾馆饭店筑巢栖息,繁衍后代,给奈良平添了一种温馨宜人的自然景观。好客的店主人和服务小姐,很乐意为小燕子提供筑巢的方便。

可是,招人喜爱的小燕子却有个随便排泄的毛病,刚出壳的雏燕更是把粪便溅在明净的玻璃窗上、雅洁的走廊里。酒店的服务员小姐尽管不停地擦洗,但燕子们的我行我素总使旅店留下污渍。这使游客非常扫兴,服务员小姐也开始抱怨了,酒店的经理们锁紧了眉头。他们知道,要想彻底清除小燕子的粪便污渍只有两个办法,一是增添员工,二是赶走小燕子。但试过之后都行不通,小燕子的粪便污渍有碍观瞻,这成了奈良旅游业发展的一大难题。

有一天,奈良酒店的营销经理在接待台湾的一个旅行团时,偶尔听到了一个中国的成语"李代桃僵"。请教之后才知道大意是代人受过,他马上想起了无法对付的小燕子的粪便污渍,不由心中一亮,为什么不能让小燕子代本店受过呢?于是,他绞尽脑汁,以小燕子的名义拟了一则奇特的启示。

女士们、先生们:

我们是刚从南方赶到这儿来陪伴你们过春天的小燕子,没有征得主人的同意,在这儿筑了窝,还要生儿育女。我们的小宝贝年幼无知很不懂事,我们的习惯也很不好,常常弄脏你们的玻璃和走廊,使你们不愉快,我们很过意不去,请女士们、先生们多多原谅。

还有一件事恳求女士们和先生们,请你们千万不要埋怨服务员小姐,她们是很辛苦的,只是擦不胜擦,这完全是我们的过错,请你们稍等一会儿。她们就来。

你们的朋友　小燕子

小燕子这天真烂漫的道歉,把寻找欢乐的游客们逗得前仰后合,他们肚子里的那股怨气也在笑声中悄然散去。每当他们再看到窗上、走廊里的点滴粪便污渍,就会自然而然地想起小燕子那亲昵风趣的话语,又会忍俊不禁。

其实,但凡旅游者都有一个心理特点,就是一旦获得愉悦的感受,便会很快淡忘旅行中的些许不快,奈良酒店经理的妙方,正是抓住了旅游者的心理特征,巧妙地化解了他们的不满情绪,使他们带着美好的回忆,告别了迷人的古都奈良。

任务 2　酒店营销计划

一、酒店营销计划的概念

酒店营销计划是指酒店通过对市场营销环境、目标市场发展态势、酒店经营状况和竞争力的分析,确定营销目标,实现营销战略和行动方案的过程。反映这些既定目标、营销战略和行动方案的书面文件,就是酒店的市场营销计划书。

在不断变化的市场环境中,为了使酒店的经营达到目标,在激烈的市场竞争中求得生存和发展,必须要对酒店的营销活动进行系统的规划。酒店要把握有利的经营机会,制定有效的经营策略,策划具体的行动方案,从而使业务的开展有据可依。营销计划在酒店中的作用日益突出,它不仅为企业经营指明了方向,还为企业实现营销目标乃至总体目标规定了具体的行动步骤。

二、酒店营销计划的分类

一般来说,任何计划工作都需要制定今后的发展目标以及实现这些目标的实施方案。目标的制定通常要在市场调研与分析的基础上进行。实施方案的策划则需要考虑有关费用的成本,并且要制订出以何种方式控制计划的实施以及评估计划目标的实际落实程度。由于企业的目标不同,所制订的计划标准也就不同。根据不同的标准,酒店营销计划可以分为以下几种。

1. 按照战略和战术关系分类,划分为战略营销计划和战术营销计划

战略营销计划是在分析当前酒店最佳市场机会的基础上提出其目标市场和价值建议。这一过程是通过分析市场、细分市场和评估竞争对手的产品等来设计制定有效的应对市场变化的战略。战术营销计划则描述了一个特定时期内的酒店营销战术,包括产品特征、促销、商品化、定价、销售渠道和服务质量等。

2. 按照计划的时间周期分类,划分为短期、中期和长期营销计划

短期营销计划通常是以一个财务周期或者一个财务月为单位。短期营销计划对酒店管理人员的影响极大,相对于中长期计划而言,它更侧重于手段与措施问题,可以将其理解为酒店经营工作的指南。中长期营销计划的时间跨度为一个季度或者半年,由于酒店销售随季节的波动较大,营销计划要能灵活地应对淡、旺季需求量变化的情况。

3. 按计划涉及范围分类,主要包括产品营销、服务营销和客户营销计划

产品营销计划主要是对酒店产品或服务的目标、战略、战术等作出具体的规定。服务营销计划是计划规划的核心,主要包括酒店服务的设置、特色与创新、服务质量控制系统设计和运行监控等安排。客户营销计划主要包括开发酒店目标客户、与客户建立长期稳定的合作关系、培养忠诚顾客、建立顾客数据库和优化顾客价值结构等工作。

三、酒店营销计划的制订

酒店营销计划的制订并没有统一的模式,营销计划的结构程序也不尽相同。尽管存在差异,但是几乎所有的营销计划都存在一些带有共性的基本内容,主要分为如下几个部分:酒店市场现状分析、风险与机会分析、确立营销目标、营销预算、营销战略和最后的评价控制。

(一)酒店市场现状分析

酒店市场现状分析主要提供该酒店产品目前营销状况的有关背景资料,包括市场、产品、竞争、营销渠道和宏观环境状况的分析。

1. 市场状况

列举酒店目标市场的规模和成长的有关数据,包括过去几年的总销售量、市场规模成长状况、顾客的需求状况、酒店的市场占有率等。

2. 产品状况

列出酒店产品组合中每一个品种近年的销售价格、市场占有率、成本、费用、利润率等方面的数据。

3. 竞争状况

识别出本酒店的主要竞争者,并列出竞争者的规模、目标、市场份额、产品质量、价格、营销战略和其他的有关特征,以了解竞争者的意图、行为,判断竞争者的变化趋势。

4. 分销状况

描述酒店产品所选择的分销渠道的类型和在各种分销渠道中的销售数量。

5. 宏观环境状况

宏观环境状况主要对宏观环境的状况和主要发展趋势作简要的介绍,分析人口、经济、技术、政治、法律、社会和文化方面的各种因素。

(二)风险与机会分析

在描述当前营销状况的基础上,酒店管理层需要辨认在本计划期内企业所面临的机会与威胁、优势与劣势的问题,也就是战略管理理论的 SWOT 分析。S 代表优势(Strength),W 代表劣势(Weakness),O 代表机会(Opportunity),T 代表威胁(Threat)。在这项分析中,要把对风险与机会的分析和对企业的优势与劣势分析结合起来进行,回避可能遇到的风险。一个市场机会能否成为酒店的营销机会,关键在于这个机会是否与酒店在目标和资源方面的优势相匹配。因此,在计划中要对市场机会和风险进行科学、详细的预测、分析和判断。

1. O/T 分析

O/T 分析即机会/威胁分析,是指通过对酒店外部环境变化趋势的分析,识别出有利于酒店发展的重大市场和机会,以及可能影响酒店经营,甚至危及酒店生存的主要环境威胁。

2. S/W 分析

S/W 分析即优势/劣势分析,是指通过对内部经营条件的分析,认清本酒店相对于竞争者的战略优势和劣势。

3. SWOT 分析

SWOT 分析即综合分析市场机会、环境威胁、酒店优势与劣势等战略要素,明确能够为本酒店有效利用的市场机会,尽可能将良好的市场机会与酒店优势有机结合,同时努力防范和化解因环境威胁和酒店劣势带来的市场风险。

4. 问题分析

在 SWOT 分析的基础上,明确在制定和实施市场营销战略计划过程中还必须妥善解决好的主要问题。

(三) 确立营销目标

经过前几个阶段的分析以后,计划过程的下一步工作便是提出营销目标。所谓营销目标,是指酒店的管理部门计划在某一特定时期内应当实现的经营业绩。一般需要制定两个目标:酒店财务目标和营销目标,将其用数量化指标表达出来,并且将目标定得实际、合理,有一定的开拓性。

1. 财务目标

财务目标即确定每一个战略目标的财务收益目标,包括投资收益率、现金流量、利润率、利润额等指标。

2. 营销目标

财务目标必须转化为营销目标,营销目标可以由以下指标构成,如销售收入、销售增长率、销售量、市场份额、品牌知名度、分销范围等。

当然,除上述目标以外,企业形象塑造、员工素质提高、股票市场印象等也应考虑。

(四) 营销预算

营销预算是指为了实现酒店营销计划中规定的目标所必需的费用总额。测算和确定营销预算是一项十分重要的工作。一方面,营销费用属于必须花费的资金,或者是说在目标销售量和销售额实现之前所必须花费的资金。对于酒店来说,这些资金只能在将来的某一时刻从扣除营业费用的营业利润中得到补偿。另一方面,如果取消这些款项,则营销计划目标便不能够实现。

(五) 营销战略

制订酒店市场营销计划的第五步是制定具体的营销战略,并把这些战略写成文字材料,这关系到酒店应该采取什么措施来实现企业的营销目标。酒店营销战略由以下两部分组成。

1. 目标市场选择和市场定位战略

明确企业的目标管理市场,即企业准备服务于哪个或哪几个细分市场、如何进行市场定位、确定何种市场形象。

2. 营销组合战略

即酒店在目标市场上所采取的具体的营销战略,如产品、渠道、定价和促销等方面的战略。

(六) 最后的评价控制

营销计划的最后一部分是检查和控制,将计划确定的营销目标和预算按月份或季度分别制定,用以监督营销计划的进程。酒店的管理者每期都要审查企业各部门的业务实绩,找出达到或未达到预期目标的部门。凡未完成计划的部门,其主管人员必须说明原因,并提出改进措施,以争取实现预期的目标,从而使组成整个营销计划的各个部门的工作受到有效地控制,保证整个计划能井然有序、卓有成效地付诸实施。

四、酒店营销计划的实施

从影响酒店市场营销计划的诸多因素考虑,成功贯彻实施营销计划一般要经过以下步骤。

1. 制订详细的行动方案

在行动方案中,不仅要明确营销计划实施的关键性要求和任务,而且还要把责任和任务落实到个人或者相关部门、明确具体的行动计划执行时间表,在时间上进行严格规定,尽力做到将计划落实到每一个人,且人尽其责,使计划得到具体实施。

2. 建立营销组织机构

建立和强化市场营销组织,对推动酒店市场营销活动的开展起着决定性的作用,它是酒店市场营销计划和营销战略贯彻实施的主要力量。另外,还要重视企业内部的非正式组织,做到与其紧密结合,提高企业员工对营销计划和营销战略的共同认识和理解,促进和保证酒店市场营销计划的顺利实施。

3. 设计科学合理的决策和报酬制度

大型酒店或者实行多角化经营的酒店,需要适应市场变化的要求,建立灵活的管理机制,实行分权管理,做到科学决策。同时,制订有利于市场营销计划贯彻执行的报酬制度,充分调动员工的工作积极性,促进市场营销计划的执行。

4. 建设酒店的企业文化

企业文化是酒店的重要战略资源和竞争优势,对企业经营思想、管理风格和员工工作态度等都起着决定性的作用,因此,要高度重视酒店的企业文化建设。通过酒店企业文化建设,逐渐形成共同的价值标准和基本信念,保证酒店的营销计划在相应的文化环境中得到强大的支持,最终能够贯彻执行。

5. 开发人力资源

酒店营销计划的实施需要全店员工的共同努力来完成,因而要充分调动员工的工作积极性,努力开发人力资源,实现人尽其才,为营销计划的实施提供可靠的保证。

上述几个方面需要酒店全体员工的共同努力,协调一致、相互配合,才能使营销计划得到有效的实施。

酒店餐饮营销带动客房

一般来说,高端酒店的餐饮属于酒店的附属经营,管理者不会将餐饮作为重头戏。但事实上,如果将酒店的餐饮经营好,既可以增加餐饮部的营收,又可以带动酒店的其他消费,对于企业来说,是非常有利的。"凤凰大酒店"就是一个将餐饮作出高收益的例子,老板郑成义秉承着"将酒店餐厅做成普通餐厅"的理念,将高端酒店的餐饮做得有声有色。

"凤凰大酒店"位于奥地利维也纳近郊,是一个集旅馆业和餐饮业于一体的华人企业,占地面积15 000平方米,高四层,使用面积4 200平方米,餐厅面积960平方米,地下停车位31个,旅馆按照三星加的标准设计,拥有客房51间,床位80个。其规模在奥地利华人社会,甚至在中东欧华人社会中可以说是首屈一指的,2011年开业时,曾轰动了整个奥地利华人圈和当地社会。

老板观念要更新

老板郑成义说,很多普通酒店餐厅的生意并不好,很少听说有人专门去哪家酒店就餐。第一,酒店的顾客会在当地寻找美食,通常不会选择在酒店的餐厅就餐;第二,酒店的餐厅通常价格都会比市场上的餐厅略贵。为了解决这些痛点,他秉承着"将酒店餐厅做成普通餐厅"的理念来做高端酒店餐饮。虽然是质量上乘的高级餐厅,但就餐的价格和市场上正常餐馆保持一致。这样做的好处是带动酒店的顾客前来就餐,同时能让前来就餐的外地游客选择在此住宿,郑成义称为"成功商业模式的相互融合"。

做质量上乘、价格公道的高端餐饮

走进"凤凰大酒店",首先映入眼帘的就是极具视觉冲击力的酒台,大胆夸张的设计将整座餐厅的活力都调动了起来,其与后面两座放置自助餐的餐台一起,共同形成了一道亮丽的风景线。向前走去,两座流线型的餐台便呈现在面前,一边是经厨房精心烹制、高水准的自助餐,另一边是罗列着鲷鱼、三文鱼、鳕鱼、石斑鱼、扇贝等各种新鲜食材的餐台,顾客在自行挑选后可选择6种不同的风味,主厨将经典铁板烹饪技艺,创新融合上等新鲜食材,再以改良版中式风格给顾客呈现美食。同时,为了兼顾部分外国人的饮食习惯,老板郑成义还特别聘请了奥地利大厨,每天晚上为餐厅顾客特供牛排。

郑成义认为,"凤凰大酒店"的餐厅,一方面要适应欧洲人的口味,另一方面也要适应中餐发展的大潮流。随着时代的发展,中餐之"中国特色"慢慢也有了更多的含义。他说,20世纪80年代,大量的华人进入奥地利,从那时开始奥地利的中餐馆才渐渐如雨后春笋般出现。随着时光流逝,几十年前的那些中餐馆所作出的"中国特色"早已引领不了如今的潮流。外国人的口味在随着时代的变化而变化,而他们口味的变化也在不断督促中餐求新求变。与此同时中餐的发展也在向外国人不断反馈,"只有这样餐厅才有健康的发展模式,才能越做越好,越做越大"。郑成义说道。

客房带动餐饮　餐饮拉动客房

郑成义坦言,当初斥巨资兴建"凤凰大酒店"时,他并没有完全的把握。他认为自己只对中餐馆的经营有足够的经验,能够驾轻就熟,但酒店通常至少需要两三年的经营才会有回头的熟客,更何况他在酒店管理方面几乎是门外汉,这么做是有风险的。但是他通过提高服务质量、官方网站的成功建设、与在线预订住宿网站合作、推出更多优惠政策等方法,成功将酒店入住率提升至行业领先的水平。虽然餐厅的收入较酒店为高,但酒店胜在细水长流,加之"凤凰大酒店"附近为大型商务区,经常会有商务人士在此入住,郑成义认为,如果能进一步提高回头客入住率,酒店的收入就会有更进一步的提高。

这种住宿+餐饮双盈利的模式,为企业带来了相当可观的发展前景。

(资料来源:职业餐饮网.)

任务3　酒店营销控制

一、酒店营销控制的概念

酒店营销控制就是酒店为实现预期的营销目标,以营销计划和营销预算为依据,对市场营销活动开展有效的监督和控制。它是酒店营销管理的主要职能之一,与营销管理的分析、计划、执行等职能密切结合,形成酒店内部完整的营销管理机制。

酒店营销控制是建立在营销计划基础上的,对营销活动的全过程实施严密监控。一方面,营销控制必须以营销计划为前提。市场营销部门在进行营销绩效考核时,对实际的营销计划执行的结果与之前营销计划所制定的目标进行对比,找出二者的偏差。另一方面,营销控制又为以后营销计划的修正提供依据。从对当期营销绩效的考评中分析导致出现偏差的原因,及时调整下期的营销计划及营销策略。

二、酒店营销控制的内容

营销部门是酒店管理中的重要部门之一。它一方面要通过酒店的营销工作使酒店能够与外部市场需求相一致,顺利地开展营销工作;另一方面,它也以营销工作为中心,使企业内部各部门以市场营销工作为中心,积极配合以实现企业的市场营销目标。

营销控制的内容一般包括以下五个方面。

1. 酒店对营销部门的控制

为了顺利地开展酒店企业的市场营销工作,营销部门一般直接由企业的最高决策层直接负责。酒店通过对营销部门的控制,以营销工作为中心,把这种监督与控制深入企业的各个不同的职能部门,从而使各部门最大限度地发挥合力,更好地、协调一致地完成企业的市场营销工作。企业内部能否实现顺畅的信息沟通、是否把企业的市场营销工作作为其工作的重点,是营销部门控制的重要工作。

2. 营销部门对外部供应商的控制

外部供应商是影响企业市场营销工作的重要利益相关者。外部供应商的自身利益并不一定总是同酒店的利益保持一致。供应商能否积极主动地配合酒店的市场营销工作,使酒店营销工作得以顺利开展,也取决于酒店的营销控制管理。因此,酒店要定期对供应商进行相应评价,实行优胜劣汰,对表现好的供应商进行相应奖励,对表现差的供应商进行相应处罚,形成一套行之有效的供应商评价与奖惩措施,这也是营销控制工作的重要组成部分。

3. 营销部对营销工作人员的控制

营销部门要建立有效的监督控制体系,通过激励措施,加强对员工的监督与管理。对员工的营销工作过程进行相应控制,提高员工的工作效率,降低营销活动的成本和费用。

4. 营销部门对营销计划执行效果的控制

营销计划并不能总是得到充分的贯彻与落实,事实上营销计划的具体实施总会与计划所设定的目标有或多或少的出入。这种偏差有些是由内部因素导致的,有些是由外部因素导致的。酒店要及时对营销计划进行相应的调整,以保证其顺利实施。

5. 营销部门对营销方案的控制

营销方案是否合理,能否得到有效的实施,如酒店执行的产品定价策略、新产品推广方案等,也需要得到有效的监控。可以采取多种不同的比较分析方法来进行相应的营销控制。

三、酒店营销控制的程序

酒店营销控制是一个目标管理系统,是一个科学规范的过程,这个过程一般包括以下几个步骤。

1. 确定控制目标

确定控制目标就是要解决达到什么目的的问题,它不同于营销计划中的营销目标,前者是后者的分解。在营销控制过程中,营销目标被分解成若干更短时期的控制目标。如把年度计划分解成季度计划,只要每个季度的目标实现了,年度计划也就自然实现了。

2. 确定评价标准

评价标准既有定性的,也有定量的。为了客观地评价酒店营销的效果,应该尽可能以量化的指标作为评价的标准。因为数字是最公正的,在限定了标准的情况下,数字最能客观公正地反映酒店的营销工作绩效。

3. 检查实际绩效

检查营销工作的实际情况,监测营销员工的工作业绩,采集酒店营销活动的实际数据,然后再对实际数据进行相应的加工、整理、分析,客观地评价酒店营销工作的实际绩效。

4. 分析偏差原因

把酒店的实际营销结果与酒店所确定的评价标准进行相应的比较分析,形成对比结果。例如,年初制订营销计划时,希望通过营销方案和努力,全年客房入住率达到70%,而实际上最终只达到了65%,这样比较的结果就是-5%。

5. 提出改进措施

通过对酒店市场营销的实际结果与评价标准的比较分析,对酒店的市场营销活动作出客观的评价,并找出差距,针对不足之处,提出具体的改进措施。如果是外部原因,就要及时修正营销计划,使之适应现实复杂的市场环境。如果是内部原因,比如执行的错误或是员工的积极性不高,就要采取相应的惩罚措施,建立绩效评估机制,激发员工的工作热情,提高营销效率。

四、酒店营销控制方法

(一)年度计划控制

酒店年度计划控制主要是检查营销活动的结果是否达到年度计划的要求,并在必要时采取调整和修正措施。年度计划控制的目的是确保酒店企业实现年度计划中所确定的销售、利润和其他目标。管理者可运用四种方法来衡量计划的执行绩效,即销售差异分析、市场占有率分析、营销费用率分析、顾客满意度追踪。

1. 销售差异分析

衡量并评估酒店企业的实际销售额与计划销售额之间的差异情况。

2. 市场占有率分析

衡量并评估酒店的市场占有率情况。根据酒店选择的比较范围不同,市场占有率一般分为以下三种。

(1)绝对市场占有率:是指酒店的销售额占全行业销售额的百分比,它反映了酒店在整个行业中的市场地位。

(2)相对市场占有率:是指酒店企业的销售额占最大竞争者的销售额的百分比,它反映了酒店与市场主要竞争者的实力对比关系。如果相对市场占有率大于1,表示本企业即为行业的领导者;等于1,则表明本企业与行业最大竞争对手实力相当;小于1,则表明本企业与行业的领先地位还有一定的距离。

(3)目标市场占有率:是指酒店的销售额占其目标市场总销售额的百分比。

3. 营销费用率分析

衡量并评估酒店的营销费用对销售额的比率,还可进一步细分为人员推销费用率、广告费用率、销售促进费用率、市场营销调研费用率、销售管理费用率等。酒店要确保营销费用没有超支,如果费用变化不大,处于安全范围内,则不必采取任何措施;如果费用变化较大,上升速度过快,就要采取有效措施进行控制。在销售额一定的情况下,营销费用越低,营业利润就越高。

4. 顾客满意度追踪

酒店可以建立顾客建议和投诉系统,或者定期、不定期访问顾客,通过顾客调查等方式,追踪顾客对酒店及其产品的态度变化情况,了解顾客的满意度,进行衡量并评估,对不足之处要进行整改,提高酒店在顾客心目中的形象。

(二)盈利能力控制

盈利能力控制一般由财务部门负责,是旨在测定酒店不同产品、不同销售地区顾客群、不同销售渠道以及不同规模订单的盈利情况的控制活动。盈利能力指标包括资产收益率、销售利润率和资产周转率、现金周转率、存货周转率和应收账款周转率、净资产收益率等。在综合分析盈利能力各种因素的基础上,决定对各种产品的增减,对各目标市场的开拓或放弃,以及对各营销渠道的扩张或者缩减,及时调整相关的市场营销策略。

(三)营销效率控制

假如盈利分析发现酒店在某些产品、地区或市场方面的盈利不佳,那接下来要解决的问题是寻找更有效的方法来管理销售队伍、广告、促销和分销。

1. 销售人员效率

销售经理可用以下指标考核和管理销售队伍,提高销售人员的工作效率。

(1)销售人员日均拜访客户的次数;
(2)每次访问平均所需时间;
(3)每次访问的平均收益;
(4)每次访问的平均成本;
(5)每百次销售访问的成功率;
(6)每月新增客户数目;
(7)每月流失客户数目;
(8)销售成本占总销售额的百分比。

2. 广告效率

为提高广告宣传的效率,经理应掌握以下统计资料。

(1)每种媒体接触每千名顾客所花费的广告成本;
(2)注意阅读广告的人在其受众中所占的比率;
(3)顾客对广告内容和效果的评价;
(4)广告前后顾客态度的变化;
(5)由广告激发的询问次数。

3. 营业推广效率

为了提高促销效率,企业应注意的统计资料如下。

(1)优惠销售所占的百分比;

(2) 促销期内每一单位销售额中所包含的促销费用；

(3) 赠券回收率；

(4) 促销现场的顾客咨询次数。

4. 分销效率

主要是对分销渠道的业绩、企业存货控制、仓库位置和运输方式的效率进行分析和改进，提高分销的效率。

5. 营销战略控制

营销战略控制是指营销管理者通过一系列的行动，不断地对酒店的营销环境、营销组织、营销目标、营销战略、营销方法和程序等方面进行系统和全面的评价和修正，并为改进和完善营销活动提供决策依据。营销战略控制主要涉及酒店的长远发展规划和目标，力求使酒店资源与变化的环境，特别是市场和消费者相互匹配，以便实现酒店的长期战略目标。营销战略控制主要包括：酒店营销环境控制，酒店营销组织控制，酒店营销效率控制和酒店营销职能控制等。

案例分析1

酒店淡季营销

九寨沟喜来登酒店坐落在"童话世界"九寨沟的碧水青山之间。每年9月、10月，是旅游的旺季，来自世界各地的客人络绎不绝，蜂拥到九寨沟，使酒店生意非常兴旺。但是，地震发生之后，由于受到地震的影响，酒店的旺季比想象中要淡一些。此后，酒店面临长达大半年的淡季和平季。如何通过营销做到客似云来，这是一个营销策略问题。

和传统的产品一样，再高级的酒店也要建立自己的营销渠道和代理网络，这是提升酒店入住率的关键。九寨沟喜来登是中国风景区第一家五星级酒店，这个定位至少给了游客一个指向性的诉求导向。九寨沟喜来登在追求标准化的同时，穿插了一些当地的藏羌文化，从酒店的建筑风格到装饰风格都有着浓郁的藏羌文化色彩。这样一来，九寨沟喜来登在集团内突出了与其他喜来登酒店的不同，而在竞争对手面前突出的则是集团的理念、系统和管理。

对于风景区的酒店来说，旅行社能否为其带来客源，至关重要。正因为九寨沟喜来登定位于风景区酒店，它就需要花费更多的时间去打开旅行社的通路。其做法是：淡旺季相结合，旅行社淡季带来多少生意，旺季就可以得到相应的配额。这既是提升淡季营业额的方法，也是取悦旅行社的手段，而且其所带来的经济效益也是显而易见的。旅行社为了调剂需求，通常会配合酒店，通过促销手段将7月、8月等销售平季变成销售旺季。在淡季，为了节省成本，大多数星级酒店都关门歇业了，但九寨沟喜来登酒店在淡季仍然坚持开业，这得益于旅行社在销售淡季对九寨沟喜来登酒店的支持。

九寨沟喜来登一大半顾客来自海外，而且仍在逐年增多，主要来自日本、韩国、新加坡等亚洲国家，大多为有经济基础的中、老年人，其中男性居多，休闲度假者居多。

与竞争者相比，喜来登酒店的品牌知名度高，隶属于知名的国际酒店集团，在全世界的100多个国家都拥有旗下的酒店，这无形中帮助九寨沟喜来登在100多个国家建立了销售渠道和宣传平台。这一金字招牌不仅能吸引众多喜来登的拥趸，更重要的是，它能通过全球喜来登酒店的网络促成销售，这与单体酒店相比显然是一大优势。国际酒店集团的常客计划，不仅大力提高了九寨沟喜来登酒店的市场营销业绩，而且延长了九寨沟喜来登酒店的销售旺季。是常客计划中的"积分兑奖"，对许多顾客颇具诱惑力。通过积分获得度假与私人旅行的机会或直接兑换成房费，的确让人心动。但对九寨沟喜来登酒店来说，它不仅仅是招徕新顾客和维系老顾客忠诚度的一个有效手段，而且为九寨沟喜来登的淡季销售提供了促销途径。

除旅行社之外，另一个不能忽视的顾客群是政府机关和大企业等客户。在大城市，五星级酒店通常是政府机关或大企业举行会议的首选场所，但它们并不适合所有的会议，例如政府年会、经销商会议等，这样的会议通常会选择九寨沟喜来登等风景区酒店举行。会议顾客群体既能度假、旅游，又能举行会议，这才是他们心目中的理想场所。这样的会议一般选择在年底或者年初。因此对九寨沟喜来登酒店来说，会议营销成了它在最为冷淡的冬季增加营业额的重要手段。

这些年来，九寨沟喜来登酒店加大了会议营销的力度。毕竟，要捱过漫长的淡季，会议营销是一个不得不思考的议题。酒店制订了详尽的会议营销方案，例如针对各家大企业秘书进行奖励的"明星之选奖励计划"。随着会议厅、宴会厅和剧院的建成并投入使用，会议营销成为九寨沟喜来登破除淡季魔咒的一把"利刃"。酒店的会议设施比较齐全，无论是几百人还是几十人，无论是平季还是淡季，都能承接会议。会议大多在岁尾年初举行，此时是淡季，所以对会议的价格酒店营销人员会灵活掌握。酒店现在的会议接待已经非常成熟，会议收入所占的比例也越来越大。

讨论题：

九寨沟喜来登酒店在地震发生之后，运用了哪些营销方法，把酒店的淡季变成了旺季？

案例分析2

洲际酒店营销策略

对洲际酒店来说，要制定以客户为中心的营销策略，依赖于各不相同，却又相互联系的以下三个方案。

一、投资技术开发

洲际酒店执行此项营销方案的第一步，是要建立新的数据库和实时数据库（Real-time data mart），让洲际酒店可以把来自酒店本身和第三方的数据与现有的客户信息进行匹配。这一做法也让该酒店在进行市场分析或者策划营销活动时可以获得即时的数据——这是对洲际酒店原系统功能的巨大升级。原来的系统只能够批量更新数据，而且客人活动（如入住）的数据也要在30天后才能提供。

第二步是要扩大除电子邮件以外的其他对外营销活动。（利用Unica进行的）技术升级让内部营销活动流程变得自动化，并且让特许经营酒店可以根据当地情况和客户关系定制合适的项目，从而实现本地化营销。同时，这次升级还可以通过对外的营销活动管理来对呼叫中心数据和活动进行整合。另外，洲际酒店还通过这次升级以流水线操作的形式把之前的多重代理模式转化成单一的全球代理模式。

目前,洲际酒店正在进行接下来的第三步,也就是对多渠道的协调性作进一步发展。在这项工作中,洲际酒店计划把日渐增多的渠道进行整合,同时通过不同渠道来优化内容、产品和信息发布的时机,从而实现回报率和客户相关性的最大化。这一方案的重点是学会如何"考虑预订以外的事情"。也就是说,如何让互动营销以更多不同的方式以增加收入、提高忠诚度和提升顾客满意度。

二、拓展新的营销领域

(1) 适时营销(right-time marketing)——意味着通过对外发布信息(如电子邮件)来跟进有价值的客户行动。Lincoln举了一个例子,就是在顾客成为黄金会员时马上通过邮件祝贺他,让他意识其权益已经提高,促进顾客日后的入住以及与洲际酒店品牌的互动程度。

(2) 非会员营销(non-member marketing)——洲际酒店只有40%的业务来自洲际优悦会(Priority Club)会员。因此,洲际酒店利用cookie数据和客人上网行为等新的数据环境,来寻找和划分有价值的非会员客户。洲际酒店还推出了生命周期营销活动、定制现场产品展示和针对非会员的定向媒体采购。

(3) 全球本土化(Glocal)沟通——没错,不是全球化(Global),而是全球本土化(Glocal)。洲际酒店鼓励其特许经营酒店针对具体的酒店和客户资源情况,合理地利用其全球的酒店资源。

(4) 对传统营销活动进行延伸——这项工作的内容是利用互动工具来发布即将进行的传统媒体营销活动信息,或者利用定向的互动工具来跟进营销活动,以提高参与客人的转化率。

(5) 渠道的协同作用——洲际酒店聪明地利用自身渠道来对其他渠道进行推广。或者说,他们正利用来自一个渠道的数据来提高其他渠道的信息相关性。比如,他们优化了PIN码提醒邮件的内容和布局(也就是网站的找回密码邮件),把与个人用户档案相关的动态产品信息添加进去。

三、建立集中管理的客户关系组织架构

这项工作包括产品大规模的人员架构调整,即把洲际酒店的产品、渠道和销售团队统一交给一位管理人员负责——客户执行副总裁(EVP of the customer)。Lincoin解释道,虽然这三个团队之间偶尔会出现不同的利益取向,但他们现在对各自的工作更为了解,从而可以更容易地制定相互协调的目标。这项工作还包含一个企业重新教育计划,以帮助整个酒店集团改变每个客户触点需要产生的价值的期望值。

洲际酒店正在努力让所有员工意识到,每次与客户的互动都是一次机会。这个机会可以让洲际酒店:

(1) 销售客房;
(2) 销售其他有价值的东西;
(3) 改变消费者对洲际的看法;
(4) 积累经验。

讨论题:

洲际酒店制定的以客户为中心的市场营销策略,包括哪几个具体的方案?

复习思考题

1. 酒店市场营销组织的含义是什么?
2. 影响酒店市场营销组织设置的因素有哪些?
3. 酒店营销计划的制订分为哪几个部分?
4. 酒店营销控制的程序包括哪几个步骤?
5. 酒店营销控制的方法有哪些?

实训项目

实训目的:制订酒店营销计划。

实训内容:广州保利洲际酒店坐落于珠江环绕的琶洲岛,雄踞广州会展商业区的中心地带,邻近琶洲会展中心,距离广州市中心仅需18分钟车程,距广州白云国际机场仅需40分钟车程。

酒店共有350间客房及套房,6间特色餐厅及酒吧,气派的宴会厅和多样的休闲设施将洲际的非凡体验与广州内敛魅力完美融合,酒店客房不仅拥有开阔视野,尽览珠江和城市华美景致,而且酒店房间的设计融入了古代商船地板的设计元素,简约、优雅而不失奢华。

酒店共拥有140间双床房,能够满足大型会议团队接待的需求,同时酒店设有400平方米的总统套房,坐拥开阔视野,直面一江珠水,尽享自然怡景。行政酒廊位于酒店的39层,美妙的全景观视觉,使客人可以放松身心,尽享欢乐时光。

酒店共有两个大宴会厅。三楼的水晶宴会厅面积达1 800平方米,华丽气派,坐拥令人赞叹的珠江美景,该厅可灵活分隔为三个会议厅,是主办各类型和规格的宴会、会议、发布会及鸡尾酒会等活动的绝佳场所。一楼的翡翠宴会厅面积达500平方米,可分隔为两个会议厅。酒店还设有10个多功能会议室,采光通透,配备先进的全息投影仪,满足董事会议、公司分组讨论、培训会等不同规格的会议需求。

酒店的特色餐厅Char恰餐厅,是琶洲商圈的一枚社交新贵。"恰"重新定义了传统的牛排馆,在专注于精选高品质食材的同时,运用充满趣味与新意的呈现方式,为饕客打造清新随意却又不失格调的奢华美食体验。亚洲风味餐厅位于酒店的40层,时尚前卫的设计与当代亚洲佳肴交相辉映。餐厅内可坐观迷人江景,感受浓郁的现代都市气息。酒吧位于顶楼的空中平台,是一个释放自我与体验夜广州的最佳之选,醉人的香槟、令人沉迷的鸡尾酒让您在现场乐队的轻歌妙韵中与珠江最核心的脉搏共舞。

请你针对广州保利洲际酒店的具体情况,做一份市场营销计划。

实训流程:

1. 根据教学班级学生人数确定小组,每组人数5~10人;
2. 以小组为单位组织收集资料,经过充分讨论后,形成小组的营销计划;
3. 每个小组派代表进行汇报演讲;
4. 教师进行总结和点评。

项目十

酒店营销创新

> **知识目标**
>
> 1. 了解酒店香味营销的概念;
> 2. 熟悉酒店香味营销的步骤;
> 3. 了解酒店绿色营销的含义;
> 4. 熟悉酒店绿色营销的内容;
> 5. 了解酒店网络营销的含义;
> 6. 掌握酒店网络营销的方式。

> **能力目标**
>
> 1. 能够在酒店营销中,熟练地运用香味营销模式;
> 2. 能够在酒店营销中,熟练地应用绿色营销模式;
> 3. 能够在酒店营销中,熟练地应用网络营销模式。

> **任务分解**
>
> 任务1　酒店香味营销
> 任务2　酒店绿色营销
> 任务3　酒店网络营销

喜来登酒店的香味营销

喜来登酒店的公关协调员张妍露向媒体透露,酒店最近确实换上了全新的香氛系统。"以往,客人一走进酒店,闻到的是一种苹果派的味道。苹果派是欧美国家一道家常的饭后甜点,能让人感受到妈妈的味道,也令人联想到酒店所崇尚的简约风尚。不过最近,集团进行了一次大型的问卷调查了解到,客人更喜欢雨后清新自然的味道,于是,酒店决心对气味进行一些改变。"

改变味道的酒店还不只龙禧福朋喜来登酒店一家,喜来登酒店集团一共管理着142家福朋喜来登品牌的酒店,这些酒店分布在全球24个国家。这么多福朋喜来登酒店在同一时间内换上了这种新气味。张妍露说,这种新气味由一家叫 Scent Air 的科技公司专门为福朋喜来登酒店量身定做,这家位于美国北卡罗来纳州的公司是一家全球知名的香氛递送解决方案供应商,专业为酒店、购物中心等商业机构"制香"。

福朋喜来登的这款香味有个很好听的名字,"Pinwheels in the Breeze",中文翻译为"风车味","那种感觉就如同春日里清新舒爽的户外气息"。"风车味"是福朋喜来登酒店的特有气味。喜来登酒店集团旗下有瑞吉、豪华精选、W 酒店、威斯汀、艾美国际、喜来登、福朋喜来登等多个品牌,每个酒店都有自己的特有味道,根据酒店的风格、定位专属定制。

张妍露说,福朋喜来登酒店的客户群体定位在30~40岁的商务顾客,他们年轻、自然,崇尚简约,喜欢自由,这款清新自然的"风车味"正合他们意。酒店集团旗下另外一个高端品牌威斯汀则采用了一款不同的香味。在威斯汀酒店的大堂和公共区域,到处弥漫着一股白茶芳香。威斯汀酒店定位于高端商务客,这些商务顾客工作紧张、压力非常大,白茶芳香能够帮助他们舒缓压力、放松心情。这种芳香的选择和威斯汀品牌"个性化、直觉灵动、焕发活力"的核心价值观相适应,体现了酒店所崇尚的健康、积极向上的生活方式。如同名称、Logo 一样,与众不同的气味正在成为酒店的新标识。

《闻香识女人》是一部于1992年公映的美国电影。电影叙述了一名预备学校的学生,为一位脾气暴躁的眼盲退休军官担任助手。由艾尔·帕西诺、克里斯·欧唐纳等主演。不管是怎样的营销模式,到最后都会殊途同归,他们的最终目的都是要提高客户对于品牌的忠诚度,香味营销也自然不会例外。那么,我们今天的话题就是:闻香识品牌。

当你步入英国航空公司的头等舱及头等舱候机室,最先引起你注意的就是独特的气味,这是一种叫作牧草的芳香剂。英航定期在航班上喷洒这种芳香剂,以加深公司在其最有价值顾客群中的品牌印象。这种区别于视觉的感官新体验独树一帜,非常新颖,营销效果很理想。英国高档衬衫零售商托马斯·彼克耐心地研制一种个性化气味,他在纽约、旧金山、波士顿和圣弗朗西斯科新开的商店中放置传味器,当顾客经过时,传味器就会散发一种新鲜的、经过清洗的棉花味道。这种味觉享受让人迅速有了价值联想。

以体验营销闻名的星巴克,对于咖啡的味道与香味要求近乎苛刻。在星巴克上班的员工,不管是谁,不管是什么日子,都不准使用香水,因为在星巴克,空气中飘溢的只能是纯正的咖啡香味,这要远胜过其他的香味。

试想,如果星巴克每天发出来的是不一样的香味,或是混杂着其他香水的味道,谁又能远远一闻到就直奔这个"家与公司外的第三生活空间"呢?

对旅游行业来说,也有旅行社运用香味营销。请看案例:"全球旅行社"是法国的一家旅行社,位于巴黎闹市区的歌剧院大街,它宽敞的前厅里铺着蓝色的地毯,弥漫着淡淡的茉莉花和甜瓜的香味。但在它不同的柜台前,顾客们"嗅"到的气味又不尽相同。在负责去北美洲旅游的柜台前,散发的是可乐果的香味;在办理去太平洋群岛波利尼西亚的柜台前,香草的芬芳沁人心脾;而在预订豪华轮做海上游的柜台前,则仿佛漂浮着一股海面上含碘的水汽。

香味营销发展到现在,已经上升到了企业嗅觉品牌的高度了,无论是喜达屋和万豪、BOSS、SONY、LEXUS等都已经拥有自己特有的"香味标签",但事实上,在形成品牌影响力的道路上,包括嗅觉和味觉的"气味"研究,还需要迈过几道坎。

首先,包括中国在内的世界上大多数国家的商标法还没有规定允许注册嗅觉商标或是味觉商标,这也就意味着即使研究出一种代表自己品牌的嗅觉或是味觉,也无法获得注册,得到法律保障。其次,相应的法律法规还无法确保"声""味"品牌可以有严格的知识产权保护,尤其对于"味道"这样的品牌来说,如何界定,是一个让人困扰的问题。再次,由于每个消费者的喜好各不相同,研究出的味道,势必会一部分消费喜欢,另一部分消费者不喜欢。最后,要提醒各位企业家,一个现实的问题是,品牌维护所带来的昂贵成本。令人兴奋的是,中国企业在气味的品牌营销上,已经开始迈出了第一步。无论成败,这都是中国品牌发展的一次有益尝试。

总之,不着文字,无须喧哗,营销于无形,而同样能够有效慑服消费者,这或许就是营销的一种至高境界,这也是香味营销给我们企业营销管理者的最好启示。

任务 1　酒店香味营销

近年来,香味营销打破了传统的二维营销模式,作为一种新的营销模式显现出来,逐渐受到酒店行业的青睐,风靡各大星级酒店,当顾客走进酒店大堂,一股清新淡雅的香味就会扑鼻而来。如今,香味营销已经成了各大星级酒店的另一张名片,在提升顾客入住体验的同时也树立了酒店的品牌形象。

一、香味营销的概念

香味营销(Fragrance Marketing)又称为嗅觉营销、气味营销,是指企业经营者利用人体感官中的嗅觉与味觉功能,开展以特定的香味吸引目标顾客的体验式情境销售,目的是引起顾客关注、记忆、认同并最终有效促进其消费。

香味营销分为物品香味营销与环境香味营销。物品香味营销常以将产品加香或以香页广告的形式出现,多见于服装业、食品餐饮业等;而环境香味营销则是在空间环境的空气中添加特有香味,使顾客亲身体验,这种营销方式多见于娱乐休闲服务场所。业界所指的香味营销多为环境香味营销,因为环境香味营销能提高酒店的硬件和软件设施的档次,且具有成本低、使用工作量小、提升品牌形象、加深顾客记忆等诸多优点。

香味营销的历史可以追溯到远古时代露天市场的卖主利用薰香来吸引买主的注意。酒店行业的香味营销概念源于拉斯维加斯的酒店。10多年前,拉斯维加斯的酒店大亨斯蒂夫·韦恩在旗下的海市蜃楼酒店引入了一种招牌香味,通过酒店的中央空调香氛系统发散到酒店的大堂中,这种独特的体验在当时吸引了众多远道而来的游客。

几年前,万豪、香格里拉等大型的酒店集团也开始为它们旗下的酒店品牌调配香味并通过中央空调香氛系统将味道输送到大堂、楼道里等地方。这些星级酒店发现,酒店香薰的运用能大幅提升酒店的舒适度。由视觉和听觉相结合的二维营销方式俨然已不能满足业界的需要,香味营销顺应市场需求,悄然回到现实的舞台,作为营销差异化手段被用于塑造品牌形象、影响顾客消费。

二、香味营销的应用

在现代营销方式中,传播速度的快慢和覆盖面积的宽窄是衡量营销方式有效性的重要标准,以"色"悦人的视觉营销与以"声"动人的听觉营销也因此一度成为营销界的主流元素。在较长一段时间内,香味营销由于不具备上述优势而被遗忘。

然而,在广告爆炸的时代,由视觉和听觉相结合的二维营销方式已不能满足酒店业的需要。香味营销通过差异化插位,以细腻的情感打动顾客,从而占据感官体验的缝隙。特定的气味在引起消费者关注、影响消费者决策、提升消费者忠诚度、树立企业品牌等方面效果显著。此外,它在各行各业同样逐渐受到热烈追捧,如航空业、通信设备业、汽车制造业、服装业、零售业、饮食业、旅游业等。

据研究资料表明,香味和记忆、情感一样,都是由大脑中的同一部位处理感受的,所以香味不仅能直接影响人的情绪,而且会使人的大脑产生味觉记忆,从而在消费者的大脑里建立香味与品牌的链接。

目前,很多酒店已经开始涉足香味的营销。比如,艾美品牌酒店,采用持久松香,这种香氛是持续统一的,营造出一种时刻环绕宾客身边的独特香味;威斯汀酒店大堂的香味总会让人想起高洁的白茶;福朋喜来登的香味有个很好听的名字,中文翻译为"风车味",是一种让人感觉如同在春日里的清新舒爽的户外气息;以东方风格为特色的香格里拉酒店集团早在2006年就将一种名为"芬芳香格里拉"的香氛引入旗下的酒店大堂,在中国、印度尼西亚、马来西亚、新加坡、泰国和阿联酋等地的众多酒店里使用。

香味营销以"不着文字""无须喧哗"的差异化营销形式,打破了传统的二维营销方式,受到业界的普遍追捧。在不断完善视听营销的同时,触及嗅觉新感官体验,创新升级营销模式,使酒店与顾客达到双赢的局面。

三、气味对消费者的影响

(一)气味对消费者情感的影响

酒店的价值消费群体来自中高层人士,除了满足其食宿需求以外,他们对酒店的服务环境提出了更高层次的要求。酒店通过改善服务环境或创新产品,向消费者提供差异优质的服务,特殊香氛环境或者香味产品就是感染消费者情感的有效方式。科学研究证实,大脑中负责处理嗅觉的神经所在的位置,正好与主管情绪控制的中枢神经紧密相连,因此香味差异及香味浓淡会强烈影响消费情感诉求。不同的芬香对消费者情感的影响是不一样的,有的香气平复情绪、有的香气兴奋大脑、有的香气愉悦心情、有的香气清脑提神。香味的浓淡依托不同的芬香产品而起作用,一般而言,浓郁的香气让人兴奋,而淡雅的味道使人宁静。

酒店选择对消费者产生积极情感的香氛产品,持续不断地影响消费者情感,最终使消费者关注认可酒店服务。国际上一些品牌连锁酒店成功地运用香味来影响消费者情感诉求的实践证明,通过香气影响消费者情感是可行方案。

(二)气味对消费者记忆的影响

视觉让人摄取的信息量大,使人觉得视觉记忆更为可靠。然而,相关研究表明嗅觉记忆的可靠性不容忽视。美国 Monell 化学气味官能中心关于嗅觉与记忆的研究显示,人们回想 1 年前的气味准确度大约为 65%,而如果是回忆 3 个月前看过的照片,准确度仅有 50%。视觉比嗅觉记忆的遗忘时间线短,淡忘速度快,而嗅觉感觉深刻,遗忘速度慢,更能唤醒记忆系统。审美疲劳的现代,留住消费者的有效方式之一,就是香气留人。

目前,一些国际知名品牌连锁酒店已采用香气营销,目的是给消费者制造难以忘怀的记忆。持续不断的香气摄入,让消费者习惯且离不开专属香味,间接提高了消费者的忠诚度,同时无形中在消费者心中形成了一张"香气名片"。

(三)气味对消费者购买行为的影响

2009 年由美国 Monell 研究中心与中国科学院联合举办的北京国际味觉与嗅觉学术研讨会上,众多科学家对味觉和嗅觉的分子受体、大脑及行为机理方面的最新发现做了深入交流,明确表明气味会影响人体行为。气味对消费者购买行为的影响途径有两种,一是通过香气的不同实施差异化竞争,给消费者留下与众不同的印象,从而影响其购买行为,二是协调特制专属香气与消费者购买欲望的关系,两者一致便能促进购买行为的发生。

另外,气味可以影响人的情绪,进而影响人的态度,最终影响人的购买行为。令人愉快的气味有利于消费者作出购买决定,给人带来积极情绪的气味有助于改变消费者态度,让人宁静的气味使消费者愿意花费更多的时间去了解商品的信息。不同气味给消费者带来不同的情感感受,间接影响着消费者购买行为。

四、香味营销气味选择的原则

(一)突出主题

酒店根据不同的主题、节事及季节,设计不同种类的香味以配合整体的营销推广活动,使顾客享受更为独特的消费体验。酒店创作自己的香味品牌时,需要从长远形象定位和短期营销推广两个角度考虑。酒店的主题在较长一段时间内是难以更改的,具有较长时期的稳定性,芬香产品的设计注重突出酒店形象,香味选择应考虑整个酒店目标客户的需求。而在短期节事和季节推广中,更加注重香味同活动主题相一致。

不同酒店突出的主题是有差异的,芬香产品的选择需同酒店主题相一致。譬如,如家经济酒店主题为温馨宁静,香味设计侧重温暖幸福的感觉;高档商务酒店彰显的是尊贵奢华,香气产品注重雅致品质;精品酒店强调个性时尚,香味产品的选择根据具体主题而各有差异。而节事根据其举办的目的、内容、形式、功能和实质的不同,其主题也存在一定的差异性。酒店根据节事活动主题的不同,通过香味营销公司设计与活动主题相匹配的香味。另外,季节主题随着一年四季的变更而变化,通过不同的香味产品,可以让消费者在酒店体验不一样的春夏秋冬。

(二) 协调性

气味设计的协调性原则是指气味同购买环境的协调和气味同购买产品的协调。对酒店而言,购买环境是指灯光、音乐、装潢、设施、氛围等,购买产品是指服务人员提供的无形服务。其中酒店服务具有无形性,通过有形载体服务环境和服务人员显现出来。在酒店的空间服务环境中添加特有的味道,使芬香产品同整个服务环境融合为一体,能够提升服务环境的品质。

专属香气作为空间环境中的一部分,需要同其他的环境元素协调一致。无形服务以服务人员为载体展示于消费者。香气从服务人员身上散发出来,消费者容易体验感受,相比之下影响力更大。但芬香产品同样需注意同服务人员的仪容仪表协调一致。元素之间只有协调一致方能扩大影响力,否则只能消减效果,甚至带来负面效应。

(三) 健康性

目前,芬香服务主要运用于高档消费场所、私人小型空间及公共区域等,针对中高等收入阶层的消费对象,这一群体对香味服务的需求是建立在健康的前提之上的。把消费者置于特殊的芬香环境中,对其生理、心理、精神及行为都有一定的影响。酒店在选择自己的香味产品时,需要把顾客的健康放在首要位置,可以选择一些国内外知名的香氛机构,以此确保香氛的专业与品质。

不同的芬香对消费者健康作用是不一样的。研究表明:橙香能舒缓情绪、镇静安神;橘香提神醒脑、缓解不适;迷迭香清醒头脑、愉悦心情;薄荷香减轻疼痛、增强活力;薰衣草香缓解头疼、有助睡眠等。当然,不同的芬香产品对不同消费者的影响强度、效度也是有差异的,合理运用香味环境有助于改善消费者的身心健康。

五、香味营销的实施步骤

(一) 明确酒店市场定位

人体对气味的敏感依赖鼻子与舌头微弱感应区,即嗅觉和味觉感官。香味营销通过触动消费者的味觉和嗅觉感官,以深化消费者的体验感受为目的,提升产品在消费者心目中的地位,最终引发购买行为的发生。芬香产品设计需考虑消费者的体验感觉,即气味设计需同酒店的市场定位相符。

酒店市场定位的主要目的是突出优势、区别竞争。气味设计与酒店市场定位相匹配需进行三部曲。第一步，外部竞争态势分析，把同一或相似目标市场作为划分竞争对手范围的依据，分析竞争产品的定位情况，设计不同于竞争者的香味产品，突出自身产品特色。第二步，竞争优势的选择，评估确立最适合酒店的优势项目，以此为基础，树立特有的香味品牌。第三步，形象定位的调整，随着顾客喜好或竞争环境的变化，现有的香味产品也需发生相应的改变。

（二）科学设计香味营销策略

香味营销策略包括品牌策略和促销策略。品牌策略是指设计特有的香味产品并融入酒店服务中，使专属味道成为品牌形象识别系统的一部分。促销策略主要包括香味广告和口碑操作两种促销方式。

香味营销的前提是科学设计合理、独特的香味产品，这是一个系统而复杂的工序。成功的芬香传递系统需要经过选香、导入、传播、评估、修订一系列程序。芬香产品导入和传播阶段是树立嗅觉品牌的重要时机。评估芬香产品可识别度、顾客适应情况及性别差异，根据评估结果持续修订芬香产品，最终与酒店企业形象识别系统 CIS（Corporate Identity System）的其他组成部分相协调。香味营销打破了传统的视觉和听觉相结合的二维传播模式，将顾客置身于多重感官环境中。嗅觉品牌的标签就是香气的设计，而香气的设计需同品牌的视觉听觉识别系统相融合，方能给顾客留下深刻的体验感受。

（三）气味环境的营造

目前，芬香传递设备主要有空调空气加香系统、酒店自动加香系统、酒店喷香机、酒店加香机等。酒店运用较多的是自动香氛系统，可以根据使用环境，将扩香时间的长短、浓度和频率预先完成一次性程序设置，在设定的时间段内循环雾化，实现周期性智能设定。

选择不同的香味产品可以营造不同的香氛环境，气味环境的营造主要依托服务人员、服务用品、服务场景和服务区间。服务人员身上喷洒香味产品，可使香味直接与消费者接触，加深顾客感受。酒店可结合自身条件选择相应的服务用品添加专属味道，让香气触手可及，加强顾客的体验感觉。

服务场景则是通过自动香氛系统扩散出的香味，使消费者置身其中，有操作简便、影响面广的优点。服务区间的设置需同服务场景相联系，在顾客接触的公共区域，香味产品运行的时间为早 7 点至晚 11 点，而在顾客接触的私人空间则是 24 小时开放。

知识拓展

香格里拉香氛

在酒店的经营中存在一种共识，即在一个地方停留的最初 10 分钟，不管是好是坏，都会给顾客造成明确的印象。于是，在这最初的 10 分钟里，在最核心的服务内容还来不及向顾客奉上之前，如何塑造良好的"品牌印象"，是酒店业一直在研究的课题。而在传统的视觉营销和声音营销相继被开发之后，嗅觉成为酒店新"入侵"的又一感官体验。

不管是怎样的营销模式，到最后都会殊途同归，他们的最终目的都是要提高客户对于品牌的认知度并最终实现消费,香味营销自然也不会例外。酒店大堂香味在经历了最初几年单纯作为营销手段的阶段后,酒店在香味运用上的思考则更为深入,并开始根据自身的品牌和独特的客户定位,设计与其相符的"香味标签",将品牌导入酒店的专属香氛中,让顾客"闻香而识"。

其实人们的嗅觉识别也远比我们原本认为的更敏锐和持久。有实验表明,人们对照片的视觉记忆在3个月之后准确度会降低到50%,但对味道的记忆即使在一年之后准确度还能达到64%。在对酒店大堂香味的嗅觉识别中,顾客能够回想起入住酒店的愉快经历,并把对特定香味的认同转化为对于酒店品牌的依赖,这种基于嗅觉的营销模式在国外的酒店业内已经成为一种商业共识。

嗅觉植入品牌

营销学之父菲利普·科特勒认为,在营销3.0时代,营销应该重新定义为由品牌、定位和差异化组成的等边三角形。而酒店对于嗅觉这一感官细节的侵入过程是对这一等边三角形再生动不过的诠释。

亚太地区最大的豪华酒店集团香格里拉可以说是香味营销方面的典范,并形成了专属于香格里拉的"香格里拉香氛"品牌。这一香氛早在2001年就由香格里拉酒店集团推出,并开始在旗下酒店使用。由集团与一家澳大利亚公司合作开发的"香格里拉香氛",有着亚洲独具的清新淡雅气息。它的灵感源于詹姆斯·希尔顿1933年出版的小说《消失的地平线》中所描绘的香格里拉,一个恬静宜人的世外桃源。它以香草、檀香和麝香为基调,而带有些许佛手柑、白茶和生姜味的别致香气,则是它与众不同的前调。

"香格里拉"作为香格里拉酒店集团中高端豪华酒店品牌,该品牌的定位旨在为繁忙的商旅人士营造出全球奢侈温暖家庭的味道。而神秘又不乏性感的"香格里拉香氛",则恰恰能够起到安抚情绪和舒缓心情的功效。香格里拉酒店集团期望顾客在步入酒店的最初10分钟里,就能感受到香格里拉的温馨和舒适。为了实现这一目标,香格里拉也自然不会忽略掉嗅觉这一感官细节。

人们的品位和标准随着时间的推移在不断改变。然而在经历10年之后,香格里拉并没有丝毫更换"香格里拉香氛"的打算,香格里拉希望顾客能将这种稳定的香氛与集团联系起来。事实证明,正如他们期待的那样,"香格里拉香氛"现在已经成为香格里拉的嗅觉符号。

以顾客定香味

品牌从来都不是简单依赖于标志或者符号,而是要建立一种客户关系,就像管理学家克里斯廷·格罗鲁斯所强调的,"品牌的形成是以客户所面对的所有客户接触点为基础的"。也只有这样,特定的品牌才可能使客户明显地感觉到区别于其他的产品或服务。酒店的嗅觉品牌也同样是如此。居于香味营销终点上的也从来不是品牌本身,而是顾客对于酒店品牌的忠诚度。

在客户已经成为市场主导的情况下,要确立嗅觉品牌,酒店首先有两个基本问题需要明确,一是自己的客户类型是什么,二是酒店想要为客户创造何种体验。只有在酒店明确自身品牌的核心内容之后,森蒂菲等专业技术公司才能以此为基础,确定香型的思路和方向,并根据酒店定位,从库存香型中挑选调配或研制符合的香型。

所选香型要能精准掌握核心顾客群的定位特征与嗅觉感受,这是酒店既定的明确目标。香格里拉酒店则是利用中央空调,实现将香氛液体雾化,通过抗菌无烟雾化系统将"香格里拉香氛"散发到酒店大堂区域。顾客的健康永远是酒店最为关注的重点。在香型选定并测试之初,公司和酒店的合作首先需要确保的是不让顾客产生过敏反应,也尽量避免引起对香味敏感的人的反感。在此过程中,酒店客户的意见得以充分的反馈。而只有完成安全检测,确定不会引起客户过敏反应之后,酒店才能最终确定香型的内涵,即前味、中味和后味。

在保证顾客健康的基础上,酒店才开始考虑香味传递品牌形象、促进营销的效果。而此时客户意见得到第二次反馈,森蒂菲则根据反馈的市场调研数据、不同季节气候与客户的多元化需求,对香型作出调换与更新。至此,整个香味品牌设计最终得以完成。

嗅觉品牌的确立是一个历经研制和修订等多步骤环环相扣的复杂链条,香格里拉集团2001年花费在香味研制上的时间就长达6个月,在整个过程中,酒店对目标客户需求的满足是贯穿其中的一条主线,每一个环节都无法绕道而行,否则顾客对酒店的忠诚度无从谈起。

从细节处着手

事实上、品牌是消费者对产品视觉、听觉、嗅觉,触觉、味觉5种感官综合起来的一种记忆,嗅觉只是其中的一部分,因此酒店在意的远远不是单纯的嗅觉感官体验,顾客的整体感受才是酒店最终要取悦的对象。

在此理念之下,酒店的香味与酒店的其他设计相互映衬,将酒店对于细节的把握推向了极致。倘若抛开服务这一酒店的核心暂时不说,"香格里拉香氛"迎合了香格里拉酒店的建筑格调和设计品位,而每家酒店轻柔的背景音乐设置,装饰物的选择也极具针对性,所有这些对细节的关注都是为了给予顾客安全、宁静的感官感受。

然而,香味营销也不完全是一种让人看不见、摸不着的营销方案。由于很多顾客喜欢香格里拉的香气,香格里拉集团还特别生产了一系列相关产品,如精油、香氛、香薰、蜡烛和迷你套装等,放在商务中心出售。

虽然还没有酒店透露用于香味营销的资金投入,但是既然被香格里拉酒店认为是"不菲投入",那么想必也不会是一个小数目,而且香味这隐形营销为酒店带来的直接收益也无法量化。然而,这种营销方式已经被国外的酒店业广泛认可,并认为"无疑会增加顾客的认同感,令他们更希望再次入住酒店"。香格里拉也评价这笔投入为"物超所值"。

三星也有过类似研究。结果显示,普通环境下购买者实际购买时间低于26%,然而有香味时他们会愿意花3倍多的时间购物。而且,从当下香格里拉、万豪、喜来登等用香酒店的市场数据反馈来看,香味对于酒店形象的传递,显然起到了明显的正向作用。

香味营销模式在国外已不仅仅局限于酒店业,在娱乐场所、购物中心、汽车4S店等公共场所已成为一种成熟的商业行为。甚至有酒店尝试将香味的运用扩展到客房内部,尽管如此,由于对客房内香味使用的适宜度较难把握,在这方面的尝试还比较保守。

任务2　酒店绿色营销

一、绿色营销的含义

绿色营销是指企业顺应绿色消费潮流,从保护环境、反对污染、充分利用资源的角度出发,通过研制产品、利用资源、变废为宝等措施,满足消费者的绿色需求,实现企业目标的新型营销方式。

绿色营销是建立在可持续发展观念和社会责任观念基础上的,强调企业对资源的永续利用,更要求在可持续消费的前提下实施营销活动,即营销目标应在充分满足消费者需求的同时,提高消费质量,减少物质消费数量,降低人类资源的耗费程度,使消费达到可持续增长的要求。

绿色营销要求企业自觉地约束自己的生产经营活动,尊重自然规律,走人口、经济、社会、环境、资源相互促进、协调发展的道路,以达到经济发展与环境保护的和谐统一。简言之,绿色营销,是一种能使环境受到良好保护的营销方式。

绿色营销作为一种新的营销理念,体现可持续发展的思想,代表企业生存发展的机理和企业行为的未来方向。在关注的焦点上,该理念不仅关心和研究本企业产品的消费者,更关心社会和全人类,在创造消费者效应和企业效应的同时产生社会和生态效益,谋求社会可持续发展。

二、酒店绿色营销的含义

酒店绿色营销是指酒店以促进可持续发展为目标,以绿色消费为出发点,为实现经济利益、消费者需求和环境利益的统一,根据科学性和规范性原则,通过有目的、有计划地开发以及同其他市场主体交换产品价值来满足市场需求的管理过程。

酒店绿色营销是着眼于保护环境、促进社会可持续发展的一种新型市场营销观念,它颠覆了传统的营销观念,给酒店营销提出了新的思路和要求,即酒店在发展的过程中要履行社会责任,酒店营销要兼顾环境、社会和公众利益。

酒店绿色营销具有两层含义:一是酒店要在理念上引导消费者转变消费观念,培养消费者的绿色意识,倡导健康、自然消费,引导环保和节能减排;二是酒店在生产过程中根据消费者的绿色需求,严格管理与控制,确保食品的安全、卫生和方便,提升人们的身心健康和生活品质,同时注意在生产过程中节约原材料,注重对生产废弃物的处置,减少环境污染等。

三、酒店开展绿色营销的意义

(一)有利于节能降耗,降低成本

酒店在经营中不仅要耗费大量的物资、能源,并且要产生大量的垃圾、排放大量的污染物。在酒店中推行绿色营销,可以在推动或满足顾客绿色消费的基础上,有效减少资源耗费和环境破坏,提高资源的使用率,降低运营成本,实现可持续发展。

(二)有利于树立酒店形象,扩大市场

随着人们环境保护意识的日益增强,绿色消费逐步深入人心,绿色产品也越来越受世人的青睐。酒店的绿色营销,一方面有助于满足顾客的绿色消费需求,创造顾客价值,另一方面可以更好地树立酒店形象,从而使酒店赢得顾客的尊敬与信赖,提升酒店的知名度和公众

形象,继而有利于提高酒店的市场占有率,形成酒店的竞争优势,实现长远可持续发展。

(三) 有利于促进酒店文化建设

要顺利开展绿色营销,酒店需要从管理层到执行层树立并深入贯彻绿色营销观念,在内部营造一种关心生态环境和社会环境的文化氛围,并且通过员工的一言一行体现出来。

在酒店推行绿色营销意义重大,势在必行。酒店必须树立绿色营销观念,开发绿色产品,争取绿色标志,成为绿色酒店,不但要取得经济效益,还要取得社会效益和生态效益,最终实现企业、消费者和社会三者的共赢。

四、酒店绿色营销的内容

(一) 创建绿色酒店文化

首先,酒店管理层必须转变观念,明确制定酒店绿色管理和绿色营销的方针政策,把环境保护意识真正融入酒店经营的各环节。必要时,安排专门的工作人员推进此工作。

其次,酒店内的员工要形成绿色营销意识,积极贯彻绿色营销措施。要做到这一点,酒店要加强对员工的环保教育,培养其绿色意识。同时在酒店中作出明文规定,将环保理念渗透到酒店理念中。例如,在澳大利亚悉尼洲际酒店有这样一条理念:"我们不需要5位在酒店管理中做得十全十美的员工,而要求每一位员工有节约5%的水和能源的强烈意识。"

(二) 开发绿色酒店产品

客人在酒店住宿、用餐和活动过程中,无论是有形的产品还是无形的服务,都必须满足顾客的要求。现在越来越多的消费者希望酒店提供绿色产品,酒店应该充分重视绿色营销。一般而言,酒店绿色产品主要包括绿色客房、绿色食品、绿色服务。

1. 推出绿色客房

客房是酒店重要的有形产品,是绿色产品重要的组成部分。客房可采用生态建筑材料、天然涂料,减少一次性用品,在客人同意的情况下,尽可能反复使用。另外,床上用品采用纯天然棉麻植物,家具采用藤木和玻璃器皿,使用节能空调和灯具等。

2. 绿色食品

消费者对食品的感知直接影响其对绿色酒店的评价,所以酒店应该尽可能提供绿色食品、有机食品等。酒店可以建立自己的原材料生产基地,形成绿色的生产链,确保原材料安全。此外,酒店也可以与声誉良好的供应商建立合作关系。同时,餐饮部员工应把好个人卫生关,在生产和制作的过程中严格按照食品质量手册进行,尽可能降低操作过程中带来的污染。

3. 绿色服务

绿色服务作为酒店绿色营销的一部分应该贯穿酒店服务的各个过程。在服务过程中应积极向顾客提倡绿色消费观念,应本着"经济实惠、合理搭配"的原则向顾客介绍产品。餐后还要提供周到的打包、存酒等服务。

(三)采用绿色生产过程

在中国绿色饭店国家标准中,界定酒店的绿色生产为"采取改进设计、使用清洁的能源和原料、采用先进的工艺技术和设备、改善管理、综合利用等措施,从源头削减污染,提高资源利用效率,减少或避免生产、服务和产品使用过程中污染物的产生和排放,以减轻或者消除对人类健康和环境的危害"。

绿色生产过程是指在生产活动全过程中充分利用资源和能源,最大限度地消除废物或污染的产生和排放,实现生产过程的废物减量化、资源利用优化和环境无污染化。绿色生产过程所强调的是避免污染的产生,减少物耗,降低能耗,严格操作规程,强化物料的内部循环和外部循环,并对废物妥善进行处置。

具体来说,主要包括:尽量选择成本低、污染少、可再生的原材料;少用短缺或稀有的原材料,少用或不用有毒有害的材料;减少产品的材料种类;材料应易加工,且加工过程中无污染或少污染;产品废弃后的废物能自然分解,并为自然界所吸收等。绿色生产过程是一个动态过程,也是一个不断完善的过程。

(四)推行绿色采购

绿色采购是在酒店统一运筹管理下,根据实际工作需要,适时、适量、适价、经济合理地采购各部门所需要的物品,确保酒店经营活动的正常进行。要点包括:第一,要采购节能的产品;第二,尽可能采购可再生的产品;第三,要降低一次性用品的采购量,引导新的绿色消费潮流;第四,对于一些使用间隔周期较长的物品,可以采取租用的原则。总之,在采购的过程中,既要充分考虑产品对于环境的影响,又要从酒店的角度考虑价格、质量因素,选择既适合酒店自身,又不对环境构成影响的产品。

(五)制定绿色营销策略

酒店绿色营销工作的开展不仅需要口号的宣传以及绿色产品的设计,还需要绿色价格、绿色渠道、绿色促销等营销策略的配合。

1. 制定绿色价格

绿色价格就是在计算酒店产品成本时除了考虑各种经济成本外,还要把环境保护成本、绿色产品开发成本计算在内,即绿色价格的核心是环境成本。短时间内,绿色价格要高于普通价格,可能会遭到部分价格节约型顾客的抵制,但从长远来看,帮助消费者树立"环境有偿使用""污染付费"的观念是必要的。酒店应该对目标市场有充分调查研究,明确消费者的购买力,同时也应对目标市场顾客的认知价值作出充分的计算,这样才能制定正确合理的价格。

2. 建立绿色通道

酒店绿色营销渠道是实施绿色营销的关键,主要包括直接营销和间接营销。间接渠道主要有五种方式,包括代理、经销、分销、批发和零售。

对于酒店而言,主要需要经销和代理两个环节。酒店应该注重考虑经销商和代理商的绿色信誉,重点考察他们的环保意识、有无分销绿色酒店产品的经验、是否愿意真诚合作等。应努力做到分销渠道扁平化、运输过程绿色化,减少运输能源的消耗及运输过程包装物的使用。强化管理人员的绿色意识,采用信息化管理技术,尽量减少污染,保证产品转移过程中的环保和资源节约问题。

3. 开展绿色促销

开展绿色促销是指运用恰当的促销方式和策略宣传酒店的绿色产品。促销有着诱导需求、创造需求的功能,所以酒店需要有针对性地开展绿色促销。酒店管理者在了解顾客的消费需求的情况下,制定相应的广告策略,吸引更多的绿色消费者,比如可以在机场到市区的道路旁设置广告牌,第一时间在顾客心中树立绿色形象。

酒店可以有针对性地投放广告,邀请公众参观,借助媒体的力量,进行绿色公关活动,采取各种沟通手段向客人及公众宣传酒店的环保计划和倡议,主动引导和鼓励消费者进行绿色消费。其中,引导消费者进行绿色消费很重要,要符合"3R"和"3E"原则。

"3R"和"3E"原则如下。

减量消费原则(Reduce):避免不必要的消费,以期减少资源的耗费。

重复使用原则(Reuse):尽量购买能够多次使用的产品,拒绝购买用过即丢的物品。

回收再生原则(Recycle):选择那些使用再生材质制造的产品,即使用过后可以通过回收重新转换为原料,制造新的产品。

讲求经济原则(Economic):无论是使用商品还是享用服务,都要选择那些耗用材料少、节省能源、加工程序单纯、无夸大包装的产品,便于用后有其他回收途径,以避免造成浪费。

符合生态原则(Ecological):在购买商品时,要选择那些能致力于保护环境的厂商生产的产品,例如,选择使用清洁的原料、无污染生产过程、不会产生公害、对大自然生态系统少有伤害的产品。

实践平等原则(Equitable):在从事消费活动时,要处处考虑到对人性的尊重,不能剥削劳工,不能歧视少数族群,要对妇女、儿童、老年、残障、低教育程度的人群给予平等的尊重。

4. 培养适应绿色营销的员工

培养绿色员工是酒店绿色营销不可或缺的组成部分,主要从制度管理和绿色文化两个方面进行培训,使员工把绿色精神变为一种自觉意识,贯穿在绿色营销的过程中,从而成为合格的绿色员工。

长沙北辰洲际酒店参与2019"地球一小时"

2019年3月30日,中国长沙——长沙北辰洲际酒店积极参与2019全球环保活动"地球一小时",倡导低碳生活,为保护环境贡献一份力量。这是继2015"能见蔚蓝"、2016"为蓝生活"、2017"蓝色WE来"、2018"开启我们的60+生活"之后,酒店响应WWF世界自然基金会的号召,连续第五年参与此项公益环保活动。长沙北辰洲际酒店每年的"地球一小时"活动得到了众多环保先锋的支持,从提倡"可持续科技和生活"的远大P8星球、倡导资源循环再生的绿动循环到酒店所处的北辰三角洲社区、北辰定江洋、北辰时代广场等均积极参与到这一具有意义的全球活动中,WWF世界自然基金会的指导始终贯穿其中。

"地球一小时"作为全球著名且规模最大的环保活动,是世界自然基金会在2007年向全球发出的一项倡议：呼吁个人、社区、企业和政府在每年三月最后一个星期六的八点半至九点半期间熄灯一小时，以此来激发人们对保护地球的责任感，以及对气候变化等环境问题的思考，表明对全球共同抵御气候变暖行动的支持。作为全球知名的洲际酒店集团，关注我们的环境和社区、以正确的方式做对的事、倡导绿色节能低碳生活与打造顾客挚爱的杰出酒店目标相辅相成，更是长沙北辰洲际酒店作为一个负责任企业的使命。

2019年酒店牵手中国移动旅居空间装备倡领者湖南地球仓科技，以静物展示的环保方式带顾客近距离感受"与自然共生"的妙趣，以新颖的视角感知"多彩的生活来自多样的自然"。当晚八点半，长沙北辰洲际酒店关闭了外墙及绿化所有灯光，内部所有营业区域也相应调暗灯光。北辰定江洋、北辰时代广场也参与到了活动中，同时关闭了外墙所有亮化照明，瞬间几栋高楼大厦无声地潜进茫茫夜色里，在更广袤的空间里，向公众宣告着环保信念。

由手机APP智能操控的地球仓高仿真模型吸引了所有人的注意力，尤其是随着APP实时操作一键切换的升降床系统，展示了地球仓环保旅居空间的"黑科技"属性。此次展示的地球仓EH-YH35模型实体已经落户长沙洋湖湿地公园，是创新型移动空间与自然共生的良好示范，地球仓"零污染、轻运营"的"生态快建"模式，为实现旅游产业的可持续绿色发展提供了新的想象空间。

地球仓科技致力于为旅居领域提供可持续空间、系统服务与解决方案，从而推动全域旅游产业发展，为大众旅游时代新消费变革提供创新解决方案。2018年年底，地球仓与《亲爱的客栈Ⅱ》节目合作，为客栈提供全套空间场景环保解决方案，仓体外观就地取材，点缀以木质和火山岩元素，一栋栋仓体犹如水晶盒子散落林间，营造出一个浪漫的童话场景，一个充满魅力的绿色、人文野宿空间。

长沙北辰洲际酒店总经理唐伯森（Grant Thompson）表示："人类和地球是一个命运共同体，我们每个人的行为方式都和地球的生态环境息息相关，相互影响，希望通过每一次的地球一小时活动，引导公众对绿色环保生活的思考和行动，倡导健康可持续的生活方式。"

据悉，长沙北辰洲际酒店自开业以来一直积极执行洲际集团"绿色环保参与计划"，通过减少能源消耗、节约用水、减少废物、减少二氧化碳排放等系列措施与客人一起达到共创一片蔚蓝天空的环保理念。酒店节能LED灯的全面安装、客房节水型马桶的全面使用、蒸汽冷凝水回收系统、客房布草的绿色更换、餐厅"光盘行动"、公共区域禁止吸烟等，无一不体现出酒店的企业社会责任担当。

任务3 酒店网络营销

一、酒店网络营销的含义

酒店网络营销就是以国际互联网为基础，利用数字化信息和网络媒体的相互性来达成酒店营销目标的一种新型营销方式。简单地说，是以互联网平台为核心，以网络用户为中心，以市场需求认知为导向，整合各种网络资源去实现酒店营销目的的一种行为。

网络营销产生于20世纪90年代，自20世纪末到现在一直处于快速发展阶段。网络营销发展的背景主要有三个方面：一是网络信息技术的发展；二是消费者价值观念的改变；三是激烈的市场竞争。

网络营销作为酒店实现营销目标的新型营销方式和手段，内容非常丰富。一方面，网络营销针对新兴的网上虚拟市场，及时了解和把握网上虚拟市场的消费者特征和消费者行为模式的变化，为酒店进行营销活动提供可靠的数据分析和营销依据；另一方面，在网上开展营销活动能够促进营销目标的实现。

二、酒店网络营销的特点

1. 经济性

网络营销最具诱惑力的因素之一就是经济性。对于酒店企业而言，在电子化情况下，有关产品的特征、规格、性能以及公司情况等信息都被存储在网络中，顾客可随时查看。这样就省下了打印、包装、存储及运输费用，所有营销材料都可直接在线更新，无须送回印刷厂修改，更无须由人员专门邮寄。

酒店企业通过网络进行销售，不需要耗费巨资修建大楼，也无须招聘大量员工。另外，网络一旦建起来，它就归企业所有。与传统媒介的高额费用相比，酒店通过网络进行营销的费用大大降低。对于消费者而言，可以随时更方便地获取企业的信息。

2. 快捷性

在互联网上，酒店企业可以及时发布产品信息，获取顾客的反馈。在传统的营销中，利用传统媒介不可避免地要支付一定的时间成本，但利用网络营销则可以节约这部分时间成本，获得即时性优势。

在互联网上，客户可以迅速搜索到所需要的任何信息，对市场作出即时反应。企业可以通过监测顾客的反应、电子邮件、设置在线客服等方式获取顾客的反馈。在网络营销中，由于信息传递的快捷性，企业和消费者之间产生了频繁、迅速、剧烈的交互作用，从而形成了不断强化的正反馈机制。

3. 公开性

在网络营销中，酒店企业的信息对于所有消费者都是相同的。顾客购买前，可获得丰富、生动的产品信息及相关资料，比较后就可作出购买决定。

4. 全球性

互联网在全球范围内的迅速崛起，给酒店业带来新的商机，使酒店能够在全球范围内寻找目标客户，扩大酒店的影响范围。它也使酒店产品销售向着区域化、全国化、全球化的方向发展，让企业面临一个更广泛、更具有选择性的全球化市场。

三、酒店网络营销的职能

（一）网络品牌

酒店网络营销主要目的是在互联网上建立酒店自身品牌，知名酒店可以使品牌在网上得以延伸,一般酒店可以通过互联网快速树立品牌形象。

(二) 网站推广

这是酒店网络营销最基本的职能之一。酒店网站所有功能发挥都要以一定的访问量为基础。所以,酒店网址推广是网络营销的核心工作。

(三) 信息发布

酒店网站是一种信息载体,发布酒店网站信息是酒店营销形式之一,同时,酒店信息发布也是酒店网络营销的基本职能,它的目的是将酒店信息传递给目标人群,包括顾客、潜在顾客、媒体、合作伙伴、竞争者等。

(四) 酒店销售

酒店网络营销能够促进酒店产品的销售,酒店可以通过网络,及时向客人推广酒店的产品和服务,比如酒店的客房、餐饮、康乐、购物等。客人根据自己的出行计划,通过网络查阅酒店的产品和服务,预订需要入住的酒店与客房类型。顾客甚至可以通过网站提供的视频、图片和信息,选择具体的房号,在网上办理入住登记手续。

(五) 销售渠道

酒店网络营销是酒店销售渠道在网上的延伸,网上销售渠道不限于网站自身,还包括全球分销系统(GDS)、在线旅游专业预订网站(OTA)、供应商直销网站、旅游搜索引擎、团购网站、建立在综合电子商务平台上的网上商店、网上店铺如淘宝旅行、旅行评论网站如到网和驴评网、限时销售网站、微博、论坛类网站、门户网站旅游频道,等等。

(六) 顾客服务

互联网提供了更加方便的在线顾客服务手段,从形式最简单的FAQ(常见问题解答),到微信和邮件列表,以及BBS、MSN、聊天室等各种即时通信服务。这些在线顾客服务的质量对于网络营销效果具有重要影响。酒店网站一般都会设置"联系我们"或者"顾客服务"的栏目,向顾客提供细致的服务。

(七) 顾客关系

良好的顾客关系是网络营销取得成效的必要条件。网站的交互性、参与性使酒店在开展顾客服务的同时,也增进了顾客关系。酒店能够及时了解顾客需求的信息,为顾客提供满意的产品和服务,对顾客提出的意见或者建议,快速给予答复或者回应,实现双方的互动。

(八) 网上调研

通过在线调查表或者电子邮件等方式,可以完成网上市场调研,相对传统市场调研,网上调研具有高效率、低成本的特点,因此,网上调研成为网络营销的主要职能之一。

四、酒店网络营销的实施

(一)分析网上顾客

互联网的出现,使网络顾客的消费观念、消费方式呈现出新的特点。具体如下:第一,需求更加个性化。在互联网上,不同的顾客可以购买到满足自己差异性需求的产品,个性化消费成为消费的主流。第二,消费的主动性增强。消费者不是被动性地接受商家提供的产品,而是主动上网搜索,甚至通过网络要求商家满足自己的个人需求,另外,网上顾客多以年轻人为主,消费的主动性很强。第三,选择更加自由。网上销售没有库存,不受限于实体店的货架束缚,可以提供更多的产品。第四,购物的方便性,网上顾客可以在足不出户的情况下,通过网络购买到自己心仪的产品,节省了大量的时间和精力。

酒店要分析网上顾客,了解网上顾客的各种情况,同时也要了解自己的产品是否适合网上顾客。酒店可以先通过自己的网站窗口,了解顾客群体情况和需求,由此确定自己哪些客房产品放在网上销售,确定自己在网上的市场目标,为开展网络营销指定方向。

(二)建立顾客网络

网络技术使连锁酒店加盟企业可以建立自己的顾客网络。很多企业网站鼓励访问者注册,甚至有些网站要求访问者必须注册,注册时一般都有访向者的姓名、职业、电子邮箱等信息。通过注册,企业可以获得一定的顾客或潜在顾客的信息。在顾客购买时,可以跟踪顾客的购买过程,记录顾客的购买偏好、购买模式等,及时向消费者提供产品信息。

酒店网络营销的主要对象是针对可能在网络虚拟市场上产生购买行为的顾客群体提出来的。酒店根据自身的产品特点情况,确定营销主要对象,并通过网站的内容制作,来吸引这些群体访问。

酒店顾客群体大致为年轻顾客群体,商务顾客群体、休闲度假型顾客群体等。在确定网络营销的主要对象时,还必须了解和关注网络用户的群体分布,即通过关注网络上的顾客群体,结合自己的产品特点,最后确定网络营销的主要对象群体。

顾客在购买后,可以对商品和购买过程进行评价、反馈,企业可以长久地保留顾客的资料,还可以对顾客关系进行有效管理。明确的目标市场、完善的顾客网络是其他企业不可模仿的信息资源,对于企业的发展具有重要的意义。

(三)宣传酒店产品

酒店网络营销的目标是宣传酒店产品,提高酒店知名度,形成一定的客户群,并在近期促使客户通过网络预订酒店的客房。客户对一个酒店客房的预订欲望是一个复杂和多阶段的过程,营销内容应当根据客户预订的决策阶段和酒店产品周期的阶段来决定。一个客户对酒店的网络订房会经过了解阶段、试用阶段和使用阶段,酒店经营者必须注意每阶段的营销内容,精心培育网络客户群,使酒店的网络订房顺利通过培育期、成长期,并进入良性循环的成熟期。

(四)组合网络营销产品

酒店网络营销必须通过产品组合增强营销力度,增强酒店在网络上的知名度。一般网络营销活动主要有网络广告和酒店网站,二者起宣传、提醒、收集信息的作用。酒店可以用多媒体网络组合产品进行网络营销。根据经营情况以及网络订房的开展情况交叉组合使用这两种方法,使网络促销达到最佳效果。这样一方面可通过网络广告将产品和服务推出去,稳定网络客户群体,另一方面可通过精心制作网站的信息内容,把潜在的客户群体牢牢地吸引过来,在网络上树立良好的酒店形象。

(五)管理网络营销渠道

酒店要通过网络营销取得成功,科学地管理营销渠道是非常重要的。酒店不仅要建立自己独立的订房系统和酒店网站,还要寻求并采用更多的渠道开展网络订房和营销。随着互联网技术的迅速发展,出现了越来越多的网络推广资源,为寻找潜在顾客商业信息提供了更多的机会。这些有价值的网络推广资源扩展了网络营销信息传递渠道,增加了酒店网络营销的成功机会。

酒店为了在网络上树立良好的品牌形象,必须不断地对各营销渠道进行信息沟通和协调,保证酒店在网络上营销的一致性、连续性和统一性。这是保证网络营销取得最佳效果的必不可少的管理内容,也是酒店的网络形象所需要的。

(六)调整产品价格

价格不是决定消费者购买的唯一因素,但却是消费者购买时肯定要考虑的重要因素。相对于传统的商业模式而言,网上商品在面对消费者市场时,产品价格会趋于较低水平。以洲际酒店集团为例,该集团与"去哪儿"旅游网建立了长期稳定的合作关系,宣布可为所辖各家酒店提供55%以上的直销渠道客源,由于交易环节的减少,以及随之带来的交易费用的节省,在网上购买其产品的价格要低于门市价。

四季酒店如何进行社交媒体营销

四季酒店集团通过在数字渠道讲故事和利用一体化的内容策略来与用户进行交流,以使其沉浸在品牌体验中。四季酒店集团成了在数字渠道讲故事的品牌,它利用这一新的角色来克服经济上的不确定因素和触及全球的大量受众。自2009年起,四季酒店集团就已经开始在社交媒体平台打造其品牌度。也正是在2009年,消费者开始期待品牌能在一天24小时内的任何时间与其进行互动。

对很多品牌而言,它们一直以来投入在广告上的费用现在被用于数字广告和与数字渠道上的消费者进行互动。消费者和营销人员都在与微小的信息进行互动,比如短视频分享应用Vine使6秒长的故事短片大受欢迎。四季酒店集团的Pizzinato表示:"我们正在吸收一些微小的有趣信息,因为我们没有太多的时间来查看海量内容。"

因此奢侈品牌必须了解社交媒体,营销人员应该要知道消费者在哪些渠道与品牌进行互动、他们与哪些人进行交流、他们阅读哪些内容以及他们正在查看哪些内容。尽管奢侈品牌营销人员的目标受众发生了上述的变化,但不变的一点就是来自好友和家人的推荐信息能拉动品牌的销售业绩。

根据 Pizzinato 的说法，上述推荐信息是促使消费者预订旅游产品中最有力的因素，目前点评网站的数量之多正反映出这一点。收入水平较高的消费者喜欢社交媒体，因此他们将不会入住一家没有任何在线点评内容的酒店。

在展望了未来的发展和思考了即将来临的趋势后，四季酒店集团制定了在数字渠道讲故事的策略。很多奢侈品牌的营销人员都处在同一个领域，因此四季酒店集团在奢侈品牌领域希望做的事情就是帮助消费者制定决策。

四季酒店集团专注于六大支柱来塑造其内容策略，这一策略从集团层面延伸到旗下各家酒店的层面。首先，该品牌将内容管理的任务交给一个单独的部门，它拥有一个中心团队来将内容传达到所有数字传播渠道。四季酒店集团的网站是其数字策略的基础，这是消费者所了解以及会访问的渠道。与此同时，该渠道使用户可以浏览四季酒店集团所提供的内容新鲜且针对各种特定类别的在线杂志。

四季酒店集团内容策略的一部分就是利用用户生成内容，另一部分则是在线上和线下渠道提供引人入胜的体验。上述两种做法贯穿整个内容策略，因为消费者会在不同的活动（如虚拟品酒会）中与品牌进行互动。四季酒店集团借助 Twitter 渠道来举办品酒会，由五家酒店的调酒师所主持。Pizzinato 表示，该品酒会以互动的方式向消费者提供了一体化和专业的体验。另外，四季酒店集团在参与活动的酒店同时举办了 tweet-up 活动（包括虚拟品酒会）。

四季酒店集团利用其内容策略的其他两种方法就是观点鲜明和保持个性。四季酒店集团的内容策略观点鲜明，其中一点就是找到新的分销渠道来让产品触及更广的受众群，这类似于内容发布商的做法。如果消费者没有在线上渠道找到四季酒店品牌，这可能意味着该品牌无法触及这些消费者。因此四季酒店集团不仅通过印刷渠道和线上渠道来发布其杂志，它还利用了杂志应用 Zinio 和社交杂志应用 Flipboard。该品牌提供有关婚礼筹划的建议这一做法使其获得了大量关注，尤其是在打造品牌个性和提升消费者互动方面。

四季酒店集团进行了一个专题策划，并开设了专门的 Twitter 和 Pinterest 账号向消费者提供来自酒店员工的专业建议和在四季酒店举行婚礼的新娘所分享的故事。品牌间的合作能让品牌突出其个性，事实上，四季酒店集团将与不同的品牌（如时尚品牌 Marchesa）就今年春天的婚礼专题进行合作。Pizzinato 表示："社交媒体营销并不是你做个记号、想出一些主意，然后期望它自然发生就行了，我们与业务运营团队有着密切的交流，因此我们在社交媒体方面才能做得如此成功。"

五、酒店网络营销方式

酒店网络营销方式分为网站营销、中间商网络营销、微博营销、博客营销、网络口碑营销、网络论坛营销、网络视频营销、搜索引擎营销、微信营销、网站交换链接、电子邮件营销、电子杂志营销、网络广告营销、网络公共关系等。

1. 网站营销

酒店网站是否被广大消费者注意、认可是网络营销的基础。酒店可以通过以下方法来提高自己站点的知名度：在搜索引擎注册，为目标用户提供方便的进入网站的途径；与其他网站建立互换链接，提高站点被访问的概率；在自己的网站上建立有吸引力的网络社区、聊天室和 BBS,吸引广大用户参与相关的活动,或是以个人身份登录和参与其他网站网络社区、聊天室和 BBS,通过参加讨论达到宣传、推广自己网站的目的。

另外,酒店要运用现代 3D 技术使顾客可以全方位、互动式地观看真实场景,甚至在多个场景中实现虚拟漫游,使观众感觉身处真实的环境中,体验过程有声有色、美轮美奂,坚定顾客的购买欲望。

2. 中间商网络营销

旅游中间商是酒店的重要销售渠道之一。顾客不可能随时都有充分的时间和精力在网上浏览、收集信息,并比质、比价、设计、组合自己的旅行线路。所以他们会经常光顾旅游中间商的网站,向旅游中间商咨询,以便作出比较满意的决策。这样就必然要求酒店与旅游中间商建立长期互惠互利的网上营销伙伴关系。

3. 微博营销

微博营销是指通过微博平台为商家、个人等创造价值的一种营销方式,也是指商家或个人通过微博平台发现并满足用户的各类需求的商业行为。微博营销以微博作为营销平台,每一个听众(粉丝)都是潜在的营销对象,企业通过更新自己的微型博客向网友传播企业信息、产品信息,树立良好的企业形象和产品形象。该营销方式注重价值的传递、内容的互动、系统的布局、准确的定位,微博的火热发展也使其营销效果尤为显著。企业可以通过微博倾听客户的建议,参与交流,这样更加有利于企业的营销工作。北京丽晶酒店、嘉里中心酒店等都以官方身份进入新浪微博,成千上万的消费者以酒店粉丝的形式聚集起来,关注酒店的最新动向。

4. 博客营销

博客营销是酒店通过博客网站或博客论坛接触博客作者和浏览者,利用博客作者个人的知识、兴趣和生活体验等传播酒店商品信息的营销活动。公司、企业或者个人利用博客这种网络交互性平台,发布并更新企业、公司或个人的相关概况及信息,密切关注并及时回复平台上客户对于企业或个人的相关咨询以及疑问,并通过较强的博客平台帮助企业或公司零成本获得搜索引擎的较前排位,以达到宣传目的的营销手段。

5. 网络口碑营销

网络口碑营销是口碑营销与网络营销的有机结合。口碑营销分为线下、线上两种。线下营销投入较大,效果监控难。线上营销,即网络口碑营销,因具有网络的快速传播、标准定位等优势,越来越被企业重视。网络口碑营销包括策划专业的话题,通过百度营销、互动营销、博客营销、论坛营销、信息平台营销、B2B 电商平台营销、邮件营销、QQ 群营销、微博营销和微信营销等口碑营销模式,把企业品牌信息传播效果标准化。网络口碑营销旨在应用互联网的信息传播技术与平台,通过消费者以文字等表达方式为载体的口碑信息(其中包括企业与消费者之间的互动信息),为企业营销开辟新的通道,获取新的效益。

6. 网络论坛营销

网络论坛营销就是企业利用论坛这种网络交流的平台,以文字、图片、视频等方式发布企业产品和服务的信息,从而让目标客户对其有更加深刻的了解,最终达到宣传企业的品牌、加深市场认知度的网络营销目的。

随着网络化席卷全球,市场、商家、消费者都在日益接受网络带来的变化,网络论坛营销也因此应运而生,并且因其独有的特点正在成为现代营销市场的主流,它也带来了营销环境和营销方法的转换。

网络论坛营销与传统营销模式的不同,在于它特有的互动方式。传统营销模式人与人之间的交流十分重要,营销手法比较单一。网络论坛营销则可以根据自身公司产品的特性,根据特定的目标客户群,以及根据特有的企业文化来加强互动,节约开支,形式新颖多样,避免了原有营销模式的老套单一。

网络论坛营销的产生为传统营销模式注入了一股新鲜血液,也为企业营销者开辟了一种新的营销思路,提供了一种在创业初始阶段占领市场、推广品牌、营销产品、获得利润的模式。网络营销的兴起使更多的企业能够在节省开支的情况下不被打倒,以一种新颖的方式将产品营销出去,避开了资金不足、品牌弱势的弊端,使企业不断壮大,获得营销成功。

7. 网络视频营销

网络视频营销是指企业将视频短片以各种形式放到互联网上,达到一定宣传目的的营销手段。如网络视频广告的形式类似于电视视频短片,平台却在互联网上。

随着网络成为很多人生活中不可或缺的一部分,视频营销又上升到一个新的高度,各种手段和手法层出不穷。连比尔·盖茨都在世界经济论坛上预言,五年内互联网将"颠覆"电视的地位,这在一定程度上表明了互联网视频的势头。

"视频"与"互联网"的结合,让这种创新营销形式具备了两者的优点:它既具有电视短片的种种特征,例如感染力强、形式内容多样、肆意创意等,又具有互联网营销的优势。很多互联网营销公司都纷纷推出并重视视频营销这一服务项目,努力以创新的形式受到客户的关注。如优拓视频整合行销,是用视频来进行媒介传递的营销行为,包括视频策划、视频制作、视频传播整个过程。

网络视频营销的形式涵括影视广告、网络视频、宣传片、微电影等多种方式,通常把产品或品牌信息植入视频中,产生一种视觉冲击力和表现张力,通过网民的力量实现自传播,达到营销产品或品牌的目的。正因为网络视频营销具有互动性强、主动传播、传播速度快、成本低廉等优势,所以网络视频营销,势头大盛。

视频比文字更具有视觉影响,可以嵌入人们的头脑中。这就是看小说和看电视的区别。在看视频时,人们感觉更轻松,这是短视频的优点之一。此外,视频可以更灵活地传达品牌形象和产品的效果,给人留下深刻的印象。局限性方面,视频营销不同于一般的网络营销,在营销策划上更加专业化。

8. 搜索引擎营销

搜索引擎营销(Search Engine Marketing,SEM)是一种网络营销的模式,其目的在于推广网站,增加知名度,通过搜索引擎返回的结果,获得更好的销售或者推广渠道。

搜索引擎营销就是基于搜索引擎平台的网络营销,利用人们对搜索引擎的依赖和使用习惯,在人们检索信息时将信息传递给目标用户。搜索引擎营销的基本思想是让用户发现信息,并通过点击进入网页,进一步了解所需要的信息。企业通过搜索引擎付费推广,让用户可以直接与公司客服进行交流,实现交易。

简而言之,搜索引擎营销所做的就是以最小的投入在搜索引擎中获取最大的访问量,并产生商业价值。多数网络营销人员和专业服务商对搜索引擎的目标设定也处于这个水平。搜索引擎的发展将成为企业网络营销的重要组成部分,使搜索引擎营销方式多样化,对提升网络营销效果有更积极的作用。

9. 微信营销

微信营销是酒店利用微信开展的一种市场营销活动,是酒店进行市场营销的重要战略工具。酒店微信营销由两部分组成,一是在微信公众平台上进行酒店营销活动,二是利用OTA在微信上的服务平台进行营销活动。

相对于传统营销来说,微信营销作为一种新兴的市场营销手段,具有一定的竞争优势。微信已经覆盖了9成以上的智能手机用户,而且发展势头迅猛,酒店使用微信营销可以使营销传播规模最大化。由于微信信息的准确性,酒店可以随时了解到客人的信息、爱好、地理位置等,便于酒店进行精准营销。微信具有很强的交互性,公众平台上的商家可以通过网络与客户进行交流,有利于推广酒店的产品和服务。

10. 网站交换链接

网站交换链接也称为友情链接、互惠链接、互换链接等,是具有一定资源互补优势的网站之间的简单合作形式,即分别在自己的网站上放置对方网站的Logo或网站名称,并设置对方网站的超链接,使用户可以从合作网站中发现自己的网站,达到互相推广的目的。

链接交换,在英文中即为Link Exchange。交换链接是在互联网上宣传自己主页时常使用的一种方法。主要作用有以下三点。

(1) 通过和其他站点的交换链接,可以吸引更多的用户点击访问。

(2) 搜索引擎会根据交换链接的数量、交换链接网站质量等对一个网站作出综合评价,这也将是影响网站在搜索引擎排名的因素之一。

(3) 交换链接在吸引更多用户访问的同时起到SEO(搜索引擎优化)的作用。

11. 电子邮件营销

电子邮件营销(E-mail Direct Marketing,EDM),是在用户事先许可的前提下,通过电子邮件的方式向目标用户传递价值信息的一种网络营销手段。E-mail营销有三个基本因素:用户许可、电子邮件传递信息、信息对用户有价值。三个因素缺少一个,都不能称为有效的E-mail营销。

电子邮件营销是利用电子邮件与受众客户进行商业交流的一种直销方式,广泛应用于网络营销领域。电子邮件是企业和现有客户沟通的常用渠道之一,其营销成本低、投递速度快、精准性和个性化易操作的优势,是许多企业选择使用这个沟通渠道的原因。

电子邮件营销使营销人员能长期与订户保持联系,订阅者连续几年看同一份电子杂志是很常见的。互联网上信息令人眼花缭乱,能数年保持与同一个订户的固定联系,已是十分难能可贵的财富。以这种方式建立的强烈信任和品牌价值是其他网络营销方式难以达到的。网站有任何新产品打折促销活动,都能及时传达给这批长期订户,销售转化率也比随机来到网站的用户高得多。

12. 电子杂志营销

电子杂志营销是以电子杂志为载体的一种营销方式。电子杂志是一种非常好的媒体表现形式,它兼具了平面媒体与互联网两者的特点,且融入了图像、文字、声音等,动态结合呈现给读者,是很享受的一种阅读方式。

电子杂志作为一种网络营销方式,传播的是一种智慧与文化。酒店可以通过品牌联播将自己的产品在各大网站上发表,吸引读者的关注与购买,使读者得以在自由的时间内以一种主动阅读的心态接触电子杂志的广告。

电子杂志是一个精准、快捷的传播媒体,能直接把资讯以网络传播的形式呈现给目标群体及可能的客户。权威公正的访客流量统计系统,能精确统计出企业电子杂志的下载量,以及这些用户查阅的时间分布和地域分布,从而有助于企业正确评估广告效果,审定广告投放策略。

13. 网络广告营销

网络广告营销是配合企业整体营销战略,发挥网络互动性、及时性、多媒体、跨时空等特征优势,策划吸引客户参与的网络广告形式。

借助网络和计算机技术,网络广告迅猛发展,其形式也丰富多彩。网络广告是网络营销重要的手段之一,它的优势是目标群体受众广,能有效提升品牌知名度。对于酒店企业而言,应选择适当网络媒体进行网络广告投放,更应该使用嵌入式或者植入式广告,将产品、品牌或者具代表性的品牌元素融入一些电影、娱乐节目、网络游戏、小说等媒介中,让消费者在不知不觉中接受了产品的广告和品牌。

14. 网络公共关系

网络公共关系是指以计算机网络即互联网为传播媒介实现公关目标的行为。网络公共关系思维即公共关系意识,也可以理解为公共关系观念、公共关系思想,是一种现代化经营管理和危机公关管理的思想、观念和原则,是一种开明的经营和管理观念,是一种全新的思维方式和交往方式。

公共关系是一种树立形象的双向的交流和沟通,网络公共关系和传统的公共关系相比较更具优势,可以帮助企业将产品介绍给更多的公众,在目标市场中建立和维护自己良好的形象,提供信息并创造新的需求,建立和巩固与顾客的关系。

企业可以通过以下方法开展网上公关活动:一是及时监控公共论坛对酒店的评论,特别是对酒店不利的言论,并相应采取措施;二是与网络媒体合作,及时发布自己的新闻;三是通过虚拟社区推广产品,建设一些类似于社区性质的新闻组和广告栏,以多种方式介绍自己的产品,及时关注社员对产品的评价和讨论,并采取措施应对突发事件;四是建立沟通的渠道,如利用虚拟社区的公告栏、新闻列表、Web 页面等方式建立自己的沟通渠道,通过互联网的交互功能,及时了解顾客的需求和倾向,密切与顾客的关系。

15. 其他方式

酒店也可通过秒杀促销、网上积分促销、免费促销等方式,扩大企业的知名度,提高酒店产品的销售量。需要注意的是,网络促销手段不是独立使用的,更多时候,企业需要同时选择多种形式,灵活运用,才能达到吸引不同层次的消费者、增加客户满意度的效果。

六、酒店网络营销的新趋势

随着网络用户的迅速膨胀,网络营销已成为酒店市场营销的重要方式,它代表着酒店业在信息时代生存与发展的必然方向。酒店网络营销的广泛运用,不仅可以提高酒店产品的销量,降低酒店运营成本,扩大酒店的市场规模,还能为顾客提供更优惠、更高质量的服务体验。

1. 营销型网站将成为网站建设的主流

营销型网站是指具备营销推广功能的网站,在建站之初便以营销推广为目的和出发点,并贯彻到网站制作的全过程,使每一环节、每一步骤都考虑到营销功能的需求,使网站一上线即具备利于营销或利于优化推广的特征。

营销型网站就是为实现某种特定的营销目标,将营销的思想、方法和技巧融入网站策划、设计与制作中的网站。最为常见的营销型网站的目标是获得销售线索或直接获得订单。

一个好的营销型网站就像一个业务员一样,了解客户,善于说服之道,能抓住访客的注意力,能洞察客户的需求,能有效传达自身的优势,能一一解除客户在决策时的心理障碍,并顺利促使目标客户留下销售线索或者直接下订单。除此之外,它 24 小时不知疲惫,全时空地运转。

营销型网站是最近几年才出现的名词,整合了各种网络营销理念和网站运营管理方法,不仅注重网站建设的专业性,更注重网站运营管理的整个过程,是企业网站建设与运营维护一体化的全程网络营销模式。

营销型网站概念的提出,打破了企业对于网站建设的传统认识。事实证明,传统观念中的网站 Flash 形象首页、大篇幅企业新闻报道、领导人风采展示、产品介绍等内容,难以使网站营销职能很好地发挥出来。构建营销型网站,就是要明确网站的营销职能,以网络营销为核心目标进行网站建设。

营销型网站目的是满足企业网络营销,包括以客户服务为主的网站营销、以销售为主的网站营销,和以国际市场开发为主的网站营销。营销型网站实质就是企业的销售平台,是能赚钱的网站,无论线上直接交易与否,都能够获得销售线索、销售机会。

2. 搜索网站成为主要的网络营销工具

在当前的互联网世界,搜索网站已成为人们上网获取信息必不可少的工具之一。据统计,有超过 7 成的用户每天都会通过搜索引擎去寻找自己需要的信息,这使搜索引擎成为互联网上最大的流量集散中心。因此在没有出现更好的网络营销方式前,搜索引擎营销无疑是最主流、最重要的。

搜索引擎营销的实质就是通过搜索引擎工具,向客户传递其所关注对象的营销信息。搜索引擎营销和其他网络营销方法最主要的区别在于,在这种方法里是用户主动创造了营销机会,用户主动加入了营销过程。搜索引擎操作简单、方便,客户容易掌握,这也是为什么搜索引擎营销比其他网络营销方法效果更好的原因。

搜索引擎不仅是企业网站推广的常用手段之一,在网络广告市场中的地位也日益重要。搜索引擎营销将成为企业营销和网络营销的重要组成部分,具有产业化的发展趋势,可能发展成为一个相对完整的网络营销分支,也将产生更多的市场机会。

3. 网络视频广告迅速增长

网络视频广告是采用先进数码技术将传统的视频广告融入网络中,构建企业可用于在线直播实景的网上视频展台。网络视频广告正在被越来越多的广告主和广告代理商所重视。随着网络技术的发展,网络视频广告的效果不断增强,网民数量的不断增长,激发着广告主在网上做视频广告的信心,网络广告的营业额将不断增长。

网络视频广告将与营销更加全面的结合,其最大的特点就在于它的定向性,能够把适当的信息以适当的形式发送给适当的人。这种理想的营销方式提高了广告传播的效率。

对于一些视频网站而言,越来越大的忠实客户群吸引了不少广告主的目光。与传统的网站相比,视频网站中的广告更直接、更有效。把广告安放在视频中,当客户在观看视频时,自然就会看到里面的广告。它不会像其他网站那样,客户可以选择忽略广告或是用某些软件屏蔽广告。

5G技术让互联网上的内容传播体验更强,超高清的视频画质让消费者的观看更具吸引力与冲击感。视频营销不局限于图文,而是能亲身感受到直观视频。以视频为主的内容营销与传播会成为网络营销领域主阵地,特别是抖音、快手这类短视频营销与传播市场,将会持续增长。

4. 博客、微信、网站和视频深度发展

前一阶段,博客营销已经取得了快速发展,微博营销成为酒店网络营销、营销策略的组成部分。未来酒店的网络营销在微博、微信、网站和视频方面仍将深度发展。例如,微博和抖音两大平台,日均活跃用户都在1.3亿以上(来自官方数据显示),且它们跟酒店的匹配度也很高,被这两大平台带红的酒店数不胜数。酒店微信网络会引领网络营销进入全员营销时代。

视频网络广告将成为新的竞争热点,网站视频可以全方位地展现酒店的整体形象、客房设施,通过生动的宣传广告吸引更多顾客前来享受。在不久的将来将有大量视频类网站爆发性发展。

5. VR(虚拟现实)、AR(增强现实)等新型营销方式大行其道

VR技术产生于20世纪,在21世纪迎来了爆发性的应用热潮。未来通过虚拟现实技术,酒店也可以在网络营销、个性化服务、增值服务、创意设计等方面表现更多的创造力,满足客户的潮流需求,实现"VR+酒店"。

传统酒店网站制作简单,仅提供一些酒店或客房图片,缺乏酒店的详细信息,且酒店网站仅支持浏览功能,缺乏与客户互动的平台和渠道,客户无法进行高效选择与判断。借助虚拟现实技术,客户可以通过网络仿真体验酒店,通过酒店内部和客房服务设施的三维实景信息,提前了解酒店的室内外分布。室内实景AR/VR效果展示,则可实现全景看房功能,不仅能让用户身临其境地了解室内设施,直观了解酒店房间内的各个细节,还能一键切换四季、昼夜场景,在看到客房内光照效果的同时,欣赏到客房外昼夜景观和场景,进而满足客人对光照要求、观景角度、无烟层等各种个性化需求,使其更直接地选择心仪的楼层和房间,让选择的过程也变成一种享受。

会议和宴会活动是酒店服务的重要组成部分。将AR/VR技术与场景相结合,打造AR/VR酒店会议室、宴会厅,可以自由切换会议、宴会的风格以及分割会场,适应不同活动对场地的需求,为客户提供更多的选择。同时为酒店节省成本,丰富服务内容,提升酒店消费档次。会议设施采用AR/VR技术,洽谈双方实现三维立体式全息投影的跨空间会谈,结合立体声和立体显示技术、环境建模技术,可打造专业"一站式"VR会议及宴会服务。在举办婚宴或是大型会议时,酒店可以利用 AR/VR 全景拍摄技术记录下婚宴或会议现场。此外,将这些活动素材存储到 AR/VR 里面,让酒店的销售人员随时带在身边,向客户展示时,可以充分营造出现场体验感。

未来酒店可以为顾客提供更便捷快速的酒店服务。顾客有服务需求,一个按钮或脑海中一个念头就可以解决,酒店客房配备的 VR 系统会自动投射服务部门的客服人员的全息影像,面对面、一对一解决顾客住店过程中遇见的所有问题,省去顾客等待服务的时间,提升服务质量和效率。酒店还可以增设 VR 体验项目,丰富酒店娱乐,包括虚拟场景游戏、素质拓展项目、一站式 VR 购物等,满足顾客的多方面的需求。另外,酒店可以增设心理疏导和感情陪护服务,相信在未来,这些功能都能通过 VR 技术实现。

6. 网络营销多元化

随着多元化的网络新媒体形式不断出现,品牌广告形式也继续向多元化的方向发展,富媒体化成为未来广告发展的趋势,视频广告则将成为未来的主流形式。

传统门户网站不再是网络营销的唯一选择,网络广告载体正在呈多元化的方向发展,桌面软件、下载工具、网络游戏、电子杂志、即时通信、影音播放器等都成了很好的广告投放载体。

互联网技术的迅速发展,加速了酒店在线预订的迅速提升。酒店移动客户端发展潜力巨大,点评对客户预订酒店的作用越来越大,社交、攻略等旅游媒体在市场中的地位进一步加强。酒店自助预订等在线预订进入快速成长期。各种在线旅游平台将会进一步规范化,OTA 分销、旅游平台、在线直销将出现三足鼎立的局面,酒店网络营销进一步规范和完善。随着酒店业的发展,网络营销将成为酒店经营发展的新趋势。

案例分析

香格里拉酒店集团同步全球销售系统启用虚拟现实

香格里拉酒店集团率行业之先,首次把虚拟现实体验引入全球酒店销售渠道,购置了三星 Gear VR 虚拟现实设备,并为旗下 94 家超过 1/4 的酒店制作了 360°全方位视频影像供体验者观赏,沈阳香格里拉大酒店也应用了这一技术。从此,旅游顾问、会议策划者和潜在公司客户可以佩戴 VR 虚拟现实设备,体验新科技的冲击力,真切地感受酒店全方位的服务设施和酒店当地景色,也可更完善地安排宾客在酒店的入住、餐饮或会议行程。

观看 360°影像会为体验者带来如临其境的真实感和动感。观看沈阳香格里拉大酒店的视频时,体验者仿佛置身于酒店大堂,感受身边穿梭而过的人流和礼宾人员的迎宾问候;进入全新装修的客房,体验客房设计师轻轻勾勒出的时尚感和舒适感;踱步至辽咖啡,眼底尽收不限量的美食美酿,仿佛可以嗅出食物的鲜香;下一秒转身来到沈阳最大的宴会厅——奉天大宴会厅,感受奢华与美丽,以及设施先进的健身房、室内泳池与具有亚洲设计风格的心灵绿洲 CHI 水疗为您带来的至尊享受;夜幕下,再次回到酒店所处的繁华商业街,在路边看车水马龙和斑斓霓虹……城市的美好之处,尽在眼底,入住酒店之余,也可轻松规划一次城市探索之旅。

酒店的虚拟现实技术也将应用于路演巡展、行业活动、销售推广等用途。旅游专家们还可以与他们的客户分享这些 360°视频影像。用户可以通过在线 360°播放器播放这些视频,也可将它们下载到内置 Oculus 平台的虚拟现实设备中观看。

香格里拉酒店集团首席市场官 Steven Taylor 表示:"香格里拉素来在科技方面不吝投入,引领旅游概念新趋势。正因如此,我们才大规模引入虚拟现实技术。虚拟现实设备将改变我们的销售方式,科技的进步使它更加轻便易携带,也不再价格高昂。虚拟现实正在成为当今时代的主流。"

Taylor 还表示:"旅游顾问在旅行者的决定方面起着至关重要的作用。因此我们的虚拟现实设备将首先为他们服务。客户会倚重他们的意见制定度假、商务和会议计划。香格里拉的虚拟现实体验可让他们更直观、更真实地了解我们的酒店,从能够更好地介绍给他们的客户。"

"我们要将高新科技恰当地应用在为行业伙伴和客户所提供的服务中。香格里拉的全方位 360°视频不仅将有助于旅游专家们更好地了解香格里拉的产品和服务,而且还将延伸出更多用途。例如,会议组织者可以在行前为公司 CEO 展示酒店的宴会厅情况,以便他能更充分地做好会前准备;抑或为客人展示目的地的美妙景致,让他们对即将展开的旅行更加期待。"

讨论题:
香格里拉酒店集团为什么要把虚拟现实体验引入全球酒店销售渠道?

复习思考题

1. 什么是酒店香味营销的概念?
2. 酒店香味营销的步骤有哪些?
3. 酒店绿色营销的含义是什么?
4. 酒店绿色营销的内容有哪些?
5. 酒店网络营销的含义是什么?
6. 酒店网络营销的方式有哪些?

实训项目

实训目的:了解酒店网络营销。

实训内容:以小组为单位,选择一家酒店网站作为分析对象,分析该网站的页面设计、布局、内容,以及网站销售的产品与价格、用户对网站的体验、网页的链接是否方便浏览等。

实训流程:

1. 根据教学班级学生人数决定项目小组,每小组人数以 5~10 人为宜。
2. 以小组为单位,小组成员分工合作,收集相关资料,开会进行研讨。在充分讨论的基础上,形成小组的实训报告。
3. 每个项目小组派代表上台汇报,讨论交流。
4. 教师对各小组汇报进行总结和点评。

参 考 文 献

[1] 孙梦阳,赵晓燕.酒店市场营销实务[M].北京:北京航空航天大学出版社,2018.
[2] 成荣芬,等.酒店市场营销[M].2版.北京:中国人民大学出版社,2019.
[3] 陈学清,徐勇.酒店市场营销[M].2版.北京:清华大学出版社,2018.
[4] 李祖武.酒店市场营销[M].合肥:中国科学技术大学出版社,2018.
[5] 赵伟丽.酒店市场营销[M].2版.北京:北京大学出版社,2018.
[6] 王天佑,胡彩霞.酒店市场营销[M].天津:天津大学出版社,2014.
[7] 张新峰.酒店营销[M].上海:华东师范大学出版社,2016.
[8] 人力资源和社会保障部教材办公室.酒店市场营销实务[M].北京:中国劳动社会保障出版社,2017.
[9] 伍剑琴.酒店营销与策划[M].2版.北京:中国轻工业出版社,2018.
[10] 罗旭东.酒店营销经典案例[M].福州:福建人民出版社,2016.
[11] 李勇.互联网+酒店 传统酒店的战略转型 营销变革与管理重构[M].北京:人民邮电出版社,2016.
[12] 胡宇橙.酒店营销管理[M].重庆:重庆大学出版社,2016.
[13] 王诺斯.酒店营销理论与案例[M].北京:中国铁道出版社,2013.
[14] 邱汉琴.酒店及旅游业市场营销[M].杭州:浙江大学出版社,2019.
[15] 郑凤萍.酒店营销实务[M].北京:化学工业出版社,2015.
[16] 刘明广.旅游与酒店业市场营销学[M].北京:经济管理出版社,2014.
[17] 宿荣江.酒店营销实务[M].北京:中国人民大学出版社,2012.
[18] 王宁.旅游市场营销[M].广州:广东高等教育出版社,2014.
[19] 刘晓明.酒店产品营销[M].北京:中国财富出版社,2013.
[20] 刘剑飞.酒店市场营销[M].长沙:湖南大学出版社,2018.
[21] 朱承强.现代酒店营销实务[M].武汉:华中科技大学出版社,2016.
[22] 胡敏.饭店营销实务[M].北京:中国人民大学出版社,2017.
[23] 蔡俊颜.酒店销售技巧[M].厦门:厦门大学出版社,2016.
[24] 沈建龙.酒店市场营销[M].北京:中国人民大学出版社,2013.
[25] 菲利浦·科特勒.旅游市场营销[M].北京:清华大学出版社,2017.